辻中 豊編
現代世界の市民社会・利益団体研究叢書
《全6巻》

⑤ 現代中国の市民社会・利益団体

―比較の中の中国―

辻中 豊・李景鵬・小嶋華津子編

木鐸社刊

はじめに

辻中 豊

　現代中国は，政治学だけでなく広く社会科学において，最も興味深い研究対象の１つである。しかし，広く多様性に富む中国の内発的文脈を把握し，それを政治学の理論的枠組みへと帰納する作業には膨大な知識とエネルギーが必要となるため，前者に特化した地域研究者と後者に重きを置く比較政治学者の間には，埋め難い溝が存在してきた。本書の最大の目的は，その溝を埋めるための一歩を踏み出すことにある。比較政治学・利益団体・市民社会研究の分野で研究を続けてきた筆者（辻中豊）が，なぜ李景鵬（北京大学）や小嶋華津子（慶應義塾大学）ら中日の中国政治研究者とともに本書を編集するに至ったのか，この共同研究の出発点から話を始めることにしよう。

　現代日本の市民社会・利益団体を理解し，比較政治学の俎上に載せるべく始めた辻中らの比較研究プロジェクト（JIGS調査プロジェクト[1]）は，1990年代初頭の日韓（台湾）比較から，1990年代後半には，日本をめぐる３つの対比較──韓国，米国，ドイツとの研究へと進んでいた。そこに新たな比較対象として中国が加わったのが2001年。それを契機に調査・研究対象は，世界の多様な国へと広がり，2013年までに15カ国の比較へと展開された[2]。

　北京大学を中心とする中国との共同研究は，国分良成（慶應義塾大学，現在，防衛大学校校長）の紹介により1998年秋から始まった。中国においては，1989年に拙著『利益集団』が翻訳出版されていたとはいえ[3]，社会主義中国を，日本など自由民主主義諸国と比較するという発想は，それまで筆者には皆無だった。中国において，市民社会・利益団体等の実態調査（サーベイ調査）を行うということ自体，今日でこそいくつか類似の試みを見ることができるが（e.g., Hishida, Kojima, Ishii, and Qiao 2009）[4]，当時はまだ不可能のように思われた。そもそも市民社会や利益団体が存在するのかということ自体が，中国研究の争点であった。

　1998年秋に筑波大学を訪問した李景鵬ら北京大学一行は，研究室で筆者が日本の特殊法人など政府外郭団体の説明をすると，それこそが中国の「社団

に相当するものだと興味を示し,当時の中国の団体を「準利益団体」と呼んだ。[5]

　この来訪が起点となり,李景鵬を中心とする北京大学研究チームとの共同研究が始まった。そして2001-04年,2009-11年の2回にわたり,中国の3地域（北京市・浙江省・黒龍江省）で社会団体（以下,社団。社団の定義については第3章）を中心とした市民社会組織の実態調査が行われた（第1章・付録）。北京大学チームは,北京市,浙江省,黒龍江省で調査を行うために国内他大学協力者を糾合した大きな研究組織を形成した。

　この調査過程自体が極めて興味深いものであった。時々の政情の影響を受けながら,計画どおりに調査を遂行するには様々な困難を伴った。こうした条件を考えれば,中国調査が,JIGS調査の一環として,他国での調査と共通の枠組みで行われたこと自体に大きな意義がある。しかも中国調査は,JIGS調査で行われた他の国々の調査と比べ,設問数や設問の質において最も詳細なものであり,最も高い回収率を達成した（第1章付表）。無論,中国においては,政治体制の影響により,回答率や回答内容が一定の歪みを伴うことは予想されるが,他のJIGS調査国においてもそれぞれ特有の理由から歪みがみられる。[6]結論を言えば,中国調査の信頼性をことさらに疑う必要はない。本書を読了されれば,そのことが理解されるものと信じている。

　JIGS調査の一環としての二度にわたる調査を可能にしたのは,20世紀末以降の中国の政治社会の大きな変容と,学術的立場からその解明に挑もうとする中国側研究者の熱意である。日本で研究する我々も,彼らの熱意を受けとめて中国で生じつつある複合的な変容,動態的で不安定な均衡を示す実態に,市民社会の側から接近したい。

　その際,「比較の中の中国」研究という視角（毛里2012）を持ち,中国の実態を比較政治学の俎上に載せる一歩を示したい。本書の構成から明らかなように,他の国々と厳密な意味で方法的な比較分析をなし得ている章は必ずしも多くはない。日本・韓国などJIGS対象国とのクロスナショナルな比較,中国の調査対象地域（北京市,浙江省,黒龍江省）間の比較,1次調査と2次調査の比較などの試みも,現段階では,中国の構造のパタン認識を得るための,探索的な比較対照分析の段階に留まっている。[7]しかし,本書の基礎となるサーベイ調査が,JIGS調査の枠組みを共有していること,高い回収率を記録した信頼に足るデータを提供していることは,これらの綿密な分析と事

例研究の融合の先に，中国を含む比較政治学の新地平が切り拓かれる可能性を担保している。

　本書の構成は以下の通りである。

　序章では，中国の現状を市場経済化と経済発展，政治体制の継続，市民社会の台頭という3つの点から確認する。続いて，市民社会と政治に関する基本的な疑問を提起する。

　第Ⅰ部は，導入であり，方法論，分析の視角を明示するとともに，市民社会組織のありようを規定する中国の法制度について概観する。

　第Ⅱ部では，サーベイ調査のデータを用いて，中国の市民社会・利益団体の実態分析を行う。まずは社団を中心に，日中韓比較，地域（北京市・浙江省・黒龍江省）間比較，1次調査と2次調査の比較により，団体のプロフィールの特徴を論ずる。続いて，社団と党・政府の関係，ネットワーク，ロビイングを記述する。次いで民弁非企業単位，基金会，政府委託サービスについて分析する。

　第Ⅲ部では事例分析を行う。ここでは，サーベイ調査の対象外でありながら，中国の市民社会組織を考える際に不可欠なアクター——人民団体，社区（コミュニティ），農村地域の市民社会組織，国際NGOおよび草の根市民社会組織，マスメディアについて分析する。

　第Ⅳ部では，「比較のなかの中国」を念頭に，JIGS調査7カ国との比較およびBRICsとの比較を行う。

　最後にこれらの定量的・定性的分析をふまえ，中国の市民社会と政治について，暫定的な結論を述べる。

謝辞

　こうした大規模な調査研究を遂行するに当たって，多くの組織，関係者，研究者，スタッフの助力を得た。まず，調査研究を可能にした研究費に関して，科学研究費補助金基盤研究A（海外学術調査）「現代中国を中心とした利益団体および市民社会組織の比較実証的研究」（平成12-15年度，課題番号12372001），特別推進研究「日韓米独中における3レベルの市民社会構造とガバナンスに関する総合的比較実証研究」（平成17-21年度，課題番号17002001），科学研究費補助金基盤研究S「政治構造変動と圧力団体，政策ネットワーク，

市民社会の変容に関する比較実証研究」(平成22－26年度，課題番号22223001)，こうしたプロジェクト自体を可能とした文部科学省の関係者各位(特に審査や毎年の進捗状況評価に当たった審査部会の構成メンバー，担当学術調査官，研究振興局学術研究助成課)，日本学術振興会の関係各位(審査部会の構成メンバー，研究事業部)にも感謝したい。毎年の研究実地審査，進捗状況審査，中間評価などでの厳しいコメントは学術的な面で私たちに熟考を促し，いくつかの修正や発展を導いた。さらに，研究スペースや研究助成を惜しまなかった筑波大学にも心から感謝申し上げたい。筑波大学「比較市民社会・国家・文化」教育研究特別プロジェクト以来，岩崎洋一（元）学長，山田信博（前）学長，永田恭介学長を始め，多くの関係者から一貫して物心両面での暖かい支援を頂いている。

　大規模調査には，それに丁寧に答えてくれる調査対象団体の皆様なしには成り立たない。本調査には，数千の団体のデータが含まれ，少なくとも数千人の中国の方々に参加協力していただいたことがわかる。心から感謝申し上げたい。

　中国において調査を実際に行った共同研究者に感謝する。共編者である北京大学政府管理学院の李景鵬教授のチームの事務局長である袁瑞軍副教授，さらに北京大学社会学系張静教授，国家行政学院政治学教研部褚松燕教授，浙江大学公共管理学院郎友興教授，黒龍江大学哲学・公共管理学院葉富春教授，北京大学政府管理学院張長東講師，さらにデータベースの整理をしてくれた黎娟娟氏（北京大学修士卒，現在中国サムスン経済研究院），北京大学公民研究センター主任高丙中教授および研究センターのスタッフたち，また，2011年の温州市社会団体調査に協力してくれた浙江工商大学公共管理学院院長陳剰勇教授に深く感謝する。中国側から寄稿してくれた中国人民大学農業・農村発展学院仝志輝副教授，浙江行政学院汪錦軍副教授，趙秀梅氏（東京工業大学博士（学術））にも感謝したい。筑波大学でのシンポジウム・ワークショップに参加した浙江大学公共管理学院阮雲星教授，浙江工商大学公共管理学院張丙宣講師(2011年2月14日－15日)，清華大学公共管理学院王名教授(2013年1月23日)，陳剰勇氏，郎友興氏の早稲田大学アジア研究機構でのワークショップ(2009年10月30日)，王名氏の筑波大学でのワークショップをアレンジしたアジア経済研究所地域研究センター任哲研究員，早稲田大学アジ

ア研究機構現代中国研究所張望講師にも感謝する。中国でのワークショップに参加関与してくれた清華大学政治系景躍進教授，北京大学政府管理学院句華副教授，北京大学社会学系呉麗娟講師，中国社会科学院アメリカ研究所王歓准研究員，中華人民共和国民政部政策研究センター政務研究室主任談志林研究員に感謝する。さまざまな点で本書を生み出す最初のきっかけを作った防衛大学校校長国分良成教授，数多くの研究会での本プロジェクトへの貴重なアドバイスをしてくれている早稲田大学政治経済学術院唐亮教授，法政大学法学部菱田雅晴教授にも心から感謝する。

　このメンバー以外にも多くの研究者や大学院生が関与し，協力を惜しまなかった。感謝申し上げる。研究室スタッフとして，朴仁京研究員，田川寛之研究員，Shakil Ahmed 研究員，舘野喜和子職員，小杉香職員の日々の努力に心から感謝する。

　執筆者以外の研究組織は次の通り。研究代表者：辻中豊（筑波大学）。研究分担者，波多野澄雄（筑波大学），坪郷實（早稲田大学），崔宰栄（筑波大学），大西裕（神戸大学），森裕城（同志社大学），坂本治也（関西大学），Dadabaev, Timur（筑波大学），竹中佳彦（筑波大学），近藤康史（筑波大学），山本英弘（山形大学），濱本真輔（北九州市立大学），久保慶明（琉球大学），柳至（琉球大学），Anar Koli（筑波大学），Murod M. Ismailov（筑波大学）。海外の研究協力者，韓国の廉載鎬（高麗大学），米国の Robert J. Pekkanen（ワシントン大学），Steven Rathgeb Smith（ワシントン大学），Joseph Galaskiewicz（アリゾナ大学），Susan J. Pharr（ハーバード大学），T. J. Pempel（カリフォルニア大学），ドイツの Gesine Folijanty-Jost（マーチン・ルター・ハレ大学）Jana Lier 研究員（同），タイの Chalermpon Kongjit（Chiang Mai University），バングラデシュの Farhat Tasnim（University of Rajshahi）。

　そして本シリーズを辛抱強く刊行していただいている木鐸社坂口節子社長の忍耐力に感謝する。
　最後に，編者たちと執筆者たちのすべての家族に心から感謝し，本書を捧げたい。

　　（1）　JIGS とは，Japan Interest Group Study (project) の略称である。うち第

１期調査（以下，JIGS1）は，東京都と茨城県の団体調査を出発点に，1997年から2006年にかけて実施された。その後2006年より第２期調査（以下，JIGS2）が実施され，現在に至る。第１章「方法」を参照。
（２）　中国が研究対象となったのと並行して，辻中研究室には，それまで皆無であった中国人留学生（大学院生）が加わり，現在では10名を超すまでになった。同時に，ルーマニアやクロアチア，ウズベキスタンなど旧ソ連地域の移行諸国やインド，タイ，バングラデシュなどからの院生も加わり，国際色豊かな研究室となっている。
（３）　中国語版：郝玉珍訳『利益集団』（経済日報出版社，1989年）。台湾版：陳水逢訳『日本利益集団』（中日文教基金会，1990年）。
（４）　1999年の清華大学王名チーム以降，付録Ｉにある各地のNGO・公民社会・公共政策系の研究所でもサーベイを行っているが，公刊書や論文にサーベイの分析結果を利用していない場合が多い。巻末付録Ｉ参照。
（５）　中国語の日刊『時報』1998年11月18日。「中国人学者，日本にて中国の社会利益集団の現状を語る」（1998年11月11日，東京，国際文化会館での講演より）。このように社団へのサーベイは中国側のイニシアティヴによるところが大きい。
（６）　例えば，共通の設問についての回答率にも，各国によって差異がある。我々は，15カ国の交差文化調査を通じ，各設問の回答率自体が設問への関心度等を反映しているとの認識に至り，通常有効回答を分析するところを，非該当が多い設問で特に強調する必要があるときには全体パーセントを表示することにした。
（７）　日本比較政治学会編『日本政治を比較する』早稲田大学出版部，2005年Ｉ部の「比較の方法」の論文，特に大嶽秀夫論文を参照。

現代中国の市民社会・利益団体　目次

はじめに　　　　　　　　　　　　　　　　　　　　　　　　　辻中豊

序章　　　　　　　　　　　　　　　　　　　　　　　辻中豊・小嶋華津子
  1　市場経済化と経済発展　16
  2　政治体制の継続　18
  3　市民社会の台頭　22
  4　問題提起　25

第Ⅰ部
導入

第1章　方法　　　　　　　　　　　　　　　　　辻中豊・李景鵬・袁瑞軍
  1　概念とアプローチ　36
  2　分析範囲　41

第2章　視角　　　　　　　　　　　　　　　木島譲次・小橋洋平・菊池啓一
  はじめに　52
  1　比較の中の民主化研究：近代化論から市民社会論へ　53
  2　最近の現代中国政治研究：英語圏と日本　57
  3　新しい研究課題：ポスト工業化時代の世界の中の中国市民社会　61
  4　まとめ：比較の中の中国とJIGS　77

第3章　制度　　　　　　　　　　　　　　　　　　　　　　　　　黄媚
  はじめに　86
  1　中国市民社会組織の諸構成　87
  2　市民社会組織を取り巻く法制度：建国後からWTO加盟前　92
  3　法規制の緩和とその限界：WTO加盟以降の新たな動き　96
  4　まとめ　99

第Ⅱ部
JIGS調査データを用いた比較分析

第4章　比較の中の中国市民社会組織―概況　　辻中豊・小橋洋平・黄媚
　はじめに：比較対照によって横顔をみる　114
　1　プロフィールの国際比較　115
　2　中国国内の地域間比較　126
　3　変化する社団　129
　4　党組織の有無別の比較　131
　5　まとめ　135

第5章　党・政府関係：「埋め込まれた規制」へのしたたかな戦略　　黄媚
　はじめに　144
　1　先行研究と本章の分析枠組み　144
　2　社団と党・政府との関係：人事・財政・物質的つながり　148
　3　社団の活動展開と政治過程への参加　150
　4　社団の主観的認識：市民社会の萌芽になるのか　154
　5　まとめ　156

第6章　ネットワーク　　小嶋華津子・菊池啓一
　はじめに　164
　1　本章の分析枠組み　164
　2　政府機関との関係の緊密度・諸アクターとの協調・対立関係　166
　3　諸アクターに対する信頼　173
　4　まとめ：活動分野による社団のネットワークとガバナンスの多様性　176

第7章　政治過程　　黄媚
　はじめに　182
　1　中国の政治・政策決定過程をめぐる議論　182
　2　設立目的　184
　3　政治過程における活動の展開：ロビイング　186

4　まとめ　193

第8章　民弁非企業単位　　　　　　　　　　　　　　　　黄媚
　　はじめに　200
　1　民非の成長：制度的・社会的背景　200
　2　存立様式　204
　3　自立性・政策関与・組織ネットワーク　208
　4　まとめ　212

第9章　基金会　　　　　　　　　　　　　　　　小嶋華津子・小橋洋平
　　はじめに　218
　1　中国の基金会とその発展　220
　2　地方性基金会と政府　222
　3　地方性基金会の政治観　225
　4　政府との距離と政治観の関係に見られる地方性基金会の傾向　227
　5　まとめ　228

第10章　公共サービスの委託　　　　　　　　汪錦軍（許旭成・和嶋克洋訳）
　　はじめに　236
　1　概要　237
　2　制度的依存度　239
　3　政策環境　242
　4　まとめ　244

第Ⅲ部
事例研究

第11章　人民団体―労使頂上団体を例として　　　　　　黄媚・小嶋華津子
　　はじめに　250
　1　「統一戦線」と人民団体　250
　2　中華全国総工会　252

3　中華全国工商業連合会　258
　　　4　まとめ　262

第12章　都市コミュニティ　　　　　　　　　　　　　　　　　小嶋華津子
　　はじめに　268
　　　1　中国都市部のコミュニティ　268
　　　2　社区と草の根NGO　272
　　　3　まとめ　275

第13章　農村コミュニティ　　　　　　　　　全志輝（許旭成・竜聖人訳）
　　はじめに　278
　　　1　農村市民社会組織の定義　278
　　　2　農村市民社会組織の分類　279
　　　3　農村市民社会組織の諸構成　281
　　　4　まとめ　287

第14章　国際社会と草の根NGO　　　　　　趙秀梅（趙秀梅・大倉沙江訳）
　　はじめに　290
　　　1　草の根NGOの設立における国際社会の役割　291
　　　2　草の根NGOの能力向上に向けた国際社会の活動の展開　293
　　　3　草の根NGOと政府との関係構築　295
　　　4　草の根NGOの活動戦略：アウトサイド・ロビイング　300
　　　5　まとめ　301

第15章　メディアの批判報道　　　　　　　　　　　　　　　　　　王冰
　　はじめに　306
　　　1　社会代弁意識の目覚め期（1978年－1989年）　307
　　　2　社会的責任意識の向上期（1992年－2002年）　309
　　　3　公共意識の構築期（2003年－現在）　311
　　　4　まとめ　314

第Ⅳ部
国際比較の中の中国

第16章　アドボカシーの国際比較—7カ国との比較

　　　　　　　　　　　　　　　　　　　　　小橋洋平・辻中豊・木島譲次

　はじめに　322
　1　社会団体によるアドボカシーのリソース，手段，成果　323
　2　東アジア諸国との比較：
　　　　開発主義における産業政策の推進が及ぼす影響　332
　3　まとめ　338

第17章　BRICsの一員としての中国の市民社会　　　　　菊池啓一・辻中豊
　はじめに　350
　1　BRICs諸国で行われたJIGS調査の概要　352
　2　BRICs諸国における社会団体のプロフィール　354
　3　社会団体の行政への接触経験とアウトサイド・ロビイングの経験　361
　4　BRICs諸国における社会団体の主観的な影響力認知とその決定要因　363
　5　まとめ　367

第18章　結論　　　　　　　　　　　　　　　　　　　　　　　　辻中豊
　はじめに　374
　1　序論の5つの疑問（Q）への解答　374
　2　参加と制度化：高まる不満　381
　3　中国政府の対応　383
　4　社会的制度化の意味，可能性　384
　5　今後の展望　385

参考文献　389
付録Ⅰ　中国の市民社会組織についてのサーベイ調査一覧　413
付録Ⅱ　社会団体調査票（中国2次調査　C-JIGS2）　416
索引　433

序章

辻中豊・小嶋華津子

中国の市民社会組織は，どのような文脈の下で発展してきたのだろうか。本章では，市場経済化と経済発展，政治体制改革の停滞，重層的権力構造など，市民社会組織の生存空間を規定する中国の国情を概観し，本書を貫く5つの問いを投げかける。

中国での市民社会・利益団体調査が可能となり，また必要とされた背景には，20世紀末以降の中国の政治社会の大きな変化がある。ここではまず，中国の現状を，市場経済化をつうじた経済の著しい発展，権威主義的政治体制の継続，市民社会の台頭という3つの観点から中国の現状を確認し，そこから導きだされる基本的な疑問を提起する。

1　市場経済化と経済発展

　まず確認すべきは，著しい経済発展である。辻中は1999年北京大学で講演したのが初めての訪中であったが，それ以降毎年訪中する度に，経済社会の著しい変化を目の当たりにしてきた。

　経済発展をもたらしたのは，1980年代より本格始動した改革開放である。鄧小平は，国是である「社会主義」に「中国の特色を持つ」という枕詞を付すことで柔軟な解釈を与え，階級闘争から経済発展へと舵を切った。そして，これまで中央政府が握っていた経済管理権限を地方に，企業に，農家に開き，自助努力の成果が当事者に還元されるしくみを作ることにより経済の活性化を図った。加えて，広東省，福建省の一部都市に設置された「経済特区」を足がかりに，外資の受け入れをはじめとする対外開放を本格化させた。自前の「先富論（豊かになれる条件を備えたものから豊かになる）」に基づくこうした政策は，中国に二桁の経済成長をもたらした。

　その後1989年の第二次天安門事件により，経済成長は一時的にブレーキがかけられた。学生・市民の民主化運動を武力で弾圧した中国に対し，西側諸国が経済制裁に踏み切るなか，中国国内には，「保守派」が台頭し，「和平演変論（資本主義諸国が民主・自由を掲げ，平和的な方法で社会主義政権を転覆させようとしているとの考え方）」が支持を得た。しかし，ソ連・東欧の社会主義政権の劇的な崩壊を目の当たりにした中国が，ポスト冷戦期を生き延びるべく選択したのは，さらに大胆な市場経済化により富強を実現する道であった。1992年春の鄧小平の呼びかけを機に，「社会主義市場経済（社会主義と市場経済は矛盾しないという考え方）」のスローガンの下，中国は市場経済化をいっそう深化させ，2001年12月にはWTO加盟を果たした。2008年にはリーマン・ショックで世界経済が停滞したが，中国は即座に4兆元（約56億円）規模の景気刺激策を講じ，経済成長率を回復させた。2010年にはGDP

総額で日本を抜き、世界経済に占めるシェアは、2011年時点で米国が23.3%、中国が9.3%。日本8.7%となっている。[1]

中国の経済発展ぶりを示すデータを紹介しよう。2012年の中国のGDPは、1980年比（93SNA）[2]で、名目で4413.1%（44倍）、実質で2090.6%（21倍）となり、辻中が最初に北京大学を訪問した1999年との比でも771.6%（8倍）、実質で345.9%（3倍）となる。この間、物価など、沿海部では10年間で10倍の上昇に近い。[3] 1人当たりGDP（2005年当時のドル換算）でも、1980年が名目で220ドル、実質で524ドルであったものが、1999年には名目で1,044ドル、実質で2,480ドル、2012年には名目で3,348ドル、実質で7,958ドルに達し、いわゆる中進国の水準に差し掛かりつつある。

これに伴って、車の個人所有台数は増加し、2011年には7,327万台に上った。これは1985年の28万台に比して約260倍となる。[4] また携帯電話の普及率は、2011年に74%に達した。[5] 大学進学者数は1978年には40万人であったが、1990年には61万人へ、さらに2011年には682万人と約11倍に増加した。[6] 海外留学者数も、1978年には860人に過ぎなかったが、2000年には3万9千人へ、2011年には34万人に急増した。[7] 中でもアメリカに留学する若者の数は、日本をはるかに超え、アメリカで博士号を取得した学生の出身大学で最大比率を占めるのは、アメリカの大学ではなく、中国の名門大学である。アメリカでもヨーロッパでも日本でも、主要大学のキャンパスは、中国からの留学生で満ち溢れている。

無論、未熟な市場経済の下での急速な経済発展は、多くの負の側面をももたらした。沿海部と内陸部、都市と農村、持つ者と持たざる者の格差は拡大する一方である。党・軍・政府、大型国有企業の幹部がレントシーキングにより経済発展の恩恵を独占しており、所得の再分配は必ずしもうまくいっていない。環境汚染や食の安全の問題により人々の健康は危険にさらされている。しかし、改革開放後の30数年間、「社会主義市場経済」を掲げた20年余りの著しい経済発展が、総じて、人びとの生活を豊かにし、人々の国家への依存度を低下させ、一定の「自由」をもたらし、市民社会組織の活動空間に影響を及ぼしたことは疑いえない。

2　政治体制の継続

2－1　停滞する政治体制改革

　次に確認すべきは，上述した経済社会の劇的な変化が，政治体制の変化を伴ってこなかったという点である。中国共産党が「政治権力の中枢を担い，あらゆる重要政策を決定」する（唐 2012：46－47）非民主的体制は，今日に至るまで健在である。近代化の果てに自由民主主義的な政治体制への変化を想定してきた近代化論者，もしくは「民主化の波」を経験論的に観察してきた多くの比較政治学者は，1人当たりGDP（USドル換算）が1000～3000ドルになれば中産階級／中間層が成長し，彼らを担い手として民主化への移行が始まり，5000～6000ドルになれば民主化への移行が不可逆的趨勢になると議論してきた。しかしながら中国では，現時点において，経済発展が政治体制の転換をもたらしてはいない。

　政治体制評価で著名な（但し批判も多い）フリーダム・ハウスの評点を見ておこう。「政治的権利」の評点（1.0が最高，7.0が最低）は，改革開放政策が始動したとされる1978年の時点で最低の7点から6点にやや上昇したが，89年の天安門事件以後，再び最低に戻っている。ロシアなど旧社会主義圏が，非自由国から自由国に転じたような大きな変化は見られない。「市民的自由」の評点（1.0が最高，7.0が最低）も，同様に最低の7点と6点を行き来している。結果的に，総合点は1998－99年に6.5となり現在までそのままである。6.5という評点は，キューバ，ラオス，ベラルーシと同等であり，北朝鮮，トルクメニスタン，シリアの7よりは高いものの，アフガニスタンやジンバブエの6より低い。同様にポリティIV（Polity IV）の評点も，1978年の改革開放・自由化政策の開始の時点で，最低に近い－8から－7点にやや上昇したがその後変化はない。ロシアなど旧社会主義圏が，マイナスからプラスに転じたような大きな変化は見られない。

　中国の現行憲法は，「公民は，言論，出版，集会，結社，行進，示威の自由を有する」（第35条）と明記している。2004年には，「国家は人権を尊重し，人権を保障する」という文言が第33条に加筆された。国際人権規約をみても，中国は「経済的，社会的及び文化的権利に関する国際規約（社会権規約，A規約）」，「市民的及び政治的権利に関する国際規約（自由権規約，B規約）」

にそれぞれ2001年、1998年に署名した。しかしながら、現実を見れば、共産党による政治の独占が顕著であり、人々の自由や権利は保障されていない。

では、共産党はいかなる方法で政治を独占しているのか。党による政治の独占を法律上規定しているのは、憲法前文の次の文言である。

　　中国の各民族人民は、ひきつづき、<u>中国共産党の領導の下</u>、マルクス・レーニン主義と毛沢東思想、鄧小平理論および「三つの代表」（後述）の重要思想に導かれて、<u>人民民主独裁を堅持し</u>、社会主義の道を堅持し、改革開放を堅持し、…我が国を富強で、民主的で、かつ文明的な社会主義国家として建設する（注釈・下線は引用者）

「中国共産党の領導」を支える理論が、「人民民主独裁」である。これは、労働者・農民を主体とする「人民」がその前衛政党たる中国共産党の統治をつうじて、階級の敵に対して独裁を行うというものである。すなわち、党が領導者として強大な権力を行使することを理論的に正当化しているのが「人民民主独裁」という国是なのである。市場経済化を経て、共産党による一党支配の正当性は、イデオロギーから、「富強」中国を実現した功績へと転換しつつある。しかし、それでもなお党が「人民民主独裁」を謳い続ける理由はそこにある。

　実際に党は、次のような手法で国家機関および社会の隅々にまで浸透し、行政府をしのぐ政治権力を行使している。第一に、「工作領導小組」等と呼ばれる組織の設置である。党中央には、中央外事工作領導小組、中央財経領導小組等の組織が置かれ、それぞれ外交や経済・金融分野の重要事項について、一元的に決定権を握っている。国家機関である外交部や財政部・商務部などの中央省庁は、党の決定にしたがい、日常の行政事務を遂行しているにすぎない。また中国人民解放軍についても、今日に至るまで「党の軍」と定位され、その最高意思決定は党中央軍事委員会にある。

　第二に、党委員会・党組の設置である。党規約によれば、すべての組織や団体は、党員が3人以上いる場合、党の組織を設置しなければならない。同規約に基づき、共産党は、中央各省庁、地方政府の各部局から、人民代表大会、司法機関、さらには企業や社会組織に至るまで、あらゆる組織に、党委

員会・党組と呼ばれる組織を設置している。党組織の組織率は，民間団体では14.8％，民間企業では15.9％に留まるものの，党員比率の高い政府機関についてはほぼ100％に近い（唐 2012：15）。党は，これらの組織をつうじて，党の方針を国家・社会の運営に限無く反映させようとしている。

　第三に，幹部人事権の掌握である。党は，重要な幹部ポストの任免権を握っている。例えば，党中央組織部は各省の省長や閣僚（中国では部長）レベル以上の幹部の任免権を掌握し，各省・直轄市・自治区の党委員会は市レベルの幹部の任免権を有する。またここで，後述の内容との関連で言及しておきたいのが，編制制度である。編制制度とは，党・政府が，非公有制企業を除く重要な組織に一定の幹部・職員枠を定め，その給与等を国家・地方財政から支弁する制度であり，組織の種類に応じ，国家機関（行政）編制，国家事業編制，国家企業編制，社団編制，軍事編制など数種類が設けられている（諏訪 2004）。

　第四に，党宣伝部をつうじた言論空間の統制である。市場経済化をつうじメディアは少しずつ自立性を獲得しつつあるが，党の領導に不都合と見なされる情報についてはインターネット情報をも含め，厳しく統制されている。

　党が上記の方法をつうじてあらゆる政治・行政を一手に代行する状況については，1987年秋の中国共産党第13回全国代表大会で趙紫陽総書記が示した政治改革案において，抜本的な見直しの方針が打ち出された。しかしながら，党と政府の分離という画期的な方針は，党の領導の弱体化を危惧する党内の保守派や，既得権益の喪失を恐れる党員らの抵抗により進まなかった。結局，1989年６月の第二次天安門事件を経て，一度は機能の縮小が決まった党委員会・党組についても再び強化されることとなり，今日に至っている。

　中国には国家および各行政レベルに，擬似的な「民主」制度として人民代表大会（人代），政治協商会議（政協）という２つの制度が設けられている。人代とは中国の「議会」にあたり，憲法上は，国家（あるいは当該行政区域）の最高権力機関と位置づけられる。しかし，「議会」といっても住民の直接選挙で代表が選出されるのは県レベル以下の議会に限られ，その選挙も，最終候補者の審査・決定を含む全てのプロセスが，党委員会を中心に組織された選挙管理委員会により管理されている。また，政協とは，共産党が民主党派，人民団体，無党派民主人士や各界代表との連繋を深めるべく設置した諮問機

関に過ぎない。また，人代代表および政協委員は，政府職員あるいは企業・事業体の幹部としてのポストを兼任しており，それが人代と政協の自律的立場を曖昧にしている。いずれの組織も，「党の意思の追認機関」として「ゴム版議会」などと揶揄されていた過去に比べれば，各選挙区および集団の利益政治が展開される場としての機能を強めているものの（加茂 2006; Manion 2008; Xia 2007; Cho 2008），依然として党の領導の下，限られた空間の中で機能を果たしているに過ぎない。

2-2 共産党の変容

　他方，共産党自身は冷戦終焉後の国際社会において生き残りを図るべく，柔軟に自己改革を実施してきた。多くの研究者が指摘するとおり，その変革の方向を一言で表すならば，「包摂（cooptation）」である（Shambaugh 2008; Dickson 2008; 鈴木 2012）。

　まず，1980年代末の民主化運動で，大学生らによる体制批判にさらされた共産党が，天安門事件直後から「包摂」に尽力したのが，大学など高等教育機関に所属する知識エリートであった。積極的な党員リクルートの結果，共産党は，労働者・農民の前衛政党から知識エリートの政党へと，その性質を大きく変化させた。その結果，2011年末時点で，8,260万2,000人の党員のうち，大学・専門学校卒業以上の学歴を持つ党員は3,191万3,000人（38.6％）に達した。

　また今世紀に入ってからは，経済エリートの「包摂」を本格化させた。2000年2月に江沢民総書記が提起し，その後，党規約および憲法に盛り込まれた「三つの代表」思想は，中国共産党の代表すべき3つのものとして，「中国の先進的文化の進むべき方向」，「中国の最も幅広い国民の根本的利益」と並び，「中国の先進的な社会生産力の発展の要求」を掲げることにより，経済エリートたる企業家との結びつきを強化しようという党の方針を示すものであった。現に江沢民は，2001年7月1日，共産党の成立80周年に際して行った講話のなかで，私営企業家や個人営業者に対し，共産党への入党を認める方針を示した。

　国内の政治エリート，知識エリート，経済エリートを共産党に結集させることこそ，一党支配体制の安定的存続を目指す党が描く理想の構図である。

党はそのプロセスを着実に進めることにより,強い生命力を獲得してきたと言える。

2－3　重層的権力構造

中国の政治を理解する上で,いま1つ欠かせない視角が,権力構造の重層性である。日本の26倍以上の国土を有する中国は,5つの行政レベル——①中央,②省レベル(23省,5自治区,4直轄市),③市レベル(地級市332),④県レベル(1,456県,857市轄区,369県級市),⑤郷鎮街道レベル(13,587郷,19,683鎮,7,194街道)——に分かれており,さらにその下に準行政レベルとして60万の村がおかれている。この行政の重層構造を前提とした上で,如何に地方に自治を与えるかが中央政府にとって一貫して大きな課題であった。

任哲(2012)の言葉を借りれば,中国政府は,改革開放以降,政治面では集権を維持しつつ(「政府集権」),幹部人事や財務を含む多くの行政権限を地方に委譲してきた(「行政分権」)。特に財政については,鄧小平のイニシアティヴの下,「統一徴収,統一分配」方式から,あらかじめ中央への上納額あるいは中央からの補助金を決め,それ以外は地方が独自に財政管理を行う地方財政請負制への転換がなされた。また,1979年,深圳,珠海,汕頭,アモイを「経済特区」に指定したことを皮切りに,共産党は,特定の地方に限定して大胆な改革を試行しながら,慎重に改革を進めてきた。中国の経済発展は,裁量権を獲得した地方政府が,自らのイニシアティヴにより地元の経済発展に邁進してきた成果だと言える。

その結果,地方は今日,経済・社会に関わる行政権限を握り,中央も地方を完全にはコントロールできないのが実態である。マクロ・コントロールの失調は,地方債務の問題等深刻な問題をもたらすが,同時に各地方が,当地の状況に応じ臨機応変に政策を実施する余地を生み出すことで,政治はよりダイナミックなものとなる。本書で論ずる社団等民間非営利組織についても,地方ごとに政策に幅が生まれ(第3章),それが国全体の政策変化を促すこともある。後に紹介する調査データは,地方ごとの団体政治の多様性を裏付けるものとなっている。

3　市民社会の台頭

3 - 1　改革開放と市民社会の「育成」

　以上に述べたような経済・政治状況の下で，中国の市民社会は形成され，発展を遂げてきた。無論，中国における市民社会の登場は新しい現象ではない。建国以前，中国社会に存在した多様な民間組織については，多くの研究の蓄積がある[18]。また，建国直後より繰り返された政治キャンペーンによって，党・政府による社会領域の「全面制圧」が進んだとはいえ（菱田 2000：3），1950年代後半から1960年代の「有国家，無社会」（社会無き国家）と称される時代にあってもなお，一定の自律的な「社会」は存在した（野口 2005）[19]。しかし，現体制の下での市民社会の成長を促す起点となったのは，やはり改革開放であった。

　市場メカニズムを導入する過程で，党・政府は「小政府，大社会」（小さな政府，大きな社会）の呼びかけを行い[20]，自らのイニシアティヴの下，計画経済体制下で肥大化した政府機能の縮小と，一定程度の自律性を持つ民間非営利組織の育成を推し進めた。1980年以降，党・政府機関における職務の終身保障制度の廃止と定年退職制度の導入が進められ，1982年，1988年，1993年，1998年には大規模な職員のリストラを伴う政府機構改革が断行された。

　社団の増加は，上記政府機構改革の進展と無縁ではない。「民間にできることは民間で」という方針の下，政府から切り離された諸機能の受け皿として，社団は発展してきたのである。また，社団の設置は，党・政府幹部に定年退職後のポストを確保する手段であるとともに，政府機構改革によりリストラされた政府部門の権益を別の看板の下に温存し，職員に再就職先を確保するための抜け道でもあった。

　図序－1が示すように，「社会団体登記管理条例」が制定された1988年時の社団数は5,000団体に満たなかったが，1991年には8万団体を超え，翌年には10万団体を超えた。その後，12〜13万団体で停滞したが，21世紀に入り再び増加傾向に転じ，2011年には26万団体に達しようとしている。特に著しい増加を見せているのは県レベルの社団である。また，1998年には，「民弁非企業単位登記管理暫行条例」の制定に伴い，社会公共事業・公共サービスを行う政府傘下の事業単位が，「民弁非企業単位」という名義で登場した。民非は1999年時点ではわずかに6,000団体足らずであったものが，2012年には22万を超えた。さらに日本の財団にあたる基金会も，1981年にはわずかに7団体，1991

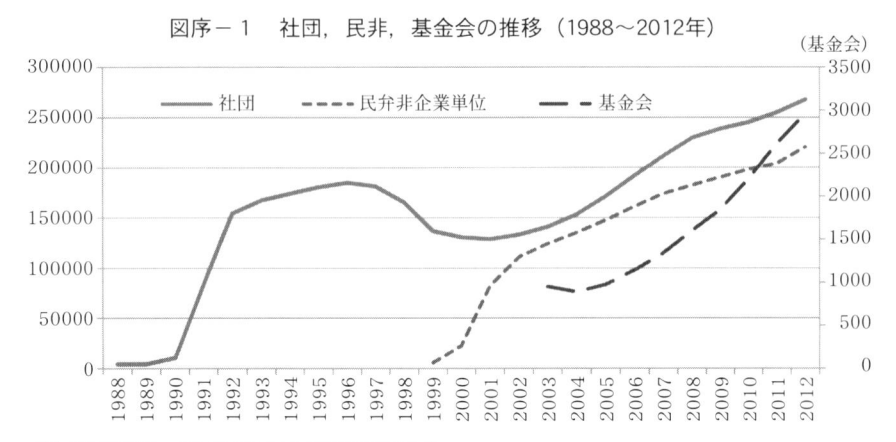

図序－1　社団，民非，基金会の推移（1988～2012年）

注）2002年以前，基金会は社団として登録されている。
出所）「社会組織歴年統計資料」「2012年中国社会組織発展統計数据」（中国社会組織年鑑編委会(2012, 2013)『中国社会組織年鑑』北京：中国社会出版社）に基づき，小橋洋平作成。

年には189団体を数えるにとどまっていたが，2004年に「基金会管理条例」が施行されたことを受けて急増し，2012年には2,961団体に達した。

そして政府は，これらの団体が政府機構改革の隠れ蓑とならぬよう，団体とその業務主管単位（主務官庁）との間の人事・財務面での癒着を断ち切るべく様々な政策を講じてきた（「政社分離」）。まず1991年6月には，社団に対する国家機関（行政）編制枠の人員と資金の割当を禁止した[21]。また，党，政府（行政），人代，政協，司法，検察の各機関の幹部が社団の指導的職務を兼任することを禁じた[22]。同時に，1990年代の公共財政システム改革により，各政府部門が財政自主権を失ったことも，組織の裏金のプール先としての社団の価値を低下させ，政社分離を促す遠因となった（辻中 2009：247）。

また，党・政府主導で組織された「社会」として，いま一つ言及すべきは農村および都市における住民自治組織である。農村では1982年に人民公社が正式に廃止されるに伴い，行政単位としての郷が復活し，その末端に「大衆自治組織」として村民委員会が配置された（第13章）。また，都市部では1990年代に入り，国有企業改革の一環として，国有企業が持っていた社会運営機能を切り離す過程で，その受け皿として，既存の居民委員会の社区居民委員会への再編と機能強化が進められた（第12章）。村民委員会も社区居民委員会も，執行役員については住民の直接選挙が実施されているが，それらの選挙

も先述の県人代代表選挙と同様に，党委員会の介入を受け，形骸化しているのが現実である。

3－2　市民社会の自生的発展

政府主導の「育成」の動きに加え，市場経済化とそれに伴う国家－社会関係の変化が，市民社会の自生的発展をもたらしたことも無視できない。

いわゆる「草の根 NGO」は，特に環境，女性，貧困救済などの分野を中心に著しい発展を遂げてきた。李妍焱（2012）によれば，中国では1990年代半ば頃より，民間人により設立・運営される草の根 NGO が社会の表舞台に登場した。最初の草の根 NGO とされるのが，1993年設立の「自然の友」である。それ以降，その数は急増の趨勢にある。草の根 NGO は，社団としての登記が難しいこともあり，企業として登記していたり，未登記のまま活動していたりするため，その全体像を掴むことは困難である。賈西津（2005）は，企業として登記している団体，二級団体（機関・団体・事業体の内部に設置された社団），農村の互助・公益組織（第13章），海外とつながりのある団体等を含めて，200万～270万団体が，民政部に登記しないまま活動していると推測している。

また，幹部の権力濫用や社会の不公正，所得格差の拡がりに対する市民の不満が集団騒擾事件となって噴出する中[23]，人権や正義の実現を目指して立ち上がる知識人たちは[24]，明確な組織を持たないものの，緩やかなネットワークを形成しつつある。

これら自生的な市民社会の発展を支えているのが，自律性を高めるマス・メディアである。改革以前，中国のマス・メディアは，政府の事業部門であり，その運営費，人件費などは財政予算によって賄われていた。共産党委員会は党宣伝部をつうじて，マス・メディアの人事権を握り，報道内容を厳しく統制していた。しかしながら，市場経済化の波は，次第にマス・メディアの分野に及び始めた。すなわち，他の企業と同じように，テレビ・ラジオ局，新聞・雑誌社にも独立採算制が導入された結果，各社は，購読者数・視聴者数を獲得すべく，市民の関心に応えるスクープ記事を扱うようになり，地元政府の不正を暴いたり，政策の不備を衝いたりすることも辞さなくなった。これに対し，党・政府は，一方ではメディアの自律的報道を，世論による監

督を実現する手段として肯定的に評価しつつ，他方で政権の安定に不利だと判断する報道については，厳しい規制を敷いている。まさに，当局による「禁令」と，それを潜り抜け，読者受けする記事で売り上げを伸ばそうとするジャーナリストとのせめぎあいが，恒常的に繰り返されているのである（第15章）。またインターネットにおける言説空間の拡大も著しい。インターネット利用者数は，1997年には62万人であったが，2011年には5億1,310万人に増加した。[25]

3-3　市民社会の生存空間：育成と統制管理の狭間で

　以上のように，今日の中国の市民社会は，「育成」と「自生」の2つの側面を持つ。そして最後に指摘すべきは，党・政府の統制管理である。拡大する市民社会が国家の統制を離れ，腐敗や反政府活動の温床にならぬよう統制管理の制度化を進めてきた。例えば，社団については，天安門事件直後の1989年10月に公布され，1998年10月に改定された「社会団体登記管理条例」は，社団設立の要件（第3章参照）を明示すると同時に，①設立にあたっては，関係業務主管部門の審査・批准を経た後に，登記管理部門である民政部門に申請しなければならない，②一行政区域内に類似した分野の「社団」の並存を認めない，③地方支部機構の設置を認めないなど，登記管理上の厳格化を図るものであった。同「条例」および諸規定によれば，社団は年に一度，法律や政策の遵守状況，規約の履行状況，人員および機構の変動状況，財務管理状況について業務主管部門と登記管理部門の検査を受けるほか，シンポジウムの開催，展覧会の主催などの活動を行う場合にも，その都度業務主管部門の審査批准を受けなければならない。このように，社団が業務主管部門に活動を認可される代わりに様々な公式・非公式の指導を受けることは，「掛靠」[26]と呼ばれる。

　また，党は，これらの団体における党組織の建設に尽力してきた。2002年11月，中国共産党第16回全国代表大会で採択された党規約においても，その第29条に社団および社会仲介組織における党建設の必要性が加筆された。

　さらに党・政府は，社団を含む市民社会組織による規約違反や，党・政府にとって不都合な活動の展開に対しては，強制力の行使を伴う厳しい取締りを実施してきた。1999年4月の法輪功事件を経て，2000年4月には，民間組

織に対する監督管理のメカニズムを確立するべく，民政部より「違法民間組織取締り暫行弁法」が発布された。こうした取締りは，今日に至っても続いている。特に，アドボカシー活動により公権力と対峙する組織の出現に，党・政府は目を光らせている。近年では，民主・法治・社会正義を推進する市民の自発的公益組織を名乗り，活動を展開していた「公民」がターゲットとなり，中心人物である許志永および関係者が続々と逮捕・拘束された。[27]

現状において，中国の市民社会組織に許された活動空間は，限定的と言わざるを得ない。党はあくまで，政府（行政）との連携の下，社会サービスを担う主体として，市民社会組織を利用しようとしているのである。そのことは，政府が用いる文言の変化に象徴されている。中国共産党第16期中央委員会第6回全体会議（2006年10月）では，「民間組織」に代わり「社会組織」という新たな概念が提出された。この呼称の変化は，「民間」という言葉に内包された「主体性とエネルギー」を否定し，団体を，共産党が領導する「社会建設」に貢献すべく再定義する動きであった（李 2012：60）。その後中国共産党第17回全国代表大会（2007年10月）では，社会組織の政治的機能として，市民参加，政策提言，社会自治が掲げられ，自由民主主義諸国の概念かつ中国的な文脈と結合する努力が見られたが，第12期5カ年計画要綱（2011年3月）では，「新しい社会管理の創出」という概念が登場し，社会組織に対する「管理」の側面が強調されるようになった。また中国共産党第18期全国代表大会（2012年11月）では，社会ガバナンスの刷新に関わる事項として，「政社分離」と社会組織の活性化が謳われたが，そこで社会組織に期待される役割は偏に公共サービスの提供であった。

3-4 「市民社会」をめぐる言説空間

他方，改革開放以降の市民社会の発展は，多くの研究者の関心を惹きつけ，1998年には清華大学にNGO研究センターが，[28] 2005年には北京大学に公民社会研究センターが設立された。

1990年代末以降，「公民社会」，「市民社会」，「利益集団」，「利益団体」などのキーワードを用いた論文が急増の傾向にあることは，中文学術論文データベース「中国知網」の検索結果が示すとおりである（図序-2）。全文検索でヒットした記事数はいずれのキーワードについても2011年にピークを記録し，

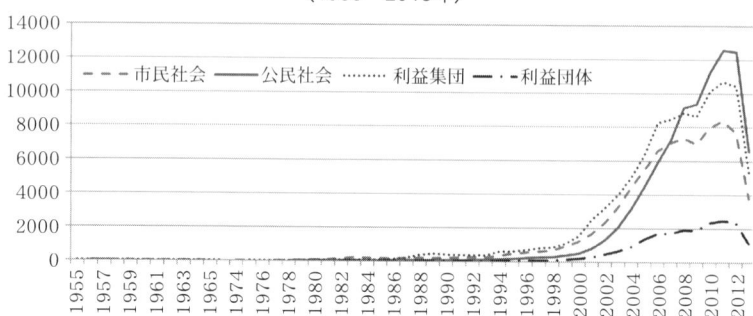

図序-2　利益集団(団体)・市民(公民)社会の検索数の推移
(1955〜2013年)

注)　1)　検索方法：全文検索((Full text search)：タイトル，キーワード，文章の中に特定の文字列を検索)
　　2)　文献の種類：学術誌，新聞，会議記録，博士・修士論文，商業評論
　　3)　文献の分野：哲学・人文科学，社会科学
出所)　中国知網のホームページ(http://www.cnki.net/を参照(閲覧日：2013年11月18日))に基づき，黄媚作成。

「公民社会」は12,570件，「市民社会」は8,384件，「利益集団」は10,704件，「利益団体」は2,479件であった。

　また，より具体的に各種団体を表す言葉――「社会組織」，「社会団体」，「民弁非企業」，「基金会」など――についてみても，同様に，1990年代末以降急増の傾向にある(図序-3)。無論，先述のように，厳格な統制管理の下に置きつつ，公共サービス機能を発揮させようという政府の団体に対する政策方針が明確になるにつれ，政府の頻用する「社会管理」というキーワードが学術論文にも多用されるようになったものの[29]，使用される文脈はともあれ，市民社会，利益団体および市民社会組織に関わる概念が，既に学術用語として定着しつつあることは間違いない。

　このような市民社会や利益集団概念の広範な普及は，「団体革命」(associational revolution)に伴い，世界の言説空間にも観察された現象である(辻中 2012：6-7；辻中・森 2010：21-22)。しかも「NPO」や「市民団体」等の使用頻度が相対的に高い比重を占める日本に比して[30]，中国においては「市民社会」や「利益集団」の使用頻度が高いという点で，より世界の用語使用傾向と類似性を有している。

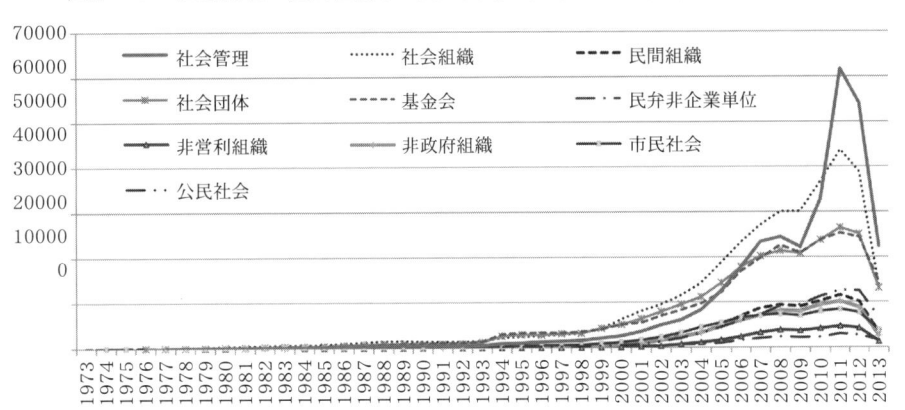

図序－3　社会管理・社会組織など関連用語の検索数の推移（1973～2013年）

注）1）検索方法：全文検索（(Full text search)：タイトル，キーワード，文章の中に特定の文字列を検索）
　　2）文献の種類：学術誌，新聞，会議記録，博士・修士論文，商業評論
　　3）文献の分野：哲学・人文科学，社会科学
　　4）NGO，NPOの検索数は1994年以前では，他の分野の論文がほとんどであったが（言語分野で「NGO」「NPO」の単語を含めたキーワードがカウントされた），1994年以降には，政治学，社会学分野での非政府組織，非営利組織の概念を用いた論文が主流になった。
出所）序－2と同じ。

4　問題提起

　経済の急速な発展と変わらぬ一党支配体制―こうした環境の中で育まれてきた中国の市民社会組織はいかなる機能を持ち，国家といかなる関係を築いているのだろうか。これが本書を貫く問いかけである。
　さらにそこから次のような問いかけが派生する。

(1) 経済の急成長は，市民社会組織の配置，数，人材および経済的リソースにいかなる影響をもたらしているか。経済のグローバル化は，市民社会組織と企業，海外組織／国際組織との関係にいかなる影響を与えているか。
(2) 市民社会組織は政府と人事・財務・活動面でいかなる関係を築いているのか。地域，行政レベル（省，市，県の各レベル），団体の活動分野等によって違いはあるのか。
(3) 共産党と市民社会組織の関係はどのようなものか。党組織／党員は市民社会組織において，いかなる役割・機能を有しているか。

⑷ 憲法に定められた請願／ロビイングの権利を，市民社会組織はどの程度意識し，行使しているか。選挙が実質的に機能していない中で，市民社会組織は何を「てこ」にしてロビイングを行っているのか。市民社会組織は，各行政レベルの政府，党，さらには疑似的な「民主」制度である人代や政協を，どの程度ロビイングの対象として認識し，行動しているのか。
⑸ 市民社会組織はマス・メディアその他非国家主体とどのような関係を築きつつあるのか。

　以下，これら大小の問いかけに，調査データおよび事例研究を以て挑んでいきたい。

　　（１）　GDPに関する情報は世界銀行の公開データ（http://data.worldbank.org/）を参照。実質GDPおよび1人当たり実質GDPは2005年のドル換算の購買力平価によるものである。
　　（２）　1993年に国連が加盟各国にその導入を勧告した国民経済計算の体系。http://www.esri.cao.go.jp/jp/sna/data/reference3/kiso_top.html　2013年7月20日閲覧。
　　（３）　「世界経済の現状と課題：世界各国・地域別のGDP構成比及び成長率」（2011），経済産業省のデータに基づく（http://www.meti.go.jp/report/tsuhaku2011/2011honbun/html/i1110000.html，2013年12月3日閲覧）。
　　（４）　「車の個人所有量」（2012）『中国統計年鑑』北京：中華人民共和国国家統計局編，638頁。
　　（５）　「国民生活基本状況」（2012）前掲書342頁。
　　（６）　「各級各類学校の進学人数」（2012）前掲書752頁。
　　（７）　「大学院生及び留学生人数」（2012）前掲書753頁。
　　（８）　第16章，17章参照。
　　（９）　フリーダム・ハウスは，各国の政治状況を「政治的権利」と「市民的自由」の観点から測定している。政治的権利は，自由・公正な選挙，結党・結社の権利，選挙による権力の交代，軍隊・外国勢力・全体主義政党・宗教的階層支配・経済的寡頭集団からの自由，少数者の保護などでカウントされ，市民的自由は，表現と信条の自由，集会・結社等の自由，法の支配と人権保障，移動・職業の自由などでカウントされる。これは民主化度を測定する指標としてしばしば援用されるが，地域研究者の間には，そのデータと実態の乖離を指摘する声もある。例えば毛里和子は，フリーダム・ハウスの中国に対する評価について，「旧態依然の一元的体制と政治的

閉塞の中にいながら，日常的な実質的自由を謳歌しはじめているいまの中国が北朝鮮や軍政下のビルマ（ママ）とほぼ並んでいることに強い違和感を覚える」と論じている（毛里 2012：307）。
(10) ポリティⅣの説明　執政長官 (chief executives) のリクルートメント，（主に行政府についての）チェック・アンド・バランス，政治参加に関するチェックポイントについて－10点から＋10点の間で採点し，－10点から－5点の国を「独裁国（autocracy）」，－5点から＋5点の国を「アノクラシー（anocracy）」，＋6点から＋10点の国を「民主主義国（democracy）」とする。Monty G. Marshall, Benjamin R. Cole, *Global Report: Conflict, Governance, and State Fragility* (http://www.systemicpeace.org/GlobalReport2011.pdf を参照　閲覧日：2013年7月20日）。
(11) ただしA規約に関しては，工会の存在ゆえに労働組合の自由結社と自由加入に関する権利が留保され，B規約については未審議であり批准に至っていない。
(12) 外交，公安といった機密性の高い部署にとどまらず，国家機関で働く職員の多くが党員であり，中央政府機関の職員に至っては，その80％以上を党員が占めている。
(13) 中国国民党革命委員会，中国民主同盟，中国民主建国会，中国民主促進会，中国農工民主党，中国致公党，九三学社，台湾民主自治同盟が共産党領導下で活動を行う政党として認められている。
(14) 中華全国総工会，中華全国婦人連合会，中華全国青年連合会，中華全国工商業連合会，中国科学技術協会，中華全国台湾同胞連誼会，中華全国帰国華僑連合会。
(15) 文化芸術界，科学技術界，社会科学界，経済界，農業界，教育界，スポーツ界，マスコミ出版界，医薬衛生界，対外友好界，社会福祉界，少数民族界，宗教界，特邀香港人士，特邀澳門人士，特別招請人士など。
(16) これを趙宏偉（1998）は「重層集権体制」と呼んだ。
(17) 『中国統計年鑑（2012年）』前掲書，3頁。
(18) 岸本（2013）は，宋代以降の中国の中間団体に関する研究者の議論を体系的に整理した。
(19) 例えば，呉錦良（2001）『政府改革與第三部門發展』北京：中国社会科学出版社，34頁。
(20) 「小政府，大社会」という文言は，中国社会科学院副院長の劉国光率いる研究チームが1987年，海南省の経済，政治および社会に関し描いた発展のモデルに由来する。
(21) 「全国級社会団体の編制および関連問題についての中央組織部・民政部・人事部・財政部・労働部の暫行規定」（1991年6月），仇加勉・趙蓬奇主

編（2001）『中華人民共和国社会団体管理実用全書』北京：中国工人出版社，433頁。
(22) 例えば，「部門指導同志が社会団体の指導的職務を兼任しないことに関する国務院弁公庁の通知」（1994年4月），「党政府機関の指導幹部が社会団体の要職を兼任しないことを要求する中共中央弁公庁・国務院弁公庁の通知」（1998年7月）など。前掲書，424：426頁。
(23) 集団騒擾事件の発生件数は，1993年には0.87万件であったものが，1999年には3.2万件，2004年には7.4万件，そして2005年には8.7万件，2011年には18万件を超えたと報じられた。陳晋勝（2004）『群体性事件研究報告』北京：群衆出版社，40－45頁，62－64頁。「『典型群体性事件』的警号」（2008）『瞭望』第36期。
(24) 憲法・法律に定められた人々の権益を擁護することを中国では「維権」と呼ぶ。「維権」運動については，呉（2012）に詳しい。そのほか，環境関連の住民運動（Yang 2005; 青山 2010），労働運動（Cai 2002; 小嶋 2009），農民の「維権」活動（Kevin, Li 2006），支援団体の活動（Fu, Richard 2008）など各領域の運動を扱った研究，抗議活動の戦略についての分析（Cai 2008）がある。また論文集としては *Popular Protest in China*（Kevin J. O'Brien 編著 2008）がある。
(25) 「インターネットに関する主要な指標と発展状況」（2012）前掲書，659頁。
(26) 掛靠とは，政府機関など社団の業務主管単位が責任を負って，団体の活動を認可する代わりに，社団が業務主管単位から様々な指導を受けることを指している。
(27) 前身は，北京公盟コンサルティング有限責任公司（通称「公盟」）である。民政部門の認可を得られなかったため，会社として工商局に登記した。
(28) 2000年より清華大学NGO研究所に改称。
(29) 清華大学公共管理学院NGO研究所が出版する学術雑誌『中国非営利評論』は，2012年に社会管理に関する特集を組んだ（清華大学公共管理学院NGO研究所（2012）『中国非営利評論』北京：社会科学文献出版社）。
(30) 日本に関しては，朝日新聞での用語を分析した辻中（2012：6－7）を参照。

第Ⅰ部

導入

第 1 章

方法

辻中豊・李景鵬・袁瑞軍

　市民社会とは，利益団体とは何か。本章では，市民社会組織を分析する際の鍵概念とアプローチを整理する。また，本研究を特徴づける定量分析の試みについて，それを可能にした二度にわたる中国を含む各国市民社会組織の実態調査（JIGS1・JIGS2）の概要を紹介する。

本章では，本書の前提となる概念とアプローチを提示するとともに，本書の扱う分析対象，分析方法について説明したい。

1　概念とアプローチ

序章の最後にまとめたように，本書の主眼は，市場経済化と経済発展，変わらぬ一党支配体制の下で育まれてきた中国の市民社会の機能を明らかにし，中国における国家−社会関係の動向を比較という作業をつうじて特徴づけるところにある。言い換えれば，政治社会学的観点から中国の市民社会および国家−社会関係の動向を規定する内的ロジックを明らかにすると同時に，政治システムの外生変数にあたる経済発展と政治的民主化との関係を，近代化論やポスト工業化論，体制移行論の再検討をふまえて論ずることである。これは，毛里が言うところの，「政治社会学および政治経済学アプローチ」および「比較体制論あるいは民主政への体制移行論アプローチ」として位置づけられよう。[1]

以下，本書で用いる視角および諸概念について説明する。

1−1　市民社会

まずは「市民社会」の捉え方である。本書が措定する「市民社会」概念には，「civic」概念が持つ規範的色彩は無い。「いかなる社会にも市民社会は存在する」とする分析的市民社会論の立場である。本書では社会システムを①政府（国家），②営利企業（市場），③家族（親密圏），④市民社会の4要素により構成されるものとして捉える（図1−1）。そして市民社会を，構造に関しては「政府でもなく，営利企業でもなく，家族でもない領域」，機能に関しては「国家でもなく，市場でもなく，親密圏でもない領域」と定義する。その領域の担い手とされるのが，NGO（Non-Governmental Organization：非政府組織）であり，NPO（Non-Profit Organization：非営利組織）であり，かつNIO（Non-Intimate Organization：非私的組織）であるというように，「非（Non）」を冠する言葉で説明される社会組織である（辻中・森 2010：16）。

市民社会が重要性を増している背景には，公共性の担い手としての期待がある（辻中・森 2010：15−16）。そして集団アプローチに依拠するならば，市民社会を構成するあらゆる社会組織には，多かれ少なかれ，市民の個別の

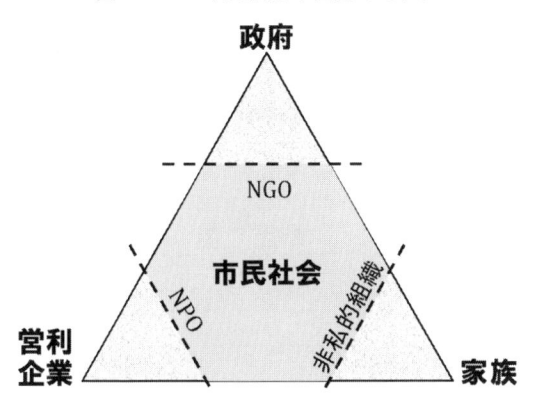

図1−1　市民社会の位置のモデル

（政府／NGO／市民社会／NPO／非私的組織／営利企業／家族）

利害のみならず，市民全体の利益にかかわる公共的な財・サービスの提供や公共的な事象に関するアドボカシー（政策提言），ロビイング機能がある（辻中 1988）。それゆえ，分析に先立ち，「市民社会」的な特定の社会組織を抽出するのではなく，すべての社会組織に接近し，分析後に性格づけする方法がとられる。

こうした前提に立てば，「社会主義」を国是とし一党支配体制を維持している中国も，他の諸国と同じ枠組みで捉えることが可能であろう。無論，中国においては政府の領域が広く，NGOとの境界を曖昧にしたまま下部に張り出していると想定される。さらに，政府を中心に全ての領域に浸透した共産党の存在を考慮しなければならない。しかしそうした特徴も，上述した基本的枠組みからの逸脱を意味するものではない。

1−2　利益団体[(2)]

市民社会組織の政治的機能を分析する際には，政治システムとの関連で社会組織を捉える必要がある。すなわち，政治システムの「過程機能」（利益表明，利益集約，政策決定，政策実施）および「システム機能」（社会化，人員補充，通信）において社会組織がどのような機能を果たしているのかという視点が重要である（図1−2）。とりわけ利益表明機能は，社会組織がどれほどの政治的影響力を有しているかを示す指標となる。

利益表明，代表を含む利益媒介システムには多様な類型がある。シュミッ

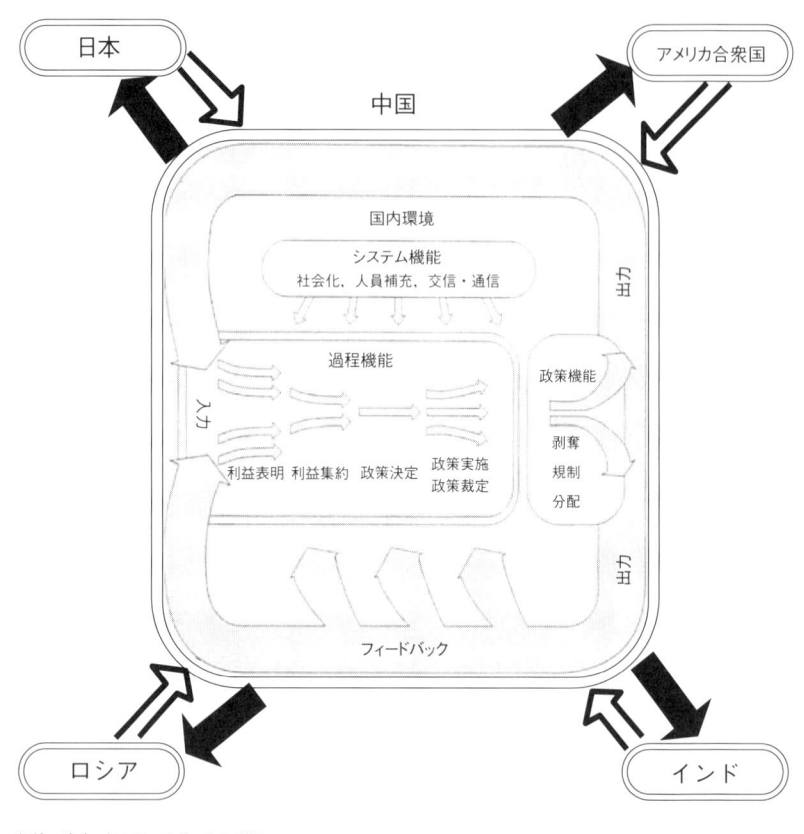

図1－2　政治システムの機能

```
          日本                              アメリカ合衆国
            ↖↙                                ↘↖
                        中国
       ┌─────────────────────────────────┐
       │       国内環境                    │
       │   ┌─────────────────────────┐   │
       │   │    システム機能           │   │
       │   │  社会化，人員補充，交信・通信 │   │
       │   └─────────────────────────┘   │
       │                              出力│
       │     過程機能         政策機能     │
       │  入力              剥奪          │
       │                    規制          │
       │   利益表明 利益集約 政策決定 分配  │
       │           政策実施              │
       │           政策裁定              │
       │                              出力│
       │       フィードバック              │
       └─────────────────────────────────┘
            ↗↘                                ↙↗
          ロシア                              インド
```

出所：辻中（2012：36）より引用

ター（訳書1984, 1986）は，諸組織による利益媒介システムについて，構成単位の複数性，自発的加入，競争性，分野の階統性，自己決定性，国家の設立関与および承認，補助，指導者選出および運営への統制，分野における代表独占性などの指標を用い，国家との協調・対立関係，政策過程への関与に基づき，①一元主義（モニズム），②コーポラティズム，③多元主義，④サンディカリズムに類型化し，さらにコーポラティズムを社会コーポラティズムと国家コーポラティズムに識別した。

　シュミッターは，コーポラティズムを「いくつかの異なる政治体制類型と

『共存可能な』」利益代表システムとしながらも，共産主義ソ連の経験については，それを「一元主義」モデルとしてコーポラティスト体制の範疇から除外した。シュミッターに従えば，「一元主義」的利益代表システムにおいては，構成単位が，単一性，イデオロギーによる選別加入，非競争性，職能分化と階統的秩序といった属性をもつ，固定数のカテゴリーに組織されており，単一政党によって創設され，補助をうけ，許可され，さらに指導者の選出や要求の表明，支持の動員に関する統制を認めることと引き換えに，党・国家に対する代表の役割を与えられる。こうした見方に立てば，ソ連型レーニン主義体制をモデルに建設されたかつての中国の利益代表システムも，同様に「一元主義」ということになろう。しかしながら，改革開放以降，中国共産党が一党支配体制を維持しつつも，経済・社会領域への党・国家の直接的な支配を改め，中間組織を介した間接的な領導システムへと舵を切るにつれ，中国の利益代表システムは，「ポスト一元主義」に突入し，コーポラティズム的様相を呈している。しかし，その実態に迫るには，社会組織の統合化や複数性，党・国家からの自律性，多様なアクターとのネットワーク，政策過程への関与等を緻密に検証する必要がある。

1－3　比較

　本書では中国の市民社会組織の位置づけおよび機能を特徴づけるにあたり，「比較」の視点を採り入れる。ただし，現段階でもっとも重要なことは中国の状況およびそれを規定する内的ロジックを解明することであるとの認識に基づき，比較にあたっては，厳密に因果関係を推論する方法的比較ではなく，探索的な記述的研究から仮説構築を導くための副次的比較対照法を用いる。仮説探索のための比較にあたっては，大嶽秀夫（2005）のいう「パターン認識」や「機能的説明」による比較が有益であろう。すなわち，中国の社会組織に共通する構造パタンを析出した上で，その固有性あるいは普遍性を論ずるべく比較を行うということである。

　デュヴェルジェ（1968）によれば，比較には，最近似システムデザイン（Most Similar System Design）による比較と最相違（遠隔）システムデザイン（Most Different System Design）による比較がある。前者が最も類似した政治システム間の比較であるのに対し，後者は最も相違した政治システム間の比較であ

る（Przeworski, Teune 1970）。しかし中国を比較する場合，意識的に両者を使い分けることは容易ではない。例えば，人口規模や領土という観点から見ればインドとの比較が，領土や民族という観点から見ればロシアあるいはブラジルとの比較が，領土やパワーという観点から見ればアメリカとの比較が，文化の観点から見れば日本・韓国との比較が最近似システム比較になりうるかもしれない。また別の観点に立てば，ある国との比較が最遠隔システム比

図１－３　制度からみた中国の市民社会の団体地図（2011年）

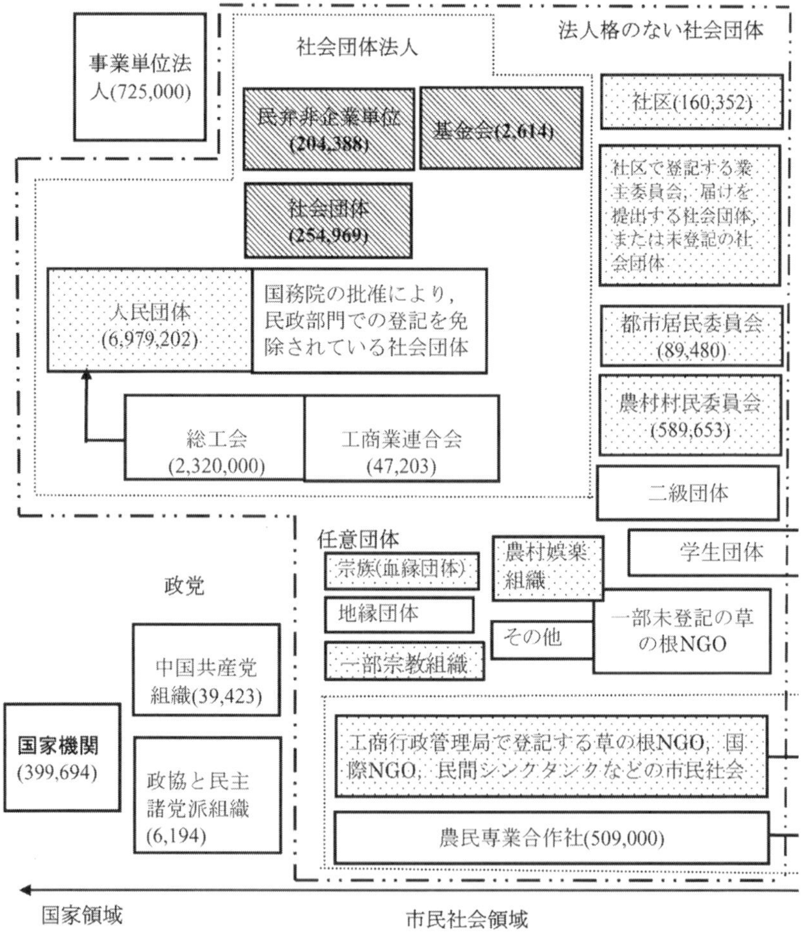

事業単位法人(725,000)
社会団体法人
法人格のない社会団体
民弁非企業単位(204,388)
基金会(2,614)
社区(160,352)
社会団体(254,969)
社区で登記する業主委員会，届けを提出する社会団体，または未登記の社会団体
人民団体(6,979,202)
国務院の批准により，民政部門での登記を免除されている社会団体
都市居民委員会(89,480)
農村村民委員会(589,653)
総工会(2,320,000)
工商業連合会(47,203)
二級団体
任意団体
宗族(血縁団体)
農村娯楽組織
学生団体
政党
地縁団体
一部未登記の草の根NGO
その他
一部宗教組織
中国共産党組織(39,423)
国家機関(399,694)
工商行政管理局で登記する草の根NGO，国際NGO，民間シンクタンクなどの市民社会
政協と民主諸党派組織(6,194)
農民専業合作社(509,000)
国家領域
市民社会領域

較としての意味を持つことも大いにあり得る。本書では，主に，日本や韓国など東アジア諸国やBRICs諸国などで実施したJIGS調査データを用いた比較を試みる（第4章，第16章，第17章）。さらに，国家間比較に加え，中国の調査実施地（北京市，浙江省，黒龍江省）間の比較，第1次調査と第2次調査の時系列的比較を試みる。

2　分析範囲

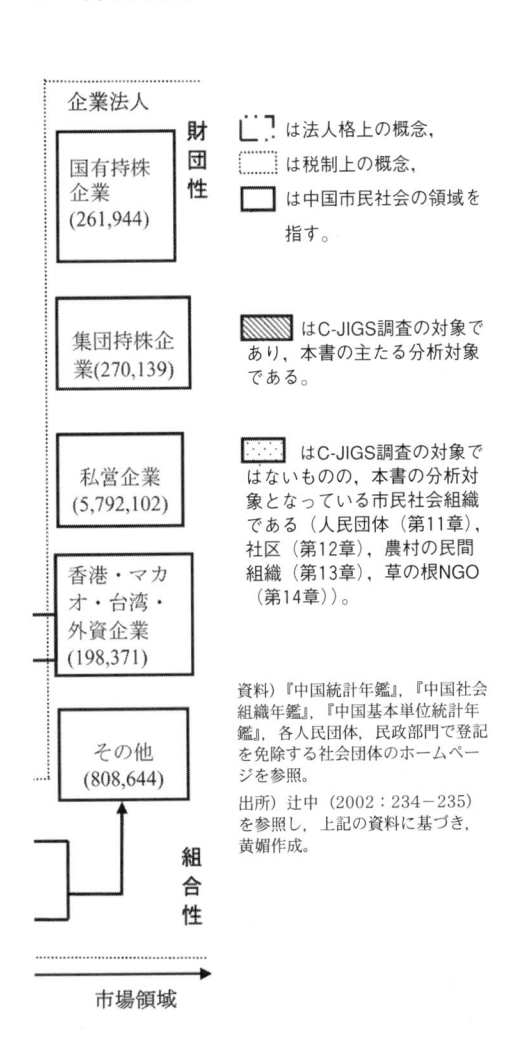

2-1　分析対象

中国の市民社会組織は多様な形態で活動しており，未登記の組織も多数存在するため（図1-3），全体を把握することは難しい。

本書では，第Ⅱ部・第Ⅳ部で，社会団体法人に属する社会団体（以下，社団），民弁非企業単位（以下，民非），基金会について，調査データを用いた定量分析を行う。社団とは，「中国公民が自発的に組織し，会員の共同の願望を実現するために，その章程に従って活動を展開する非営利の社会組織」（「社会団体登記管理条例」第2条）とされ，「社会団体登記管理条例」（1998年9月公布，施行）により各行政レベルの民政部門への登記が義務付けられている。民非は「企業・事業単位，

企業法人
　国有持株企業 (261,944)
　集団持株企業 (270,139)
　私営企業 (5,792,102)
　香港・マカオ・台湾・外資企業 (198,371)
　その他 (808,644)

財団性

組合性

市場領域

□（点線）は法人格上の概念，
□（破線）は税制上の概念，
□は中国市民社会の領域を指す。

▨はC-JIGS調査の対象であり，本書の主たる分析対象である。

▨（ドット）はC-JIGS調査の対象ではないものの，本書の分析対象となっている市民社会組織である（人民団体（第11章），社区（第12章），農村の民間組織（第13章），草の根NGO（第14章））。

資料）『中国統計年鑑』，『中国社会組織年鑑』，『中国基本単位統計年鑑』，各人民団体，民政部門で登記を免除する社会団体のホームページを参照。
出所）辻中（2002：234-235）を参照し，上記の資料に基づき，黄媚作成。

社会団体，その他の社会組織および公民個人が非国有資産を利用して非営利的社会サービス活動に従事する社会組織」と定義され，かつては政府の事業単位として傘下にあったものが，民間部門に移管されたものである。基金会は，「基金会管理条例」(2004年) 第2条により，「公益活動に従事することを目的に，個人，法人またはその他の組織から寄付として受けた財産を資金として，設立された非営利法人」であり，日本の財団法人にあたる。

定量分析を社団，民非，基金会という民政部門に登録された組織に絞って実施したのは，偏に調査を実施する上での実際的な制約による。すなわち，変化の激しい中国にあっては電話帳も頼りにならず，多様な組織を網羅し，かつ合理的サンプリングに基づいて調査する術が無いため，登記された組織を扱わざるを得ないのである。しかしながら，党・政府主導のコーポラティズム的な体制に組み込まれたこれらの組織の状況を綿密に調査することにより得られた発見は，「決定的事例研究」としての意味を有すると考えられる(久米 2013：204-211)。つまり，党・政府に最も近いことが想定される組織において，自律的性格や自律化に向けた動きが発見されれば，それ以外の組織についてより一層の自律性が確保されつつあることが推定できるのである。

また，第Ⅲ部では，以下の組織について文献研究およびケース・スタディに基づく分析を行う。まず，商工業連合会や工会（労働組合）に代表される人民団体である。また，法人格を持たない地縁的住民自治組織として社区居民委員会や村民委員会，さらにこれらコミュニティを中心に活動する社会組織，国際社会と接点を有する諸組織，草の根NGOが扱われる。自律性を高めつつあるメディアも，市民社会の一形態として論じられる。

2-2 分析手法

本書の分析は，文献調査やフィールドワークをつうじた定性的ケース分析と調査データを用いた定量分析を併用している。中国政治に関する先行研究が，前者に重きを置いて展開されてきたことに鑑みれば，本書の新しさは，定量分析を取り入れた点にあると言えるだろう。

定量分析の有効性は，調査の実施方法の合理的適合性に依存する。そこでここでは二度にわたり実施した中国調査（C-JIGSと表記）について，その概要を説明しておきたい。[3]

表 1 − 1　C-JIGS の主な質問項目

項目	主な質問
1. 団体の概要・属性	所在地、種類、設立年、設立経緯、設立目的、会員数、収入・支出、活動分野、関心のある政策領域
2. 党・行政との関係	党組織の設置、編制定員の受け入れ、業務主管単位との関係、政府職員との接触、働きかけの対象と程度、人代立法活動
3. 政策・ロビイング・他団体との関係	政策志向、ロビイング、他団体との協調・対立関係、団体の影響力
4. 政治・社会に対する評価	政治・社会に対する意見、団体規制に対する意見、政策満足度、機関に対する信頼
5. 団体の内部構造	会員の構成、会員の参加、会員同士の交流、組織の特徴

調査内容　中国調査にあたっては，次の原則に基づいて調査票を作成した。まず，国際比較の材料となるデータを得るべく，中国の国情に鑑みて問う意味の無い項目（例えば，選挙や支持政党に関わる項目）を除き，JIGS15カ国調査の基本である日本調査の質問項目の多くを踏襲した。その上で，中国の内的ロジックを明らかにするために必要な質問項目を加筆した。その結果，中国調査の内容は，団体の設立経緯，リソース，党・政府（行政）および他の諸アクターとの関係，政策志向，内部ガバナンスなど多岐におよび（表 1 − 1），質問数についても社団調査に関して言えば第 1 次調査が65問，第 2 次調査が94問に達し，質量ともに JIGS15カ国調査の中で最も充実した内容を有するものとなった。

調査地域　調査はいずれも北京市，浙江省，黒龍江省で実施した（図 1 − 4）。北京市は，人口2,070万人（2012年）を擁する首都であり，政治都市としての色彩を持つ。1 人当たり GDP は 8 万元（12,500ドル）を超え，これは中国の各省・直轄市の中で 3 位に相当する。産業構造については，GDP 総額に占める第 3 次産業が76％（就業人口で74％）と高い点に特徴がある。浙江省は人口5,440万人（2010年），1 人当たり GDP でも 6 万元近くであり（10,000ドル），6 位に相当する。産業構造については，第 2 次産業の GDP に占める比重が51％（就業人口で51％）と高く，第 3 次産業は44％，第 1 次産業は 5 ％である。黒龍江省は，最北部に位置する省であり，人口は3,830万人（2010年），1 人当たり GDP は3.3万元（4,900ドル）と全国平均よりやや低く，16位に相当する。GDP に占める比重では第 2 次産業が50％と高く，続いて第 3 次産業36％，第 1 次産業は14％であるが，就業人口で見れば第 1 次産業が

図1－4　中国地図と調査地域

Map: Beijing, Zhejiang, and Heilongjiang

41％と高く，第2次産業は19％，第3次産業は39％である。いわば大規模な工業都市の側面と農業地域の側面を併せ持つ省だといえよう。

サンプリング，調査方法等調査の概要　　第1次調査（C-JIGS1）は，2001年から2004年にかけ，北京市，浙江省，黒龍江省の各行政レベル（以下，行政各レベルを「級」と表記することがある）の民政部門に登記された社団を対象に実施された。[4] 民政部門により提供を受けた団体リストに基づき，北京市の各行政レベル団体および浙江省・黒龍江省の省レベル団体については全数調査を行った。[5] 浙江省・黒龍江省の地／市レベル団体については総合発展指標に基づく行政地域のランク表から奇数順位，偶数順位の2グループを抽出し，このうち地域分布がより均一なグループを選択し調査対象とした。浙江省・黒龍江省の区／県レベル団体については，行政単位を区・県・県レベル市管轄区に分類した後，各グループを発音順に並べランダムに抽出した。調査は各団体に調査票を郵送する方式で実施された。

　その結果，全体で，8,897団体調査し，2,858の有効サンプルを得た（有効回答率は32.1％）（各省調査の詳細は表1－2参照）。

　第2次調査（C-JIGS2）は，2009年から2011年にかけて実施した。[6] 第2次調

表1−2 C-JIGS1の回収状況

行政レベル	北京市 直轄市級	北京市 区・県級	浙江省 省級	浙江省 地・市級	浙江省 区・県級	黒龍江省 省級	黒龍江省 地・市級	黒龍江省 区・県級
調査対象の団体数 (a)	1,251	937	789	1,879	2,602	640	868	570
実際調査数 (b)*	916	891	768	1,763	2,562	611	823	563
有効回答数 (c)	348	279	289	585	908	207	157	85
有効回答率 (c/b)	38.0%	31.3%	37.6%	33.2%	35.4%	33.9%	19.1%	15.1%
抽出率 (c/a)	27.8%	29.8%	36.6%	31.1%	34.9%	32.3%	18.1%	14.9%

注）＊：実際調査数＝調査対象数−郵便返却数

査にあたっては，北京市，浙江省，黒龍江省の各行政レベルの社団のほか，各行政レベルに登記された民非，省レベルの基金会も調査対象とした。

サンプリングは以下のとおり，社団および民非については層化抽出法 (stratified sampling) により行った。

まず北京市については，社団・民非の母集団を①社団（市級），②民非教育類（市級），③民非非教育類（市級），④都市部の社団（区／県級），⑤郊外の社団（区／県級），⑥都市部の民非教育類（区／県級），⑦郊外の民非教育類（区／県級），⑧都市部の民非非教育類（区／県級），⑨郊外の民非非教育類（市級，区／県級）に分類し，それぞれ母集団における割合に基づいて抽出数を決定した。その上で，市レベル社団・民非については，団体の種類および設立年に基づきリストを作成し，系統抽出（systematic sampling）を行った。区／県レベル社団・民非については，北京市の区／県を都市地域と郊外地域の2グループに区分した上で，社団数および1人当たりGDPに基づき作成したリストから，確率比例抽出法（probability proportionate sampling）により，海淀区，東城区，房山区，昌平区を選び，これらの地区について社団の種類および設立年に基づき母集団リストを作成し，系統抽出を行った。

浙江省・黒龍江省の社団・民非については，母集団のデータベースを行政レベル・地域・団体種別に分類し，母集団に占める比率に基づき抽出数を確定した。その上で省レベル社団については，団体の種類および設立年に基づいて作成したリストから系統抽出を行った。地／市レベル社団・民非については，各省内の市を3つの層にグルーピングした上で，各層の市を団体数および1人あたりGDPに基づき降順に並べ，確率比例サンプリングにより各層より1つの市を抽出した。その結果，浙江省では杭州市，嘉興市，金華市，黒龍江省ではハルビン市，ジャムス市，綏化市が選ばれた。これらの市の団

表1-3　C-JIGS2の回収状況

	社会団体			民弁非企業単位			基金会		
	北京市	浙江省	黒龍江省	北京市	浙江省	黒龍江省	北京市	浙江省*	黒龍江省
母集団総数（a）	3,167	14,352	5,472	3,569	13,061	6,864	120	167	42
実際調査数(配布数)(b)	503	902	715	604	761	656	71	176	30
有効回答数（c）	306	558	388	370（非教育類：188、教育類：182）	444（非教育類：187、教育類：257）	457（非教育類：210、教育類：247）	65	33	20
有効回答率（c/b）	60.8%	61.9%	54.3%	61.3%	58.3%	69.7%	91.5%	18.8%	66.7%
抽出率（c/a）	9.7%	3.9%	7.1%	10.4%	3.4%	6.7%	54.2%	19.8%	47.6%

注）1）本調査は2009年に北京市・浙江省，2010年に黒龍江省と2回に分けて実施されたため，北京市と浙江省が2009年，黒龍江省が2010年の統計データを用いている。
2）調査資料の出所：(a)：中国社会組織年鑑編委会編『中国社会組織年鑑』2010，2011北京：中国社会出版社。(b)：北京大学公民研究中心編2010，2011『中国公民社会組織基本状況調査抽様設計方案（内部資料）』北京：北京大学公民社会研究中心。
＊：調査チームが実際に確定した基金会数は，民政部門で登記するものより多い。

体につき，団体種別，設立年に基づき作成したリストから系統抽出を行った。区/県レベルについては，上記の市内の区・県を2つの層に分けて団体数に基づいて降順に並べ，確率比例抽出法により各層からそれぞれ2つの区・県を抽出した。その結果，浙江省では杭州市の下城区，臨安市，嘉興市の南湖区，桐郷市，金華市の義烏市，浦江県，黒龍江省ではハルビン市の香坊区，五常市，ジャムス市の富錦市，樺南県，綏化市の海倫市，綏棱県が選ばれた。次いでこれらの県・区の団体について，団体種別および設立年に基づきリストを作成し，系統抽出を行った。また基金会については，登記レベルが省/直轄市級に限定されているため，サンプリングは設立年に基づき，系統抽出を行った。

　3省の基金会が省レベル・直轄市レベルのみ登記されているため，母集団は全基金会である。サンプリングは設立年に基づき，系統抽出を行った。

　調査方法は，調査票の郵送あるいは各地政府民政部門による年度検査会の場を借りて実施した。

　その結果，社団については，2,120団体調査し，1,252の有効サンプル（有効回答率は59.1%），民非については2,021団体調査し，1,271の有効サンプル（有効回答率は62.9%），基金会については277団体調査し，118の有効サンプルを得た（有効回答率は42.6%）（各省調査の詳細は表1-3参照）。

　集計表では，サーベイ対象の団体全体を分母とする割合「全体%」と，通

常用いられる，NA や不適切な回答を除いた有効回答数を分母とした割合「有効％」の両方を算出したが，併記すると混乱するので，通常は有効％のみを表示している。両者の乖離が大きく，不適合性や答えにくさを示す必要がある場合，両方を表記する場合がある。

（1） 毛里によれば，現代中国への接近法として，1980年代までは，①歴史的アプローチ，②近代化アプローチ，③官僚機構モデル，④全体主義モデル，⑤比較共産主義アプローチ，⑥革命社会アプローチが用いられていたが，近年，市場経済化に伴う移行期の政治社会を分析する「政治社会学および政治経済学アプローチ」，「比較体制論，あるいは民主政への体制移行論アプローチ」が登場した（毛里 2012：2-3）。

（2） ここでは利益団体を巡る諸概念の関係についての辻中による整理と中国の文脈を紹介する。辻中（2002：19-26）は「利益集団とは，政治に関心を持った国家と社会に存在する全ての集団」と規定し，利益団体とは「政治・政策関心を有した市民社会組織」，そして市民社会組織とは広い意味で「公共性を意識した市民の組織」「何らかの組織を有する集団」であると定義した。つまり外部から把握できる継続性・恒常性ある組織が政治・政策関心を有すると利益団体なのであり，すべての社会の組織は利益集団と市民社会の2つの顔をもつと考えた。日常的用法よりも分析的な包括性をもつ広い定義を用いている。

中国の文脈で捉える「利益集団」，「利益団体」の概念は，近年，先進国の政治学における定義に近づいている。序章で見たように，1980年代末以降になると，「利益集団」，「利益団体」の概念は，学界のみならず，マス・メディアにも取り上げられるようになった。1987年に，「利益集団」という言葉が浸透し始め，1989年以降，数多くの学術誌，新聞が「利益集団」を取り上げるようになっている。遡れば，1978年に改革開放政策を実施して以来，経済領域・社会領域が市場経済化の波に呑み込まれるにつれ，社会の階層化が加速した。1988年3月15日に開催した中国共産党第13期中央委員会第2回全国大会の報告では，「社会主義制度の下，人民内部には異なる利益集団の間に矛盾が存在する」と言及され，「利益集団」という言葉が初めて政治的な場で使用された。その後，2000年に入り，「利益集団」の出現頻度が急速に増えると同時に，「利益団体」という言葉も使われ始めた。中国政治学での意味については，後述第7章参照。

（3） 中国調査の詳細については，筑波大学国際比較日本研究センターのホームページ（http://cajs.tsukuba.ac.jp/），およびコードブック（辻中編 2008（『団体の基礎構造に関する調査（中国）C-JIGS コードブック』），2013（『第

二次団体の基礎構造に関する調査（中国・社会団体調査）コードブック』『第二次団体の基礎構造に関する調査（中国・民弁非企業単位調査）コードブック』『第二次団体の基礎構造に関する調査（中国・基金会）コードブック』））を参照。
（4） 第1次調査は，科学研究費補助金海外学術調査A「現代中国を中心とした利益団体および市民社会組織の比較実証的研究」（平成12－平成15年度，課題番号12372001）の助成を受けて実施した。なお，第1次調査・第2次調査とも，北京大学政治発展・政府管理学院中国公民研究センターの協力を得て実施した。調査の詳細については，辻中編（2008）前掲書を参照。
（5） 北京市は直轄市であるため，北京市が省レベル，その下の区/県が他の省における地レベルに相当する。したがって，北京市の「市級団体」は他の省の省レベル団体，「区/県レベル団体」は他の省の市/地レベル団体に相当する。
（6） 第2次調査は，文部科学省特別推進研究「日韓米独中における3レベルの市民社会構造とガバナンスに関する総合的比較実証研究」（課題番号：17002001）の助成を受けた。調査の詳細については，辻中編（2013）前掲書を参照。

付録表1－1　各国の調査概要（JIGSプロジェクト）

		調査期間	対象地域	母集団 特定手段	母集団数	調査方法	調査数	回収数	回収率
日本	J-JIGS1	1997.3	東京都・茨城県	職業別電話帳も項目「組合・団体」から無作為抽出	23,128	郵送	4,247	1,635	38.5%
	J-JIGS2	2006.12～2007.3	全国	職業別電話帳も項目「組合・団体」から全数調査	91,101	郵送	91,101	15,791	17.3%
	J-JIGS2-NPO	2006.12～2007.2		内閣府のNPO法人リストに対し全数調査	23,403	郵送	23,403	5,127	21.9%
	J-JIGS2-NHA	2006.8～2006.12		調査協力を得た890の市町村（全国の48.3%）が所有する自治会名簿から無作為抽出	296,770	郵送・留置1）	33,438	18,404	55.0%
	J-JIGS3	2012.11～2013.3	岩手県・宮城県・山形県・福島県・茨城県・東京都・愛知県・京都府・大阪府・福岡県・沖縄県	職業別電話帳も項目「組合・団体」から無作為抽出	33,340	郵送・Web調査	14,477	3,296	22.8%

付録表1−1　各国の調査概要（JIGSプロジェクト）

		調査期間	対象地域	母集団 特定手段	母集団数	調査方法	調査数	回収数	回収率
韓国	K-JIGS	1997.10〜1997.12	ソウル・京畿道	業種別電話帳から無作為抽出	11,521	郵送	3,890	481	12.4%
	K-JIGS2	2008.1〜2009.3	ソウル・京畿道など14地域	業種別電話帳から無作為抽出	112,917	郵送・FAX・Eメール・訪問	29,422	1,008	3.4%
	K-JIGS2-NPO	2008.3〜2009.3	ソウル・京畿道など15地域	政府登録団体リストに対し全数調査	7,030	郵送・FAX・Eメール・訪問	7,030	425	6.0%
アメリカ	US-JIGS	1999.7〜1999.11	ワシントンD.C.・ノースカロライナ	職業別電話帳も項目「組合・団体」から無作為抽出	7,228	郵送	5,089	1,492	29.3%
	US-JIGS2（シアトル）	2009.2〜2009.5	キング郡	SDRG（ワシントン大学）作成の団体リストから連絡先が存在するものを抽出	8,000	郵送・電話聴取・Web調査	3,983	1,501	37.7%
	US-JIGS2（ワシントンD.C.）	2010.1〜2010.7	ワシントンD.C.首都圏	調査機関（NCCS）作成のNPO名簿から層化無作為抽出	10,581	郵送・電話聴取・Eメール	3,300	571	17.3%
ドイツ	G-JIGS	2000.4〜2000.5	ベルリン・ハレ	電話帳の登録団体と圧力団体名簿（Hoppenstedt作成）から無作為抽出	4,806	郵送	3,100	885	28.5%
	G-JIGS2	2007〜2008	ベルリン・ハレ・ハイデルベルク	電話帳から無作為抽出	4,657	郵送	2,660	497	18.7%
		2007〜2008	全国	圧力団体名簿（Hoppenstedt作成）と政府のロビイスト名簿から抽出	13,717	郵送	1,960	312	15.9%
中国	C-JIGS	2001〜2004	北京市・浙江省・黒龍江省	政府登録団体リストから、北京は全数・他は層化無作為抽出	9,536	郵送	8,897	2,858	32.1%
	C-JIGS2（社団）	2009〜2010	北京市・浙江省・黒龍江省	政府登録団体リストから層化無作為抽出	22,991	郵送・面接	2,120	1,252	59.1%
	C-JIGS2（民非）	2009〜2011			23,494		2,021	1,271	62.9%
	C-JIGS2（基金会）				329		277	118	42.6%

付録表1−1　各国の調査概要（JIGSプロジェクト）

国	コード	調査期間	対象地域	母集団 特定手段	母集団数	調査方法	調査数	回収数	回収率
ロシア	R-JIGS	2003.12～2004.3	モスクワ・サンクトペテルブルク	調査機関が政府登録団体リストをもとに作成	2,974	郵送	1,500	711	47.4%
トルコ	TR-JIGS	2004.3～2004.6	アンカラ・イスタンブール	電話帳を参考に調査員が訪問した中で事務所を開けていた団体	12,124	訪問2)	3,146	841	−
フィリピン	PH-JIGS	2004.10～2005.2	マニラ・セブ	調査機関作成の名簿の電話番号を持つものから無作為抽出	44,051	電話聴取	5,172	1,014	19.6%
ブラジル	BR-JIGS	2005.11～2006.7	ベレン・ベロオリゾンテ・ブラジリア・ゴイアニア・レシフェ	ブラジル地理統計局の名簿などから無作為抽出	34,437	訪問	2,609	2,014	77.2%
バングラデシュ	BD-JIGS	2006.9～2007.1	ダッカ・ラジシャヒ	政府作成のリストから無作為抽出	29,528	訪問	5,915	1,509	25.5%
ポーランド	PL-JIGS	2009.3～2009.11	ワルシャワ・ルブリン・ヴロツワフ	政府登録団体リスト（REGON）から無作為抽出	22,361	郵送	3,004	261	8.7%
エストニア	EE-JIGS	2009.9～2009.12	全国	業種別電話帳を全数調査	1,662	Web調査	1,662	344	20.7%
ウズベキスタン	UZ-JIGS-NPO UZ-JIGS-NHA	2007～2008	全国	−	−	郵送 −	1,541 −	400 602	26.0% −3)
インド	IN-JIGS	2011～2012	デリー	政府に登録するNGO，商工会議所，協同組合，労働組合の名簿から層化無作為抽出	7,968	郵送・Eメール	4,559	738	16.2%
タイ	TH-JIGS TH-JIGS-NHA	2013	チェンマイ，メーホンソーン，ランプーン，ランパーン	−	−	郵送・面接	2,996 156	369 142	12.3% 91.0%3)

1）調査協力を得たところ以外も含む全ての市町村の自治会数を母集団として記載している。
2）電話帳には住所が細部まで記載されておらず，調査員が現地を探索し発見した団体に調査している。
3）調査報告書が完成しておらず，一部，明らかではない情報が存在する（2013年12月時点）。

第 2 章

視角

木島譲次・小橋洋平・菊池啓一

　中国の市民社会および政治体制をめぐるダイナミクスの把握において，いかなる分析視角が有用だろうか。本章では，内外の研究動向を仔細に検討し，中国固有の文脈を理解する内在的視点とともに，国際比較や普遍的理論との対話から得られる外在的視点を併用することの重要性を論ずる。

はじめに

　中国政治の未来を論ずることは，議論の余地はあるが，現代政治学の最重要課題であると言われている（Gilley 2008: 20）。しかし，中国政治の現実の動きは，歴史的経路・経験則・経験科学で積み上げられてきた研究アプローチの「暗黙の前提」をたえず裏切ってきた（毛里 2012a, 2012b）。その結果，今日の現代中国政治研究は「パラダイムの危機」にさらされている（毛里 2012a, 2012b）。その危機に対し，日本の現代中国政治研究では，「東アジア・モデル」と呼ばれる「独裁体制下の経済発展とその後の民主化という東アジアが経験した方式」を中国に適用しようとする試みが１つの重要な潮流である（毛里 2012a, 2012b）。そして，その潮流では，今日まで現代中国政治研究において本格的な比較研究が少なかったことが指摘され，今後の「挑戦」の１つとして「比較の中の中国」という視点が掲げられている（毛里 2012a, 2012b）。また，比較の方法としては，直覚的に過去の「開発独裁期」の政党体制と当代中国の政党体制に驚くべき類似性があることから，「経済発展から政治民主化にソフトランディングした韓国・台湾などの事例を参照し，どのような条件が整えば中国で民主化へ進めるのかを想定すること」が提示され，中国民主化の可能性を分析する国際比較研究が呼びかけられている（毛里 2012a, 2012b）。

　同様に，この開発独裁主義という1980年代を風靡した視角を応用し，より普遍的な視角を「開発独裁モデル」として中国のケースに適用する研究アプローチも日本の現代中国政治研究のもう１つの重要な潮流として生まれている（唐 2012）。「開発独裁モデル」とは，「市場志向の経済政策と権威主義体制の結合を特徴とする」統治体制で，具体的には「政府は経済成長を最優先課題として掲げると同時に，求心力の維持や社会秩序の安定が欠かせないとして，権威主義体制による自由と権利の制限を正当化しようとする」モデルを指している（唐 2012：ⅱ－ⅴ）。この定義自体は概ね「東アジア・モデル」と共通するが，毛里の議論では平和的な民主化の成功例に関心が置かれているのに対し，地理的そして方法論的に更に踏み込んでいる。唐の議論では「南欧や韓国，台湾などは『軟着陸』（ソフトランディング）に成功した事例」として位置付けられる一方で，「旧ソ連・ロシアやユーゴスラビアは『硬着

陸』(ハードランディング) の極端な例」として位置付けられている (唐 2012：220)。この「開発独裁モデル」では，より普遍的に東アジアを超越した地域の国々を分析の対象とすることに加え成功例と失敗例という比較分析の方向が示されていることにおいては差別化が図られているが，このような違いがある一方で，毛里の「東アジア・モデル」同様，日本の現代中国政治研究における中国民主化の可能性をめぐる国際比較研究が呼びかけられている (唐 2012：220)。

　本章では，以上に示されている中国の民主化の可能性をめぐる国際比較研究の必要性を踏まえ，日本の内外における主要先行研究に着目し，日本において現代中国の市民社会および民主化への可能性との関係をより広く理解するためには，現代中国政治の一党独裁権威主義体制の安定へと暗黙のうちに導く内在的視点に比べ，現代中国政治の民主化へと導く外在的視点の研究が不足していることを指摘する。同様に，調査データ分析と事例研究を通し比較の中の中国市民社会に客観的な考察を加え普遍的な尺度で捉える JIGS (Japan Interest Group Study) の取り組みにおいても (小嶋・辻中 2004:69-70)，日本では大きな潮流となった現代中国政治の内在的視点ばかりでなく，外在的視点という知的需要を満たすことが，今日の「パラダイムの危機」を克服する1つの活路となることを示唆する。言い換えると, それは JIGS という非西洋的な事実の根拠も積み上げ，実証的かつ国際的に比較することにより既存の西洋的知識を補完することを目指した研究アプローチを活かし，現代中国政治研究における中国市民社会の国際的側面を内在的視点および外在的視点から分析する試みでもある。その際,「中国的特色」を持った市民社会と民主化との関係を理解するためには不充分な従来の近代化論や格差・高齢化・環境といったポスト工業化問題に対する「中国モデル」の限界も指摘し，現代中国政治における利益の多元化をより深く理解するための外在的視点の必要性も強調する。それは同時に，英語圏における現代中国政治研究が外在視点から内在視点へと移行する中，日本で広がった内在的視点を外在的視点で補完することにより，英語圏における研究との接点を模索する試みでもある。

1　比較の中の民主化研究：近代化論から市民社会論へ

　国家がどのような条件下において民主化するのかという疑問は，古くから

多くの政治学者を魅了し続けてきた問いである。この問いに対して，1950年代から1960年代にかけての「近代化論者」は経済発展からの説明を試みた。例えば，リプセット（Lipset 1959）は欧米各国とラテンアメリカ各国の社会指標を比較し，経済成長による中間層の拡大を民主化の主因と捉えた。彼によれば，有権者が「よき市民（good citizen）」として行動できる教育水準にあることが民主主義には必要不可欠であり，高度の識字率，工業化・都市化，電話・ラジオ・新聞の普及などの社会的要件が満たされることにより民主化する。その後，1960年代にブラジルやアルゼンチンといった中進国で軍事政権が成立したこともあり，「リプセット仮説」は否定された(1)。しかし，経済発展に着目した議論が全く廃れてしまったわけではない。アダム・プシェヴォルスキ（Adam Przeworski）を中心としたグループは1950年から1990年にかけての各国の政治体制に関するデータを収集し，近代化論の再検証を行った。彼らによれば，権威主義国が民主主義への移行に至る1人当たりGDPの閾値を特定するのは難しい。しかし，民主主義国において体制が維持される可能性は経済が発展するにつれて高まり，1人当たりGDPが購買力平価換算で4,000ドル(2)を超える国では民主主義が崩壊する可能性が極めて低い。すなわち，経済発展レベルの高い国が往々にして民主主義国であるのは経済成長が民主化を促進するためではなく，経済発展が民主主義体制の崩壊を防ぐためであるという（Przeworski, Alvarez, Cheibub, and Limongi 2000）。

　既存の中国政治研究においても企業家や中間層が民主化推進の原動力となる可能性が指摘されているが（e.g., Parris 1993; Zheng 2004; 唐 2012），中国ばかりでなくBRICs諸国の政治体制も同様に経済発展の度合いから理解することは難しい。表2－1はJIGS調査が行われた時点におけるBRICs各国の1人当たりGDP（購買力平価換算・2005年ドル）と民主化指標（「世界の自由度（Freedom in the World）」ならびに「ポリティIV（Polity IV）」(3)）を比較したものである。一口に「BRICs諸国」と言っても，その経済状況はまちまちであり，2003年のロシアの1人当たりGDPは2011年のインドの約3倍である。仮に「リプセット仮説」が新興国についても妥当であるならば，中国はすでに民主主義国になっているはずである。しかし，2009年に1人当たりGDPが6,000ドルを突破した中国においても，未だ民主化は実現されていない(4)。また，フリーダムハウス（Freedom House）の「世界の自由度」によれば，

表2-1　BRICs 諸国の1人当たり GDP と民主化指標

国名	JIGS調査年	1人当たりGDP(購買力平価換算・2005年ドル)	世界の自由度	ポリティIV
ブラジル	2005年	8,502	2.5自由	8民主主義国
ロシア	2003年	10,292	5.0部分的自由	6民主主義国
インド	2011年	3,277	2.5自由	9民主主義国
中国	2009年	6,207	6.5非自由	－7独裁国

出所）Freedom House (http://www.freedomhouse.org/report-types/freedom-world); Polity IV Project (http://www.systemicpeace.org/polity/polity4.htm); World Bank (http://databank.worldbank.org/data/home.aspx).

BRICs 4カ国の中で最も1人当たり GDP の高い2003年のロシアも，政治的権利と市民の自由が制限されている「部分的自由（Partly Free）」に分類される状態であった。さらに，プシェヴォルスキらの議論と異なり，1人当たり GDP が10,000ドルを超えていたロシアが近年権威主義的な性格を強める一方で，4,000ドルに満たないインドは独立以降一貫して民主主義を維持し続けている。これらの事例が示唆しているように，BRICs 諸国のような新興国の政治体制を経済成長や経済発展レベルから説明するのは非常に困難である。

「リプセット仮説」を否定したラテンアメリカの中進国における政治変動はどのように説明できるのか。近代化論に対抗するアプローチとして，ギジェルモ・オドンネル（Guillermo O'Donnell）とフィリップ・シュミッター（Philippe Schmitter）は民主化の動きに関係する政治アクターを中心に据えた分析を試みたが，彼らの研究の中に民主化と市民社会を結びつける議論の萌芽を見ることができる。彼らによれば，市民社会は必ずしも民主化推進の主導者ではないものの，民主化過程の最終段階においてクーデターの発生を防ぐという重要な役割を担っている。戦前とは異なり，戦後の権威主義体制のほとんどはファシスト的な大衆動員によって体制を存続させることができない。そのため，民主主義的な要素を取り入れなくても体制の維持は可能だとする「強硬派（hard-liners）」と体制に正統性を与えるには選挙などの導入が必要だとする「穏健派（soft-liners）」の対立が体制内に生じ，穏健派が優勢となった際に何らかの自由化政策が採られる。一方，自由化と体制の動揺を受け，反政府勢力にも強硬派と穏健派が登場する。スムーズな体制移行の実現を模索する体制内の穏健派は反政府勢力の穏健派に接触し，民主化についての協定（pact）を結ぼうとするが，この動きは体制内の強硬派によるク

ーデターが起こる危険性を孕んでいる。しかし，自由化政策の中で力を取り戻した市民社会の後押しにより，クーデターが発生することなく民主化が実現されるという（O'Donnell and Schmitter 1986）。

オドンネルとシュミッターの議論は民主化過程における市民社会の重要性を示唆しているが，その後の研究は民主化過程だけでなく民主主義の定着段階における市民社会の役割も強調している。市民社会は2つの意味において民主主義の定着に貢献する。第一に，市民社会の発達は民主的な政治文化を醸成する。市民社会組織への参加は協調行動を促し，人々の間に多様性に対する寛容さや相互信頼の意識を植え付ける。その結果，アソシエーション文化（associational culture）が根付き，民主主義を尊重する政治文化が市民の間で共有されるようになる（e.g., Baron, Field, and Schuller 2001; Ehrenberg 1999; Janoski 1998; Putnam 1993）。そして第二に，市民社会は国家をモニタリングし，民主主義の基盤となる自由公正な選挙の実現を促す（e.g., Diamond 1999; Linz and Stepan 1996; Schedler 1999）。例えば，フアン・リンス（Juan Linz）とアルフレッド・ステパン（Alfred Stepan）は，民主主義の定着条件として「比較的自律的な政治社会（relatively autonomous political society）」，「法の支配（rule of law）」，「国家官僚機構（state bureaucracy）」，「制度化された経済社会（institutionalized economic society）」と共に「自由かつ活発な市民社会（free and lively civil society）」を掲げた。彼らによれば，これらの5条件は相互独立的ではなく，互いに強く影響し合う。民主化直後の新興民主主義国において市民社会が発達するには，法の支配が尊重され，国家官僚機構が市民社会の権利を強化することが不可欠である。また，経済社会による市民社会へのサポートも重要である。一方，活発な市民社会は国家や経済社会をモニタリングし，政治社会の自律（自由かつ包括的な選挙）を促すことにつながる（Linz and Stepan 1996）。

以上，簡単ではあるが民主化研究の足跡を辿ってみてわかるように，大まかな流れとして民主化研究は，近代化論──その限界──市民社会論へと移行してきたことがわかる。同時に，民主化研究の足跡を辿ってみてわかることは，「強い市民社会（strong civil society）」の存在が民主化への平和的体制移行（つまり，ソフトランディング）と民主化定着の必須条件であることが主張されてきたということである。それでは，現代中国政治を事例として見

るとき，中国の市民社会は一体どの程度「強い」のであろうか。先述したように，平和的民主化とその定着に対する市民社会の役割については理論的な考察がなされてはいるものの，それらの実証分析はある特定の国や地域のみに焦点が当てられており主張の普遍性に議論の余地が残るものも少なくない。ましてや中国は非民主主義体制下にあることもあり，同国の市民社会を共通の物差しによって普遍的に把握する試みすら，ほとんどなされていないというのが実情である。だからこそ，現代中国政治と市民社会の関係をより普遍的な外在的視点から分析することが求められているのであり，その有力なアプローチの1つが，既出の日本を代表する研究者らも呼びかけるように，民主化の可能性をめぐる国際比較であると言えよう。

2 最近の現代中国政治研究：英語圏と日本

最近の研究に目を向けると，海外とくに英語圏の米国では，中国市民社会を比較民主化研究の事例として捉え，民主化研究者が地域研究者と共同研究する傾向がある。例えば，英語圏を代表する民主化研究者らは，毛里や唐らが政治変動のソフトランディングの成功例として比較に適しているとする台湾との比較をもとに，既に中国における政治変動に関する *Political Change in China: Comparisons with Taiwan* という地域研究者らとの共同研究を発表している（Gilley and Diamond 2008）。結論から言うと，中国と台湾とでは，歴史背景（社会の規模や安定度）そして特に国際環境（対米関係や国際的地位）が異なることから，中国の政治変動は台湾の民主化とは違った長い道のりを辿ることとなり，国内および国際的危険を孕んでいるという（Diamond 2008: 243-257）。そもそも，中国と台湾との間には国民1人あたりの収入で26年のタイムラグがあり（Gilley 2008: 6-8），台湾がニクソン訪中のショックから民主化を加速させた1971年は，中国が2ケタの高度経済成長を遂げた1997年に値するという。同様に，台湾が総統公選を実施し民主化を果たしたのが25年後の1996年であったことから，中国の民主化も1997年から25年後の2022年まで達成されないであろうと主張する（Diamond 2008: 243-244）。その中台民主化比較研究において，政治変動期の中国共産党政権の選択肢は，(1)手遅れになる前に権力を失うリスクを冒してでも政治的・経済的利益を再分配し民主化を始動させる，(2)機を逃す政権の指導者は地位ばかりでなく命をも失う

ことを覚悟の上で政治問題を次世代に先送りし自らの無事を祈る，(3)台湾問題などをめぐる国際危機を演出することにより中国の内政問題から注意をそらしナショナリズムを煽ることにより民衆を動員し一時的に正統性を回復すること，の3つしか残されていないと提言する。そして，英語圏の民主化研究者は，最終的に中国の指導者たちは自ら「毒薬を呑むことを強いられるかもしれない」と強硬なシナリオを描くのである（Diamond 2008: 255-256）。

また，*Democracy in East Asia: a New Century* というより最近の民主化研究者と地域研究者との共同研究では，毛里や唐らも導入する東アジアという文脈の中で中国が論じられているが，中国の政治変動は唐突かつ混乱したものになる可能性が高いことが指摘されている（Diamond 2013: xvi-xix）。なぜならば，中国共産党指導者たちは，台湾で中国国民党が選挙制民主主義へと段階的に導くべく取り組んだ政治の自由化に乗り出す気配を全く見せないからであるとする。北京の指導者たちは，ソ連のゴルバチョフが共産党政権再建のために取り組んだはずの政治の自由化が思惑とは裏腹に党の崩壊を呼んでしまった二の轍を踏む恐怖に駆られているのだと指摘する。そして，共編者である台湾大学の朱雲漢は（Chu 2013），台湾との関係が緊密になるに従い，それが中国における民主主義的規範と期待を更に刺激することになることを示唆する。また，この共同研究では，中国大陸が推進する両岸統一政策は政治的合流のきっかけを生み出すが，それは共産党指導者たちの想像とは相反する皮肉な結末を招くであろうと手厳しい見方が示されている。同様に，カーネギー国際平和基金で上級研究員を務めた裴敏欣（Pei 2013）も「権威主義の弾力性（authoritarian resilience）」の「弾力性」とは幻想に過ぎず長くは続かないとし，中国政府の腐敗・共謀・犯罪性・表現の自由に対する制限に社会の不満が頭をもたげ中国共産党に突然訪れる危機が政治的大惨事となるからだと強硬な主張をする。つまり，中国共産党は，近代化の過程を辿る全ての権威主義体制同様，高度経済成長と生活水準の向上を供給し続けないと政権の存続は見込めないが，供給し続けることは教育を受け需要をもつ中間層と自立性ある市民社会が民主主義を樹立しようとする力を助長することになる「古典的矛盾（classic contradiction）」に直面しているという（Diamond 2013: xviii）。そう見ると，中国共産党政権の終焉が10年以内にやって来ると予測することもそんなに馬鹿げてはいないともいう。ただ，共産党システム

が突然崩壊しハードランディングした場合，国粋主義的な軍部による危険な権威主義体制が生まれる可能性があり，その場合，中国は国内を統一するために対外的に挑発的になるであろうという。しかし，そのような軍事政権が生まれても，急速に近代化し深くネットワーク化した中間層をもつ中国の複雑な経済的・社会的挑戦に向けての舵取りができないであろうから過渡的な政権になり，最終的には中国がハードランディングを経たとしても早晩民主化の道を歩むであろうと分析する（Diamond 2013: xviii-xix）。このように，民主化へのハードな移行を視野に入れた研究が，現代中国という事例を扱う際においても，英語圏とくに米国では依然主流であるといってよい。

　しかし，民主化研究の中では，市民社会の役割の見直しが市民社会論における新しい学術的議論となることも指摘されている（Gilley 2008: 9）。中には，従来のように市民社会の発展が民主主義の誕生に単純には結びつかないことを認め，市民社会の発展は民主化の結果ではあっても民主化の原因ではないかもしれないとまで疑念を深めるものもある。そして，彼らは，中国共産党の権威主義下の市民社会は国家と対立せず協調するため，権威主義をかえって強化することになり国家をより抑圧的にさえしていると主張する（Gilley 2008: 9; Madsen 2008; Solinger 2008）。実際に，「弾力的権威主義」（Li 2012），「中国的特色」（Breslin 2010: 150-152; Shapiro 2012; Callahan 2013; Powell 2013: 9-11），「諮問的権威主義」（Fewsmith 2013: 142-169; Teets 2013），などに関する著書や論文が近年発表され議論が交わされている。例えば，「権威主義の弾力性」論争の中で，Teets（2013）は，権威主義下に自治的市民社会は存在しえないという定説と市民社会が民主化の指標であるとする定説に，自治的市民社会と国家の間接統治が共存しうる「諮問的権威主義（consultative authoritarianism）」という「新しいモデル」を提唱する。そして，中国共産党一党独裁体制は制度的適応と政策的調整により国家の統治能力を強化できるとする「権威主義の弾力性」論を擁護するため，Teets（2012: 17-18）は，市民社会の拡大は中国を民主化に導くのではなくより弾力的な権威主義とより良いガバナンスへと導くのだと主張する（Teets 2012: 17-18）。このような中国の「権威主義の弾力性」論に対して，既出のPei（2012）同様，Li（2012）は，中国における権力が単一に構成されていると仮定することには限界があることを指摘し，中間層・新しい利益集団政治・ダイナミックな社会の出現に見

て取れる「国民が備え持つ弾力性 (national resilience)」を中国共産党の統治能力・正統性と混同すべきではないと反論する。そして，Li (2012) は，中国共産党が下からの革命を回避するには，党内選挙の実施・司法の独立・主要メディアの解放を実現することにより国民からの信頼を回復することが必要であると主張する。以上のように，英語圏では「権威主義の弾力性」言説をめぐり活発な議論が展開されていると言える。

　一方，日本における中国市民社会研究は地域研究者による研究が中心であり，現在の大きな焦点は共産党の統治力の強さの秘密を解明しようとする「中国共産党に関する政治社会学的実証研究」である（菱田 2010，2012）。それは，「中国の基層＝グラスルーツで何が起きつつあるのか，はたして，その基層部分での変化はいかなるインパクトを中国というこの巨大なシステムに与えることになるのか」という問いに対して，コーポラティズム的視点から解析し中国共産党を社会集団・組織と把握することにより「基層政治社会の変化に対する党＝国家側の変化を，党自身の変革として，捉え返えそうとする」研究である（菱田 2010：323-24）。言い換えると，この「中国共産党に関する政治社会学的実証研究」とは，自立化する中国社会に対して「政＝国家側がいかなる対応を図ろうとしているのか」を「最大の関心テーマ」とする「自立化社会のガバナンス」に関する社会管理研究であるということも言える（菱田 2010：324）。

　それは，「統治能力」と称される「公的機関，民間機関，個人を問わず共通の問題解決のために一定の協力プロセスを形成する」ガバナンスに着目した「統治者側に立った観点」を提示するものである（国分 2006：1-2）。「党の執政能力の低下を認めた上でその改善を目的」とすることから（国分 2006：367），日本の中国共産党研究のアプローチは中国の民主化よりも共産党政権の安定に焦点を合わせた研究であるとも言える。事実，日本の現代中国政治研究の中枢では，安定のために中国共産党・国家が「強権を発動しているとしたら，それは真の安定ではない」とされながらも，中国権威主義体制の「『安定』重視は正しい」とされている（国分 2012：242）。更に，そこでは，中国研究の「『非合理性』の部分にこそ社会科学の面白さがある」とされ，「中国側の『合理性』を内側から理解する努力」と「中国が耳を傾ける」中国論が重んじられている（国分 2012：225-227）。

つまり，日本の現代中国政治研究において，市民社会と民主化との相互関係を模索する研究も発表されてはいるが（阿古 2012），上記のような市民社会を中国共産党の内在的視点から研究する日本版「権威主義の弾力性」分析が，依然他を圧倒していると言えるのである。しかし，それは裏を返すと，多元的かつダイナミックな学術的議論が交わされてきたとはいい難いにしろ，結果論として日本主流の現代中国政治研究が英語圏での趨勢を先取りしてきたとも言えなくもない。

3　新しい研究課題：ポスト工業化時代の世界の中の中国市民社会

では，内在的視点と外在的視点の折り合いをつけるために我々が持つべき視角とはどのようなものであろうか。このことを考える上で中国の現状を改めて概観しよう。改革開放以後の中国では政治的な自由を抑制する一方で経済面での規制緩和や権利拡大を進める「経済発展先行型」の近代化が進められてきた。それは，中国共産党による一党独裁の権威主義体制の下で政府が積極的に経済に介入する「開発独裁モデル」であるとも言える（国分編 2011；唐 2012；毛里 2012a など）。末廣昭（1998, 2-3）によると，開発主義の特徴は次の3つに整理される。1. 個人，家族，企業，地域社会ではなく，あくまで国家や民族の経済発展が目的である。2. 政府や軍が目標を遂行するために広範に経済や社会に介入する。3. 経済成長という目標が民族の統一，国家の威信の拡大といった他の目標と結合している。改革開放以後の中国は，共産党や常務委員会を中心とした中央集権的な政治体制の下で国家計画が立てられ，私営企業や市場経済を受け入れることで社会主義に基づく国家イデオロギーを変質させながら経済発展を続けており，末廣による開発主義の条件に合致するものであると考えられる。特に，20世紀後半に急激な経済発展を遂げた韓国や台湾，シンガポールといった東アジア諸国の開発主義は，地域全体でまとまって経済成長を果たしたことや，儒教に基づく規範面などの共通点を有することから「東アジア・モデル」として研究されており，既出のように中国との比較の可能性が論じられてきた（東京大学社会科学研究所 1998；毛里 2012a など）。

一方で，2008年9月のリーマン・ショックによる金融危機をいち早く克服し世界経済の牽引役として各国から仰ぎ見られる大国に成長したことから，

既出のような中国の独自性も指摘され「中国モデル」として称賛する向きもある。政治経済学的にも，中国が他に類を見ない人口規模を誇り経済成長もこれまでにない速度で進んでいる点や，工業化による経済成長を成し遂げた数少ない社会主義国である点，冷戦後も体制を維持しつつ経済発展を成し遂げた点など特筆すべき特徴を持ちあわせる独自のモデルということができる。50年代以降に成立した開発独裁国家の多くは，民間組織に力がなく国家に経済発展や国民の生活保障を実現する役割が求められたという国内の事情に加え，反共を目的としたアメリカからの援助や多国籍企業の誘致を実現するためには中央集権的な体制の方が望ましいといった国際要因により存在意義を高めていた（岩崎 1998）。しかし，冷戦崩壊や自由化圧力の高まりといった国際情勢の変化や経済成長による市民社会の台頭，経済政策の失敗による正当性の喪失などの変動に伴い，韓国や台湾，タイ，フィリピン，インドネシアといった国で開発独裁体制は崩壊した。対して，中国は国際的な自由化圧力や経済成長による中間層の拡大といった状況に晒されているにもかかわらず，90年代以降も開発独裁体制を維持しつつ成長を続けている。「中国モデル」では，西欧の民主主義とは異なる独自の「民本主義」を確立するとともに工業化による経済成長を成し遂げたことで，中国を欧米・日本・ソ連よりも低いコストで近代化を実現した国だと主張されている（毛里 2012a：332-342）。民本主義を民主化の一種と見なすことへの疑問や格差の拡大といった問題はあるものの，経済発展を実現するとともに国民の生活水準を全体的に引き上げたことは１つの近代化モデルとして評価できよう。

　しかし，中国を取り巻く現状は従来の「開発独裁モデル」や「中国モデル」で論じ得る範疇を越えつつある。2010年10月の中国共産党第17期中央委員会第５回全体会議で第３次産業やイノベーションの振興が提起されたように，中国は今やポスト工業化へ向かう転換点に差し掛かっている（田中 2011：153-172）。開発独裁体制を維持したままポスト工業化の道を歩んできたところはシンガポールなど一部の国に限られる。世界的に見てもポスト工業化と民主化との間には極めて高い相関が示されており（Inglehart and Welzel 2005），[9]シンガポールのような例は稀であることが窺われる。工業化の段階では開発独裁に当たる国家群が存在したために民主化した国との体系的な比較が参考となったが，ポスト工業化の段階では，民主主義国家と非民主主義国家の対

比には限界がある。また,「中国モデル」では,社会主義体制を維持しつつ経済成長を達成した大国としての独自性が強調されているが,言い換えるとその独自性ゆえ前例がなく,今後について他の国から得られる知見や教訓も限定的となる。そのため,中国のポスト工業化に対する対応力はモデルから演繹的に示されるしかないが,イエスタ・エスピン＝アンデルセンによると,ポスト工業社会では工業化の時代には存在しない問題が噴出し,これまでの論理が通用しなくなるという（エスピン＝アンデルセン 2000）。少なくとも,これまでの成功体験が今後の成功も裏付けるという論調では説得力を持たなくなる可能性がある。ただ,エスピン＝アンデルセンがポスト工業化の動向は各国のレジームに大きく依存することを指摘していることからも,今後も中国の独自性に着目する研究の意義は存続するものと考えられる。とは言え,工業化期から大きく様相を変えるポスト工業化期の知見を得る上で,発展途上国を射程とする分析枠組を越えて,ポスト工業国も視野に入れた新たなアプローチを模索することが求められる。

3－1　ポスト工業化時代

　改革開放以来,工業化を果たし驚異的な経済発展を持続してきた中国は,21世紀に入りポスト工業化という新たな局面を迎えつつある。ポスト工業化は多様な側面を内包する概念ではあるが（ベル 1975）,1つの目安として第3次産業の拡大がある。中国における第3次産業の就業人口は2011年に1次産業を上回り,初めて最大の割合を占めるようになった[10]。産業別GDPで見ても,最大なのは1970年から2011年まで一貫して2次産業ではあるものの,1970年には24.3%だった第3次産業の割合が2001年には40.5%に達し,2011年には2次の46.6%に対して43.4%にまで迫っている[11]。ポスト工業化へ向けた動きは中国共産党の方針からも確認される。共産党は,2010年10月の中央委員会全体会議で採択した第12次5カ年計画に関する建議において経済発展パタンの転換を掲げ,内需の拡大や第3次産業の振興,各種イノベーションの推進を提起している（田中 2011：161－169）。計画では,省エネ,省資源や環境保護といった新たなアプローチによって持続可能な成長を目指す「科学的発展観」を提起しており,経済発展の過熱を反省しつつも1人当たりGDPのさらなる向上へ向けた指針が示されている。このような産業構造の変

化や政策転換は先進諸国が歩んだ発展の過程をなぞるものであり，中国が新たな発展の段階に進みつつあることを窺わせる。

　一方で，先進国の歴史を顧みると，ポスト工業化は新たな社会問題を引き起こしてきた。経済成長の鈍化や労働者に求められる能力の変化，経済のグローバル化，家族形態の変容に伴い，財政難や雇用格差，少子高齢化といった難題が顕在化した。問題の生じる過程が先進国とは異なるものの，中国でも同様の問題が認識されており，中国政府が問題に取り組む姿勢を見せているにもかかわらず，格差による社会的亀裂の拡大が進んでいる。それに加え，中国では工業化期の課題である環境問題に対して未だに解決の道筋を立てられないでいる。環境計画は1982年から中央政府の5カ年計画に盛り込まれており，近代化の過程として見た場合，極めて早い段階で政府の取り組みが始まったという見方もできるが，それでも20世紀のうちに改善を果たすことはできなかった（小島 2000）。このような局面の打開に向けた中国政府や市民による取り組みの1つが，市民社会組織の活用である。政府が主導する社区建設を初め，90年代から市民が主導して設立する草の根NGOの活動も盛んになり（李 2012），市民が主体的に公共サービスの提供に携わる体制が整いつつある。しかし，先行してポスト工業化を果たした先進国と比べたとき，中国の市民社会組織にはアドボカシー（政策や主義の支持，唱道のための活動）の欠如という1つの懸念がある。政府が適切な政策を形成し，達成すべき目標が明確であれば，市民社会組織は目標達成に向けて公共サービスの提供に専念すればよいのだが，政府が問題を正しく認識できていない，または利害調整の中で適切な判断を下せない状況にある場合，社会の側からの働きかけは重要な意味を持つ。同時に，公共サービスを提供するために必要なリソースの確保という観点からもアドボカシーの果たす役割は無視できない。

　以上を踏まえ，手続き的には民主化が進んでいない中国において，政治と社会の接点として期待される社会団体が社会的亀裂を埋める役割を果たし得るのかどうかはJIGSデータを用いた国際比較を通して論じことができる。先進国では，新たな産業の創出によって産業や労働者の利益を代表する団体の結成，公害や自然破壊などに代表される公共性の高い問題に対する市民団体の登場など，工業化やポスト工業化の過程で利益の多様化とそれに応じた団体の噴出が生じた（辻中 1988）。利益の多様化は，あくまで社会の変容に対

応するものであり，原則的には政治体制に関わりなく生じるものと考えられる。一方で，政治体制に目を向けると，中国は共産党の一党支配という政治体制を取っているため，民主主義体制の先進国のように政治への働きかけを行う機会が容易に得られると考えるのは難しい。ただし，共産党を頂点とする権威主義体制の下でも，社会に存在する多様な利益を組み込んだ上での協調となっているかどうかを論じることは可能である。先進国の経験を見る限り，新たな利益が反映されない硬直的な体制では多様化する社会問題に対処できない。これらの社会問題は以下にも示すように中国に限らずポスト工業化社会が直面する共通の困難であり，多くの集団にとって開かれた政治であるかどうかは世界の中の中国市民社会を論じる上でも重要な論点となる。

3-2　ポスト工業化社会問題

　ポスト工業化社会が抱える問題の1つに，新たな社会格差の発生に伴う福祉国家の危機が挙げられる。20世紀の中国は福祉国家論の文脈で社会政策を論じる政治，経済状況にはなかったが，21世紀には東アジアの他の資本主義諸国と共通の特徴を持ち始め，一般的な福祉国家論の俎上に載せる研究も登場した（李 2010；武川 2010）。古典的な福祉国家論では，高齢化が進む中での継続的な社会保障制度の存在が前提となるものの，経済水準が福祉国家の発展につながる主要な原動力であるという分析結果が示されている（ウィレンスキー 1984）。それに対して，ポスト工業化社会の諸問題に着目した90年代以降には，経済水準の高い国家における福祉の危機が指摘されている。福祉を政府だけではなく企業や家族の役割も含めたレジームとして捉えた場合，ポスト工業化社会では企業が完全雇用によって果たしていた福祉機能を維持できなくなり，家族の縮小で家庭内福祉も後退するとともに，財政赤字によって国家による補完も難しい状況に追い込まれる。労働の高度化，専門化が進むことで高い知識や専門性を持つ労働者とそれ以外の労働者との間の格差が固定化し，新たな社会階層として硬直化する（エスピン＝アンデルセン 2000）。中国の格差問題に目を向けると，他国と比較して高い水準に達していることが窺える。中国国家統計局の発表によると2012年のジニ係数は0.474とされる。1989年から2012年までの間に得られた値をもとに作成されたCIAによるランキングに当てはめると136カ国中29番目に相当する。さらに，四川

省の西南財経大学研究チームが行った推計では2010年で0.61と推計されており、こちらに従うとCIAのランキングで6位相当になる。ここで各推計の妥当性を論じることはしないが、世界銀行の統計で1981年が0.291（CIAのランキングで118位相当）、2005年が0.425（49位相当）であることから、格差が経済発展とともに広がっていることは間違いないだろう。

　エスピン＝アンデルセンは同様の問題を抱える国家でも制度的現実の違いにより異なる結果が生じることを示しており、中国の福祉問題を把握するにはその実態を捉える必要がある。高齢者や労働環境に関する先行研究を概観すると、楽観的な見通しを立てるのは難しいように思われる。都市への若者の流入や高齢化の進行により、家族構成が4：2：1構造（祖父母4人に父母2人、子供が1人）となり、高齢者は介護を子供に頼ることが難しい（長田 2008）。労働に関しても、2億人を超える農村からの出稼ぎ労働者である農民工の労働環境は劣悪であり、福祉や教育の面でも同等の権利を持たないため、技能を修得する上でも不利な立場に置かれている（石井 2010：193-205；小嶋 2011）。ただし、中国のこのような状況はポスト工業化の帰結として生じたものではなく、改革開放や1人っ子政策、戸籍制度といった制度的な要因によって引き起こされたものである。中国では計画経済の下職場を中心として形成された単位社会が仕事と福利厚生を保障してきたが、この体制は市場経済への転換に伴い崩壊した（陳 2000：139-142）。これは、単に完全雇用の崩壊に対応するだけでなく、生活の基盤が失われたことになり、より深刻な問題である。高齢者問題は他の先進国よりも低い1人当たり名目GDPで高齢化社会（65歳以上人口が7％以上）に突入しており、「未富先老」として問題視されている。同様に、農民工の問題もサービス産業の増加による帰結ではなく戸籍制度によって生じた格差であり（唐 2011：34-35）、いずれも本格的なポスト工業化を迎える前に表出した問題となる。

　それにもかかわらず、これらの問題は他のポスト工業化社会が直面する問題と変わらない難点を抱えていると考えられる。中国政府はさらなる経済成長を目標に掲げており、単位社会の復活は国際競争力の観点から現実的でない。同じく、農民工は低賃金によって中国の経済成長を支えた原動力と見られており（毛里 2012a：344）、戸籍制度の改革はグローバル経済における競争力低下の問題と切り離せない課題となる。ひとたび経済が減速すれば、技

能や経験，低賃金に対する要請が強まり，市場からの圧力により労働格差が固定化するというポスト工業化社会と同じジレンマに陥るおそれがある。また，都市に出た後に生まれた農民工の子供世代は農村に対する帰属意識がなく，差別に対して素直に失望するような立場におかれている（小嶋 2011：83-85）。彼らには地域や家族といった伝統的なリソースが限られており，福祉に対する家族の役割が後退しているポスト工業化社会の低所得者層と同じような境遇に置かれている。高齢化が進み，福祉サービスの受益者が増加する中で，政府からの手厚いサポートが期待できない点も共通しており，今後，労働者を取り巻く状況はさらに厳しくなることが予想される。これまでの中国政府は，自国の発展途上国としての側面を強調することで，格差や民主化の問題を差し置いて経済発展最優先の政策を推し進めることを正当化してきた（国分編 2011；唐 2012）。しかし，ポスト工業化社会のジレンマの下では，原因となった制度の改善だけでは解決できない問題として格差と福祉を研究することが今後の課題と言えるであろう。「中国モデル」を巡る議論では，現在の体制を支持する保守派と，市場派，民主自由派の間で対立しているが（毛里・加藤・美根 2012：87），経済成長か再配分かという2択では乗り越えられない局面を迎えている可能性を考慮する必要がある。

3-3 中国モデル論の限界

　以上の問題はいずれも深刻なものであるが，中国が独自に築き上げた「中国モデル」が前例のないパフォーマンスを発揮して克服する可能性はないだろうか。実際，中国では経済と人間開発の発展を稀に見る速度で達成したという実績を持つ。中国の改革開放を「北京コンセンサス」として取り上げたジョシュア・クーパー・ラモは，特徴の1つにGDPだけでなく生活の質や平等も目的に据えている点を挙げている（毛里 2012a：333）。人間開発とは，アマルティア・センのケイパビリティ・アプローチに触発された概念であり，「人々の選択肢を拡大する」プロセスのことを指す（絵所 2000：68-69；国連行動計画 2010：2）。具体的には次のように定義される。「人々が長寿で，健康で，創造的な人生を送る自由，そのほか，意義ある目標を追求する自由，さらには，すべての人類の共有財産である地球のうえで，平等に，そして持続可能な開発のあり方を形づくるプロセスに積極的に関わる自由を拡大する

ことである。人々は個人としても集団としても，人間開発の受益者であると同時に，推進役でもある」（国連行動計画 2010：3）。UNDP では，人間生活の水準を評価するために出生時平均余命，教育，1 人当たり実質 GDP（ドルに基づく購買力平価）の 3 つの値から算出される人間開発指数（HDI）を公表している。2011年の HDI を1980年の値で割った比率を見ると，中国は両方のデータが公開されている111カ国中 6 位となる1.7倍という高い比率を示す。HDI の大幅な向上は「中国モデル」の評価を裏付けるものと言えよう。

　しかし，近年の中国からはこのような特徴が失われつつある。ここで注意しなければならないのは，HDI の改善の大部分は 1 人当たり実質 GDP の増加によっているということである。UNDP は通常の HDI の他に，計算式から1 人当たり実質 GDP を除いた Non-income HDI（NHDI）の値も公表しており，NHDI で1980年と2011年の比率を比較すると，中国は1.4倍で129カ国中61位に留まる。一方，1 人当たり実質 GDP で同様の比較を行うと14.2倍増加しており，131カ国中 1 位である。1 人当たり実質 GDP の増加と比して平均寿命や教育の改善は相対的に緩やかであることがわかる。さらに，158カ国のデータを用い，1980，1990，2000年および2005年から2012年までの NHDIと 1 人当たり実質 GDP を見ると，改革開放が始まって間もない80年は，同じ経済水準の他国と比べて NHDI が高いが，経済成長が進むにつれて民主主義体制の平均的な水準に近づいていくという傾向が見られる。中国のデータと民主主義体制のデータで最小二乗法によりそれぞれ対数近似曲線を計算した場合，2012年の 1 人当たり実質 GDP である7,958ドルあたりで中国と民主主義体制の曲線が交わる。この結果から，少なくとも民主主義国家との比較においては，もはや中国の優位性は失われていると言えよう。同様に，中国の教育水準は，小学校の入学率が1978年時点で95.5％，識字率が1995年で81％と，戦前の日本や同程度の経済水準の国と比べて優れていると指摘されてきたが，高等教育に関しては90年代の時点で需要に応えるだけの投資がされずに質の低下を招いた（尾高・西野 2000：192）。平均余命に関しても，1980年の時点では乳幼児の死亡率が同じ経済水準の国と比較して最善の部類だったのが2003年には平均的なレベルとなり，平均余命の伸びも鈍化している（WHO & DRC 2005: 6-8）。NHDI の推移は，経済発展を優先した結果，社会主義国としての特性が失われつつあることを示すものと考えられる。以上の

ように，これらの指標が示すようなポスト工業化時代における「中国モデル」の限界と非社会主義化あるいは資本主義化・民主化との関わりも今後の研究課題の1つと言えよう。

3-4　特殊利益集団と市民社会組織

　ポスト工業化社会の福祉問題は先進国でも克服されておらず，明確な処方箋があるとは言い難い。そのような中でも1つの鍵となるのが，社会の利益が多元化する状況への対応である。ポスト工業化期を迎えた民主主義国家では，政府や企業，家族の公共に対する役割が後退する中で，共通の利益を有する集団が組織化し，政治に働きかけを行ったり，自ら公共サービスを提供することで公共性を担ってきた。(22)経済・業界団体や労働組合，福祉団体，女性団体のような利益を代表する集団が明確な団体のみならず，環境問題や貧困問題，被災地支援などに取り組むNPO，NGOも問題によって失われている市民の利益を代弁するための組織化と捉えることができる。社会の多元化は政府の行動や体制にも影響を及ぼし得る。利益集団がそれぞれ政治に対する働きかけの窓口を有することで，政策において特定の利益が極端に優遇されることや，深刻な社会問題が顧みられない事態を回避しやすくなることが期待される。民主主義国家では，選挙やロビイングを通して働きかけの機会が与えられる。

　一方，中国では一貫して中国共産党による一党支配を堅持してきたため，民主主義国家と同様の窓口が開いているとは考え難い。実際，前述の社区建設や草の根NGOのように，市民の自助努力によって社会問題の解決に取り組む動きが見られる一方で，市民社会組織によるアドボカシーは停滞していると考えられている（王・李・岡室 2002；毛里 2012b；李 2012）。ただし，現在の中国は先進国と比べると低い経済水準にあることを考慮する必要がある。中国の経済は名目GDPで世界第2位という大国としての側面と，1人当たりGDPでは日本の10分の1程度という発展途上国としての側面を併せ持つ。1人当たりの実質GDPを見ると，中国の2010年が7,746アメリカドルなのに対(23)し，日本では1963年が7,224ドル，64年が8,000ドルであり，半世紀近く異なるため単純な比較はできないが，国民の生活水準を金額ベースで評価した場合，概ね日本の60年代前半の水準に達している。また，就業人口の割合で見

ると，前述のように，中国では第3次産業が1次産業を上回ったのは2011年なのに対し，日本では1959年である。[24] 1人当たりGDPや産業構造に着目すると，中国経済の現状は日本における1950年代後半から60年代前半と重なる。

これらの指標は中国が未だに発展途上国の域から抜け出していないことを示す一方で，高度成長期の日本を上回る経済成長を遂げてきたことを加味すると，多様化する社会問題や利益に直面する時期に差し掛かりつつあるという見方ができる。1950年代後半から70年前半の日本では，高度成長に応じて経済・業界団体が発展した一方で，60年代後半には学生運動組織や市民団体，消費者団体などの対抗組織が噴出した（辻中 1988：77-78）。日本との対比からは，現在の中国でも経済・業界団体の発展が期待されるが，実際に経済・業界団体の多元化が進んでいるという見解が存在する。Kennedy (2005)によると，中国の企業は政府に統制されているため，政府の政策に対して関心を示さないというのが従来の見方だったが，実際には活発なロビイングが行われている。多くの企業が対等で競争的な関係にあり，業種をまたいで統制するような頂上団体は存在しない。政府による認可が必要なのは確かだが，むしろ全ての企業が政府との接触の機会を有しているとも言え，一定の多元的な状況を生み出していると主張する。

しかし，このような企業と政府との結びつきは，「特殊利益集団」の形成としてしばしば批判の対象となっている（清水 2011：8-10；加藤・渡邉・大橋 2013：28-34）。市場経済体制が完全ではなく政府が関与できる余地が大きいため，地方官僚や党の有力者は国営企業と結託し，不当に利益を享受することができてしまう。これは典型的なレントシーキングであり，汚職，腐敗を引き起こしている要因と考えられている。ただし，政府や党と企業との間で強固な関係を築いて政治に大きな影響を与えることは，先進国でも見られた現象である。競争的な状況を作り出し経済発展を促す体制を維持するのであれば，中央政府の統制を強めて汚職や腐敗を抑えるのではなく，むしろ経済・産業界以外の領域でも多元化を促進することで利益の不均衡を是正することができる。多元化という視角からはこのような可能性も示すことができるが，社団や民非などの非営利セクターや草の根NGOの増加により組織化そのものは進展していると考えられるため，あとは経済・産業界に対する対抗組織として政治に対する働きかけの手段を有するかどうかが焦点となっ

てくる。

　対抗組織の不在は，高齢化や格差の拡大がポスト工業化に先行して生じていることを加味すると，より緊急性を増す課題として浮上する。社会的弱者の利益を代表する団体が民間に存在しない限り，政府がその役割を果たすことが求められるが，中国政府による格差問題や環境問題に対する取り組みは現状，十分な成果を上げているとは言い難い。しかし，格差や環境問題に対し，中央政府は全く無関心だったわけではない。2003年，胡錦濤政権は「和諧社会」の実現をスローガンに「三農（農業，農村，農民）」問題の解決を経済政策の「重点中の重点」と位置付け，農業税の廃止，「労働契約法」（2008年1月），「労働争議調停仲裁法」（2008年5月）の施行など労働立法の充実を図った。また，義務教育の完全無料化を定めて農民工の流入地となる政府に責任を持たせるように指示した（小嶋 2011：88－91；田中 2011：160－161）。それにも拘わらず，ジニ係数は高い水準を維持したままである。環境計画に関しても，前述の通り1982年から取り組んできたにもかかわらず解決の道筋が立っておらず，空気汚染や水汚染，自然破壊，砂漠化といった問題に悩まされ続けている（読売新聞中国環境問題取材班 2007）。平坦な地形のため自然による浄化能力が低く，2次産業，特に重工業が中国の経済を支えていることが足枷となっている（小嶋 2000：10－14）。コスト，技術面の問題から中小炭鉱が中小企業への石炭の供給源となっており，大気汚染や酸性雨の原因となる石炭に依存する状況からの脱却は難しいと見られている（堀井 2004）。公害問題の改善のためには第3次産業の成長が望まれる一方で，非熟練労働者の雇用で重工業の果たす役割は大きく，環境と労働の問題を同時に抱える中国にとっては1つのディレンマとなっている。

　環境政策や福祉政策の不作為を中央政府だけではなく民間を含めた政策ネットワークの問題として捉えると，先進国では市民社会が大きな役割を果たしてきたことが指摘できる。日本で70年代に先進的な環境政策を実施できた背景には住民運動や環境団体の政治参加があったとされるが（フォリヤンティ＝ヨスト 2000），それは60年代に経済・業界団体のみならず対抗組織も噴出したことが1つの土台となったと考えられる。フォリヤンティ＝ヨストは市民社会の盛んな活動が環境政策のパフォーマンスを左右するとしており，広大で浄化能力が低いという地理的な条件は考慮しなければならないが，中

国の環境政策の現状はこの主張を裏付ける事例という見方もできる。福祉政策に関しても，中国政府のアプローチが先進国と同様に民間を活用することが狙いだが，民間のリソース不足に悩まされる結果となっている。福祉における公的セクターの限界を指摘し，ボランティアや企業，家族などの民間セクターも活用するアプローチは福祉多元主義と呼ばれる。福祉多元主義では，政府の失敗や市場の失敗を経由しながら，新自由主義的なアプローチや利用者参加型のアプローチを取ることになる（河野 1998；香川 2007）。中国でも社区内の相互扶助や民弁非企業単位など民間によるサービス供給を推進しているが，財政や政策に対して社区の権限が小さい「責大権小」の問題や，福祉市場に投入される公的支出の不足が指摘されている（陳 2008；長田 2008）。農民工に関しても，労働組合は官製組織に過ぎず，農民や労働者の利益を代弁する団体の影響力は弱いことから（小嶋 2011：87-88），農民工の利益を代表するアクターの働きかけには期待できない。

　それでは，もし中国で経済・産業界の利益に対抗し政治への働きかけを行うことができるアクターが形成されなかった場合，これまで政権が挫折した問題を解決するためのきっかけはどこから生じるのだろうか。他の産業国の歴史を見る限り，市民社会組織による社会側からの働きかけが重要な役割を果たすことは疑いえない。日本の事例と照らし合わせてみても，今後10年の間に社会の多元化を受け入れる土台を確立できなければ，ポスト工業化の時代を迎えても問題の根本的解決には至らない可能性が高くなる。従って，中国で経済・産業界の利益に対抗し政治への働きかけを行うことができるアクターが形成されるかどうかという問題は，今後取り組まなければならない重要な研究課題の1つであるのは間違いない。それは，「特殊利益集団によって張り巡らされた利益のネットワーク」を「断ち切る圧倒的なパワーが生まれるかどうか」という問いに取り組むことでもあるかもしれないが「中国共産党が真摯に現実に向き合うかどうか」を内在的に分析することに加え（国分 2011：244），市民社会側から外在的にその問いに答えてゆくという研究課題でもあると言える。

3-5　増圧体制と市民社会

　90年代に大気汚染が悪化した背景には，国営鉱工業企業の排出量が10年間

横ばいだったのに対し，郷鎮企業や民生用排出源や自動車などの排出が総量規制をかけられなかったことがある（小嶋 2000：42-53）。広大な国土で各地に中小企業の爆発的な発展が進んでいる状況では，中央政府による管理のみでは限度があり，地方政府の役割が重要となってくる。また，単位制崩壊以降の福祉政策では地方政府の公的責任や財政支出の割合が大きいと言われている（陳 2008：21）。あくまで中央政府の指導が前提とはなるものの，地方政府と民間の連携が改善されることも問題解決の重要な要素になると考えられ，ポスト工業化時代の中国の地方政府が注目される。

中国の地方レベルにおける多元化の可能性を論じる上での基本的な枠組みとして，伊藤・近藤（2010）によるローカル・ガバナンス論に基づき，地方政府と利益集団（団体，市民）の関係を論じることが1つ考えられる。想定されるアクターを大きく地方政府（首長，議員，行政機構）・団体・市民の3つに分類すると，民主主義国家では選挙を通じて市民が首長や議員のプリンシパル，制度を通して首長や議員が行政機構のプリンシパル，業務委託を通して行政機構が団体のプリンシパルになるという階層的なプリンシパル－エージェント関係が考えられ，中国の場合は選挙がない代わりに人事権によって中央政府が地方政府の有力なプリンシパルだと考えることができる。これらに対し，行政機構と団体の関係を単なるプリンシパル－エージェント関係ではなく，相互行為的な側面にも着目する必要がある。業務委託を受けた団体は，公共サービスの供給を担う立場からアドボカシー活動を行う。また，地方政府の規制や委託，支援の実施状況に関心を持つ団体や市民がモニタリングや提言等を行うこともある。これは団体や市民が地方政府のステイクホルダーの立場にあることを示している。ただし，地方政府が団体や市民の利害関心に応える動機がなければ，地方政府をステイクホルダーに対するエージェントと見なすことは難しい。民主主義国家では，団体や市民は選挙によって地方政府のプリンシパルとしての立場も有しているため，影響力を発揮することができる。加えて，一部の団体に関しては，効率的，効果的に政策を進める上で欠かせない委託先というだけでなく，地方政府がもたない公共的な役割によって地域運営や住民生活に安定をもたらす場合がある。中国では，地方政府のアクターを直接選ぶ選挙が存在しないため，団体や市民がステイクホルダーとなる可能性は大きく制限されるが，政府の代わりに公共サ

ービスを提供するか，または中央政府や共産党の方針に沿う範囲での監視や提言を行う可能性はある。ここでは，公共サービスの供給能力や政策提言能力などで地方政府にとって代替が困難な存在になることができれば，非民主主義国家でも相互行為的な関係を形成する可能性はある。上述の特殊利益集団はその1例であるとともに，1920年代にも新洋務派官僚の意向を受けて西欧的な教育を受けた知識人が地方に進出し，商工業者のみならず学生団体，婦人団体，労働団体，農民協会などの勢力が地方政治に対して積極的な活動を行った時期がある（横山 1985：15-24）。当時は政治体制が今よりも脆弱だったために民間のアクターが持つリソースに頼らざるを得なかった側面もあるが，現在でも社区建設など民間のリソースを活用する動きがあることから，将来的に民間のアクターの存在感が増して対等な立場に近づく可能性はある。

　しかし，中国の地方政治の現状を見る限り，一部の人の特権的地位や上級政府からの圧力の影響で，民間のアクターと多元的な関係を築くことは難しいように映る。その例として，農村で問題となっている「土地収用問題」と「増圧体制」がある。まず，土地収用問題についてであるが，中国では土地が公有制であることを利用して，村から土地の使用権を安値で買い取り企業に高値で販売する行為が地方政府によって行われている（川島 2012：155-210）。これにより土地を失った農民が農民工として都市部へ流入して過酷な労働を強いられたり，湿地農民による暴動が頻発する事態を生み出している（小嶋 2011：83-85；高橋 2006：31）。地方政府に起因する社会問題の背景には，地方幹部に与えられている特権的な地位の存在が上げられる。改革開放が始まった鄧小平の時代，中央から地方に権限を委譲した結果，地方が自律的な判断を行い，自身の利益のために主張する段階に突入した（天児 2000：4-7）。放権譲利は地方での経済発展を梃子とする高度成長を実現した一方，省党書記にとって中央の政策以上に経済発展の実績が重視され，地方指導部間の投資競争や市場割拠といった「諸侯経済」と呼ばれる怪現象を流行らせる結果となった（趙 2000：141）。放権譲利の問題は，党の特権的地位を有したまま市場経済化が推進されていることである（磯部 2006：51）。地方幹部は特権を利用して不正に富を蓄財することが可能となる。

　そして，「増圧体制」も地方レベルにおいて相互行為的な関係を築く障害に

なっているものと考えられる。典型的な事例として陳情を取り上げることができるが，地域住民が地方政府との間に生じた問題について中央政府や上位の地方政府に対し陳情を行う「越級陳情」が2000年以降増加傾向にある（毛里 2012a：286-296；2012b）。陳情とは，民間の個人や組織が政府に対して提案や訴えを行う公的に認められた制度だが，訴える先は当事者が属する行政レベルないしその一級上までに限られるため，越級陳情は通常，不法であり，成果が得られることも少ない。にもかかわらず増加しているのは，司法の腐敗など代替機能の不備があり，地方政府との対等な交渉が難しいことが一因だと考えられている。越級陳情は地方政府による統治が十分でないことの証左であるとともに，地域住民が地方政府に対して高い信頼を置いていないことの表れでもある。毛里は，「増圧体制」の概念は越級陳情が増加する現状を的確に表していることを指摘する。中国では，上級の政府が下級の政府に対して課す目標は「一票否決制」によって評価される（毛里 2012a：291-292）。一票否決制では目標が1つでも未達成だと厳しい処罰を与えるため，下級政府はさらに下級の政府や組織に対し目標を達成するべく圧力を強めるという圧力の伝播が起こり，末端に負担がのしかかる。越級陳情は住民と地方政府の間にステイクホルダーとエージェントの関係を築くことの難しさを示している。中国では未だに階層的なプリンシパル-エージェント関係が強く，下級政府はプリンシパル-エージェント関係によって上級政府から課される厳しい要求に応えなければならず，住民は地方政府のプリンシパルである上級政府に働きかけることしかできない。政治体制の改革なしに団体や住民の自発的な努力だけでこの状況を改善することは難しいと思われる。格差問題や環境問題と同じく，中国政府は早くから地方幹部の特権的地位に由来する問題の解決に取り組んできた。江沢民以降の政府は，人事権の行使によるイニシアティヴの回復を図るとともに，法制化による市場ルールを確立することで地方指導者の企業に対する支配力を弱める試みに取り組んできた（趙 2000：158-163）。第12期全国人民代表大会の閉幕日に開かれた記者会見でも，李克強首相は今後の課題として経済改革に重点を置きつつも，既得権，格差，官僚主義，腐敗，環境，食品の安全，労働という国内の問題に言及した。[25]

　しかし，党指導部と地方幹部の利害対立が深刻化することを恐れて抜本的な対応策を打ち出せないでいるという指摘がある（磯部 2006）。政府は地方

党委員会書記の指導や監督を行う機関を設置しているが，十分な権限が与えられていないため実効的な対策を打つことは難しい。加えて，利益の多元化が進み省指導部の影響力が低下したことで地方問題が深刻化したという主張も提示されており（磯部 2008：334-343），仮に中央が人事権の行使によって地方の指導部を統率できたとしても，問題の解決にはつながらない可能性がある。世界銀行の報告によると，一般的には市場メカニズム以外の資源配分がレントシーキングを招く傾向にあるのに対し，1965年から90年の間に飛躍的な経済成長を遂げた東アジア諸国（日本，香港，韓国，シンガポール，台湾，インドネシア，マレーシア，タイ）では，企業間の競争を誘発する巧みな政策を実施し，レントシーキングを抑えることに成功した（世界銀行 1994）。中国ではその潜在的な成長力の高さから，成長を促進する方が阻害することで得られる収賄よりも地方官僚にとって利益が大きく，レントシーキングが経済成長を妨げる要因とはならなかったが（加藤・渡邉・大橋 2013：30-32），今後，経済成長が鈍化したときに不正や腐敗によって競争原理が十分に機能しなくなる可能性がある。リスク要因として今後も注視する必要があろう。ただし，徐々にではあるが団体の自律性を高めるための制度的な改革が進んでいる。社団が行うアドボカシーの実態を明らかにすることは，現状の制度下において団体と地方政府がステイクホルダー－エージェント関係を築くことが可能かを論じる上で重要な判断材料となろう。

　現在の民間団体で政府に対するアドボカシーを行うことが可能なアクターとして社団に着目することは極めて重要である。2001年の全人代において採択された「国民経済と社会発展第10次5カ年計画綱要」では，各レベルの政府に対し政治協商会議および社団の話を聞き入れることが要請されている（王・李・岡室 2002：220）。政府も社会からの要請を政治に反映させる必要性を感じていることが窺える。プリンシパルである中央政府の影響力を背景に，地方政府が社団の提言に耳を傾ける状況が生じることが期待される。従来から，中国の社団には「変形された利益集団」とする見方が存在する（王・李・岡室 2002：17-28）。経済発展によって利益集団が出現する条件が整っているにもかかわらず，政治的な制約によって社団がその役割を担っているという考えである。制度上，政府との繋がりが強く，半官半民の組織と位置付ける研究者もいる一方で，政府との繋がりを有する点はアドボカシーの

実施において有利な立場にあるとも言えよう。このことを踏まえると，中国の社団のアドボカシーの実態を国際比較の観点から捉え，ポスト工業化に向けて社会的亀裂を埋める役割を果たすことができるのか否かを評価することは，中国政治が抱える「増圧体制」の市民社会への影響に焦点を当て社会団体と政府の関係が行政レベルの違いによって変化が現れるか否かを国際的に比較することでもあり，ポスト工業化時代の中国市民社会研究にとって新しい課題であると言えよう。

4　まとめ：比較の中の中国と JIGS

　以上の主要先行研究の流れから中国の市民社会を捉える視角を考えるとき，英語圏で繰り広げられている「権威主義の弾力性」論争に見られるような多元的かつダイナミックな知的環境とは対照的に，日本では中国共産党・国家の権威主義体制による自立化社会へのガバナンス機能の高まりに注目した内在的視点が他を圧倒していると言える。民主化という文脈においても，平和的体制移行に関する「ソフトランディング」研究を奨励するに留まり，それに対する「ハードランディング」も想定した外在的視点がまだ不足しており知的環境が完全に熟しているとは言えない。少なくとも，「ソフト」な可能性だけに偏ることなく「ハード」な側面も兼ねた外在的研究が日本において学術的にもっと展開されてもよいと言えるのかもしれない。本書では，JIGS (Japan Interest Group Study) という西洋・非西洋国家データも包含しそれらを比較分析することにより西洋的理論を超えた一般化を目指した研究アプローチを活かし，中国市民社会の国際比較および民主化の外在的視角に光を当てることで現代中国政治研究の「パラダイムの危機」克服に寄与することが期待されている。同時に，「中国的特色」を持った市民社会と民主化との関係の説明に不十分な従来の近代化論や格差・高齢化・環境といったポスト工業化社会の問題に直面する「中国モデル」の限界も指摘されており，現代中国の利益の多元化と，それを理解するためには内在的視点を外在的視角で補う必要があることも示されている。それは，英語圏における現代中国政治研究が外在視点から内在的視点への移行に伴い，日本で他を圧倒する内在的視点に対して外在的視角を補足することであり，英語圏における研究と日本における現代中国政治研究の接点を模索する有用性を示唆することでもある。

具体的には，C-JIGSの1次調査は2001年から2004年にかけて行われ，そのデータは時系列・地域間・国際の3つの角度から比較分析されケーススタディにより補うことが目指されてきた（小嶋・辻中 2004）。第1次調査の主要な発見の1つは，中国の市民社会組織として最も公式的な「『社団』が業務主管単位との緊密な関係を保ちながら，同時に政治的影響力の多元化に適応すべく各種社会勢力との協調関係を構築しつつある」ことであった（小嶋・辻中 2004：69）。また，それは本来中国共産党政府に強く拘束され国家主義性が想定されるはずの社団が多元性・市民社会性を有していたことを示しており，その国家主義性ゆえ逆に社団の「民間非営利組織」としての活動の拡大が中国の市民社会性を把握するための「決定的な事例」となりうるとの主張を可能にした（小嶋・辻中 2004：53）。実際，活動空間を広げつつあったこれら「非国家的・非経済的」民間組織の動向は，急激な市場主義化が進み政府が機能を縮小させる中，流動化が進む社会に新たな秩序を構築するための「参加型ガバナンス」の試みの一環としてまた民主化への一歩としても注目を集めた（小嶋 2008：171）。その反面，これら「民間非営利組織」は政府の統制下に置かれているばかりでなく，市場経済の申し子である富裕層および特権階層の私物と化している側面も持つという実態も指摘され，中国の市民社会においてこのような「国家権力との癒着」が構造化していることに鑑みれば「中間層の成長が即『市民社会』の民主化を促すとも考えにくい」との伝統的な近代化論の限界も示唆された（小嶋 2008：171-2）。更に，「中国の『市民社会』は，市場の持つ搾取性と同時に，一党支配体制下における国家の暴力という二重の脅威に晒されている」と分析され，中国の民主化についても「今後，市場経済の成熟により，官民の癒着構造を生む規制社会が消滅」し「階層構造の流動化」が起きれば『市民社会』の民主化が進むであろう」ことが指摘された（小嶋 2008：172）。具体的な発見としても，社団の設立年が遅ければ遅いほど市民社会組織としての自立性が高く地域住民の利益を代表する傾向にあること，設立年が遅ければ遅いほど政党国家からの自由を求める傾向にあること，そして2000年以前に設立された社団においては自立的であれば自立的であるほど社団管理制度に批判的であることがわかった（Kojima et al. 2012）。これら設立年が新しい団体では個人的な人脈を利用することよりもメディアとの協調関係を強化することによりロビイングし政治的

影響を及ぼそうとする傾向があることも指摘された（小嶋・崔・辻中 2009：124）。そして，これら「自発的に設立され，人事・財務の両面で党・政府から自立的な社団，いわば『市民社会』的傾向を最も強く有する社団」は，中国の国家コーポラティズム体制内部に国家－社会関係の変化をもたらす萌芽となることが示唆され，第2次調査の結果が期待されたのであった（小嶋・崔・辻中 2009：124）。

　重要な指標の1つであるロビイングという側面に焦点を当ててみると，C-JIGS では1次と2次調査の間で時系列的および地域間比較もできるように「政策実施や阻止経験の国際比較」データの分析も施されており以下の命題が次の分析へ向けて提示された。第一に，「政府組織によりトップダウンで設立され，人事面で政府と強い繋がりを有し（例えば，政府の認定する編制定員を有する，団体人事への政府・業務主管部門の介入を受け入れる，政府職員に対し退職後のポストを提供するなど），かつ財政面でも政府に依存している社団は，政府と直接接触をもち，各種ロビイングを積極的に展開する傾向を有する」のに加え，これらの団体は，「現社団管理体制に不満を持たず，既存の国家コーポラティズム体制の擁護者」であり，権力に擦り寄る傾向がみられる（小嶋・崔・辻中 2009：121－3）。第二に，「財政面で自立的でありながら，人事面で政府との緊密な繋がりを維持している団体」のうち，「資金面で充足し，会員志向性，利益集団的志向を強めながら，同時に人事を介した政府との繋がりを政治的影響力の行使に利用する傾向にある，業界団体に象徴されるタイプ」の権力買収型とも言えるものもあることがわかった（小嶋・崔・辻中 2009：121－3）。第三に，権力によるいじめとも言うべき，「財政面で自立的でありながら，人事面で政府との緊密な繋がりを維持している団体」のうち，「政府の補助が得られない中で資金不足を抱えており，人事面での政府の介入（編制定員の受け入れ，団体指導者の推薦・決定など）による費用対効果がそれほど顕著に認識されないであろう黒龍江省の社団データに典型的に表れたタイプ」もあるが，これらについては「現社団管理体制への不満も強く，団体指導者の選挙など，人事面での自治を追及する動きが同時に生じつつある」ということがわかった（小嶋・崔・辻中 2009：123）。その反対に，「人事面では，比較的自立的であるが，財政面では政府依存的な社団も存在する」が，それらは「政策への影響力をあまりもたない」こともわ

かった（小嶋・崔・辻中 2009：123）。そして，これらは「活動においては，政府機能を分担」することにより「『政府の助手』としての志向を強く有し，現社団管理体制を肯定的に受容する」が，深刻な資金問題を抱えているということも指摘された（小嶋・崔・辻中 2009：123）。更に，「自発的に設立され，人事・財務の両面で党・政府から自立的な社団，いわば『市民社会』的傾向を最も強く有する社団は，比較的強い会員志向性，利益集団志向を有し，現社団管理体制に不満を持つ傾向にあるものの，政策志向は弱く，各種ロビイングも展開せず，政治的影響力を発揮する余地を持たない」こともわかっている（小嶋・崔・辻中 2009：123−4）。これらの社団における傾向は国有企業の利益を代表する「特殊利益集団」とは性質が違うが，中国における利益の再分配を妨げるこのネットワークを「内側から断ち切る圧倒的なパワー」へとなりうることに加え（国分 2011：244），外側からもそれを解明する手がかりともなりうるかもしれない。

　最後に，以上のような C-JIGS のこれまでの研究の流れを国内外の主要先行研究の趨勢の中で見ると，（黒龍江省のように）権力の内側にあって不満をもつ団体と権力の外側にあって不満をもつ団体との合作が中国政治の体制移行をもたらす可能性を分析することも，建設的な研究の方向の１つとして浮上する。言い換えると，権威主義体制の国家−社会関係の変化の可能性を分析するということは，権力の内側にあって不満をもつアクターの動向と権力の外側にあって不満をもつアクターの動向両方を分析することでより明らかになり，それは内外を通じて初めて民主化推進が浸透するということを示唆する（Mann 2003）。更に付け加えるならば，ロビイングとしてメディアとの協調関係だけでなく，活動資金の援助とくに海外のものにも可能であれば注意を払うことも必要であろう。それは，今後の中国の市民社会の国際比較における１つのアプローチとして，外国ロビーとトランスナショナリズムを視角として改めて再考する日も近いということを意味しているのかもしれない（辻中 1994; Katzenstein and Tsujinaka 1995）。

　　　（１）　ギジェルモ・オドンネル（Guillermo O'Donnell）は，高度に専門職業化した軍部がテクノクラートの登用による経済開発を行う体制を「官僚主義的権威主義（bureaucratic authoritarianism）」と呼んだ。1960年代のブラ

ジルやアルゼンチンはすでに初期工業化を終了しており,より高度な工業化のために外資の導入を必要としていた。しかし,ポピュリズム政権下で手厚く保護されていた労働者にとって,外資誘致のための引き締め政策は到底受け入れがたいものであった。労働者の抗議運動の激化による経済政策の動揺により,文民テクノクラートと「秩序」を重んじる軍部の不満も高まっていった。その結果,軍部とテクノクラートの同盟が結成され,クーデターが生じた(O'Donnell 1973)。
(2) 1985年時点の米ドル換算により算出された値である。
(3) 比較政治学では,国際NGOのフリーダムハウスによって毎年発表される「世界の自由度」とメリーランド大学(University of Maryland)のモンティ・マーシャル(Monty Marshall)を中心に進められている「ポリティⅣ」が民主化指標としてよく用いられる。前者は,各国の選挙過程,政治参加,政府機能について40項目(「政治的権利(political rights)」),表現の自由,結社の権利,法の支配,個人の人権について60項目(「市民の自由度(civil liberties)」)のチェックポイントを設定し,「政治的権利」と「市民の自由度」のそれぞれについて,該当項目数に応じて7点尺度で採点する。そして,「政治的権利」と「市民の自由度」が1点から2.5点の国は「自由(free)」,3点から5点の国は「部分的自由(partly free)」,5.5点から7点の国は「自由なし(not free)」と分類される。後者は,執政長官(chief executives)のリクルートメント,(主に行政府についての)チェック・アンド・バランス,政治参加に関するチェックポイントについて−10点から+10点の間で採点し,−10点から−6点の国を「独裁国(autocracy)」,−5点から+5点の国を「アノクラシー(anocracy)」,+6点から+10点の国を「民主主義国(democracy)」とする。
(4) もっとも,先に紹介したプシェヴォルスキら(Przeworski, Alvarez, Cheibub, and Limongi 2000)の知見を先進国における既存の政治体制の安定性と捉えるならば,経済発展により現在の非民主主義体制がより強固なものになっていると解釈することも可能である。しかし,ロシアが1人当たりGDPが10,000ドルを超える状況で権威主義化を強めたことや,中国国内の政治状況も刻々と変化していることなどにも留意する必要があろう。
(5) 2003年のロシアは「世界の自由度」では「部分的自由」だが,「ポリティⅣ」では「民主主義国」と判断されていた。共に民主化指標ではあるが,前者が自由公正な選挙(いわゆる「手続き的民主主義」)に注目した指標であるのに対し,後者はチェック・アンド・バランスのウェイトが比較的高い指標になっている。そのため,2003年のロシアについては両者の判断に差異が生じたものと思われる。ただし,2010年の同国は「世界の自由度」では「自由なし」,「ポリティⅣ」では「アノクラシー」とされてい

（6） リンスとステパン（Linz and Stepan 1996）は，権威主義体制下では市民社会の国家からの自律性が比較的高いために体制内の穏健派と反政府勢力の穏健派の協定により民主化が実現する傾向があるが，全体主義体制下やスルタン主義体制下では同様の協定による民主化は起こり得ないとした。

（7） この点を強調する研究は，ソーシャル・キャピタルを測定する1指標として結社数を用いたパットナム（Putnam 1993）の影響を強く受けていると思われる。

（8） このような「政治文化決定論」を否定的に捉える研究として，ミュラーとセリグソン（Muller and Seligson 1994）がある。

（9） InglehatとWelzelは，民主主義制度の導入とポスト工業化の相関を直接評価するのではなく，ポスト工業化に伴う自己表現（self-expression）の高まりによって実効的な民主化が達成できるとしている。

（10） 中国統計年鑑2012を参照。

（11） http://data.worldbank.org/indicator/ の "Agriculture, value added (% of GDP)"，"Industry, value added (% of GDP)"，および "Services, etc., value added (% of GDP)" を参照。

（12） ただし，李や武川も含め，エスピン＝アンデルセンの福祉国家論の流れを汲む東アジア研究では原則，安易な国際比較には慎重である。地域や国家の多様性や経路依存性を重視するものであり，本章の立場との関係性を厳密に理解するにはさらなる議論を要する。

（13） 富士通総研のサイトより引用（柯隆 2013）http://jp.fujitsu.com/group/fri/report/china-research/topics/2013/no-164.html（2013年9月6日閲覧）

（14） https://www.cia.gov/library/publications/the-world-factbook/rankorder/2172rank.html（2013年9月6日閲覧）

（15） 人民網日本語版（2012年12月11日）http://j.people.com.cn/94475/8053174.html（2013年9月6日閲覧）

（16） http://data.worldbank.org/indicator/SI.POV.GINI

（17） 日本貿易振興機構（2013）中国高齢者産業報告書（http://www.jetro.go.jp/world/asia/cn/reports/07001397，2013年9月6日閲覧）

（18） http://hdr.undp.org/en/statistics/data/

（19） 平均余命，教育を受ける年数，1人当たり実質GDPに関する各国の統計データを0から1の間に収まるように基準化し，それらの幾何平均を求めたのがHDIだが，NHDIでは幾何平均を求めるときに平均余命と教育の指標のみを用いている。

（20） 世界銀行が公開している1人当たり実質GDPを用いている。

（21） 「民主主義体制」，「独裁制」，「その他」の分類はポリティIVに基づく。

データの数は「中国」が11,「民主主義体制」が892,「独裁制」が222,「その他」が388である。
(22)　伝統的な多元主義社会の担い手である労働組合がサービス業中心の労働市場に対し機能不全を起こしており，ポスト工業化社会に対する多元主義的な体制の難点として指摘されている（エスピン＝アンデルセン 2000）。ただし，この文脈で想定されるアクターは大規模集団であり，凝集性の低さや団体と個人の目的の不一致といった規模に由来する問題（Olson 1965=1983）が関与するため，ここでは多元化そのものの限界とは異なるものと考える。
(23)　ここでは2005年の米ドルを基準としてラスパイレス連鎖基準方式により算出した購買力平価を1人当たり GDP に換算した値（Penn World Table 7.1 に掲載）を用いている。
(24)　平田純一（1998）「戦後日本の産業構造変化―データによる確認」『立命館経済学』47, 5, 761-784。
(25)　ロイター通信（2013年3月17日）http://jp.reuters.com/article/businessNews/idJPTYE92G00L20130317（2013年4月20日閲覧）

第3章

制度

黄媚

　中国の市民社会組織は，いかなる「制度的空間」に置かれているのだろうか。本章では，市民社会組織に係る法制度を概観する。党・政府は市民社会組織に対し，一貫して厳しい法規制を敷いてきたが，他方で業界団体，公益慈善団体，社区サービス団体等，利用価値の高い団体については規制を緩める動きを見せている。「制度的空間」と現実の活動空間の間には多少のズレがあるようだ。

はじめに

　中国の市民社会の実態を検証するには，われわれはまず市民社会組織をめぐる法制度を確認しておく必要がある。辻中豊は，市民社会組織が国家による権力の規制を受けると指摘し，国家は法制度，行政制度，税制度などを通じて，公的権力を行使し，直接に市民社会組織を規制することができると論じた（辻中 2002：220-221）。また，重富真一はアジアの権威主義体制下におかれる市民社会組織の実態を分析した結果，市民社会組織がその存立主体の属性，市場からの需要以外，国家による社会への規制制度も重要な要素であるとも述べた（重富 2001：17-25）。これらの観点によれば，法制度は国家による市民社会組織の成長の推進および抑制という両方の面を同時に持っている。重富は，特に権威主義体制の国家においては，市民社会組織の存立および活動は，国家による政治的規制によって規定される側面がより強いと指摘した。[1]

　では，中国の市民社会組織に関する法制度はどのようになっているのか。言うまでもなく，中国は1949年の建国以降，国家と社会の一体化を図り，市民社会組織の管理体制の基本的枠組みが作り上げられた。当時，党・政府の外郭団体とされる人民団体は，国家と社会の間に利益伝達の唯一の紐帯としての役割を果たしてきた。その後，経済体制改革の実施を受け，政府機構改革，地方分権化など政治改革は緩やかに進められた。こうした国家と社会の変化が連動される中，社会における利益の多元化が進み，個人は結社活動に参画するようになった。1990年代に入ると，市民社会組織は急増し，その活動分野も多様なものとなり，中国も「アソシエーション革命」を迎えるようになっている。

　しかしながら中国においては，市民社会組織に対する経済的・社会的需要はありながらも，党・政府が厳しい規制を敷いているため，市民社会組織が法律上で規定される存立空間－「制度的空間（institutional space）」は限定的なものである。実際，現実社会において，政府の法的枠外で活動する草の根NGO，工商部門で企業として登記，未登記のままの市民社会組織が数多く存在し，これらの組織をも含めて形成される「現実的空間（actual space）」は，「制度的空間」よりはるかに広範囲に及んでいる（兪可平 2006：31-32）。そ

れにしても，党・政府の社会領域への統制管理の理念，方式および限界を明らかにするには，われわれは最初に市民社会組織が存立する「制度的空間」に着目し，その実態を把握しなければならない。

本章は，権威主義体制下におかれる中国市民社会組織が存立する「制度的空間」を総合的に考察するため，まず，市民社会組織の諸構成および法制度の整理を行う。次に近年の，党・政府による市民社会組織に関する法規制の緩和・方向・限界，および改革の最前線である地方レベルで起きた改革の動きを概観する。

1 中国市民社会組織の諸構成

中国の市民社会組織は，本書で取り上げる調査対象である社団，民非および基金会のほかに，人民団体，登記免除の社団，コミュニティ組織，基層住民自治組織（都市居民委員会・農村村民委員会）や，法制度の枠外で活動する草の根 NGO，中国国内で活動する国際 NGO などから構成され，その総数はおよそ1,105万団体以上に達していると推測される（詳細は第1章図1-3「制度からみた中国の市民社会の団体地図」を参照）。このうち，民政部門や各人民団体として登記された公式的な市民社会組織905万団体であり[2]，草の根 NGO，二級団体など民政部門や各政府機関で登記しない団体が200万から270万あると見られる（賈 2005：9）。この数字に基づけば，中国国民1万人当たりが有する団体数は82.1団体となる[3]。

では，中国の市民社会を構成する各種の市民社会組織は一体どのような性格を有するのか。それぞれの市民社会組織は中国の政治・社会の中でどのように位置づけられるのか。以下では，これらの団体を網羅的に取り上げ，中国市民社会の形，およびその範囲を捉える。

1-1 社団，民非，基金会

中国の民政部門で登記する公式的な市民社会組織は，社団，民非および基金会があり，その数は，2011年末の時点で，46万団体以上にのぼる（中国社会組織年鑑編委員会編 2012：476）。これらの3種類の市民社会組織は，社団法人として法人格を与えられる[4]。社団，民非および基金会は，結社形態によって，定義およびその役割が異なる。

まず、中国の公式的な市民社会組織のうち、研究者が最も注目しているのが個人結社組織－社団である。社団は、「社会団体管理登記条例（改訂）(1998年)」の第2条により、「自発的に組織され、会員共通の意志・願望を実現するために規約に基づいて活動を展開する非営利の社会組織」と定義される。従来、社団は業界団体、連合団体、専門団体と学術団体の4種類に分けられていたが、2007年より民政部は新たな分類方法を導入し、科学技術・研究,生態環境、教育、衛生、社会サービス、文化、スポーツ、法律、商工業サービス、宗教、農業・農村発展、専門・業界組織、国際・海外組織およびその他の14種類に区分する。2011年時点では、254,969の社団が各行政レベルの民政部門に登記し、社団、民非、基金会という3種全体の55.2%を占める（社会組織年鑑編委員会編 2012：482)。

社会公共事業・サービスを実施する市民社会組織は、民非に区分される。「民弁非企業単位登記管理暫行条例」(1998年)第2条より、民非は「企業・事業単位、社会団体、その他の社会組織および公民個人が非国有資産を利用して非営利的社会サービス活動に従事する社会組織」と定義され、活動分野は社団と同様の14種類に区分される。民非はかつて各業務主管単位や、「掛靠」先の政府部門下で活動してきたが、1996年より市民社会組織として民政部門の管轄下に組み込まれるようになった。公共事業はそれまで事業単位が中心に行ってきたが、1998年「民弁非企業単位登記管理暫行条例」の実施により、民非が公共事業を担う組織の1つとして登場してきた。現在、民非は教育機構（幼稚園、民弁学校）を始め、医療衛生施設（クリニック、病院、保健所など）、福祉施設（老人ホーム、リハビリセンターなど）、文化・スポーツ・科学施設（文化館、図書館、博物館、科学技術研究所、スポーツセンター）、社会コンサルティング施設（職業訓練所、職業紹介所、結婚紹介所、コミュニティ・センター、人材交流センター、法律サービス、法律事務所など）として多様な社会サービスを提供している。2011年時点で、民非は204,388団体存在し（社会組織年鑑編委員会編 2012：501)、民政部門で登記する市民社会組織総数の44.2%を占める。

基金会は、「基金会管理条例」(2004年)第2条により、「公益活動に従事することを目的に、個人、法人またはその他の組織から寄付として受けた財産を資金として、設立された非営利法人」と定義される。基金会は、かつては

設立や活動に際し，業務主管単位の許可および中国人民銀行の審査を得て，民政部門において登記することが規定されていた。1999年以降，制度の改正が行われ，基金会の登記管理は民政部門の統一管轄下に置かれた。2011年末では，全国では2,614の基金会が民政部門で登記しており，中でも，公募型と非公募型基金会がそれぞれ46.6％，52.4％を占めている（他には，海外の基金会代表機構が1％を占める）(7)（社会組織年鑑編委員会編 2012：494）。

1-2 人民団体，登記免除の社団

　人民団体は中国共産主義青年団，中華全国総工会，中華全国婦女連合会，中華全国青年連合会，中華全国工商業連合会，中国科学技術協会，中華全国帰国華僑連合会および中華全国台湾同胞連誼会8団体からなる。建国以来，中国共産党によってこれらの団体は国家と社会間の「伝達紐帯」（transmission belts）と位置付けられている。人民団体は，社会側の利益・要求の汲み上げや社会主義建設のために国民を動員する「道具」であると同時に，国家の意思・政策を社会へ伝達し，実施するルートでもあるという「二重機能」を付与されている。その代わりに，人民団体は人民政治協商会議の代表議席を持ち，県レベル以上の人民団体は編制制度に組み込まれるなど(8)，党・政府による特殊な政治的地位を与えられる。そして，人民団体は政治的リソースを利用し，全国レベルの広い組織ネットワークを構築し，その数は，2011年末の時点で，およそ697万団体とされている(9)。

　人民団体のほかに，国務院の批准によって，民政部門での登記も免除される社団もある(10)。この種の社団は人民団体と比べ，政治上での特殊的地位を与えられていないものの，政府の主導の下で設立させたものがほとんどであり，編制を受け，人事，財政，組織運営などの面で政府との間に緊密な関係を保っており，各分野において政府の業務活動を補助する役割を果たしている。2011年末に，これらの社団は全国に77万以上の団体会員・基層組織を擁していると見られる(11)。その他，中国計画生育協会，個体私営企業家協会，中国消費者協会，中華体育総会などの社団は登記免除されていないにもかかわらず，政府職員の定年退職者（天下り）を受け入れたり，党・政府が一部の行政機能をこれらの団体に委譲したり，公聴会への参加を許可したりするほか，政府財政による団体運営も行っている(12)。

1-3　社区（コミュニティ）

　コミュニティ組織として位置づけられるのが社区であり，2011年に全国では160,352の社区組織がある（中国国家統計局 2012：863）。西欧概念のコミュニティと異なり，中国の社区は末端の行政単位とする側面もある。かつて建国以来，「単位」は経済活動以外にも全般的な社会福祉サービスの提供を行ってきた。その後，1980年代に入り，市場経済体制の導入に応じた政治社会システムの再編によって，党・政府が地域社会における社会サービスの提供，生活事務への管理，弱者の保護，地域の治安維持など様々な役割を社区に与え，社区の建設を推し進めた。2000年に民政部は「全国に都市社区建設を推進することに関する意見」を公布し，社区建設を推進することが明らかになった。その後2004年に党・政府は「街道社区における党の建設を更なる強化・改善することに関する意見」を提起し，社区における党組織の設置が謳われた。こうした動きを鑑みれば，市場経済化の時代に入り，党・政府は社区を住民に社会サービスを提供する主体として推進すると同時に，社区を通じて末端の社会を管理し，政治的権力を強化しようとする側面もある（郭定平 2003；江口 2012）。

1-4　基層住民自治組織

　1982年の憲法第111条では「都市および農村で住民の居住区ごとに設置される居民委員会または村民委員会は，基層の大衆的自治組織である」と規定している。2011年末では，居民委員会と村民委員会の数はそれぞれ89,480団体，589,653団体となる（中国国家統計局 2012：853）。

　「村民委員会組織法」（試行）は1988年6月に施行されたが，2010年10月に改正案が採択された。法律は，政府は村民委員会の業務に対して，指導・支持・援助を与えるものの，法律に基づき村民自治の範囲に属する事項に関与してはならないと規定し（「村民委員会組織法」第5条），村民委員会は農村地域における選挙，政策決議，村事務への監督機能を付与される（「村民委員会組織法」第10条）と明記している。実際には，村の党委員会による村民委員会への関与が存在する一方，農村社会に根ざした血縁を重視する宗族や，信仰復興をきっかけに農村社会での勢力がますます拡大する宗教組織との間

における利益調整も簡単ではない。村民委員会は村民の自治組織としての役割をなかなか発揮できないのが現状である（第13章）。

　他方,「都市居民委員会組織法」は1990年1月に施行された。居民委員会は住民の末端大衆自治組織と位置付けられているが,政府（区を設置しない市・市轄区の政府）から指導を受け,または政府部門の業務活動を支援する（「都市居民委員会組織法」第2条）と規定される。居民委員会の活動経費は政府から財政補助を受けるほか,事務室も政府によって貸出されると明文化されている（「都市居民委員会組織法」第17条）。市場経済化以降,都市社会がより流動化・複雑化し,かつダイナミックな変化を遂げている中,居民委員会は政府の代弁者,末端の政治社会の安定を図る措置として使われていることが窺える。しかしながら,近年では一部の社区では,住民の利益代弁機能が欠けている居民委員会の他に住民たちによる自発的な結社組織である業主委員会が設立されている。末端の政治社会において,社区内部の居民委員会,業主委員会,草の根NGOなど多種多様な市民社会組織が並存しており,国家と社会間のせめぎ合いが始まっている（第12章）。

1-5　草の根NGO, 国際NGO

　厳格な法規制による登記基準を満たさず,草の根NGOとして活動する市民社会組織も多数存在する。これらの団体は企業として工商部門で登記するほか,未登記のままで,環境保護,貧困削減,ジェンダー,社会弱者支援など多様な分野にわたって活動を展開している。その他には,政府機関,企業・事業単位内部,学校内部で活動する二級団体や,県・区級レベル以下で活動する団体,例えば,宗族団体,地縁団体,老人会,娯楽団体,宗教団体,趣味団体,連誼会などの市民社会組織も民政部門で登記せず,草の根NGOの1つともされる。

　草の根NGOは党・政府による法規制の枠外で活動しているにもかかわらず,中国末端の社会の結社意識の向上へとつながり,または党・政府の手が行き届かない分野で社会格差の改善,社会勢力の均衡を改善するため,ますます重要な役割を果たしており,社会運動の担い手としてその存在感が高まりつつある。草の根NGOは政府からの自立性を有することから,国際社会の市民社会組織に最も近い組織形態であると研究者が指摘している（李妍焱

2008, 2012)。

　かつて多数の国際NGOは，香港を拠点にして事務室を置き，民政部門・財政部門など政府部門を通じたプロジェクトの形式で，中国国内において貧困援助，ジェンダー，農村開発，福祉などの分野において支援活動を展開してきた。近年，一部の国際NGOは社団と連携して活動を展開するようになっている[13]（第14章）。

2　市民社会組織を取り巻く法制度：建国後からWTO加盟前

　法制度は，中国市民社会組織にとって不可欠な生存環境であり，組織を規制し，その発展を方向付ける重要な要素でもある。以下では，市民社会組織を取り巻く法制度の変遷を時系列的に検討し，市民社会組織に対する党・政府の認識変化を概観する。

2－1　建国後－改革開放以前

　1949年の建国直後，中国政府は「社会主義改造」のスローガンを掲げ，都市部では官僚資本の没収や「反革命鎮圧」，農村部では土地改革などの運動を展開した。その過程で，民間結社に対しても整理・整頓運動を展開し，民間結社は強制的に非政治化され，反動的であると認定された多くの政治結社や秘密結社は取り締まりを受けた。他方，共産党を擁護する一部の政治結社は，「民主諸党派」として人民政治協商会議に参加することとなり，共産党陣営内部に組み込まれていった[14]。

　政治結社の整理・整頓が実施されると同時に，中央人民政府政務院は1950年9月，「社会団体登記暫行弁法」（以下，「50年弁法」）を公布し，民間結社に関する法整備を進めた。「50年弁法」には，社団の区分や種類別[15]，行政別[16]の登記原則が定められたほか，登記手続きが免除される団体が具体的に列挙された[17]。民間結社に対する整理・整頓運動と登記管理制度の実施によって，政府から独立した民間組織はおおむね姿を消した。中国は国家と社会の一体化を進め，党・政府は「単位制度」と「人民公社」を通じた末端社会への統制を実現した。

　しかし，1966年にプロレタリア文化大革命が始まると，およそ10年間にわたって，中国社会は未曾有の混乱に陥ることとなった。社団の管理制度であ

る「50年弁法」も，他の法制度と同様にほとんど機能不全に陥り，1970年7月には，社団の登記管理機関である内務部も廃止されてしまった（大塚2001：275）。

2-2 改革開放以降：第二次天安門事件

　文化大革命収束後の1978年3月5日，第5期全国人民代表大会第1回会議において「中華人民共和国民政部」の設立が決定され，社団の登記管理業務が再開された。また「経済体制改革に関する党中央の決定」（1984年）採択以降，行政機関による産業関連団体の設立がブームとなった（Pei 1998: 303）。行政機関による団体の「濫造」とも呼べる状況に対応するため，党中央・国務院は，同年11月「全国級組織の設立を厳格に規制することに関する通知」を通達し，社団の新設を規制するに至った。また，党および各行政機関による個別の社団管理について，問題が顕在化してきたため，1988年より，社団の登記管理の権限は全て民政部門に委譲され，同年より民政部門による社団の統計・調査活動が始められた（徐家良 2011：40）。また，基金会について，1988年9月に「基金会管理弁法」を公布した。

　1989年の第二次天安門事件ののち，同年10月25日に政府は「社会団体登記管理条例」（以下，「89年条例」）を公布した。「89年条例」では，「二重管理」と「一行政区に同一分野の複数団体の並立を認めない」[18]という原則が示され，制度化された。これは第二次天安門事件を受けて結社活動を規制しようとするものであった。

　「89年条例」では，まず社団の設立に際し業務主管単位[19]の同意が必要とされるようになり，設立後も登記管理機関である各行政レベルの民政部門と社団の日常活動を管理する業務主管単位による「二重管理」を受けなければならないと規定された。加えて，1つの行政区域内（全国，省・自治区・直轄市，市，区・県）において活動内容が同じまたは類似する社団の設立が禁止された。党・政府は分野ごとに団体数を限定する形で，社団に対して国家コーポラティズム的ともいえる統制メカニズムの構築に取り組み始めたのであった。

　また，登記が免除される団体に関しても規定が改定され，「工会法（1950年）」の規定に基づいて[20]，工会が登記免除の対象とされた。その他，人民団体や登記免除される社団は他の社団に比して簡略化された手続きによる登記が認め

られたものの、社団としての登記が義務づけられた。これは、人民団体が民政部門の管轄下に置かれることになったことを意味する。

「89年条例」の公布後も、1990年1月には民政部が「社会団体と社会安定発展に関する座談会」を開催し、社団の行政化、内部管理の混乱、違法経営活動の展開といった社団をめぐる問題点を指摘した。同年6月、社団に対する整理・整頓活動が開始され、10月には国務院により「三乱を取り締まる決定10条」が出され、社団のむやみな費用の徴収が取り締まられた。中でも、市場経済体制の導入以降に営利目的で設立された社団や営利活動を行う社団が整理・整頓活動の対象とされた。

2-3 天安門事件以降

天安門事件以降、党・政府は社団をはじめ、新たに出現した市民社会組織に対する登記・活動の規範化を図るため法律的整備を行っている。1998年、「社会団体登記管理条例」(以下、「98年条例」)は改訂され、中でも、社団の定義、性質、設立条件、登記管理部門と業務主管単位の職責、違法団体の処罰といった点に関して「89年条例」よりも詳細な規定が示されることとなった。

また、社団の設立条件や違法活動に対する罰則が明文化されている。社団の設立に関しては「二重管理」を受けねばならないこと、「一行政区に同一分野の複数団体の並立を認めない」ことなどの規則に加え、会員数、常勤職員の有無、活動資金などの面での条件が規定された。具体的には、個人会員数が50名以上、団体会員数が30団体以上、あるいは、個人会員と団体会員を合わせて50名(団体)以上であること、常勤職員を有すること、全国レベルの団体は10万人民元、地方レベルの団体は3万人民元の活動資金を有することが社団設立の条件として定められた。支部組織の設立に関しても、規定を加えた(第10条)。

さらに、社団の中で、登記免除となる対象も改定された(第3条)。これにより、これまで区分が不明確であった各種団体が、社団、人民団体、政府の直接管轄下に置かれる団体、政府機関に付属する二級団体、というように明確に区分されることとなった(王・李・岡室 2002：138)。これは、国際基準や個人による結社自由の観点を意識した改定であると考えられる。

社団以外，党・政府は民非に関連する条例も制定し，1997年に「民弁学校設置運営条例」，1998年に「民弁非企業単位登記管理暫行条例」を設ける。前者は教育類の民非を，後者はすべての民非を対象にして，登記，管理活動を詳細に定めたものである。条例により，民非は社団と同じく，業務主管単位と民政部門による「二重管理」および「一行政区に同一分野の複数団体の並立を認めない」という原則の下で登記，活動しなければならない。支部組織の設立も禁止されている。また，党・政府は教育類の民非を育成するため，「中華人民共和国民弁教育促進法」（2002年）および「民弁教育促進法実施条例」（2004年）を施行している。教育事業に従事する民非に対して，上記の条例は税制上の優遇政策や，寄付金の受け入れについても規定される。

　基金会の関連条例は「基金会管理弁法」（1988年）の施行を経て，2004年6月に現行の「基金会管理条例」が施行された。2004年の条例では，基金会の定義をはじめ，基金会の性質，分類，活動，税制上の優遇策および内部のガバナンスについて詳細に定められた。基金会も社団，民非と同様，「二重管理」を受けなければならない。また，基金会を設立するにあたって，全国レベルの公募型基金会が800万人民元以上，地方レベルの公募型基金会が400万人民元以上，非公募型基金会が200万人民元以上の活動資金を有することが規定される（第8条）。支部組織の設立に関しても，社団と同様，規定に基づき設立することが可能であるが，基金会支部は法人格を有していない。

　上記で見られるように，党・政府は，天安門事件以降，社団，民非および基金会に関する管理条例の施行によって，この3種類の公式的な市民社会組織を政府の求める健全な秩序の下で活動させようとしている。政府は種々の規制を通じて，団体活動が国内政治・社会に与える影響のコントロールを図るようになったのである。しかしその結果，市民社会組織の設立にあたり，業務主管単位の許可が義務づけられた一方で，業務主管単位は自らが問題に巻き込まれるのを恐れ，市民社会組織の設立に積極的に関与しようとしないため，多くの団体が業務主管単位を見つけることができず，公式的な市民社会組織として登記することができない状況が生まれてしまった。このため，現在，数多くの市民社会組織は現行の管理体制の枠外においての活動を余儀なくされている。

3　法規制の緩和とその限界：WTO 加盟以降の新たな動き

　党・政府は2000年以降，市民社会組織に関連する管理制度を改正する動きを見せている。これは，中国の WTO 加盟に加え，社会が急速な変化を遂げる中，党・政府が「全能型政府」から「サービス型政府」への変身を求められ，多元化した利益をどのように政治体制内に取り込み，政策決定に反映し，政権の安定維持につなげるのかという現実問題に直面しているためである。また，社会領域側において市民の公共意識・慈善意識の高まりは，アモイ PX 事件をはじめとする「新公共運動」の台頭（王錫鋅 2008），「微公益」（ミクロ・フィロソフィー）[(28)(29)]という慈善活動の活発化を引き起こし，市民社会の「既存的空間」をますます広げつつある。こうした中，党・政府がかつて実施した単なる厳格な管理体制はもはや凄まじい変化に置かれる現実社会に適応できず，新たな政策の転換を余儀される（劉鵬 2011；鄧・丁 2012）。

3−1　共産党・中央政府の政策

　党・中央政府の施策では，税制の改正，政策過程における市民社会組織の参加および財政支援という3つの側面から，市民社会組織の育成が図られる。

　より多くの民間資本を活用するため，党・政府は公益活動に関連する税制の改正を行った。1999年に「公益事業寄贈法」，2008年に「個人所得税法」が施行され，個人および企業は公益事業に寄付する際の，個人所得税，企業所得税の減免が規定された。

　社会側および基層レベルの利益をどのように政治体制内に取り込むのか。2004年の中国共産党第16期中央委員会第4回会議では，社会建設・管理を強化し，社会管理制度のイノベーションを推進することが提起されたが，その後，2007年の中国共産党第17期全国代表大会では，「社会管理は党・委員会の指導，政府の主導，社会の協調，市民の参加による社会管理メカニズムを構築する」ことが明言された。また，中央政府は2008年3月に公布した「国務院工作規則」の中でも，政策決定を科学的に，民主的な手続きに基づき行うことを提起し，「公共利益，市民の利益に関わる政策を決定・実施する際に，公聴制度を利用し，社会側の意見を聴取することや，国務院は重要な政策決定を行う前にも，多様な形式を通じて，民主諸党派・社会団体・専門家・基

層民衆の意見を聴取すること」が明確にされた。⁽³⁰⁾

　その後，2011年3月の第11期全国人民代表大会第4回会議で採択された第12次5カ年計画の中でも「社会管理の強化とイノベーション」の項目が取り込まれた。特に，社会管理体制のイノベーション，基層社区の自治とサービス機能の強化，市民権益保護のメカニズムの構築および公共安全システムの強化が重点として挙げられた。⁽³¹⁾ さらに，2012年に「民事訴訟法」修正案が採択された。修正案では，公益訴訟制度を初めて導入し，市民社会組織が公益訴訟の主体となることが認められた。⁽³²⁾

　党・政府は市民社会組織への財政的支援も行っている。2012年に初めて，政府は中央財政を投入し，西部地域での流動人口（出稼ぎ労働者），農村の留守児童，社区での高齢者向けの社会サービスおよびこれらの分野で活動する市民社会組織の職員育成・訓練に関するプロジェクトを中心に支援することに決めた。また，一部の地方政府は公共サービスの民間への委託を推進し始め，市民社会組織が下請けの形で社会サービスに携わるようになっている。⁽³³⁾ その他には，中央や地方政府レベルにおいて，市民社会組織に対する評価システムを導入し，⁽³⁴⁾ 市民社会組織の区分化を図っている。

　党・政府は上記のような行政的手段以外にも，税制の改正，財政的支援，政策参加ルートの提供に至る様々な方法で国家と社会の間に新たな関係を構築しようとしている。しかしながら，各市民社会組織内での党組織の設立も同時に進められている。1998年，中国共産党中央組織部，民政部は初めて「社会団体における党組織設置に関する通知」を公布したが，2000年中央組織部は「社会団体における党建設を強化することに関する意見」を再び発表し，社団における基層党組織の設置の徹底化を図ろうとした。2002年の中国共産党第16回全国代表大会では，「両新組織」⁽³⁵⁾ における党建設の問題が重要視される。党・政府は，党組織を設置し，市民社会組織の中の党員を通じて，党政策の宣伝を実施する方針と見られるが，今日では，市民社会組織における党組織のカバー率は依然低く，党組織の建設はなかなか進まないのが現実である（第4章）。

3-2　地方レベルにおける動き

　党・中央政府による法改正の枠組み作りに対して，地方政府はより具体的

な法制度の改正を行っている。特に，今まで市民社会組織の設立を規制してきた「二重管理」制度および「一行政区に同一分野の複数団体の並立を認めない」の２原則について地方レベルでの試験的改革を着実に進めている。

法制度の緩和　まず，「二重管理」制度の改正に対して，広東省深圳市は全国に先駆けて，改革をスタートさせた。2004年より，深圳市は業界団体の自立性（民間化），業界団体の直接登記の改革を皮切りに，市民社会組織の登記管理体制の改革を推進し続けている。2008年には，業界団体，社会福祉団体，公益慈善団体という３種類の社団が民政部門に直接登記することが認められた。[36]

北京市は2008年以来，「二重管理」制度の代わりに「中枢型管理」制度の導入を模索している。[37]　2009年３月に10の社団，2012年12月には12の社団が「中枢型」組織として認定され，[38]　人民団体，一部登記免除される社団は業務主管単位の代わりに，新設する社団に対する日常の管理活動を実施する。また，北京市では2013年４月より，市レベル，区・県レベルで登記する業界団体，科学技術団体，公益慈善団体，社区のサービス団体４種類の団体を対象に，民政部門での直接登記が可能となった。

また，「一行政区に同一分野の複数団体の並立を認めない」という制度的規制に対しては，主に業界団体・商会を対象に改正が行われている。例えば，上海市は2008年以降，業界団体の改革・発展を促進するため，同一行政区における同一業界で複数の団体の設立および異なる行政地域での業界団体の設立を推進し始めた。広東省も2009年10月に「異なる地域での商会登記管理に関する暫行弁法」を公布し，既に他の省で登記した地・市レベルの業界団体や商会を同省での登記が認められた。[39]

他には，設立基準に満たさない社団に対して，一部の地域では「届制度」を導入している。これは特に，基層レベルにおける市民社会組織が主たる対象とされる。届制度は，早くも2005年に民政部が「慈善類民間組織を発展させることに関する通知」の中で言及したものである。その後，民政部は2007年に江西省，北京市，深圳市，湖北省，江蘇省を試験地域に指定し，届制度の推進を実施した。[40]　これらの一連の動きは，中央民政部と地方民政庁（局）との連携した結果と見られる。

観察地域の設置　　中央政府は地方政府の経験に鑑み，将来的には市民社会組織の法律改正につながるものとして，2008年に「社会組織の改革・イノベーションの観察地域を設置することに関する通知」を公布し，上海市，深圳市，広東省，雲南省，青島市，新疆ウイグル自治区を観察地域と認定した(41)。中でも，上海市と深圳市が総合的観察地域，広東省が業界団体の観察地域，雲南省が国際 NGO の観察地域，青島市が基層レベルの社団の観察地域，新疆ウイグル自治区が業界団体・商会登記の観察地域と，それぞれの改革領域を示している。中央政府は各地域に対し，社団管理の改革・イノベーションの実施に関し，行政上での裁量権を与えている(42)。

　また，地方レベルで推進している改革案については，地域間での政策移転も行われている。例えば，北京市で実施した「中枢型管理」制度は，もともと上海市で始まったものであったが，北京市が推進したことによって広まり，2012年に広東省も取り入れるようになった。また，届制度も最初深圳市で導入したが，その後広東省全域，南京市に採用され，全国に普及するようになった。このように中央政府と各地方政府が連動する中，市民社会組織の制度的改正について，各地域が異なる施策を打ち出すと同時に，相互に政策移転も進んでいる。

　しかしながら，上記のような一連の緩和政策はあくまで党・中央政府が許容する範囲で進められているものであることには注意を要する。地方政府は末端の政治社会の安定化を維持するため，より多くの市民社会組織を体制内に取り込み，管理制度の緩和に拍車をかけると考えられる。

4　まとめ

　本章は，市民社会組織をめぐる法制度および近年の法制度改革に向けた動きを整理したものである。権威主義体制の下，中国共産党・政府は市民社会組織に対して，一貫して厳しい法規制を敷いてきた。党・政府は業務主管単位を設置し，団体数を限定する規制をかけ，市民社会組織を自らの管理体制の枠内に統制してきた。

　2000年代に入り，市場経済化の深化，技術革新，情報手段の多元化，グローバル化の加速化など一連の経済的・社会的変化が起き，党・政府の執政能力が試されている。より数多くの市民社会組織を管轄下に置くべきなのか，

または，これらの組織を体制内に存立させるのを許すか，党・政府は今，分岐点に立たされている。

　改革に踏み切った中央政府は，税制の改正，資金支援を行い，地方レベルにおける市民社会組織の制度改革も推し進めている。これらの改革は一定の成果を挙げているものの，業界団体，公益慈善団体，社区サービス団体など政府が育成する分野の市民社会組織に対象を限定したものである。法制度の緩和と市場原理に基づいた近年の改革も，その動向を注視すると，これは党・政府がより多くの市民社会組織を自らの管轄下に置き，選別する動きであると言える。市民社会組織が区分されることによって，党・政府は限定した対象に財政支援，法的緩和を進めることができる。今後，市民社会組織が存立する「制度的空間」はどのように拡大してゆくのか，党・政府による社会領域への統制管理方法の変化，および各種の市民社会組織自身の成長の軌跡に引き続き注目しなければならない。

　　（1）　重富真一は，ベトナム，民主化以前の台湾，インドネシア，中国の事例を挙げ，市民社会組織への需要がある一方，国家による政治的規制，強さは多様であると論じている（重富 2001：23）。
　　（2）　その内訳は，民政部門で社団254,969，民非204,388，基金会2,614，社区160,352，都市居民委員会89,480，農村村民委員会589,653，人民団体系列で登記する社団6,979,202，民政部門で登記を免除する社団776,067となる。
　　（3）　1万人当たり市民社会組織数＝82.1団体（2011年中国の総人口が134,735万人（中国国家統計局 2012：101），市民社会組織数が公式的団体数1105万および草の根NGOなど登記しない団体数200万の合計数によって推算されるものである）。
　　（4）　現行の「民法通則」（1986年4月12日公布・施行）は，中国の法人制度の基本的枠組みを規定している。その第3章は，中国の法人を「企業法人」，「機関法人」，「事業単位法人」および「社団法人」の4種類に区分している。そのうち，社団法人は社団，民非および基金会から構成され，人民団体をも含めて，学会，商会など公益，あるいは特定の利益の実現を目的とする団体の法人格であると定義している。
　　（5）　「業界団体」とは特定の業界の管理，服務に従事する業団体，商会，「学術団体」とは学術研究や学術交流を行う学会・研究会，「専門団体」とは専門家が集まる非経済団体，「連合団体」とは団体の連合・あるいは人々が集まる連誼会，促進会などとされる（「『社会団体登記管理条例』に関

する諸問題の通知」(1989年12月公布)「1. 社会団体の分類」を参照されたい)。
(6) 「民法通則」では，営利法人と非営利法人として区分していないにもかかわらず(機関単位法人，事業単位法人，企業単位法人，社団法人を規定する)，基金会管理条例では，非営利法人と称することから，今日中国の市民社会組織の条例と「民法」が衝突することがうかがえる。これは，「民法通則」の施行に先立ち，1984年10月20日の中国共産党第12期中央委員会第3回会議では，国有企業の再編改革に向けて「経済体制改革に関する党中央の決定」が公布され，企業が独立した一経済体であり一法人であることが明確にされた。党・政府は，企業法人と非企業法人の分類も行っている。つまり，「民法」では中国の法人を前述の4類に区分した上で，別途，企業法人と非企業法人という2分類も設けている。かつても法律系の研究者は，同規定では学校，病院，研究機構など公益を目的とする事業単位法人の法人格を判断する際に混乱を招きかねないと指摘している。
(7) 公募型基金会とは大衆を対象に広く一般寄付を募ることができる基金会，非公募型基金会とは大衆を対象に寄付を募ってはならない基金会とする。
(8) 中央機構編制委員会弁公室は全国の行政管理システムおよび機構編制の日常的管理活動を行う組織である。中央機構編制委員会弁公室は中央紀律検査委員会機関，中央弁公庁，中央組織部，中央宣伝部，中央統戦部，中央対外連絡部，中央政法委員会機関，中央政策研究室，中央台湾工作弁公室，中央対外宣伝弁公室，中央財経指導グループ弁公室，中央外事工作指導グループ弁公室，中央直属機関工作委員会，中央国家機関工作委員会と並び，中国共産党中央の直轄機関である。
(9) 人民団体の基層組織は2011年現時点では，およそ6,979,202団体に達している。その内訳は以下の通りである。①中華全国総工会：2,320,000(2011年)(「2011年工会組織和工会工作発展状況統計公報」中国工会統計調査のホームページ：http://stats.acftu.org/template/10002/index.jsp)；②中華全国工商業連合会：47,203 (2011年)(「2011年下半年関与会員和組織発展状況的通報」中華全国工商業連合会のホームページ：http://www.acfic.org.cn/Web/c_000000010003000100030003/d_11989.htm)；③中華全国婦女連合会：833,000 (2008年)(「全国婦連幹部近8万名，各級婦連基層組織超80万個」新華網のホームページ： http://news.xinhuanet.com/newscenter/2008-09/24/content_10103660.htm)；④中国共産主義青年団：3,590,000 (2012年)(「中国共産主義青年団(共青団)」新華網のホームページ：http://news.xinhuanet.com/ziliao/2004-11/15/content_2220559.htm)；⑤中国科学技術協会：174,914 (2011年)(「中国科協2011年度事業発展統計公報」中国科学技術協会のホ

ームページ：http://www.cast.org.cn/n35081/n35488/14019330.html）；⑥中華全国青年連合会：55（2012年）（「中華全国青年連合会簡介」中華全国青年連合会のホームページ：http://www.qinglian.org/YouthFederation/QinglianInfo/qinglianInfo_0.html）；⑦中華全国台湾同胞連誼会：30（2012年）（「台連概況」中華全国台湾同胞連誼会のホームページ：http://www.tailian.org.cn/n1080/n1190/index.html）；⑧中華全国帰国華僑連合会：14,000（2006年）（「中国僑連組織已発展到14000多個」新華網のホームページ：http://news.xinhuanet.com/politics/2006-09/18/content_5105678.htm）（上記のホームページの閲覧日：2013年7月19日）。

(10) 民政部は2000年12月に「一部の社会団体の登記免除に関する通知」（民発〔2000〕256号）を通達し，これにより8つの人民団体以外で，登記免除とされる社団は以下の25団体とされた：(1)中国文学芸術界連合会，中国作家協会，中華全国新聞工作者協会，中国人民対外友好協会，中国人民外交学会，中国国際貿易促進会，中国障害者連合会，宋慶齢基金会，中国法学会，中国赤十字総会，中国職工思想政治工作研究会，欧米同窓会，黄埔軍校同窓会，中華職業教育社14団体，(2)中国文学芸術界連合会に所属する11の団体：中国劇曲家協会，中国映画家協会，中国音楽家協会，中国美術家協会，中国曲芸家協会，中国舞踏家協会，中国民間文芸家協会，中国撮影家協会，中国書道家協会，中国雑技家協会，中国テレビ芸術家協会。

(11) 国務院の批准により民政部門で登記を免除する社団の組織総数（団体会員および基層組織数の合計）はおよそ776,067団体と見られる。その内訳は以下の通りである。中国文学芸術界連合会50，中国音楽家協会36，中国作家協会44，中国戯劇家協会33，中国美術家協会35，中国曲芸家協会33，中国舞踏家協会35，中国民間文芸家協会34，中国撮影家協会49，中国書道家協会35，中国テレビ芸術家協会36，中国雑技家協会30，中国映画家協会35，中国人民対外友好協会321（地域別7，国別39，国内地域別275），中国人民外交学会1，中国国際貿易促進委員会672（地方支部50，県レベル国際商会600，業界別支部組織22），中国障害者連合会647,887（省・自治区・直轄市レベル31，地・市レベル232，県レベル1,624，郷鎮・街道レベル39,000，社区レベル607,000），宋慶齢基金会1，中国法学会554，中国赤十字総会123,013（省・自治区・直轄市レベル31，地・市レベル334，県レベル2,848，基層レベル9,800，団体会員110,000），欧米同窓会145（支部組織17，同窓会100，団体会員28），黄埔軍校同窓会29，中華職業教育社2670（省・直轄市レベル28，県レベル207，地方組織235，団体会員2200），中華全国新聞社工作者協会215（全国レベル183，地方レベル32），中国職工思想政治工作研究会74（上記25団体のデータは各団体のホームページを参照して得られるものである（紙幅の都合上省略）。閲覧日：2013年7月19日）。

(12) 例えば，計画生育の実施は地方政府幹部の業績を評価する最も重要な指標の1つであるため，各行政レベルの地方政府は，中国計画生育協会を通じて，政策宣伝・実施活動を行っている。従って，当該協会は政府の一部行政的機能を与えられ，政府から編制定員を受け入れる。2005年の調査によれば，全国の計画生育協会の職員のうち5％が行政編制，52％が事業編制を受け，公務員の待遇に準ずる（何・王 2008：150）。

(13) 例えば，国際慈善団体ライオンズ・クラブ（the International Association of Lions Clubs）が中国障害者連合会から協力を得て，中国での慈善活動を展開することが挙げられる。2002年に，ライオンズ・クラブは広東省深圳市で最初の中国国内支部組織を設立した。2012年末では，北京市，大連市，青島市，陝西省，浙江省，瀋陽市などの地域で260以上のサービス・チームを結成し，7,000名の会員を有している。同団体は，障害者支援，貧困児童の支援，震災，公衆衛生，文化普及など多分野にわたって活動を展開する。

(14) 民主諸党派として，中国国民党革命委員会，中国民主同盟，中国農工民主党，九三学社，中国致公党，中国民主促進会，中国民主建国会，台湾民主自治同盟の8つの団体がある。政治協商制度の下，これらの団体は政治党派とされ，社団と区別された（王・折・孫 1993：31－33）。

(15) 「50年弁法」によれば，社団は人民群衆団体，社会公益団体，文芸工作団体，学術研究団体，宗教団体，その他人民政府の法律に基づき設立された団体の全6種類から構成される。

(16) 「50年弁法」では，全国レベルの社団は中央人民政府政務院の内務部に，地方レベルの社団は各地方政府にそれぞれ登記が必要であるとしている。

(17) 「50年弁法」によれば，登記の必要のない団体は以下の3種類である。①人民政治協商会議に所属する「民主諸党派」と人民団体，②中央政府の規定によって登記を免除される団体，③機関，学校，団体，軍隊内部に責任者の許可を得て組織された団体。

(18) 社団は各行政レベルの民政部門（全国レベル，省・直轄市レベル，地・市レベル，区・県レベル）で登記する。そのうち，全国レベルの社団の多くは，中央各省庁が政府機構改革を受け，設立したものであり，党・政府による関与が強いと見られる。ちなみに，最新のデータによると，2012年の社団の行政レベルの分布は，全国レベル0.7％（1,872団体），省・直轄市レベル9.5％（25,817団体），地・市レベル25.8％（69,905団体），区・県レベル64.0％（173,536団体）となる（中国社会組織年鑑編委会 2013）。

(19) 業務主管単位は国務院関連部門および県級以上の地方人民政府の関連部門，国務院あるいは県レベル以上の地上人民政府が授権された組織とされる。2000年民政部は「社会団体の業務主管単位を再度確認することに関

する通知」を公布し，業務主管単位は，すなわち①国務院各部・委員会，国務院の直轄機構，国務院機関および県レベル以上人民政府に相当する部門・機構。②中央各部門および県レベル以上の党委員会に相当する部門。③全人代常務委員会弁公庁，全国政協弁公庁，最高人民法院（裁判所），最高人民検察委員会および上記の県レベル以上の相当する部門。④中央，国務院あるいは県レベル以上の党委員会，地方政府によって授権した組織。⑤軍隊に所属する社団は中国人民解放軍総政治部によって業務主管単位が決める。また，以下22の行政機関・社団に業務主管単位の権限を与えた（中国社会科学院，国務院発展研究センター，中国地震局，中国気象局，中国証券監督管理委員会，中国保険監督管理委員会，中央党校，中央文献研究室，中央党史研究室，中央編訳局，外文局，中華全国総工会，中国共産主義青年団，中華全国婦女連合会，中国文学芸術界連合会，中国作家協会，中国科学技術協会，中華全国帰国華僑連合会，中華全国新聞工作者協会，中国人民対外友好協会，中国障害者連合会，中国職工思想政治工作研究会）。

(20) 「工会法」(1950年)の「第1章第3条」によれば，工会を設立する際に，総工会あるいは産業工会・地方工会の審査・批准を得て，地方政府で登記することが明記されている。

(21) 『社会団体登記管理条例』に関する諸問題の通知」(1989年12月公布)の「4. 工会，共青団，婦女連などの社会団体を登記することに関する問題」を参照されたい。

(22) 1987年10月に「党政分離」(党と政府の職能を切り離す)が提起された。1988年の第7期全国人民代表大会第1回会議では，李鵬首相（当時）が，政府活動報告において5年以内に政府と企業，事業単位，人民団体との関係を整理する方針を示した。「89年条例」による人民団体の登記要請は，「党政分離」の一環として捉えることができる（王・李・岡室 2002：137）。

(23) 「三乱」とは，むやみに費用を取りたてる，むやみに罰を課す，割当て負担の強要の3つを指す言葉である。

(24) 社団の支部組織は設立する際に，業務主管単位の許可を得て，申請する必要があり，支部組織が設立されても法人格を有しないということを明確にした。

(25) 登記免除の対象は，以下の通りである。すなわち，人民団体，国務院機構編制管理委員会により人員，職責，機構設置が定められ国務院の批准により登記が免除される団体や，機関，団体，企業・事業単位内部にある二級団体は，新たに社団の登記管理の範囲外とされる。

(26) 民非は専門性が社団より高いため，業務主管単位が教育部門，衛生部門，文化・文物部門，科学技術部門，体育部門，労働部門，民政部門，司法部門などの政府機関に特定している（景朝陽 2011：43）。

(27) 登記管理機関について，国務院民政部および各省・自治区・直轄市級の民政局と規定される。中でも，全国レベル公募型，基本財産2,000万元を超える非公募型，中国公民以外のものが法的代表者とする基金会，および海外の基金会などは，国務院民政部で登記すると明記した。業務主管単位について，国務院民政部で登記する基金会の業務主管単位が国務院関連部門および国務院授権した部門，省・自治区・直轄市で登記する基金会の業務主管単位が省・自治区・直轄市政府あるいはこれらの政府が授権した部門と定められる。

(28) アモイPX事件とは，福建省アモイ市で，市民の反対運動によりアモイ市内で建設する予定だった化学工場計画が中止される一連の出来事を指す。2004年に，福建省アモイ市政府は国家発展改革委員会の許可を得て，アモイ市内でPX（パラキシレン：各種化学材料の原料となる有毒物質）の製造工場を建設する計画を立てた。しかし，2007年に周辺住民による反対運動が激化し，大規模なデモ（「散歩」と名付けている）を行うや，ネット上で建設に反対する議論が繰り広げられた。2007年にアモイ市政府は公聴会を開催し，住民の反対意見を受け止め，建設を停止するに至った。この事件は，中国「新社会運動」のシンボル的な事件といわれる。

(29) 「微公益」とは，個人がインターネット（中国版のツイッター「微博（weibo）」）を通じて，公益活動を呼び掛け，募金，ボランティア活動を行う新たな公益活動である。代表的な事例は，梁樹新が推進した貴州省三陸地域の児童に向けた無料ランチ・プロジェクト（「貴州三陸地域のランチ計画」）である（黄暁勇 2012：14−16）。

(30) 「国務院工作規則」（2008年3月公布）「第4章 科学・民主的な手続きに基づいた政策決定を実施する」を参照（中華人民共和国中央人民政府のホームページ：http://www.gov.cn/zwgk/2008-03/25/content_928129.htm 閲覧日：2013年7月16日）。

(31) 「国民経済と社会発展第12次五ヵ年計画要綱」（2011年3月公布）「第9篇 表面的・根本的問題の解決，社会管理の強化・イノベーション」を参照（中華人民共和国中央人民政府のホームページ：http://www.gov.cn/2011lh/content_1825838.htm 閲覧日：2013年7月16日）。

(32) 「中華人民共和国民事訴訟法」（改正）（2013年1月1日施行）第55条では，「環境汚染，多数の消費者の合法的権益への侵害など社会公共利益に損害を与える行為に対し，関連機関および関連組織は人民法院に訴訟を提起することができる」と定めている。全国人民代表大会常務委員会法制工作委員会副主任王勝明によれば，ここで定義する「関連組織」は社団のことを指している。改正案草案の第3次審査の時点では，公益訴訟の主体を「関連機関および関連の社会団体」と明記していたが，民政部門で登記

する社団は社会組織の一部に過ぎないという現状から，最終の改正案の段階では「関連社会団体」を「関連組織」に変更したと述べた（「全国人代法工委官員介紹公益訴訟主体修正原因」（2012年8月31日）人民網のホームページ：http://www.022net.com/2012/8-31/503944412949476.html を参照，閲覧日：2013年7月16日）。

(33) 例えば，一部の地方政府は，市政施設の保護，社区公衆衛生サービス，高齢者向け社会サービス，就職支援サービスなど社会公共事業に一定額の政府財政予算を割り当てる。

(34) 2011年民政部は「社会組織評価管理方法」を公布し，民政部門で2年以上登記される市民社会組織を対象に，基準に基づき（内部ガバナンス，活動を総合的に考察）評価システムを導入する。評価活動に参加する組織を1Aから5Aの5つのランクに分け，ランク3A以上の社会組織は政府から職能の委譲や，委託事業を受け入れることが優先される。また，基金会，公益類社団は税制優遇の申請も可能となる。評価システムの導入は，党・政府が市場経済に基づいた競争メカニズムを用いて，市民社会組織を区分化させる動きとして見られる。

(35) 両新組織とは，非公有制企業，および人民団体や登記免除される社団以外に設立された組織である社団，民非および基金会など市民社会組織のことを指している。

(36) 深圳市では，2012年上半期で登記する市レベルの93団体のうち，直接登記するものが61団体に上り，新設団体総数の65.5％を占めている（賀丹・黄宇麗（2012年8月20日）「譲社会組織在社会発展中発揮更大的作用・深圳民間組織管理局局長馬宏」中国日報網のホームページ：http://www.chinadaily.com.cn/zgrbjx/2012-08/20/content_15690777.htm 閲覧日：2013年7月16日）。

(37) 「中枢型管理」方式とは，人民団体あるいは一部登記免除される社団は業務主管単位の代わりに，社団を管理することである。

(38) 2009年3月に認定された10の「中枢型」組織は以下である：北京市総工会，共産主義青年団北京市委員会，北京市婦女連合会，北京市科学技術協会，北京市障害者連合会，北京市帰国華僑連合会，北京市文化芸術界連合会，北京市社会科学連合会，北京市赤十字，北京市法学会。2012年12月に認定された12の「中枢型」組織は以下である：北京市工商業連合会，北京市貿易促進会，北京市私営個体経済協会，北京市体育総会，北京市ボランティア連合会，首都慈善公益組織連合会，北京市会計士協会，北京市弁護士協会，北京市工業経済連合会，北京市商業連合会，北京市建築業連合会，北京市民弁教育協会。

(39) 他の地域でも同じ動きが見られた。例えば，安徽省は合肥市，蕪湖市，

蚌埠市を試験都市にして地域間における業界団体の登記管理制度の改正を試みる。浙江省義烏市では，2009年末までに他の地域を活動拠点とする業界団体・商会のうち24団体が同市で登記することができた。江蘇省は2010年4月までに，既に62の業界団体・商会が同省で登記している（劉鵬 2011：134）。
(40) 同「通知」では，農村の郷鎮レベル，社区レベルで法人格を持たず，慈善活動に携わる市民社会組織は，民政部門に届出書を提出すれば，組織の活動を認めると提起した。
(41) 中央政府は地方政府との間に政策調整，試行する方法として，かつて「試験地域」を指定するという方法で実施してきた。すなわち，中央政府が改革の方向や政策を制定し，地方政府が執行することになる。今回，市民社会組織の制度改革の中，「観察地域」の指定という方法が導入された。具体的には，地方政府が地域自らの経済社会的状況に応じて，自主的に改革の案を出し，政策を実施する。中央政府が観察側に立ち，地方政府の政策の実施結果を追跡するや，評価する。
(42) 例えば，広東省は広州市，中山市，肇慶市など8つの地域にそれぞれ海外組織の登記管理，社会組織の評価，農村専業経済協会など分野別に分け，地域ごとの改革を進める。こうした施策は，中央政府が地方レベルで行われた改革を地域の経済社会的実状に合わせた改革案，イノベーション案を求める動きと見られる（黄・蔡 2012：39-40）。

付録表3-1　市民社会の視点からみた中国の現代史年表

年　月　日	事　項
1949年10月1日	中華人民共和国建国
1949年10月31日	中国共産党陝甘寧辺区政府，「陝甘寧辺区人民団体登記弁法」を公布。
1950年9月23日	中央人民政府政務院，「社会団体登記暫行弁法」を施行。29日の第52回政務会議で採択された。
1951年末〜1953年	「三反運動」，「五反運動」の実施。
1953年	中央人民政府政務院，「工商業連合会組織細則」を制定。政府指導の下で工商業団体を設立する。
1954年	「都市街道弁事処組織条例」，「都市居民委員会組織条例」施行。
1958年	農村地域での「人民公社」の組織化の開始。
1966年〜1976年	文化大革命。社会団体の登記管理機関である内務部が1969年に廃止された。
1976年〜1978年	「四人組批判」。文革前の「正常化」への復帰。
1978年5月1日	民政部設立。
1978年12月18〜22日	中国共産党第11期中央委員会第3回全体会議開催。改革開放路線を決定し，社会主義市場経済体制を導入した。
1979年7月1日	第5期全国人民代表大会第2回会議開催。「中華人民共和国全国人民代表大会および地方各級人民代表大会選挙法」が可決された。
1982年3月8日	第5期全国人民代表大会常務委員会第22回会議開催。「政府機構改革」を実施し，「政企分離」（国営企業の政府部門からの切り離し）を推進。
1982年12月1日	第5期全国人民代表大会第5回会議開催。「憲法」（都市居民委員会，農村村民委員会の性質と役割を明記，公民の言論，出版，集会，結社，デモに関する権利を規定），「選挙法」を改正。

付録表 3 − 1 　市民社会の視点からみた中国の現代史年表

年　月　日	事　項
1986年4月12日	「中華人民共和国民法通則」公布。法人制度を規定。
1987年10月25日〜11月1日	中国共産党第13回全国代表大会開催。「党政分離」（党組織と人民代表大会，政府，司法機関，人民団体，企業・事業単位およびその他の社会組織間の権限の整理），「中国共産党規則」の修正（人民団体内部の党組織の廃止），各種の社会的利益の矛盾は社会団体を通じて解決することを目指す社会協商的対話型制度の構築などが提案された。
1987年11月24日	第6期全国人民代表大会常務委員会第23回会議開催。「中華人民共和国農村村民委員会組織法」（試行）が採択され，1988年6月6日より施行された。
1988年3〜4月	第7期全国人民代表大会第1回会議開催。「憲法」の改正，「政府機構改革」（「政企分離」の推進，国家公務員制度の実施，国務院の各部・委員会に設置されている党グループの廃止）が実施された。
1988年9月27日	「基金会管理弁法」施行。
1989年6月4日	天安門事件
1989年6月14日	「外国商会管理暫行規定」施行。
1989年10月25日	「社会団体登記管理条例」施行。
1990年1月1日	「中華人民共和国都市居民委員会組織法」施行。
1992年1月〜2月	鄧小平の「南巡講和」。社会主義市場経済体制が確立。
1992年6月16日	「中華人民共和国集会進行示威法実施条例」公布・施行。
1993年3月22日	第8期全国人民代表大会第1回会議開催。「憲法」の改正，「政府機構改革」（事業単位改革の推進，「政事分離」（事業単位の政府部門からの切り離し））が実施された。
1996年〜1997年	民間組織の整理の実施。1996年には中共中央弁公庁・国務院弁公庁による「社会団体，民弁非企業単位管理工作を強化させることに関する通知」，1997年4月には民政部による「社会団体の整理・整頓に関する通知」，1997年5月には民政部による「非法社会団体の取り締まりに関する通知」がそれぞれ発せられた。
1997年3月19日	国家経済貿易委員会，「若干の都市を業界団体の試験地域に指定することに関する方案」を公布。上海市，温州市，広州市およびアモイ市が試験地域として選ばれ，地方レベルにおける業界団体の育成政策が始められた。
1997年10月1日	「民弁学校設置運営条例」施行。
1998年3月10日	第9期全国人民代表大会第1回会議開催。「政府機構改革」（政府の権限の一部委譲，「政企分離」の推進，工業専門経済部門の廃止）が実施された。
1998年10月5日	国連「市民的および政治的権利に関する国際規約」（B規約）調印。ただし，中国の最高立法機関である全国人民代表大会で批准されていない。
1998年10月25日	「社会団体登記管理条例」（改正），「民弁非企業単位登記管理暫行条例」，「事業単位登記管理暫行条例」施行。
1999年4月25日	法輪功信者による中南海での座り込み事件発生。
1999年9月1日	「中華人民共和国公益事業寄贈法」施行。
1999年10月22日	国家経済貿易委員会，「商工業協会の育成・発展を促進することに関する若干の意見」（試行）を公布。
2000年7月1日	「中華人民共和国立法法」施行。
2001年3月27日	第9期全国人民代表大会第12回常務委員会での審議を経て，国連「経済的，社会的および文化的権利に関する国際規約」（A規約）を批准。ただし，第8条（労働組合に関する規定）を留保した。
2001年12月1日	WTO加盟。
2002年4月28日	国家経済貿易委員会，「業界団体の規範管理・育成発展を強化することに関する通知」を公布。
2003年3月10日	第10期全国人民代表大会第1回会議開催。「政府機構改革」実施。
2003年9月1日	「中華人民共和国民弁教育促進法」施行。

付録表3－1　市民社会の視点からみた中国の現代史年表

年　月　日	事　項
2003年10月29日	民政部，「農村専業経済協会の育成・発展および登記管理活動の強化に関する指導意見」を公布。
2004年6月1日	「基金会管理条例」施行。
2004年9月1日	中国共産党第16期中央委員会第4回全体会議開催。社会管理を強化し，社会管理制度のイノベーションを推進することを提起。
2006年10月31日	第10期全国人民代表大会常務委員会第24回会議で，「中華人民共和国農民専業合作社法」成立。
2007年5月13日	国務院，「業界団体・商会の改革・発展の推進を加速させることに関する若干の意見」を公布。
2007年10月1日	中国共産党第17回全国代表大会開催。社会管理について，「党委員会が指導し，政府が責任を負い，社会全体が協力し，大衆が参加する社会管理の枠組みを健全化し，基層レベルにおける社会管理制度を充実させること」が強調された。また，人民内部の矛盾を適切に処理し，陳情受理制度を完備させ，党と政府が主導する大衆の権利保護のメカニズムを健全化し，社会組織の設立および管理を重視することも提起された。
2008年1月1日	「中華人民共和国労働契約法」施行。
2008年3月15日	第11期全国人民代表大会第1回会議開催。「政府機構改革」実施。
2008年5月1日	「中華人民共和国政府情報公開条例」施行。
2008年12月1日	民政部国家民間組織管理局，「社会組織『改革・イノベーション観察点』を設立することに関する通知」を公布。上海市，深圳市，広東省，雲南省，青島市，新疆ウイグル自治区が観察地域として指定される。
2010年10月1日	中央政法委・中央総合治安治理委員会，35の市・県を全国社会管理イノベーション総合地域に指定。
2011年3月1日	民政部，「社会組織評価管理弁法」を公布。
2011年3月14日	第11期全国人民代表大会第4回会議における第12次五ヵ年計画の採択。「社会管理の強化およびイノベーション」に関する項目が盛り込まれた。
2011年7月1日	中国共産党中央・国務院，「社会管理の強化およびイノベーションに関する意見」を公布。
2012年8月31日	第11期全国人民代表大会第28回常務委員会，「中華人民共和国民事訴訟法」（修正案）を可決。公益訴訟制度を初めて導入し，社会組織が公益訴訟の一主体として明確にされる。
2012年11月1日	中国共産党第18回全国代表大会開催。社会管理システムの構築について，「党委員会が指導し，政府が責任を負い，社会が協力し，大衆が参加し，法治によって保障された社会管理体制を形成する。また，政府が主導する，都市・農村をカバーした持続可能な基本的公共サービス体系づくりを加速させるとともに，政府と社会を切り離し，権限と責任がはっきりし，法律に基づいた自治を進める現代社会の組織体制づくりを進める」と言及した。
2013年3月14日	第12期全国人民代表大会第1回会議における「政府機構改革」の実施。社会組織管理改革について，「政社分離」，業界団体の自律強化，業界団体・科学技術団体・公益慈善団体・社区でサービスを提供する社会団体などを育成する方針を提起した。

第Ⅱ部

JIGS調査データを用いた比較分析

第4章

比較の中の中国市民社会組織—概況

辻中豊・小橋洋平・黄媚

　中国の市民社会組織はどのような特徴を有しているのだろう。本章では社団を対象に，そのプロフィールや志向性，他の政治アクターとの関係にみられる全般的特徴を，主として日本・韓国との比較，調査地（北京市・浙江省・黒龍江省）間の比較，共産党組織の有無別の比較を通じて描き出す。

はじめに：比較対照によって横顔をみる

　中国は確かに，あらゆる角度から他の国々と類似していないように見える。人口で匹敵するのはインド，面積ではアメリカやブラジル，ロシア，カナダなどだが，中国には文明の長さとその独自性が加わり，さらに現在の急激な成長，社会主義的市場経済，党と政府の二重体制という方式など，どれをとっても「中国は中国モデル」（毛里 2012：5）が説得力をもつようにみえる体制ではある。しかし，その中国を理解するにも，比較対照と比較分析は不可欠である。比較なしにいかなる形容詞にも意味がないからである。ここでの比較は方法的には仮説探索的な意義を持っている（第1章）。

　JIGS調査は中国のパタンを析出するための様々な物差し（対照群）を持っている。このうち，先進国やアジアの途上国との比較分析やBRICsとの比較分析は最後の第Ⅳ部で行う。ここでは，JIGS調査全体のうち東アジアという地域的文化的な共通点，さらに時期の差はあるがいずれも経済発展指向型の政治を有した日韓の市民社会を，主たる比較の物差しとして，まず中国の市民社会の構造的なパタンを位置づけてみよう。このことによって大きな比較政治の視野の中で中国を見ることが可能となる。国際比較では，首都を比較対象として設定する。

　つぎに中国の3つの調査地域間の比較である。中国社団の設立は，改革政策の影響を強く受けている。設立された社団の活動分野は主に，政府が推進して発展させる分野に集中している。商工業サービス，科学研究，農業・農村発展，社会サービスなどである。そうしたことから，地域間の特徴が反映される可能性が大きい。北京市における科学研究，浙江省における商工業サービス，黒龍江省における農業・農村発展，生態環境などである。中国の2時点の比較も可能である。2001年から開始した1次調査と約10年後，2009年秋から開始し11年末まで費やした第2次調査との比較を通し，2000年代に中国の社団に生じた変容に関する一定の示唆を得たい。変わらない性格と変わる性格について検討する。

　最後に，党国家体制と呼ばれる中国の政治体制において，党は党組織を通じて，どのように社会側を統制・管理するのか。党組織の有無による比較，つまり環の中と外でどのような違いを市民社会組織に生み出しているかも，

スケッチしておきたい。

1　プロフィールの国際比較

　設立年や団体の種類別構成に対する JIGS の国際比較を通して，団体の歴史的形成や分布を推測し，中国の市民社会構造の相対的な認識を獲得したい。なお，中国は他の国と異なり，調査が省級以下の団体に限られ，登録した地域レベル以外の活動が形式的には予定されていない点に留意する必要がある。

　まず，団体の歴史的な形成を把握する一つの指標として「設立年」(1)を見てみよう。

1－1　設立年：波動－政策要因と社会要因

　この設問は，現存する団体への設問・回答であって，それらの団体の誕生時点を示すが，実際の形成の推移ではないことに留意が必要である。

　それゆえ実際の形成や総数の把握は別の統計等にあたる必要がある。中国の総数に関しては図序－1で1988年から2012年の間の政府統計に基づくグラフを示した。そこでは社会団体登記管理条例（1989年制定，1998年改訂）が制定される頃にわずか5,000未満であった社団が，1990年代に入り10万を超え停滞し，21世紀に入り増大に転じて，2012年には27万近くも存在するようになったことが示された(2)。ただし，この統計は1988年以前のことは何も語っていない。

　図4－1によれば，各国の JIGS 調査のデータから，「アソシエーション革命」と呼ばれるような，大きな設立の波が多くの国で1980年代後半から90年代にかけて生じたことが理解できる(3)。その理由を問うことは本稿の課題ではないが，体制も発展段階も異なる多くの国に共通して生じた現象の背後に，共有された原因が存在する可能性はあるだろう。この図からは，多くの国でアソシエーション革命を想起させる増加が観察される一方で，差異も見られる。日本は NPO（詳細は辻中・坂本・山本 2012参照）を除けば，「アソシエーション革命」の大波を受けていない。中国の場合，80年代，90年代，21世紀と加速している様子がグラフに現れている。中国でも，市民社会への機能と権限の委譲，市民社会の組織の勃興・台頭が，政府の政策や事件の痕跡とともに刻まれていると推測できる。なお，図4－2以降では特に断りのない

116

図4－1 JIGS調査国全体での設立年分布（単位：％）

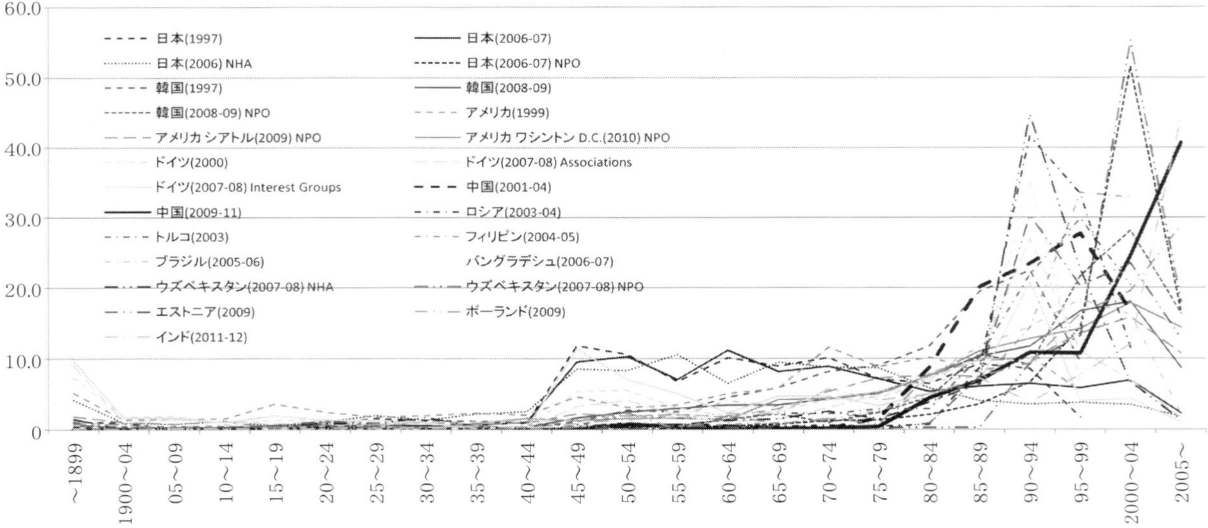

注）（ ）内は調査実施年。各調査の概要は第1章を参照。
出所）各国 JIGS調査のデータに基づき、筆者作成。

限り，2次調査のデータを用いる。

中国の社団の推移を浙江省，黒龍江省も加えて1年毎に詳しく見ていくと（図4－2），第一の波動は1950年代に遡る。これは比較的新しい動向である民非のみならず，同じく長い歴史を持つ基金会とも異なる。中国の第2次調査のすべての調査のすべての地域で，団体が1950年以降の設立と答えたことは，1949年革命による中華人民共和国という国家建設という政治体制的要因が最も大きく，加えて1950年に始まる「社会団体登記暫行弁法」の施行など制度的な要因が背景にある。また，建国後に民間結社に対する強硬な整理・整頓があり，党・政府によって再編されたという点を踏まえれば，他の調査国の場合のような1944年（第二次世界大戦）以前，さらには1899年以前に設立された団体がないことは了解できる。

第二の特徴は，9割以上が1980年代以降の生まれであることである。80年代（81～90年）に調査対象全体の12.0％（143団体），90年代に23.1％（275団体），2001年以後に62.1％（740団体）が設立されている。民政部が78年に社団の登記管理業務に従事する政府部門として設立され，社会団体登記管理条例は89年に施行されるが，市場経済の導入と並行して80年代より団体設立が増加したのである。他方，全国の制度的整備以前から一定数の団体は実際には存在し活動していたことも理解される。

図4－2　北京市，浙江省，黒龍江省の社団の設立年分布（単位：％）

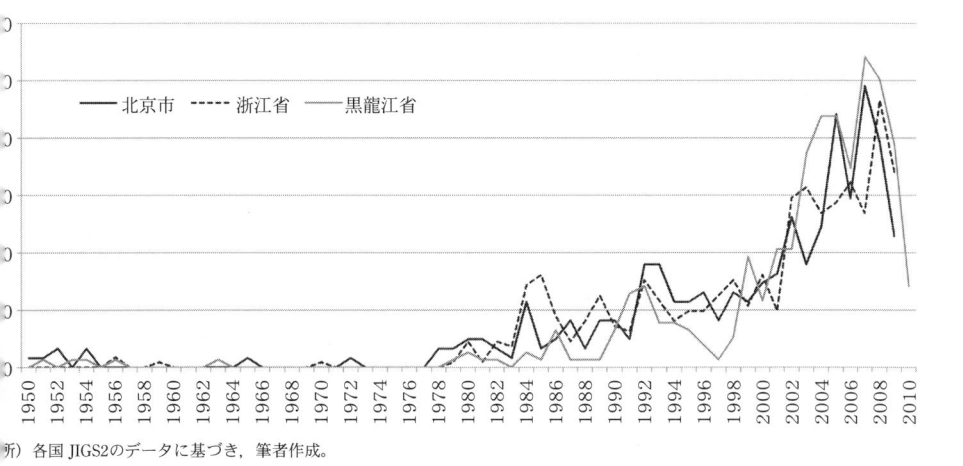

所）各国JIGS2のデータに基づき，筆者作成。

またグラフの波動からは，公的な登記社団は，1970年代末の改革開放政策への移行，82年現行憲法制定，92年「南巡講話」以後の市場経済化への一層の力点，21世紀の社会組織への機能委譲の加速化と，いずれも明確な政府政策に対応して社団の設立が加速したことを読み取ることができる。北京市，浙江省，黒龍江省と一定のずれを含んで設立が続くことも，政策的要因と各地の社会的要因を検討することから解釈できるだろう。社団等への政府による政策誘導や社団の公的性格は明確であり，体制の大きな方向転換や意図を予測させる。同時にその背後に，市民社会の側からの団体形成を促す経済的な成熟，要求の高まりが政治社会的な要因であった可能性も存在する。

ここで見た設立数の推移は経済体制の変動と強い関連を示唆している。そこで主要な経済指標との相関を計算してみよう。JIGSデータの団体の設立数（3地域合計）と実質GDPとの相関は，社団（0.746），民非（0.822），基金会（0.834）と高い相関を示す[7]。年で統制した偏相関では，基金会と民非が実質GDPとはそれぞれ0.484，0.363，1人当たり実質GDPとはそれぞれ0.489，0.362と一定の相関を示すが，社団は0.121と0.120に留まる。つまり，GDPや生活水準の伸びが例年以上だと基金会や民非の設立が加速する可能性がある。特に基金会の偏相関は投資，総貯蓄の増減とも連動しており，他の2つと異なった特徴を示した[8]。

他方で，全国市民社会組織の総数と実質GDPとの単相関は，社団（0.780），民非（0.892），基金会（0.980）と，ともに0.7以上，3組織計だと0.954と社団や民非よりも強い相関となる[9]。1人当たり実質GDPでもほぼ同じ傾向である。一方，年（西暦）で統制した偏相関では，基金会だけが実質GDPとは0.761，1人当たり実質GDPとは0.735と高い相関を示すが，他の2つは絶対値で0.2を下回る。中国の団体も経済水準や国民の生活水準の向上に応じて市民社会組織数が増加するという民主主義国家と共通する傾向を示している。特に基金会の増加は，経済，生活水準が例年以上の伸び（≒成長率）を見せたときに著しい[10]。

1-2 団体の構成：発展指向型

構造の第二の要素として，市民社会組織がどの分野（セクター）で活動し，その構成比はどのようなものかが重要である。構成上の特徴の政策的要因と

社会側の要因を押さえることは、体制の性格を知る重要な手がかりである。ここではまず、さまざまな分類がある中、4大分類で整理したものである。この4大分類は、JIGS調査の多くの国を比較する場合、必要な大分類であり、起源はJack L. Walker（1991）に遡り、JIGS比較研究で用いている。[11]

分類を見る上で、中国調査の範囲の狭さに留保が必要である。というのは、中国分類には労働組合にあたるものが含まれない。「工会」は人民団体であるため、民政部門で登記免除の対象であり、また、現在拡大しつつある労働者が自発的に設立する労働組合は非登記の市民団体（草の根NGO）とされ、公式な市民社会組織の中に含まれず、いずれも今回の調査対象外である。そのため、営利セクター、市民セクターの他の国との比較には留保が必要である。加えて「科学研究」の分類は、営利セクターか市民セクターか、両方が入っていると推定されるので問題が複雑である。[12]このように国家間比較には限界があるがあえて、表4－1において日韓との対比を試みた。

結論的にいえば、政策的に誘導されつつ登場した中国の社団の分類構成は、比較政治的に最も営利セクターが多いタイプに属する、つまり経済・生産関

表4－1 中日韓の4分類での分布

大分類	北京 細分類	度数	％	東京 細分類	度数	％	ソウル 細分類	度数	％
営利セクター	農業と農村	43	14.2	農林水産業	107	6.0	農林水産業	4	1.5
	商工業サービス	43	14.2	経済・業界	493	27.5	経済・業界	16	6.2
				労働	104	5.8	労働	10	3.9
	計	86	28.5	計	704	39.3	計	30	11.6
非営利セクター	教育	17	5.6	教育	104	5.8	教育	12	4.6
				行政関係	99	5.5	行政関係	4	1.5
	社会サービス	24	7.9	福祉	101	5.6	福祉	38	14.7
	専門	10	3.3	専門家	121	6.8	専門家	8	3.1
	衛生	15	5.0						
	法律	2	0.7						
	計	68	22.5	計	425	23.7	計	62	23.9
市民セクター	生態環境	2	0.7	政治	25	1.4	政治	2	0.8
				市民	79	4.4	市民	40	15.4
	科学技術、研究	60	19.9	学術・文化	243	13.6	学術・文化	13	5.0
	文化	13	4.3						
	スポーツ	27	8.9	趣味・スポーツ	80	4.5	趣味・スポーツ	9	3.5
	宗教	5	1.7	宗教	9	0.5	宗教	48	18.5
	計	107	35.4	計	436	24.3	計	112	43.2
その他	その他	41	13.6	その他	227	12.7	その他	55	21.2
計	N（有効回答数）	302	100.0	N	1792	100.0	N	259	100.0

出所）JIGSの第2次調査のデータに基づき、筆者作成。

連の団体が最多のタイプである。他の国ではこのセクターに含めている労働組合に対応する工会が含まれていないにも拘わらずそうである。そして，このパタンは，日本に類似している。つまり，さまざまの留保付ではあるが，結果的に日中が類似し，中国も発展指向型の市民社会配置構造（辻中編 2002，2010）であると結論できる。韓国もかつては強い発展指向型であったが，民主化の進展とともに構成が急速に変化した（辻中他編 2004）。中国のこのパタンは，政策意図に基づくものと推定できる。

1−3　団体の志向性：高い利益代表性と政策関心

団体の設立目的や政策関心[13]，イデオロギー分布から，中国の団体がどのような志向性をもっているかを考えておこう。目的は，会員のサービス・交流など団体内の社会自治的な機能（団体内の研究・啓蒙を含む），会員の権益，政治的利益（政府からの優遇）を確保するという政治経済的機能，政府への政策への影響力行使などアドボカシー的な機能，一般の公益や外部へのサービスなど社会的公共的機能と分けてみることができる。なお，設立目的，政策関心ともに複数選択式である。

中国と日本，韓国の設立目的を比較した結果，第一に，会員へのサービスという社会的自治の機能では北京で71.6％と，東京の80.0％よりは低いがソウルの73.7％とは統計的に有意な差がない[14]。第二に，会員の正当な権益を守るという目的は北京41.8％に対し，東京20.7％，ソウル35.1％と東京より有意に高く，政治的利益（政府からの優遇）を確保するという政治経済的目的は北京30.1％と，東京13.4％，ソウル14.1％の両方に対し有意に高い。利益団体としての目的をしっかりもっていることが分かる。第三に党・政府が期待する機能である，一般向けのサービスや公益活動などより広く公共に向けた公共的機能では北京が47.1％でやや低いが（東京50.4％，ソウル60.7％），東京との差は有意ではない。他方で，政策的な影響力行使といったアドボカシー的な機能は北京13.1％と東京34.8％，ソウル20.8％の両方に対して有意に低い。

以上から，中国の社団は，政策アドボカシーが弱いほかは，社会自治的な機能，権益擁護，公益サービスなどほぼすべて日韓と遜色ない利益団体，市民社会組織としての目的を有していることが分かる。

次に，関心を持つ団体の割合が多い政策（上位10位）を表4−2に示す。

表4-2 政策関心

北京 政策領域	有効%	N	全体%	東京 政策領域	有効%	N	全体%	ソウル a 政策領域	全体%
産業振興	78.0	214	54.6	産業振興	30.4	1803	30.1	福祉	44.7
財政	74.9	199	48.7	厚生・福祉・医療	30.1	1803	29.7	教育	24.4
地方行政	70.2	208	47.7	環境	26.1	1803	25.8	団体支援	20.2
地域発展	68.5	197	44.1	教育	23.0	1803	22.7	人権	19.8
文教,学術,スポーツ	56.0	168	30.7	文教・学術・スポーツ	21.7	1803	21.5	環境	16.4
科学技術	55.2	165	29.7	団体支援	18.6	1803	18.4	労働	14.9
民ణ,福祉,医療	51.6	159	26.8	労働	18.0	1803	17.8	文化・学術・スポーツ	14.9
金融	49.7	159	25.8	財政	17.7	1803	17.6	地域開発	14.1
環境	45.8	155	23.2	国際交流・協力・援助	17.1	1803	16.9	女性	12.6
労働	44.5	155	22.5	消費者	16.6	1803	16.4	中央行政	11.8

注) 北京のデータは未回答が多く，未回答を「関心なし」と解釈する立場も考慮して，有効と全体％の双方を記載する。北京，東京，ソウルのデータ総数はそれぞれ306, 1822, 262である。
a ソウルでは欠損値が存在しない。
割合の上位10位以内，複数回答。
出所) JIGS第2次調査のデータに基づき，筆者作成。

社団が政策への「関心」をもつことが，市民社会組織が利益団体へと相貌を変え，転化する出発点である（辻中編2002）。他国と比べた大きな特徴として，北京は全体的に政策関心をもつ団体の割合が高い。これは回答数の少なさを考慮して全体で％を計算し比較しても同じである。産業振興政策，財政政策や，地方行政政策や地域開発政策への政策関心が特に高い。

中でも，北京と東京では産業振興政策が最も高い関心を持たれている。この政策はソウルでは上位10政策にも入っていない（8.0％）。一方で東京とソウルで上位3位に挙がる福祉政策と環境政策が北京では7, 9位と相対的に低い（なお北京には教育政策の項目がない）。これは社団の構成に加え，設立目的，政策関心の分野から見ても，中国の社団は他の国々と異なり，日本以上に発展指向型である事実と符合する。調査対象が省レベル以下の団体でありながらも，社団が政府の政策動向を丹念に追う必要性があり，政府に対する依存度が大きいことが反映している可能性もある。

最後に団体指導者のイデオロギーとガバナンスに対する見方について検証してみる。まず，北京は，東京，ソウルと比べると回答者の革新への偏りが顕著である（7段階評価で革新側の最高値の割合，北京15.2％，東京3.9％，ソウル6.7％）。北京で「革新」「保守」が持つ意味について検討する必要があるが，設立目的でアドボカシーを挙げた割合が低いことと対照的である。なお，北京の社団を対象に，政治・社会のあり方やガバナンスに対する団体の

態度とイデオロギーとの相関を見ると,革新の方が経済・政治体制の改革に対して明確に賛意を示す傾向がある。詳細は省くが,「政策の効率性が重要」,「能率より調整が大事」,「政府の主要な課題は地域間格差の是正」,「一部の政府権限は地方政府に移譲」という意見に対し,革新であるほど「賛成」(保守であるほど「どちらかといえば賛成」)を選ぶ傾向が見られた。[15]

以上,中国の社団は,登記上の活動範囲は省レベル以下に限定されているとはいえ,団体の設立目的からみて他の国々と遜色ない市民社会組織としての目的をもち,政策アドボカシー志向は弱いにも拘わらず,個々の政策への実際の関心は他の国々より高いというユニークな志向性をもっている。そして団体指導者の意識は「革新」的でガバナンス指向であることが判明した。では,次にこうした志向を支えるリソースを観察してみよう。

1-4 リソース:脆弱な基盤と会員の多さ

スタッフ数や予算を見る限り,中国では日韓と比べて小規模な団体が多い。まず,スタッフ数に関しては中央値では1,2人の差だが,分布をみると北京の0人の団体の多さとソウルのばらつきが特徴的である(表4-3)。中国[16]政府による社団規定では常勤職員は必置である。にもかかわらず,3割以上の[17]社団が職員0人と答えている。また,常勤スタッフが50人以上の組織は皆無であり,スタッフ数は全体的に少ない。東京では3-4人が最多のカテゴリであり,相対的に団体間格差が少ないことが窺える。ソウルでは10-29名が最多となっており,スタッフの多い団体が目立つ。

一方,会員数では異なる傾向を示す。個人会員数の中央値を見ると,北京(157人)は,東京(200人)と有意な差がなく,ソウル(55人)より有意に多い。ソウルでは個人会員が0人の団体が32.1%と突出している。ただし,欠[18]損値がないソウルと比べ,北京と東京は欠損値が40.7%,35.5%存在する。会員がいない団体は回答しない可能性が高いと思われるため,実態はそれほど差がない可能性がある。[19]

さらに特徴的なのが団体会員数である。表4-3を見ると北京と東京の類似性が際立つ。250団体以上加盟する団体の割合が東京と北京では1割を超える。政策関心と併せて考えると,北京と東京では,「組織の組織」も重要であり,ソウルと比べて会員とのつながりが重要であることが窺える。また[20]

表4－3　中日韓の常勤スタッフ数・団体会員数（単位：％）

常勤スタッフ数（人）	北京（中央値：2人）	東京（中央値：3人）	ソウル（中央値：4人）	団体会員数	北京（中央値：47団体）	東京（中央値：45団体）	ソウル（中央値：0団体）
0	31.8	4.8	16.0	0団体	0.0	7.5	80.2
1	12.4	16.9	11.8	1－9団体	16.9	13.0	5.3
2	8.7	18.7	9.9	10－19団体	15.1	11.4	3.4
3－4	18.6	21.4	15.3	20－29団体	6.4	8.3	1.5
5－9	15.7	18.2	14.1	30－49団体	13.7	13.8	1.1
10－29	11.2	14.0	17.9	50－99団体	19.2	14.3	3.8
30－49	1.7	3.0	5.3	100－249団体	18.7	15.3	1.5
50－99	0.0	1.6	3.4	250団体－	10.0	16.3	3.1
100－	0.0	1.4	6.1				
N	242	1676	262	N	219	1012	262

出所）JIGS第2次調査のデータに基づき，筆者作成。

JIGS10カ国比較でも，中国の250団体以上の割合は，アメリカ，日本に次いで多い（辻中・森編 2010：73）。

また，年間予算では，東京の中央値（4,400万円）は北京（137万円）の32.1倍，ソウル（672万円）の6.5倍である。1人当たり名目GDPでは東京は北京の9.1倍とソウルの1.8倍（調査開始年の値）であり，経済状況を踏まえても東京の多さが窺える。市町村レベルで活動する団体に限定しても東京の中央値は2,810万円である。1億円以上は東京の32.2％，ソウルの18.6％に対し北京は5.1％である。北京では100万円未満が42.7％（東京3.1％，ソウル34.9％），100万円から1,000万円未満が39.9％（東京17.0％，ソウル18.6％）と1,000万円未満が82.6％を占める。北京の場合，購買力で換算するとその意味は多少変わる可能性があるが，スタッフ数同様，中国の社団の財政リソースは小さい。リソース面では，日中韓の比較で，中国（北京）は，個人会員，団体会員ともに真中，スタッフ，予算では最低となっている。地方政府への依存性の表れか，まだ財政的基礎は弱いようだ。

1－5　政治・社会アクターの影響力と協調度

次に社団が他の政治アクターとどのような関係を有しているかについて見てみよう。

図4－3は横軸を影響力，縦軸を協調度として，平均値に従いアクターを配置した散布図である。まず，影響力について述べると，北京は政府職員，

図4-3　政治アクターの影響力評価と協調度の相関

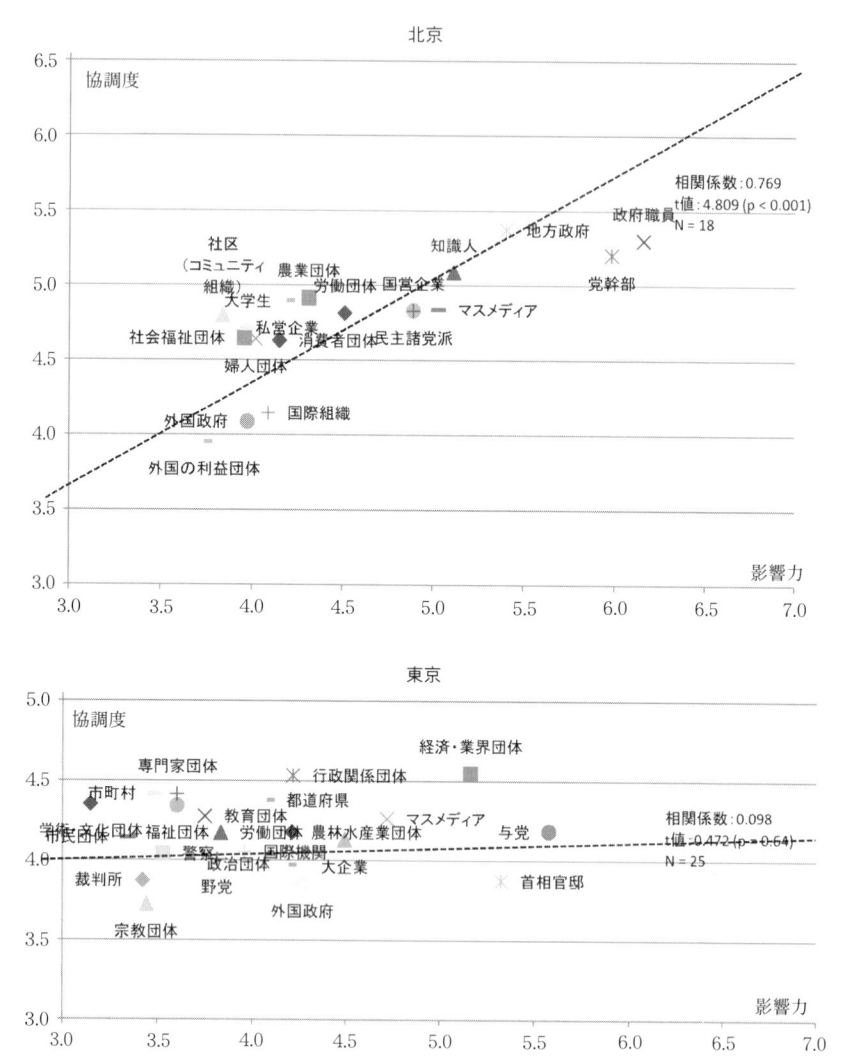

北京

協調度　相関係数：0.769　t値：4.809 (p < 0.001)　N = 18

社区（コミュニティ組織）、大学生、社会福祉団体、農業団体、私営企業、婦人団体、労働団体、消費者団体、国営企業、知識人、民主諸党派、マスメディア、地方政府、政府職員、党幹部、外国政府、国際組織、外国の利益団体

影響力

東京

協調度　相関係数：0.098　t値：0.472 (p = 0.64)　N = 25

市町村、専門家団体、市民団体、商店、福祉団体、警察、裁判所、宗教団体、教育団体、野党、政治団体、行政関係団体、都道府県、労働団体、外国政府、大企業、経済・業界団体、農林水産業団体、国際機関、マスメディア、与党、首相官邸

影響力

党幹部，地方政府，東京は与党，首相官邸，韓国は青瓦台，中央政府，与党と，政府内のアクターが上位を占めることは共通である。北京の地方政府が知識人と，ソウルの与党がマスメディアと差がないことを除くと，政府内アクターの影響力評価は政府外アクターより有意に高い[25]。ただし，東京とソウ

ソウル

[図:散布図。縦軸「協調度」(3.0-5.5)、横軸「影響力」(3.0-7.0)。各種団体がプロットされている：福祉団体、宗教団体、学術・文化団体、専門家団体、市郡区、市民団体、教育団体、マスメディア、女性団体、広域市・道、行政関係団体、国際機関、労働団体、経済・業界団体、中央政府、大企業、裁判所(憲法裁判所等)、警察、外国政府、与党、青瓦台。相関係数:-0.149、t値:-0.740(p=0.47)]

出所）JIGS第2次調査に基づき，筆者作成。

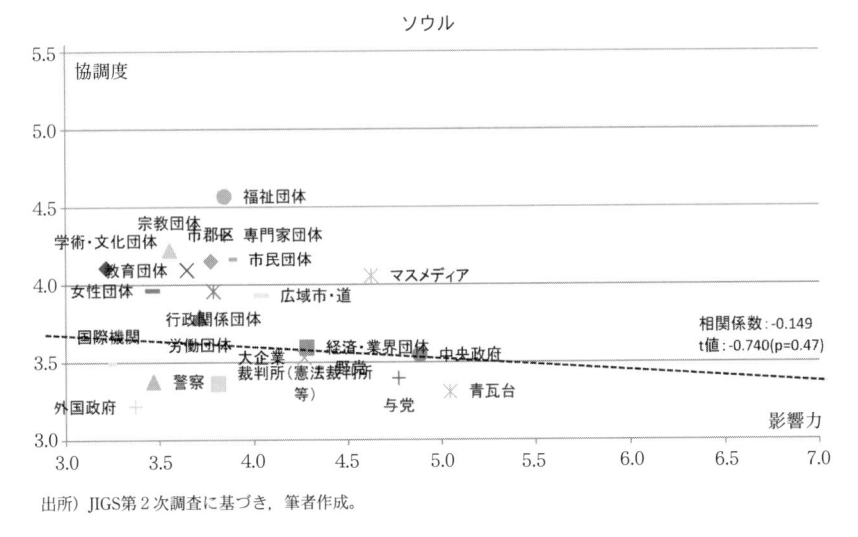

ルでは地方政府の影響力が相対的に低く見えるが，これは北京の社団が「地方」レベルのみであることが関係するだろう。また北京では「知識人」や「民主諸党派」が高く，やや意外性が感じられ興味深い点である。ただこれは社団の情報源から見て，学者・専門家（北京27.7％，東京31.7％，ソウル32.9％），マスメディア（北京24.6％，東京14.6％，ソウル17.9％）が上位を占めることと対応するものである。中国のマスメディアの強さは自由民主主義的な日韓と共通であることが窺える。

次に協調度だが，北京では地方政府，政府職員，党幹部が上位を占める一方で，東京とソウルでは政府内アクターの順位が下がる。北京では知識人，農業団体，私営企業など他のアクターへの協調度も高い。こうしたことから，他団体の影響力評価変数との連関が推測できる。

図4－3の注目すべき特徴として北京にみられる影響力と協調度の高い相関（0.769）が挙げられる。北京では，社団は，より影響力があると思うアクターに対して，自らの団体との関係がより協調的である（もしくはその逆に，協調的なアクターの影響力を高く）と評価する傾向にあると言える。また高い得点圏では中央の政府職員や党幹部，また低い得点圏では国際組織，外国政府，外国利益団体に対して，つまり，内外の政府系アクターに対して，社

団は，それらの影響力よりも協調度を低くつける傾向がある。他方で，社団と同様の，さまざまな社会組織に対しては，それらの影響力よりも協調度を高くつける傾向がある。詳細は省くが，社団は同種の社団に対して影響力に関わらずやや高く協調性を評価することが影響している可能性がある。

　他方，東京やソウルには，北京にみられるような，協調度と影響力評価の間に有意な相関関係は見られない（東京が0.098でソウルが−0.149）。東京では，協調度はほぼ4.5と3.5の間に収まり，影響力の得点に応じた変化はほとんど見られず各アクターの得点は水平に分布している。ソウルでは負の係数が示すように，影響力を高く評価するアクターほど協調度は低くなる傾向を示しているが，統計的には有意ではない。

　この散布図は2変数間の関係をこえて，何かを意味しているのだろうか。いうまでもなく，社団からみた影響力と協調性をみたものであるが，右側に来るほど，権力核と見えているということであり，上側にくるほど協調関係にあるということである。協調しているということは必ずしも「対等」であることを意味せず，階統制の上下関係である場合もあるだろう。権力イメージと親近感（統合感）を示すとも考えられる。そういう仮定をおけば，ソウルは統合感が低く否定的で，東京も統合感は弱いが，北京市では社団自体は権力によく統合包摂されている可能性を示している。

2　中国国内の地域間比較

　社団のプロフィールおよび政治アクターとの関係について国際（首都）比較の観点から概観した。中国調査では北京市以外にも浙江省と黒龍江省で調査を実施している。本節では，これらの3つの地域の社団を比較分析する。共産党一党支配による権威主義体制下，地域間の多様性が存在するのかを検証する。

　中国では，地域（省，市）ごとに日本の政策特区以上に多様な政策がそれぞれの党政機関によって試験的改革として実施され，政策実験がなされていく。地域の社団構造は，それゆえ社会経済的な要因に加え，こうした政策制度上の違いによる影響も受けると考えられる。21世紀に入り，社団独自の間接的な社会管理を政府が容認するにつれ，地域ごとに異なる縦横のネットワーク関係も試験的に許容され，促進されるようになった（第3章参照）。こう

した社団政策の浸透の違い，3つの地域差になって表れているのかについて考察する。

2-1 社団の活動分野の分布：産業構成への反映

では，社団の活動分野には地域的な特徴が顕著に見られるのか。第1章でふれたように，北京市は政治上の首都であり，第3次産業人口が74.0％を占める典型的な3次産業型都市であり，浙江省は，第2次産業人口が50.9％，第3次産業人口が34.6％を占める工業中心型の省，そして黒龍江省は第1次産業が41.3％，第3次産業人口が39.3％という第1次産業中心型の省である。[27]

社団の活動分野（構成割合）は，こうした産業別人口構成とその地域の政治経済的な性格を濃厚に反映している。北京市では，科学技術・研究分野（19.9％，浙江省18.2％，黒龍江省13.8％），教育（5.6％，浙江省3.4％，黒龍江省1.3％）などで最多であり，浙江省では，商工業サービス（29.1％，北京市14.2％，黒龍江省14.3％），社会サービス（10.6％，北京市7.9％，黒龍江省6.5％）で最多，黒龍江省では，農業・農村開発（24.0％，北京市14.2％，浙江省6.1％），専門（8.1％，北京市3.3％，浙江省4.2％），生態環境（3.9％，北京市0.7％，浙江省0.9％）分野で最多である。

2-2 情報源：行政への依存と黒龍江省

情報源は社団にとって，外部と接触する上で，重要な要素であるが，政府は必要な情報を社団に提供することで，政策誘導を行う（辻中編 2002）。3省では，情報源に関しては政府への依存度が高い傾向はどの地域でも変わらないが，黒龍江省がやや異なる傾向を示す。党組織は北京市15.8％，浙江省17.3％に対し黒龍江省は27.3％，全人代代表，政協委員は北京市1.8％，浙江省2.2％に対し黒龍江省は5.0％，専門紙，業界紙は北京市35.8％，浙江省44.6％に対し黒龍江省は49.9％と有意に多い。逆に自らの団体のメンバーは北京市41.1％，浙江省41.1％に対し黒龍江省29.4％，企業は北京市10.9％，浙江省13.4％に対し黒龍江省7.1％，非正規のルートは北京市6.3％，浙江省3.3％に対し黒龍江省2.6％である。これ以外の情報源に関しては有意な差はない。黒龍江省では党組織や全人代，政協委員という地方政府（行政）以外の政治アクターが情報源として相対的に存在感を示している。

2-3 社団と政府の関係・機能の位置づけ

　政府に対する考え方として，どの地域も「政府機関が社団の発展を支える関係」であると４割以上の団体が考えている点は同じである。しかし，浙江省では，それに次いで「基本的に双方対等に意見交換や協力」関係が他よりも多くなっている（22.7％，北京市18.8％，黒龍江省13.3％）。他方，黒龍江省の17.3％の社団は「社会組織が政府機関を支える関係」（北京市16.3％，浙江省14.2％），また「登記を除いて何ら関係がない（無関係）」（北京市10.8％，浙江省7.5％）が同割合で続いており，特に後者の無関係という割合は有意に高く，黒龍江省における政府・社団関係の冷やかさが目立っている。

　社団自らはどのように位置づけているのか。分析結果では，社団機能の位置づけも地域ごとにその差異が見られる。むろん，どの地域でも，社団は「政府と社会の橋梁・紐帯」であるというブリッジ機能であると６割以上が考え，次いで「一部の行政機能を担う社会組織」であるとの行政代替組織機能と「大衆の自治組織」機能論が１，２割程度となっている。微妙なニュアンスの違いが表れており，浙江省ではブリッジ論が他の２地域よりもやや多く（４～６ポイント），北京市では行政代替論（４～８ポイント），そして黒龍江省では大衆自治組織論がやや多い（４～８ポイント）。

2-4 政策への満足度と社団の関心事

　最後にこうした様々な志向性の異なる３つの地域で，様々な政策への満足度はどう異なるのだろうか。４種類で聞いた国家・地方政策への満足度全て[28]において黒龍江省の不満足度が最も高い。[29]特に「関心のある国家政策」（黒龍江省11.7％，北京市6.7％，浙江省1.6％）と「地方政策全般」（黒龍江省9.4％，北京市3.1％，浙江省2.5％）では他の２地域と有意に差がある。調査上のバイアスの可能性も否定できないが，中央政府による基本方針への順守という制約下で，黒龍江省での相対的な異議申し立ての強さを示している可能性がある。

　このように様々な点で３つの省の特徴が明らかであるが，当然それは関心事の違いにも表れている（表４－４）。

　どの地域でも「社会認知度を拡大する」ことや「補助金を増大」すること

に3割前後の関心をもっている。北京市ではより補助金への関心が高く、「地位の向上」にも他より熱心である。浙江省では「社会的認知度の拡大」への関心がより強く、「公共政策を改善する」といったより具体的な関心も高い。黒龍江省では、「人事、

表4－4　社団の関心事（単位：%）

	北京市	浙江省	黒龍江省
法規上の規制撤廃	3.6	3.9	6.4
人事・財政上の独立性	8.2	5.1	13.4
地位の向上	10.7	9.8	7.8
財政補助金の増加	38.6	28.7	32.4
公共政策の改善	5.7	9.8	6.4
社会認知度の拡大	31.1	38.3	31.1
その他	2.1	3.5	2.4
N	280	512	373

出所）C-JIGS2のデータに基づき、筆者作成。

財政上の独立性」への関心が高く、「法規制の撤廃」もより求めている。北京市はお金と地位、浙江省は認知と政策、黒龍江省は政府からの独立を、他よりも課題と考える割合が多い。

3　変化する社団

　基本的な性格は変わらないとしても、2010年頃の社団に変化の様相が見られないわけではない。さまざまな点で複雑なベクトルではあるが、変化を見出すことができる。

3－1　ローカルな団体の増大

　まず指摘できるのが、社団の登記レベル、主たる活動レベルの変化である。明らかに低い行政レベルの団体が増大している。

　第2次調査実施時点である2010年の中国全体での統計上の割合は、全国レベル（全国級）0.7%、省レベル（省級）9.8%、市レベル（地・市級）26.2%、県レベル（区・県級）63.3%である。それに対し、第1次調査実施直前である2000年では、全国レベル1.2%、省レベル15.9%、市レベル41.1%、県レベル41.8%であった（中国法律年鑑編輯部2001；中国社会組織年鑑編委会2011）。県レベルは20ポイント以上の増大である。この10年で県レベルの伸びが著しい。

　実数でみると、2000年には全国レベル1,528、省レベル20,756、市レベル53,791、県レベル54,693合計130,768であったものが、ほぼ2010年には倍増し245,256となる。その内訳は、全国レベル1,810、省レベル24,149、市レベル64,169、県レベル155,128である。それぞれ2割程度は伸びてはいるが、県レ

ベルだけは3倍近い伸び（283.6％）である。

　この実態を反映して，本調査では北京市では市レベルが24ポイント，浙江省でも12ポイント，黒龍江省でも4ポイント増大し，黒龍江省では県レベルも26ポイント増大している。社団のローカル化が進んでいることから，社団は市民の身近な存在になりつつあることが窺える。

3－2　会員の加入方式：高い自発性

　自立化と関連して，団体加入の自発性は，中国の市民社会の重要な論点である。

　会員の社団への参加・加入の自発性は，社団の性格を考える上で重要なポイントである。全体％で見た場合は自発的な加入が3地域とも第1次の6割前後から2次の8割前後に増加しているが，これは未回答率が減ったことの影響が大きく，有効％で見た場合は第1次から8割程度あり，浙江省が約4ポイント増加しているのが最高でほぼ変化はない。とは言え，自発的な加入が8割前後で安定していることを示す結果と考えられる。

3－3　政府との関係と主観的影響力：
　　　関係は緊密だが，もはや内輪ではない―自立への道

　政府との関係は，特に地方政府との相談関係が，浙江省や北京市では深まっている。両者の関係が「緊密」だと回答する割合（全体％）は，3割から6割へとどの地域でも倍増している。しかし，興味深いことに，政府から重視されているかという回答は，相談関係が深まっていない黒龍江省では「重視」との回答が増え，他の2地域では半減している。

表4－5　行政との実質的な関係
（相談，緊密度，重視度）

		北京市		浙江省		黒龍江省	
		1次	2次	1次	2次	1次	2次
行政からの相談がある	全体％	26.8	30.1	26.3	43.5	27.2	25.3
	有効％	34.9	57.5	33.3	47.2	33.5	25.4
	N	481	160	1407	515	364	386
政府機関との関係が緊密である	全体％	34.6	65.0	30.9	67.6	37.7	59.8
	有効％	44.8	67.9	38.0	69.1	46.3	61.7
	N	484	293	1450	546	365	376
政府から重視されている	全体％	46.9	22.5	45.9	22.6	50.6	66.8
	有効％	67.9	29.4	64.5	29.1	64.9	68.0
	N	433	235	1269	433	350	38.1

注)「政府機関との関係が緊密である」は5段階尺度のうち「比較的緊密」，「非常に緊密的」の合計比率。Nは有効回答数。
出所) C-JIGS1, C-JIGS2のデータに基づき，筆者作成。

　「あなたの団体は，活動対象とする地域にお

いて，政府の政策決定に対しどの程度影響力をもっていますか」という設問を第1次と第2次で比較すると，5段階尺度で「強い」以上の割合は19.3％から36.6％に，「比較的強い」以上の割合も9.5％から27.5％に増加しており，相対的に高まっている。まったく影響力がないと答える団体も，浙江省では半減し，北京市と黒龍江省でも減少している。この背後には，すでに見たように，政策実施・阻止経験による裏付けがあると考えられる。つまり，自らの関心，利益に従って，利益団体として行動する社団は確実に増え，かつ成果をあげていることを意味する（第16章参照）。政府から重視はされなくなった，政府との距離は離れているが両者関係は緊密だ，そして社団自らの影響力は強まっている，と感じている。やや複雑だが，政府行政から自立化し，もはや内輪でなくなり，そうしたアクター同士として協調関係へと進んでいるとみることができるだろう。

4　党組織の有無別の比較

中国の党国体制を成立させているのは，政府対応統制型の党組織，すべての社会組織での党組幹部人事・編制制度，メディア統制，巨大党員組織であり，行政・社会すべてに浸透する仕組みが作り上げられているからである（序章；唐1997；Tang 2005）。本調査では，党組織がある社団は全体％だと第1次調査でも最大が北京市の21.4％，第2次調査でも北京市の17.3％である，最低は第2次調査の浙江省でわずか6.5％足らずである。社団の中に基本的には3名以上の党員がいれば党組織を作ることが規定されており，実際に十分な党員がいるにも拘わらず，党組織がある団体は，1割前後で，第1次調査と比べて，北京市，黒龍江省で微減，浙江省で半減である。しかし，党は憲法でも重視されており実質的な支配機構であることも事実である。党と政府の方針にも拘わらず，党組織がある割合がなぜこれほど低いかは別に検討が必要であるが，ここでは党組織があることで何が違うか，を確認したい。[31]

4-1　党組織とリソース

党組織がある社団では明らかに常勤職員数が多い。[32] 10名以上の職員がいる組織は，北京市では，党組織有りで3割を超えるが，無しでは1割未満であ

る。比率は落ちるが，黒龍江省，浙江省でも同様の傾向を示す。電子メールの利用やホームページの開設，インターネット，新聞・雑誌メディア，テレビ局の利用頻度でも，全体的に党組織有りの方が高い。同じ文脈で，マスメディアによる報道回数も党組織有りが北京市と黒龍江省では高くなっている。[33]

こうしたリソースやそれに関連したメディア関係の濃密さは，党組織が有る組織そのものの性格から予想される範囲である。

4-2 党組織と政府

党組織が有る社団は，党の政府に対する関係からして，政府の行政機関と濃密な関係が予想される。社団にとって重要な政府窓口である業務主管単位との関係では，黒龍江省で有意な差があり，例えば党組織有りでは「非常に緊密な関係」が62.1％だが，党組織無しでは28.9％に留まる。北京市や浙江省ではそれほど明確でなく，3から6ポイントの差で有りの方が高いに留まる。[34]

政府の認定した編制定員の有無はもう少し明確な違いがある。党組織ありの場合，編制定員有りは，黒龍江省で34.5％，北京市で30.8％，浙江省で17.6％であるが，党組織無しの場合，編制定員有りは，黒龍江省でも北京市でも浙江省でも12％台に留まる。[35]黒龍江省で党組織の意義は政府との関係で高いことがわかる。

北京市や黒龍江省では，二重の看板（社団以外の政府系・経済系組織の看板）を掲げている割合が党組織を有している（それぞれ32.1％，29.3％），[36]有していない（14.3％，11.2％）と差が見られる。他方で，浙江省ではわずか13.9％と17.8％でむしろ有していない方が高い。[37]

しかし，党組織の有無と地方政府との協調度を聞くと，逆に，党組織が無い場合の方が「非常に協調的である」と答える傾向にある。北京市，浙江省，黒龍江省それぞれで，党組織無しの場合，31.5％，30.8％，30.2％がそう答え，有りの場合，26.3％，25.0％，24.6％と僅差ではあるが下がっている。[38]社団に党組織が有ると政府（そこにも党組織）と摩擦が生じる，つまり異なる機能を果たす党組織間の摩擦が生じるということであろう。

4-3 党組織と行動志向

党組織の有無は，党や政府の「政策宣伝を展開」することに繋がりやすいと予想できる。予想通り党組織の有る北京市での社団の63.3％と黒龍江省の44.8％が，党組織無しの55.0％（北京）と25.3％（黒龍江）を上回っている。ただ浙江省では党組織有りの割合（66.7％）と無しの割合（66.6％）がほぼ拮抗している。[39]

他方で，「政策法規の制定，実施への影響力行使」というロビイングについては，党組織有りの社団のうち，北京市では32.1％が，浙江省では25.0％が，黒龍江省の15.5％がすると答えている。党組織無しでは，北京市では9.9％が，浙江省では13.1％が，黒龍江省の20.1％がするとしており，北京市，浙江省では，党組織有りの方が高い。[40]

他のアクターとの関係では黒龍江省で顕著な傾向が見られた。党組織の有無と各アクターの協調度とのスピアマンの順位相関係数を求めると，北京市では知識人と党幹部，黒龍江省では農業団体，国営企業，私営企業，外国政府，国際組織，外国の利益団体が正に有意な相関を示したのに対し，浙江省では有意な相関が存在しなかった。0.1〜0.2程度と高いものではないが，黒龍江省では党組織の有無と多様なアクターとの協調性の連動を示す結果となっている。

4-4 党組織と意見

すでにガバナンスへの意見を国際比較（本章1-3）でみた。党が社団を指導する建前であるか，党組織の有無が社団の意見態度に変化をもたらすのは当然であるように思われる。しかし，実際にはその表れ方は，地域，省によって異なっている。

ここでは，同様に意見態度設問への「賛成」を中心に観察してみよう。興味深い傾向として，多元主義的傾向を意味する設問から，地方分権，環境主義，さらに社会民主主義的な設問，新自由主義的な設問，国家主義的な設問まで，党組織の有無が与える影響は，3つの地域でほぼ同じパタンを示した。

多元主義的設問である「政府が能率より調整を重視すべき」「政府決定に大衆が参加した方がよい」「国民の意見は政治に反映されるべき」では全て，黒龍江省において党組織が有る社団は6割，無い社団は4割程度の「賛成」で15〜25ポイントほどの差があるが，北京市ではその差が10ポイント未満であ

り，浙江省では逆に党組織無しの方が高い。

この傾向は地方分権的質問である「一部の政府権限は地方政府に委譲したほうがいい」や環境主義的設問の「政府は経済成長よりも環境保護を重視」，社会民主主義的設問であり「政府の課題は国民間の所得格差の是正」「政府の課題は地域間格差の是正」でも変わらない。新自由主義的設問である「経済社会への国家関与は少ない方がよい」や国家主義的設問である「安全のために公民自由が多少制限されてもよい」では北京市において党組織無しの方が高くなるという逆転現象が見られるが，その差は5ポイント未満に留まり，基本的な傾向は同じである。[41]

黒龍江省の「党組織あり」の社団は常に，どの設問の意見にも積極的に賛成に傾くという点において，党組織の存在が他の地域とは異なる影響を持つと言えよう。

4－5　党組織と評価

党組織の有無と，さまざまな評価は関連が予想される。政府から重視されているか，社団の活動は政府にとってプラスの影響を与えるか，党幹部やマスメディア，地方政府，外国利益団体の影響力はどうか，について観察してみよう。

政府からの重視については，すべての地域で党組織有りの方が高いが，黒龍江省でそれは著しい。有りでは96.2％，無しでも63.3％が重視されていると回答している。北京市では，有りで37.2％，無しで34.0％，浙江省では，有りで44.4％，無しで27.0％である。[42]

社団の存在と発展が政府にとってプラスの影響を与えるかどうかという5段階尺度の設問については，「非常にプラス」に注目すると，すべての地域で党組織有りの方が高いが，浙江省でそれは著しい。党組織有りでは96.7％，無しでは70.8％が「非常にプラス」と回答している。北京市では，有りで73.9％，無しで67.2％，黒龍江省で，有りで33.3％，無しで21.1％である。[43] ここでは，これまでと異なり浙江省で割合が高い。社団の発達の度合い，成熟度の違いを反映している可能性がある。

4－6　党との関係：薄まる党の影，高まる影響力？

すでに第1次，第2次調査を比べつつ，党組織が有る団体は，第2次では1割前後であり，北京市，黒龍江省で微減，浙江省で半減したことを見た。しかし党幹部への「影響力評価」はどの地域でも高い方にシフトし，大幅に伸びている。1次調査（全体％）では北京市（23.0％），浙江省（24.1％），黒龍江省（20.5％）から2次調査では北京市（38.6％），浙江省（47.0％），黒龍江省（26.5％）となっている。このことから党組織を持たずに自立するほど，むしろ党の影響力が高まるという推察の余地を与える。

この推論の確認のため，党組織の有無と政府職員や党幹部，地方政府に対する影響力評価でスピアマンの順位相関係数を求めると，黒龍江省では政府職員と地方政府でそれぞれ－0.109と－0.176という有意な負の相関を見出したが，党幹部への影響力評価および他の地域の全変数では有意な相関は得られない。(44) 一方で，正の相関，すなわち党幹部の影響力を高く評価する社団ほど党組織を持っているという関係も見いだされなかったことから，少なくとも党組織設置率の低下が党の影響力低下を意味しないという示唆を読み取ることはできる。

5　まとめ

中国の社団が，革命による体制の変更によって誕生し，体制の政策変更によって急増したこと，特に設立が1990年代以降に集中することはJIGS調査国の中で特異ではない。確かに，日中韓3カ国（首都）の比較の中で財政的・組織的リソースは脆弱であるが，会員，特に団体会員の分布では，東京との類似性が際立つ。このようにデータから他の民主主義国家との共通項を見出すことは難しくない。実際，中国には政府の規定する社団の登記条件に適合しているかどうか不明の団体も相当数存在している。こうした若い社団は，市場開放政策の発展を反映し，日本と類似した営利セクターの多い発展指向型の構成をもつ。本章の分析から，中国社団の性格は社会自治的な市民社会組織であり，かつ政策志向（特に産業振興政策）も他の国よりも強く利益団体としての性格も明確に有している。また社団のアクターへの影響力評価とアクターへの協調度評価が正の相関を示しており，国家に包摂され，統合の手段として機能していることも推察できた。

3つの地域の比較では，社会産業的な基盤の違いや政策的なスタンスの違

いが団体分類や情報源に反映している。浙江省では，商工業サービス，北京市では科学研究，黒龍江省では農業・農村発展が多い。社団の情報源では，黒龍江省では党組織や全人代，政協委員という地方政府（行政）以外の政治アクターが情報源として相対的に存在感を示した。

　社団自身は黒龍江省を除いて自治組織という認識が強くない。団体は法規制の撤廃，自立性を求めるより，社会認知度の拡大，政府補助金の獲得に関心を持っている。また，地域を問わず，政府は団体活動を展開する上で重要なパートナーと認識され，政府と団体は団体の発展を支援する関係にある。浙江省では，政府から支援を受け，政府との間により対等で協動的な関係を構築する社団は法規制の制限への抵抗や政府政策に対する不満が比較的少ない。他方で，黒龍江省は自治性が高いと同時に不満もやや多い。

　2時点比較からは，変化の様相も多々観察できる。社団の絶対数が増大し，その大部分は省・直轄市より下のローカル（市レベル，県レベル）な団体である。政府との関係は，緊密度は高まっていると答えつつも，政府から軽視されているとも回答する。社団の会員加入は自発的なものとなり，活動は盛んになった。結果的に主観的な影響力は強くなっており，社団が政策影響力を発揮することはもはやタブーではなく，ほとんどの団体が回答し，「強い」団体割合は倍増している。

　党組織の有無は，党組織を有する社団自体が1割前後と少数であるが，さまざまな影響を社団に与えている。規程で党組織を作るべきとの方針はあっても，党組織は減少している。そして党幹部は，社団からは遠い存在となり，その影響力が強く目に映っている。どの地域でもリソースやメディア関係は党組織の有る方が充実している。政府との関係に及ぼす影響はいうまでもなく大きく，業務主管単位との緊密度，編制定員は，党組織が有る方が高い比率を示している。

　他方で，行動や意見に与える影響は地域によって異なる。特に興味深いのは多様な政策上の原理に関する設問への答えで，黒龍江省の党組織有りの社団は常に，どの設問の意見にも，積極的に賛成に傾き，浙江省はその逆で党組織無しが賛成に傾き，北京市はその中間であいまいな賛成である。評価に関しても，特に浙江省では社団が政府にプラスの働きをすると答える割合が高い。党の影響力では，浙江省の党組織無しが最も高く，黒龍江省の有りで

最も低いなど，党との関係性と反比例しているように見える。また党組織設置率の低下が必ずしも党の影響力低下を意味しないという示唆が得られた。

　以上のような，記述的な比較結果は，21世紀における中国の社団など登録された市民社会組織は，社会過程では政府・党に依存しつつも，基本的に自治的であり，中国独特の党国体制下での政治過程では利益団体として活動を展開しており，他の諸国と識別可能ではあるが比較可能な機能を果たしていることを示唆する。地域や時期の違いは，意見や満足度の違いを生み出しており，そこに中国市民社会の多様性と変容を読み解く出発点となることが理解される。以下の章で，こうした点をさらに深く分析を掘り下げていくことにしよう。

(1) 中華人民共和国設立以前については，Rowe (1984), Fewsmith (1985), 朱 (1997), 小浜 (2000), 王・李・岡室 (2002), 魏 (2007), 鄭 (2007), 邱・陳 (2008) を参照。市民社会論の中国での歴史的意義については，岸本 (2012) を参照。

(2) 民非は1998年に「民弁非企業単位登記管理暫行条例」が制定され登場し，1999年から設立が始まり，2012年には22万を超えた。基金会は，古い歴史を持つが，1981年に7を数えるだけであったが，91年に189，96年に527，2012年には2,961に達した。

(3) JIGS中国調査と他の国の調査では，少し設問が異なっている。一般的には「あなたの団体は何年に設立されましたか」と聞いているが，中国では「あなたの団体は，__年に民政部門で正式に登記し，設立しましたか」と，登記という法律用語を用いてよりフォーマルに聞いていることに注意する必要がある。回答団体が仮にそれ以前に前身があっても1949年の新中国建国以前に遡ることは難しかった可能性がある。

(4) 本調査では設立に関して，民非の初出が1954年であるが，次は86年までなく，基金会は初出自体が85年である。

(5) 中国でも第1次調査では浙江省で2団体，0.1％が1920年代に設立されていると回答していた。ドイツでは，2次のいくつかの調査で7％から10％が，アメリカ（1999年調査）では5％，日本では自治会調査で4％強，社団で1％が，1900年以前に設立されている。14カ国の調査でそうした団体がなかったのは，1920年代が初出であるトルコ（トルコの建国は1920年）だけである。さらに1944年以前の設立を見ても，ドイツではやはりいくつかの調査で16％から20％が，アメリカ（1999年調査）では24％，日本では自治会調査で17％，社団で4％が，1944年以前に設立されている。その他

すべての国で0.4％から10％が戦前期に設立されたと報告している。
（６） 同様に「基金会管理弁法」は1988年（2004年改正），「民弁非企業単位登記管理暫行条例」は1998年である。
（７） 序章と同様，GDPは世界銀行のデータを参照。1980年から2010年までのデータを用いており，データ数は31である。なお，1人当たり実質GDPでも同様の傾向を見せた。
（８） 投資と国民総貯蓄のデータはIMF – World Economic Outlook Database October 2013 を参照 (http://www.imf.org/external/pubs/ft/weo/2013/02/weodata/index.aspx, 閲覧日：2013年12月9日)。基金会と投資との偏相関は社団−0.044，民非−0.060に対し0.458，国民総貯蓄では0.284，0.342に対し0.578であった。
（９） データ数は社団が1988年から2012年までで25，民非が1999年からで14，基金会が2003年からで10である。
（10） ただし実際に組織が増加する過程が民主主義国家と大きく異なる可能性は否定できない。経済指標のみならず政府歳入・歳出（世界銀行のデータ参照）とも高い相関（総計との相関は0.894と0.890）を示しているが，組織設立においてどちらがより重要な要素かをこのデータから論じることは難しい。ただし，少なくとも経済，生活水準の向上に応じた市民社会の発展を政府が阻害している形跡が少なくとも組織数の推移からは観察できないということは言えよう。
（11） 辻中編 2002, 辻中・森編 2010を参照。宗教を別にして５分類とした場合もある。
（12） 中国の旧４大分類とクロス集計すると，６割が学術系，業界系と専門系が２割弱である。
（13） 他の国々では，「団体の主な目的，活動」を聞いており，中国調査のように「設立目的」としていない。
（14） 比率の差の検定（正規分布）で５％有意である。なお，統計的検定では特に断りのない限り５％を有意水準として用いる。
（15） 質問は「反対」，「中立」，「賛成」の５段階尺度を設定している。独立性の検定（カイ２乗，以下同検定では同様）で５％有意のものを全て挙げている。
（16） 北京の中央値は５％有意で東京，ソウルより低い（メディアン検定）。中央値の差は特に言及がない限りメディアン検定である。なお，平均値は北京：4.3人，東京：54.7人，ソウル：23.4人である。
（17） ちなみに，中国の社団に関して「社会団体登記管理条例（改訂）」(1998年)によれば，個人会員数が50人以上，あるいは団体会員数が30団体以上，もしくは個人会員・団体会員を合わせて50人・団体以上であること，常勤職

員を有すること，全国レベル団体は10万人民元，地方レベル団体は3万人民元の活動資金を有することが社団設立の条件として定められる（第3章参照）。ここから，北京の社団は，個人会員0はなかったが未回答が4割，団体会員でも0はないが未回答が3割近くに達している。また，常勤スタッフ0が3割以上，未回答2割，予算も0が1割以上，未回答が4割である。このように見れば，中国では社団の登記条件に適合しているかどうか不明の団体も相当数存在していることが推測できる。

(18) 有効回答数は北京181，東京1176，ソウル262である。また，平均値は北京6,540.5人，東京5,516.9人，ソウル17,521.3人である。

(19) 参考までに欠損値を全て0に置き換えて中央値を求めた場合，北京36人，東京30.5人，ソウル55人とソウルが最も多くなる。

(20) ソウルが0人のためメディアン検定の代わりにマン・ホイットニーのU検定を行うと，北京は東京とは有意な差がなく，ソウルとのみ有意である。また欠損値を全て0に置き換えても北京16人，東京2人とソウルを上回る。

(21) 北京の中央値は東京，ソウルの双方と有意に差がある。なお，平均値は北京15億5,924万円，東京2億6,481万円，ソウル1億5,513万円と北京が最も高いが，これは北京に2,833億円の社団が1つ存在するためである。これが誤記入かどうかは定かでないが，この1つを除くと平均値は8,634万円となる。

(22) 財政的基盤の脆弱さという特徴が，浙江省，黒龍江省ではさらに強まる。予算の中央値は浙江省が93万円，黒龍江省が13万円である。会員数に関しても北京市と比べて他の地域では少ない。その理由について，詳細は第16章で論じるが，北京市と他の2省には社団の影響力を左右する地域間格差の存在があると推測される。

(23) 影響力に関する質問は「下記の諸集団は中国の政治にどの程度影響力を持っているのか，次の尺度に従い，お選び下さい」（尺度が，「全く影響力がない」から「非常に影響力がある」までの7段階）として設けている。

(24) 協調度に関する質問は「あなたの団体は，下記の諸集団とどのような関係にありますか，次の尺度に従い，お選び下さい」（尺度が，「非常に対立的」から「非常に協調的」までの7段階）として設けている。

(25) 一元配置分散分析でボンフェローニの多重比較検定を行った結果である。

(26) 北京市以外の浙江省と黒龍江省も極めて類似した傾向を示している。影響力と協調度に関してはアクターごとに平均値を計算して地域間で相関係数を計算すると全て0.94を上回る。

(27) 北京市，浙江省は2011年，黒龍江省は2010年のデータに基づくもので

(28) 選択肢が「国家政策全般」,「関心のある国家政策」,「地方政策全般」,「関心のある地方政策」という4つの項目を設けている。満足度の尺度が「非常に不満」から,「ふつう」,「非常に満足」までの5段階となる。

(29) 不満足度の割合は「あまり満足でない」,「非常に不満」に合計割合である。

(30) 根拠法規は,1998年2月6日公布,中国共産党中央組織部,民政部「社会団体における党組織設置に関する通知」。「中国共産党規約」(中国共産党第18回全国代表大会で一部修正,2012年11月14日)。

(31) ただ党組織有りの絶対数は,北京市で53,浙江省で36,黒龍江省で58と党組織無しがそれぞれ107,207,329を数えるのに比して少ないことにも留意したい。以下の分析では,特に断りのない限り,非該当を含む回答数全体に対する割合(全体%)である。

(32) 平均値,中央値とも全ての地域で2倍以上の有意な差がある。有効回答数は北京市が115,浙江省が461,黒龍江省が353である。

(33) 常勤職員数とマスメディア報道回数は平均値の差の検定(t検定)で浙江省の報道回数を除き有意である。また,利用の有無だけを尋ねている電子メールとホームページは,独立性の検定によると前者は北京市のみ,後者は全地域で有意である。3段階尺度で尋ねているインターネットと新聞・雑誌,テレビ局では,スピアマンの順位相関係数で北京市ではテレビ局(0.346)と新聞・雑誌(0.498)が有意,黒龍江省ではインターネット(0.160)が有意で,他は有意でない。有効回答数は紙幅の関係上全ては記載しないが,総数が最も少ないインターネットで北京市が90,浙江省が338,黒龍江省が385である。

(34) スピアマンの順位相関係数では黒龍江省($N=387$)のみが0.282で有意だが,北京市($N=136$)と浙江省($N=538$)は有意でない(t検定,以下同係数では同様)。

(35) 独立性の検定では黒龍江省($N=384$)と北京市($N=133$)が有意なのに対し,浙江省($N=517$)は有意でない。

(36) 中国の社団の中で,業務主管単位や編制部門に「掛靠」したり,一部行政的職能を与えられたりすることで,一部の社団は社団の看板以外,他の組織の看板も掲げる現象がみられる。本調査では,「あなたの団体は社団以外,他の機構の看板(1.政府機関,2.事業単位,3.企業,4.その他)を掲げていますか」という質問を設定している。

(37) 独立性の検定では黒龍江省($N=387$)が0.1%,北京市($N=137$)が有意なのに対し,浙江省($N=520$)は有意でない。

(38) ただし,党組織有りでは「やや協調的」,党組織無しでは「中間」と

「非常に協調的」が多いという関係のため，全体的な傾向として党組織が無い方が協調的であると単純に述べることは難しい。スピアマンの順位相関係数ではいずれの地域も有意ではない。

(39) 独立性の検定では黒龍江省（N＝386）のみ有意で，北京市（N＝109）と浙江省（N＝386）は有意でない。

(40) 独立性の検定では北京市（N＝134）のみが1％有意で浙江省（N＝534）と黒龍江省（N＝387）は有意でない。ただし，浙江省は期待度数が5を下回るセルが25％あり，フィッシャーの正確確率検定では有意である。

(41) 独立性の検定では，「環境保護を重視」を除く全てで有意水準を満たすのは黒龍江省のみである。「環境保護を重視」では黒龍江省も含めて有意である地域は存在しない。

(42) 独立性の検定では黒龍江省（N＝380）のみ有意で，北京市（N＝96）と浙江省（N＝423）は有意でない。ただし，浙江省は10％有意となっている。

(43) 5段階尺度によるスピアマンの順位相関係数では浙江省と黒龍江省が0.145，0.158でそれぞれ有意である。

(44) 党幹部への影響力評価が高まっているというのは「非常に影響力あり」の割合に注目して得られた知見であることを踏まえ，「非常に影響力あり」と回答したかどうかと党組織の有無とで独立性の検定も行った。しかし，この検定では有意水準を満たす関係は1つも得られなかった。

第 5 章

党・政府関係
──「埋め込まれた規制」へのしたたかな戦略

黄 媚

　社団は，党・政府との間にどのような関係を形成しているのだろうか。「社団に対する党政府の統制管理」という単純な構図では表現しきれない現実がある。本章では，ボトムアップ型の社団が，自らの利益表明機能を強めるべく，「埋め込まれた規制」の象徴である編制制度を戦略的に利用している集団事例が論じられる。

はじめに

　本章では，社団が党・政府との間にどのような関係を構築しているのかという点を考察する。これまで，数多くの研究者が，改革開放以降における中国の国家－社会関係の変遷を切り口として，党・政府による社団への統制を検証してきた。他方，社団が党・政府による管理・統制の下，どのように自らの利益表出機能を最大化させているのかという点についても一定の研究の蓄積がある。

　しかしながら，これらの研究は草の根NGOを研究対象とするものや，事例研究に限られており，社団の全体的な傾向を明らかにするようなサーベイ調査に基づく研究は少ない。また，党・政府の社団に対する管理や，それに対する社団の対応を含めた体系的分析は，今まであまり行われてこなかった。本章では，C-JIGS2（社団）調査結果に基づき，序章で提起された地方政府（党）はどのように社団の行動に影響を及ぼしているのか，また社団は地方政治システムの中でどのように戦略的な行動を取るのかという疑問を検証する。上記の分析を通じて，社団と党，地方政府の間に存在する動態的な関係を解明することが本章の目的である。

1　先行研究と本章の分析枠組み

1－1　先行研究：市民社会論と国家コーポラティズム論をめぐる論争

　今日に至るまで，中国の社団と党・政府をめぐる関係について，幾多の議論が重ねられてきた。その議論の根拠となるのが，市民社会論と国家コーポラティズム論である。市民社会論の観点を持つ研究者たちは，多くの国が経験したように，経済の自由化が政治的民主化をもたらすというテーゼの普遍性に関心を寄せている。中国においても，市場経済体制の導入が進むにつれ，顕著な発展を遂げる社団が少なからず政治的民主化を促進してゆくのではないかと推測されている（Ronsenbaum 1992; White et al., 1996; He 1997; Brook et al., 1997; Lindau et al., 1998; 李凡 1998; 鄧正来 2008）。

　他方，国家コーポラティズム論から見れば，1980年代以降に民間で自発的に設立された社団もあるものの，これらの団体は既存の政治システムの下での活動を余儀なくされており，西側の基準に則した市民社会は中国には存在

しない。その代わりに，党・政府は，人民団体の利益代表性を高めたり，新興社会階層（例えば，私営企業家）を主体とする社団を体制内に取り込み（co-opt），様々な対策を講じたりすることで，社会への統制を継続させようとする。社団の形成・発展はあくまで党・政府の主導の下で行われたものであり，国家コーポラティズムの利益代表システム下において社会利益の吸収装置を整備するプロセスに過ぎないとしばしば指摘されている（Saich 1994; Margaret 1997; 賈・沈・胡 2004; Dickson 2008; Unger, Chan 2008）。

上記のように市民社会論と国家コーポラティズム論の論争が繰り広げられているのは，社団の自立性をめぐる問題に由来している。改革開放以来，市場経済化が進んでいるにも拘わらず，国家と社会の境界線が依然として曖昧のまま，両者には「共棲（symbiosis）」的な関係が構築されてきた（菱田 2000）。社団は党・政府の利益代弁者であると同時に，会員の利益の代弁組織としての側面も持つため，「官民二重性」(1)が中国社団の顕著な特徴となっている（王・折・孫 1993；孫 1994；于・李 2001）。従って，単なる市民社会論，国家コーポラティズム論だけでは，中国の社団と党・政府との関係を解明しきれず，両者の関係をより正確に評価するには，新たな理論的パラダイムが求められる。

近年では，一部の研究は，社団が自立性を「犠牲」にする理由を以下のように説明している。つまり，社団が完全に党・政府から自立すると体制の外に自らを置くことになり，結果的に党・政府に影響力を及ぼすことができなくなるため，社団は自ら体制内に入り込むことで，利益を最大化し，影響力を発揮しようとする。社団と党・政府の関係を見る上で，党・政府からの自立性のみに着目するのではなく，団体が政府の政策にどの程度関わっているのか，また，団体が既存の政治システムの枠外でどのように新たな勢力として形成され，成長しているのかといった団体の行動にも目を配り，分析する必要があると一部の研究者は示唆している（Foster 2001; Ma 2002; Lu 2007; 劉 2009；張 2012；陳 2013；朱・陳 2013）。

中でも，劉鵬，ピーター・ホ（Peter Ho）は「埋め込み(2)（embeddedness）」という概念を援用し，それぞれ近年の党・政府による社団管理制度改革の変遷や，環境分野で活動する団体の政府に対する活動の展開に焦点を当て分析を行った。そして，社団と党・政府の間にある協働的関係，社団の対党・政

府の戦略をそれぞれ「埋め込まれた規制 (embedded regulation)」,「埋め込まれた行動 (embedded activism)」という言葉で説明している (Ho 2008; 劉鵬 2011)。特に、ピーター・ホの研究によれば、党・政府は社団への規制を行っているため、ほとんどの団体が「党－国家体制 (party-state system)」に埋め込まれているものの、社団と党・政府との間の関係は一枚岩的な関係ではない。例えば、自発的に設立された団体は、公式の活動身分を獲得し、利益を表出するため、党・政府両者との間に緊密な関係を構築するという活動戦略を取る。他方、政府主導で設立された団体は、政府の決定過程に影響を与えることが可能であるが、最終的には団体自らがその行動能力を発揮するか否かに依存する。そのため、自立性より、社団が自ら利益表出能力を高めてゆく行動に注目すべきであると提起した。

1-2　分析枠組みの提示：「編制」

　上記のように近年では、社団の行動能力に着目した議論があるものの、その多くは理論の整理に留まっている。ピーター・ホは事例分析を用いた実証研究を行っているが、環境分野で活動する団体のみを対象に取り上げているため、社団の行動傾向の全体図を描くことは難しい。また、「埋め込まれた規制」という概念をやや曖昧なまま使用しており、その定義自体を示していない。

　以上の先行研究を踏まえ、本章では「埋め込まれた規制」を、社団が党・政府を中心とした政治システムの枠組みの中に取り込まれることと定義し、それを定量化する指標として編制制度を設定したい。実際、党・政府は社団の中でも、人民団体や登記免除された社団を対象に編制制度を通じた統制管理を行っている。これらの社団の多くは、党・政府との間に人事的、財政的に強いつながりを持つが、その反面、社会利益の党・政府への伝達機能も求められている。ある意味では、これらの社団は、公式的に政治システムに埋め込まれていると想定される。

　また、「埋め込まれた規制」下における社団と党・政府の間の動態的な関係構造を明らかにするには、団体の設立経緯も重要な変数であると考えられる。この点に注目することにより、自発的に設立された社団が、編制制度を通じて政治アクターと関わろうとするのかという点を検証することができる。

本章では，これらの要素を考慮し，社団と党・政府との関係をはじめ，団体活動の展開，政治過程への関わりといった団体の行動を広く実証的に分析する。このような分析は，党・政府による社団への「埋め込まれた規制」は，社団を規制するために有効な戦略なのか，あるいは社団が政策決定過程に参加するために有効な戦略であるのか，という疑問について検討する一助になると考えられる。

では，本章で取り上げるサンプルの分布を説明しておきたい。本調査では，編制を受ける社団が全体の14.6％（177団体）（編制を受けていない団体が85.4％（1,039団体））を占めている。また，社団の設立経緯を見ると，「自発的に設立された」団体が31.1％（378団体），「組織の決定により設立された」団体が29.1％（358団体），「どちらともある」と答えた団体が39.8％（484団体）である。この2つの変数を4種類の変数にリコードした（表5－1）[6]。この中でも，われわれは「自発的に設立された」ものでありながらも，「編制を受ける」社団の行動に最も関心を払いたい。しかしながら，表5－1で示したように，組織により設立され，しかも編制を受けていない社団が最も多く57.1％（715団体）を占める。それは，今現在，中国社団の全体状況を反映するものである。半数以上の社団は政府や，何らかの政府関連部門によって設立された経緯があるものの，行政コスト，必要性から，政府はこれらの社団を編制制度に取り込んでいない。

分析では，まず，社団と党・政府との人事，財政など物質上での関係を考察する。次に，社団の設立目的をはじめ，団体の活動（政府向け・会員向け活動・公益活動），政治過程への参加を検証する。さらに，各種類の社団の主観認識を分析し，各団体が活動する分野，登記する行政レベルの分布を解明

表5－1　独立変数の有効サンプル数

編制の有無	自立性	N	％
受ける	組織設立，どちらともある＝組織により設立	134	10.7
	自発的に設立	43	3.4
受けていない	組織設立，どちらともある＝組織により設立	715	57.1
	自発的に設立	324	25.9
	有効サンプル数	1,216	97.1
	欠損値	36	2.9
	サンプル総数	1,252	100.0

出所）C-JIGS2（社団）に基づき，筆者作成。

する。これらの分析を通じて，社団と党・政府の関係から，団体の政策への参加行動まで網羅的に検証することができる。最後に，本章の結論を述べる。

2 社団と党・政府との関係：人事・財政・物質的つながり

党・政府は，人事，財政を通じて，社団の活動に関与しようとしている。しかし，1990年代以降，政府機構改革の一環として「政社分離」が実施された。そのため，2007年以降，浙江省をはじめ，各地域において社団は党・政府機関からの人事，財政上の自立が進められてきた。以下では，その実状が，どのようになっているのかを見ていこう。

まず，人事面では，会長の政治身分と元勤務先について分析を行った（表5−2）。その結果，編制を受けるか否かを問わず，会長の政治身分は「共産党」と答えた比率が4種類の団体とも7割以上に達している。また，会長の元勤務先を見ると，自発的に設立された社団全体では「政府機関」がかつての勤務先と答えた比率が34.1％（編制を受ける），28.9％（編制を受けていない）で一定の比率を占めている。これは，組織の決定により設立された社団と比較して，2割，3割少ない（「組織の決定による設立され，編制を受ける」60.8％，「組織の決定により設立され，編制を受けていない」47.6％）。他方，自発的に設立された社団の方が，会長の元勤務先として「社会組織」や「企業」をより多く挙げている。

また，会長の人事について党・政府からの関与があるのかという点については，「あなたの団体の最近の選挙では，会長の候補者はどのような方式によって選ばれましたか。次の項目から1つを選んで下さい」：「1．業務主管単位の推薦」，「2．理事会の協商後，推薦」，「3．会員による自由競争選挙」，「4．その他」)，および「あなたの団体と業務主管単位の関係について，団体の指

表5−2　会長の政治身分・会長の元勤務先（単位：％）

社団の種類		会長の政治身分 ***			会長の元勤務先 ***				
		共産党員	民主諸党派	無所属	政府機関	事業単位	企業	社会組織	その他
編制を受ける	組織の決定により設立	84.1	6.3	9.5	60.8	16.8	12.0	1.6	8.8
	自発的に設立	80.5	0.0	19.5	34.1	26.8	17.1	12.2	9.8
受けていない	組織の決定により設立	87.2	4.2	8.6	47.6	22.7	19.8	2.9	7.1
	自発的に設立	70.3	2.2	27.5	28.9	26.0	25.3	3.9	15.9

独立性の検定（カイ2乗）以下同様 ***：$p < 0.001$
出所）C-JIGS2（社団）に基づき，筆者作成。

導者を推薦，あるいは決定することがあるか」という2つの質問から考察できる。

分析の結果，「理事会の推薦」と答えた団体が設立経緯，編制を受けるか否かを問わず，全体的には5割以上を占めており，最も高い比率である。次に，「業務主管単位の推薦」を選んだ比率は，組織の決定により設立された団体で高く（「編制を受ける」28.3％，「編制を受けていない」28.6％），自発的に設立された団体は（「編制を受ける」14.3％，「編制を受けていない」10.2％）編制を受けても前者より1割以上少ない（独立性検定（カイ2乗，以下同様）p＜0.001）。

また，組織の決定により設立された団体は，自発的に設立されたものと比べ，「業務主管単位から団体の指導者を推薦，あるいは決定する」を選んでいる比率も高い。具体的には，「自発的に設立され，編制を受ける」は24.4％，「自発的に設立され，編制を受けていない」は19.7％に留まっている一方，「組織の決定により設立され，編制を受けていない」は40.6％，「組織の決定により設立され，編制を受ける」は42.7％である。つまり，組織の決定により設立された団体は相変わらず，業務主管単位が指導者の人事に関与していることが裏付けられる（p＜0.001）。

他方，「会員による自由競争選挙」の比率は全般的に少ない結果となる。中でも，「自発的に設立され，編制を受けていない」は12.4％で最も高い比率で占めている。「自発的に設立され，編制を受ける」は7.1％で，4種類の団体の中で最も少ない結果となっている。「自発的に設立され，編制を受ける」団体は制度上の制限があるのか，政府による指導者の選出への関与が強いのか，会員による自由競争選挙をあまり展開してない。

次に，社団と党・政府の財政的，物質的関係を持つのかについてみていこう。

表5－3で見られるように，4種類の社団のうち，「組織の決定により設立され，編制を受ける」団体は「業務主管単位から団体に人員を派遣し，給料を支払う」（40.5％），「業務主管単位から団体に財政拠出する」（27.5％），および「業務主管単位から団体に事務所を提供する」（52.7％）の割合が最も高い。それに対して，「自発的に設立され，編制を受けていない」団体は業務主管単位との財政的，物質的関係が比較的に希薄である。他方，「自発的に設立

表 5-3　業務主管単位との関係（財政・物質）・党組織の設置（単位：％）

社団の種類		業務主管単位との関係 ***			党組織がある ***
		人員の派遣，給料を支払う	財政拠出を行う	事務所を提供	
編制を受ける	組織の決定により設立	40.5	27.5	52.7	26.7
	自発的に設立	29.3	22.0	41.5	33.3
受けていない	組織の決定により設立	28.6	21.8	46.4	11.1
	自発的に設立	13.1	12.1	25.2	12.4

***：p＜0.001
出所）C-JIGS2（社団）に基づき，筆者作成。

され，編制を受ける」団体は一定程度業務主管単位との財政上の関係を維持していることが窺える。

　しかしながら，「あなたの団体は党組織を有していますか」という質問に対し，「自発的に設立され，編制を受ける」団体は，全体の中で，党組織の設置率が最も高い（33.3％）。「自発的に設立され，編制を受ける」団体は，党組織を通じて，党への意見伝達をしたり，党との間に信頼関係を構築するための1ルートとして活用しているのかもしれない。

3　社団の活動展開と政治過程への参加

3-1　設立目的・活動展開

　既存の研究の中でも，一部の研究者は，社団の「官民二重性」の特徴を取り上げ，団体は会員の利益より，党・政府の利益を代弁する傾向にあると指摘している。本節では，社団の対会員，対党・政府の活動展開状況（行動）を定量的に検証する。

　社団の活動展開を分析する前に，団体の設立動機をまず探ってみる必要がある。本調査では，「あなたの団体はどのような目的で設立されたのでしょうか。あてはまるものを全て選択下さい：「1. 会員へのサービスの提供」，「2. 会員の正当な権益を擁護」，「3. 会員のために政府からの優遇政策を勝ち取る」，「4. 政府主管部門の管理業務への協力」，「5. 政策・法規の制定・実施への影響力行使」，「6. 業界の発展を促進」「7. 会員間の交流促進」，「8. 一般向け公益活動の展開」，「9. その他」」という質問を設けた。

　まず，「会員の正当な権益を擁護」，「会員のために政府からの優遇政策を勝ち取る」といった会員利益の実現に関する項目を検討しよう。これらの項目

では,「自発的に設立され,編制を受ける」団体で最も割合が高く,それぞれ62.8%(p＜0.01),58.1%(p＜0.01)に達している。他方,「政府主管部門の管理業務への協力」という目的においては,組織の決定により設立された団体で多く(「編制を受ける」69.4%,「編制を受けていない」61.2%),自発的に設立された団体に比して(「編制を受ける」44.2%,「編制を受けていない」41.7%)およそ2割高いという分析結果となる(p＜0.001)。総じて,「自発的に設立され,編制を受ける」社団は,会員利益を実現するための目的で設立されたものが多い。

実際に,この種類の団体は会員に向けた活動を積極的に展開しているのかという点について検証する必要がある。表5-4は「あなたの団体は会員に向けたサービスを提供したことがありますか」,「あなたの団体は社会に向けてどのような活動を展開したことがありますか」の2つの質問をまとめて,社団の会員向け,社会向け活動の実状を検証したものである。

分析結果は,「自発的に設立され,編制を受ける」団体は,「会員の意見・要求を報告・伝達」(82.4%)の比率が最も高い。この種の団体は,設立目的と同様,会員の利益実現に向けた活動を積極的行っていると言える。

一方,「組織の決定により設立され,編制を受ける」団体は全般的に活動を積極的に行っていることを裏付けている。具体的には,「会員の意見・要求を

表5-4 活動展開(単位:%)

社団の種類		会員利益を実現するため展開した活動			会員向け一般活動・社会に向けた活動				政策宣伝	公益活動
		会員の意見・要求を報告・伝達	法律支援を提供*	他の方式で会員の権益を擁護*	会員に消費面の優遇を提供**	会員に情報サービスを提供**	会員向けのパーティーを開催*	大型フォーラムを開く**	公共の場やメディアを通じて政策宣伝を展開**	社会公益活動を呼びかけ,参加
編制を受ける	組織の決定により設立	69.2	44.1	54.4	39.1	67.0	54.3	50.8	58.8	62.4
	自発的に設立	82.4	22.2	48.4	37.0	61.3	61.3	41.7	43.2	48.6
受けていない	組織の決定により設立	71.5	28.8	39.8	23.5	59.7	47.9	39.3	49.1	52.5
	自発的に設立	69.3	28.3	40.7	31.8	49.8	41.1	30.6	41.0	49.3

**:p＜0.01, *:p＜0.05
出所)C-JIGS2(社団)に基づき,筆者作成。

報告・伝達」69.2％，「会員に情報・サービスを提供」67.0％，「公共の場やメディアを通じて政策宣伝を展開」58.8％，「他の方式で会員の権益を擁護」54.4％，「会員に法律支援を提供」44.1％となる。

　他には，「公共の場やメディアを通じて政策宣伝を展開する」と答えた団体は，「組織の決定により設立され，編制を受ける」団体で58.8％とやや多いが，団体全体で4割を超えることから，社団は政府政策を宣伝する役割を果たしていることがわかる。

3-2　政治過程への参加

　社団が社会側の要求・利益を集約し，政治過程へと伝達・表出することは，利益団体として果たすべき重要な機能である。中国において人民団体，登記免除された社団は，政治協商会議を利用したり，公聴会に参加する権利を与えられたりしている。しかし，それら以外の社団は，公式のルートを通じた政治過程へのアクセスが比較的に難しい。

　では，4種類の社団の政治過程への参加実態を分析する。

　まず，「あなたの団体は政府機関から政策の制定や執行に関して相談を受けたり，意見を求められたりすることがありますか」という質問を検討したい。この質問に対して，編制を受ける団体は，編制を受けていない団体より政府機関から多くの相談を受けているという調査結果となった。中でも，「自発的に設立され，編制を受ける」団体は政府から最も多くの相談を求められる(55.3％)。その比率は「組織の決定により設立，編制を受ける」団体の54.8％と比べる多少高い値に留まるものの，「組織の決定により設立され，編制を受けていない」団体の41.8％を1割上回り，「自発的に設立され，編制を受けていない」団体の29.7％よりはるかに高い数値である（p＜0.001）。

　また，「政府機関と連絡を取る際，あなたの団体は主体的に連絡を取る場合が多いですか。それとも政府機関が主体的に連絡を取ることが多いですか（「1．政府機関が主体的に連絡を取ることが多い」，「2．双方同程度」，「3．団体が主体的に連絡を取ることが多い」)」という質問を見ると，当然ではあるが「団体が主体的に連絡を取ることが多い」という回答が最も多い。しかしながら，「政府が主体的に連絡を取ることが多い」と答えた団体は，「自発的に設立され，編制を受ける」団体で15.0％である。その数値はさほど高くな

いとみられるが，他の団体と比べるとやや高い (p＜0.01)。

続いて，社団と政府との接触パタンを見ていこう。

本調査では，「あなたの団体が政府機関に対し，ある意見を反映する場合，好機を窺い，意見を出すことがありますか。次の中から，重要な順に3つまでお答えください（「1. 人代大会・政協会議の開催時」，「2. 党・政府の指導者の視察時」，「3. 突発的事件の発生時」，「4. 政府主催の座談会に参加する際」，「5. 調査報告書・政策提言を要請される際」，「6. 随時政策提言をする」，「7. その他」）」という質問がある。全体の7割の社団は，政府機関に意見を反映させる機会を窺っていると答えるが，利用する機会（第1位を選択した結果）を見てみると，「政府主催の座談会への参加」がよく利用されている(p＜0.01)。その他，「組織の決定により設立され，編制を受ける」団体は，人代大会，政協会議を開催する際に，政府に意見を反映させる割合が21.0%で最も高い。これは，この種の団体が政府と接触する正式なルートを持つためであるかもしれない。他方，「自発的に設立され，編制を受ける」団体は，幹部の視察（20.7%），報告書・政策提言の要請（20.7%），突発事件の発生（13.8%）といった様々な機会を利用し，非常に積極的に政府機関に意見を反映させている。

最後に，社団は政治アクターに働きかけ，政策決定過程に参加することができたのかという点を確認しておこう（「あなたの団体は，過去5年間で中央または地方政府に特定の政策や方針を実施・阻止するよう働きかけ，成功したことがありますか」）。表5-5は検証結果を示しているが，中でも「自発的に設立され，編制を受ける」団体の21.2%が「政府の政策・方針を実施・阻止することに成功した経験がある」と答え，割合が最も高い。

表5-5 政府政策の実施・阻止経験および影響力（単位：%）

社団の種類		政府の政策・方針を実施・阻止した経験がある**	政府政策への影響力*	社区（コミュニティ）事務への影響力***
編制を受ける	組織の決定により設立	18.3	43.5	47.7
	自発的に設立	21.2	41.9	71.4
受けていない	組織の決定により設立	11.9	33.0	34.0
	自発的に設立	7.5	23.8	32.5

***：p＜0.001，**：p＜0.01，*：p＜0.05
影響力の比率は「強い」，「比較的強い」，「非常に強い」の合計割合。
出所）C-JIGS2（社団）に基づき，筆者作成。

また、社団の影響力を探るべく、「あなたの団体は、活動対象とする地域において、政府の政策決定に対しどの程度の影響力をもっていますか。次の尺度でお選び下さい（1. 全くない、2. あまり強くない、3. ある程度、4. かなり強い、5. 非常に強い、6. はっきり言えない）」という質問項目を分析した。その結果、編制を受ける団体（「組織の決定により設立された」43.5%、「自発的に設立された」41.9%）は影響力が比較的強いという結果が得られた（表5－5を参照）。

さらに、「あなたの団体は、活動対象とする地域において、社区（コミュニティ）事務に対する影響力が強いですか。次の尺度でお選び下さい（1. 非常に強い、2. 比較的強い、3. 強い、4. あまり強くない、5. 全くない、6. はっきり言えない）」という質問を考察した。その結果、編制を受ける社団は社区事務への影響力が強いが、中でも、「自発的に設立され、編制を受ける」団体が71.4%に達しており、基層レベルにおける事務活動への影響力が非常に強いとデータで裏付けられた。

上記の分析結果に鑑みれば、「自発的に設立され、編制を受ける」団体は、政治過程への参加を最も積極的に行っており、団体自身の影響力評価も高いとみられる。他方、編制を受けていない団体は政治過程への参加が活発ではなく、団体自らの影響力への評価も高くないという傾向にある。

4　社団の主観的認識：市民社会の萌芽になるのか

4－1　主観的認識・団体自らの位置付け

中国の社団自身は自分の団体をどのように位置づけているのだろうか。以下では、社団の主観的認識について考察する。

まず、「あなたの団体の機能はどのように位置づけられますか。以下から1つ選んで下さい（「1. 一部の行政機能を担う社会組織、2. 政府と社会の架け橋、3. 大衆の自治組織、4. はっきり言えない」）」という質問を検討した。その結果、組織の決定により設立された団体は、行政機能を遂行する組織であるという認識が比較的強い一方、自発的に設立された団体は、自治組織であるという自己認識が比較的強いと見られる。

また、「今現在、わが政府と社団との関係を一番反映しているのは以下のどれですか。（「1. 基本的に双方対等に意見交換や協力をし合う、2. 社団が政

府機関を支える関係にある，3. 政府機関が社団の発展を支援する関係にある，4. 手続き以外，関わりがない，5. はっきり言えない」)」という質問項目を考察した。その結果，種類を問わず，およそ4割の団体は「政府が社団の発展を支援する関係にある」を選んでいる。他方，「社団が政府機関を支える関係にある」について，「自発的に設立され，編制を受ける」団体で26.8%と最も多い（p＜0.01）。

さらに，社団は政府機関に「掛靠」すべきか否かについても，全体的に7割以上の団体は業務主管単位に「掛靠」すべきと回答するが，特に「自発的に設立され，編制を受ける」団体では91.4%にも及んでいる（p＜0.01）。

総じて，編制を受けるか否かに関わらず，自発的に設立された団体は，全体的に自らを自治組織として位置づける傾向にある。他方，組織の決定により設立された団体では，行政機能を担う社会組織としての認識がやや強い。その他，業務主管単位に「掛靠」することがほとんどの社団にとって必要である。特に，「自発的に設立され，編制を受ける」団体は最も割合が高い。実際には，党・政府は2008年以降，「二重管理」制度の緩和を進める中，業務主管単位の撤廃を唱えている。それでもなお，党・政府による社団への管理体制の基本的構造は変わっていないのが現実である。こうした中，業務主管単位は依然として社団に対する強い影響力を持ち，他方，社団にとっては政治への接触（アクセス）の1ルートになっているのかもしれない。

4-2 基層レベルにおける「埋め込まれた規制」

上述した分析結果から見れば，「自発的に設立され，編制を受ける」社団は，団体活動を盛んに行い，政治過程への参加を積極的に展開していることが窺える。一体この種の団体は，どのような分野・行政レベルで活動しているのだろうか。

かつて康暁光らは党・政府による社団への管理方式を「種類別管理」という概念を用いて説明してきた。彼らによれば，党・政府は，業界団体，福祉団体など国家経済，社会活動にとって有用な団体を育成すると同時に，法律団体，宗教団体など政治的リスクが高く，経済，社会的秩序の安定に影響を及ぼそうとする団体を想定し，これらの社団の設立に慎重な態度を示し，より厳しい統制を行っていると指摘した（康・韓 2005）。

図5-1　分析対象の行政レベルの分布（単位：%）

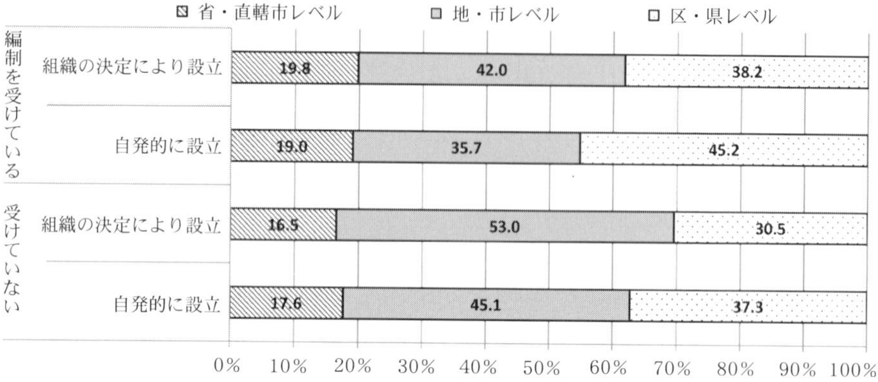

		省・直轄市レベル	地・市レベル	区・県レベル
編制を受けている	組織の決定により設立	19.8	42.0	38.2
編制を受けている	自発的に設立	19.0	35.7	45.2
受けていない	組織の決定により設立	16.5	53.0	30.5
受けていない	自発的に設立	17.6	45.1	37.3

*：$p<0.05$
出所）各国C-JIGS2（社団）に基づき，筆者作成．

　そして，本章で取り上げた各種の社団の活動分野をみていくと，政治過程への参加を積極的に展開する「自発的に設立され，編制を受ける」社団は，農業・農村発展（27.9％），商工業サービス（18.6％），生態環境（11.6％）の３つの分野で活動するものが最も多い．他方，市民社会的要素が強いと想定される「自発的に設立され，編制を受けていない」団体では，商工業サービス（23.9％），農業・農村発展（20.5％），科学研究（17.4％）という分野で活動する団体が多い（$p<0.001$）．農業・農村発展，商工業サービスといった分野で活動する社団は，内部ではかなり多元化していると見られる．

　また，活動する行政レベルから考察した結果（図5-1），「自発的に設立され，編制を受ける」団体は45.2％が区・県レベルで活動することがわかった．それに対し，同行政レベルでは，「組織の決定により設立され，編制を受ける」団体が38.2％，「自発的に設立され，編制を受けていない」団体が37.3％，「組織の決定により設立され，編制を受けていない」団体が30.5％であり，比較的低い値に留まる．この種の団体の多数が基層レベルの編制制度に埋め込まれていると考えられる．

5　まとめ

　本章は，中国社団第２次調査に基づき，社団と党・政府の関係をはじめ，

団体の行動，政策参加など，編制制度に埋め込まれた社団の実態を考察してきた。分析の結果，今現在，中国の社団と党・政府の関係は以下の4点にまとめられる。

第一に，自発的に設立された社団は，組織の決定により設立された団体と比べ，一定の自立性を保持していると見られる。自発的に設立された社団の中でも，編制を受けていない団体は党・政府との関係が希薄化するのに対し，編制を受ける団体は党・政府との間に人的，財政的関係を維持しながら，また党組織の設置も積極的に行っている。

第二に，編制を受ける団体は活動展開が旺盛である。中でも，「自発的に設立され，編制を受ける」団体は会員の意見を伝達・反映する傾向が強い。他方，「自発的に設立され，編制も受けていない」団体は自立性が高いものの，活動の展開が全般的に積極的ではない。

第三に，「自発的に設立され，編制を受ける」社団は政治過程において，利益団体の機能を備えつつある。この種の団体は，政策の実施・阻止経験が多く，地域における政策への影響力も強い。つまり，利益団体としての属性が最も強いと検証された。他方，「自発的に設立され，編制を受けていない」団体は政治過程への参加があまり進んでいない。この種の団体は自立性を保持する一方で，政治アクターへのアクセスが困難となっているのかもしれない。

第四に，「自発的に設立され，編制を受ける」団体は，主に農業・農村発展，商工業サービス，生態環境などの分野および区・県レベルで活動するものが多い。今後中国の市民社会の成長を省察するには，上記の分野および区・県レベルにおける国家－社会アクター間の力関係，政治権力の変化に注目する必要がある。

総じて，党・政府は編制制度を通じて，社団への統制・管理を実現しようとする。そのような環境下で，一部の社団は，党・政府による「埋め込まれた規制」を利用して団体自らの利益表出機能を強化させる。むろん，団体はある程度自立性が損なわれるものの，その反面，この種の社団は様々なルート，方法を活用しており，政府への意見反映・利益表出に努めている。つまり，政治過程における行動能力は最も高いと検証された。

編制制度の利用といった「政治的機会（political opportunity）」[19]を社団に提供する党・政府にとっては，これは社会との間に利益調整・会話の場を設け

ることを意味する。他方，これを社団の側から見れば，編制制度を通じて国家に対して挑戦する機会であり，権威主義体制下の中国における団体の党・政府に対するしたたかな戦略であると捉えられるのではないかと考えられる。しかしながら，半数以上を占める「組織の決定により設立され，編制を受けていない団体」の実態から，中国の社団は党・政府による人事関与がやや強く，政府の管理事務に協力する姿勢を示し，政治過程への参加が少ないとデータで裏付けられた。党・政府の社会領域に対する影響力が依然として強い中，その変化の兆しが社団自身の変革に寄与することになる。ただし，本章の分析は，自発的に設立された社団がどのような経緯を経て，編制制度に組み込まれてきたのかについては明らかにしていない。このメカニズムの解明が今後の研究課題となろう。

(1) 社団の「官民二重性」が形成される背景には，制度的，社会的制限がある。制度的には，政府は社団の育成と統制という側面を同時に持っている。1980年代末から始まった政府機構改革や，政府による「小政府・大社会」のスローガンの下，党・政府は政策的に社団の育成を行っている。同時に，かつて計画経済体制時代における国家による社会への統制方式を継続させようと，社団の設立・管理に対する「二重管理制度」が設けられた。また，社会的には，市場経済が未熟であるため，社団は資金・人的リソースを調達することが比較的困難である。加えて，市民による社団への信頼がまだ薄い。政府の資金，リソース，信頼性を借りない限り，社団が活動を行うことは難しい。従って，一部の研究者は「官民二重性」という言葉を用いて，中国の社団は自立性に欠けていると説明している。

(2) 「埋め込み」(embeddedness) という概念は，最初カール・ポランニー (Karl Polany) が提起し (Polany 1944)，その後ピーター・エヴァンス (Peter Evans) が「埋め込まれた自律性」(embedded autonomy) を定義した (Evans 1995)。ポランニーの「埋め込み」の概念とは，経済活動は，広範な制度的構造の一部であり，または社会構造に埋め込まれていることを意味する。経済関係の基礎は，社会的なつながり，連帯，信頼によるものであり，ネットワーク，価値，伝統，義務などを通じて経済関係が成り立つとする。エヴァンスはポランニーの定義を踏まえ，経済発展と国家官僚システムの最適な関係を「埋め込まれた自律性」と問題提起する。即ち，国家は社会とのネットワークを維持しつつも，それに取り込まれることなく自律的に政策を策定することが重要である。

(3) 「党－国家体制」は，従来中国国民党一党独裁下に置かれた中国（1928－1949年），および民主化以前の台湾（1945－1996年）の政治制度を定義したものである。即ち，国民党の国家，政府と党の一体化構造を指している。その後，中国共産党が中華人民共和国を建国した後には，政治社会における党の指導性を強調し，党の国家に対する指導が政府機関，軍隊，民主諸党派，人民団体にまで及んで行われているとされる。従って，一部の研究者は今日の中国の政治制度を「党－国家体制」と呼ぶ（西村・国分 2009）。

(4) 「埋め込まれた規制」の概念は，劉鵬の研究の中では，党・政府が実施してきた一連の社団への管理政策を指している。ピーター・ホの研究では，社団が党・政府が敷いている組織構造の中に取り込まれることを意味する。

(5) 全国レベルでは，編制を受ける団体は以下の通りである：中華全国総工会，中華全国婦女連合会，中華全国工商業連合会，中国共産主義青年団，中国科学技術協会，中華全国帰国華僑連合会，中華全国台湾同胞連誼会，中華全国青年連合会，中国文学芸術界連合会，中国赤十字総会，中国作家協会，中華全国新聞工作者協会，中国法学会，中国人民外交学会，中国障害者連合会，中国計画生育協会，中国国際商会。他方，地方レベルにおいて，地方機構編制委員会は編制権限を持つため，一部の社団を対象に編制制度に取り込むことができる。

(6) リコードする際に，設立経緯について，「組織の決定により設立された」および「どちらともある」と答えた団体を１つの変数にまとめた。その理由は，「自発的に設立された」社団の変数をより明確し，また，「どちらともある」と答えた団体は設立の際に少なからず他の機構・組織から関与されていると考えたためである。

(7) 具体的な比率は以下の通りである：「自発的に設立され，編制を受ける」61.9％，「組織の決定により設立され，編制を受けていない」54.9％，「組織の決定により設立され，編制を受ける」53.5％，「自発的に設立され，編制を受けていない」52.4％。

(8) 「組織の決定により設立され，編制を受ける」10.2％，「組織の決定により設立され，編制を受けていない」8.1％。

(9) その次の順位は，「自発的に設立され，編制を受けていない」59.5％，「組織の決定により設立され，編制を受ける」56.7％，「組織の決定により設立され，編制を受けていない」48.2％となる。

(10) その次の順位は，「自発的に設立され，編制を受けていない」37.4％，「組織の決定により設立され，編制を受ける」33.6％，「組織の決定により設立され，編制を受けていない」33.5％となる。

(11) その順位は，「自発的に設立され，編制を受けていない」63.3％，「組

織の決定により設立され，編制を受ける」53.5%，「組織の決定により設立され，編制を受けていない」50.7%，「自発的に設立され，編制を受ける」42.5%となる。
(12) その次の順位は，「組織の決定により設立され，編制を受ける」12.4%，「組織の決定により設立され，編制を受けていない」11.8%，「自発的に設立され，編制を受けていない」6.0%となる。
(13) その順位は，「自発的に設立され，編制を受けていない」50.9%，「組織の決定により設立され，編制を受けていない」36.2%，「組織の決定により設立され，編制を受ける」34.0%，「自発的に設立され，編制を受ける」27.6%となる。
(14) その順位は，「組織の決定により設立され，編制を受ける」20.5%，「組織の決定により設立され，編制を受けていない」19.4%，「自発的に設立され，編制を受ける」11.9%，「自発的に設立され，編制を受けていない」10.0%となる。
(15) その順位は，「自発的に設立され，編制を受けていない」26.0%，「自発的に設立され，編制を受ける」16.7%，「組織の決定により設立され，編制を受けていない」9.6%，「組織の決定により設立され，編制を受ける」7.4%となる。
(16) その順位は，「自発的に設立され，編制を受ける」48.8%，「組織の決定により設立され，編制を受ける」46.9%，「組織の決定により設立され，編制を受けていない」42.4%，「自発的に設立され，編制を受けていない」39.7%となる。
(17) 掛靠とは，政府機関など社団の業務主管単位は責任を負って，団体の活動を認可する代わりに，社団が業務主管単位から様々な指導を受けることを指している。
(18) その次の順位は，「組織の決定により設立され，編制を受ける」84.6%，「組織の決定により設立され，編制を受けていない」72.2%，「自発的に設立され，編制を受けていない」67.2%となる。
(19) シドニー・タロー（Sidney Tarrow）は社会運動を研究する際に，「政治的機会構造（political opportunity structure）」が「機会（opportunities）」と「制約（constraints）」によって成り立っていると述べた（Tarrow 1998）。タローによれば，基底的な社会構造と潜在的な動員が行動へと転換されるには，政治的機会と制約の役割が決定的な要素であると指摘した。中でも，政治的機会は，政治的環境の一貫した様々な次元のことを意味している。具体的には，(1)政治へのアクセスの拡大，(2)政治的提携の変動，(3)エリート間の紛争・亀裂の発生，(4)影響力のある同盟者の存在を指している。その後，大塚健司は「政治的機会」の概念を用いて，中国の環境運動の展開

を説明した。その分析によれば，中国では，環境運動に対して，中央・地方政府，各行政部門の対応が異なり，取締・活動範囲に関してもはっきりとした基準が存在していない。従って，「政治的機会」は，部門，時間，空間において「断片的」に存在しており，市民社会組織，および他の運動体（マスメディア，専門家など）がこれらの「断片的な機会」を利用し，環境運動を推進することができたと指摘する（大塚 2013：141-143）。

第6章

ネットワーク

小嶋華津子・菊池啓一

　国家−社会関係における社団の立ち位置を明らかにするためには，党・政府との関係に留まらず，多様なアクターとの協調・協力・信頼のネットワークを解明する必要がある。本章では，社団のネットワークの特徴とその規定要因を明らかにする。また，ネットワークの特徴が，社会サービス，環境保護，農業等分野ごとのガバナンス構造の違いを反映しているとの議論を検証する。

はじめに

　第5章で言及されているように，中国の市民社会組織を論ずる際，先行研究が主たる論点に据えたのは，それが権威主義的国家に対してどの程度自立性／自律性を有しているかという問題であった。しかし，公共の担い手，ガバナンスの主体としての社団の性質を捉えるためには，国家との関係のみならず，他の諸アクターとの関係の中に社団を位置づける必要があろう。五十嵐誠一によれば，ガバナンスとは「ガバメントによる独占的統治から多様なアクターによる『協治』や『共治』へのシフト」を捉える概念であり，「多様なアクターが協力と対立を繰り返しながら公共性に基づき利害関係を調節して意図的に形成する協治の形態，またそこに至るまでの動態的なプロセス」である（五十嵐 2005：17－8）。社団が，多様な党・政府をはじめとする各アクターとの間にどのような協調と協力のネットワークを築いているのか，それが社会に対しどの程度の拡がりをもっているのかを明らかにすることにより，中国のガバナンスの実態を動態的に捉える視座が得られるのではないだろうか。

　そこで本章では，社会団体と多様なアクターの関係に焦点を当てたい。具体的には，諸アクターに対する社団の認識に関わる調査データを手掛かりに，計量分析を通じて社団をとりまくネットワークの特徴を浮き彫りにしていく。

1　本章の分析枠組み

　先述したように，中国のガバナンスの実態を動態的に捉えるためには，社団と多様なアクターの関係に着目する必要がある。しかし，既存の研究は社団と党・政府の関係のみに着目した事例研究がほとんどであり，社団をとりまくネットワークの俯瞰的把握に成功しているとは言いがたい。そこで本章では，社団のネットワークの全体図を描き出すべく，C-JIGS2（社団）で得られたデータを用い，計量分析を通じて社団と多様なアクターの関係およびその決定要因を明らかにしたい。本節ではこの一連の作業を行う準備段階として，計量分析に用いる従属変数と独立変数を紹介する。

　それでは，どのような調査データから社団と他の諸アクターの関係を評価することができるであろうか。一口に「ネットワーク」と言っても，その意

味するところは多岐にわたる。本章では、社団のネットワークを多面的に評価するため、以下の4つの調査項目に対する回答データを従属変数として用いる。まず第一に、団体と政府の関係の緊密度を問うた設問「一般的に言って、あなたの団体と政府機関の関係は緊密ですか」（「1. 交流はない、2. 交流は少ない、3. ふつう、4. 比較的緊密、5. 非常に緊密」から1つを選択）、第二に、諸アクターとの協調関係を問う設問「あなたの団体は次の各団体とどのような関係にありますか」（政府職員、党幹部、地方政府、労働団体、農業団体等について、緊密度を1（非常に対立）〜7（非常に協調）の7段階で回答）、第三に、「社団の活動を効果的に展開するために、最良のパートナーは、次のうちどの組織ですか」（1. 政府、2. 企業、3. 社会組織、4. マスメディア、5. 専門家、6. 国際組織、7. その他から1つを選択）である。以上の変数は、団体が日常的に政府および諸アクターとどの程度協調・協力関係にあるかを示すものである。これに対し、第四の設問「団体の利益や意見を提起するとき、あなたがもっとも信頼するのはどの人物・組織・集団ですか」（中央政府各部委指導者、地方官僚、全人代代表／政協委員、地方人代代表／政協委員、裁判所、マスメディア、公衆世論、国際機構それぞれについて、1. まったく信頼していない、2. あまり信頼していない、3. ふつう、4. 比較的信頼している、5. もっとも信頼しているから1つを選択）の回答データは、団体が、何らかの利益表明を試みる際に構想するアクターの多様性を示す変数である。

　次に、社団と他の諸アクターの関係はどのような要因によって説明されるのであろうか。まず注目すべきは、党・政府からの社団の自立度であろう。中でも、設立の経緯（自発的に設立されたのか／上から組織されたのか）が重要であると考えられる。第5章でも論じられているように、自発的に設立された団体は自立性が高く、上から組織された団体は自立性が低い。そこで、設立の経緯が各団体のネットワークに与える影響を分析するため、ダミー変数「自発的設立ダミー」を作成した。加えて、党・政府による人事への介入や物質的・財政的支援などが団体のネットワークに及ぼす影響を検証するため、「人事関与指数」と「物質的・財政的支援指数」を設定した。前者は団体の人事に対する政府の関与をめぐる5つの設問──①編制定員を有しているか、②業務主管単位から人員を受け入れているか、③業務主管単位から指導

者の推薦・決定を受けているか，④会長の前職は何か（政府部門であるか否か），⑤秘書長の前職は何か（政府部門であるか否か）――に対する回答を合計して算出されたものであり，後者は政府からの物質的・財政的支援に関わる２つの設問――①業務主管単位から事務所の提供を受けているか，②業務主管単位からの財政支援を受けているか――に対する回答を合計して算出されたものである。

　また，団体の活動分野も社団のネットワーク構築に影響を及ぼすと考えられる。C-JIGS2では各団体に対し，自らの活動分野を14のカテゴリーから選ぶよう求めているが，本章では14のカテゴリーを９つのカテゴリー（①科学研究，②教師・医師・芸術家・専門家，③商工業，④農業，⑤社会サービス，⑥環境保護，⑦宗教，⑧国際，⑨その他）に再構成し，「その他」以外のカテゴリーについてそれぞれダミー変数を作成した。なお，有効標本の活動分野別構成比は，①科学研究が17.3%（N＝214），②教師・医師・芸術家・専門家が24.0%（N＝298），③商工業が20.9%（N＝259），④農業が13.6%（N＝169），⑤社会サービスが8.7%（N＝108），⑥環境保護が1.8%（N＝22），⑦宗教が1.3%（N＝16），⑧国際が0.9%（N＝11），⑨その他が11.5%（N＝143）であった。

　さらに，首都で活動する社団とそれ以外の地域で活動する社団とでは，ネットワークの特徴が異なる可能性もある。そこで，社団の所在地（北京市，浙江省，黒龍江省）もコントロールするため，「北京市ダミー」と「浙江省ダミー」を作成した。有効標本における所在地別構成比は，北京市が24.4%（N＝306），浙江省が44.6%（N＝558），黒龍江省が31.0%（N＝388）であった。

　以下，第２節では，政府との緊密度および諸アクターとの対立・協調関係，第３節では利益表明対象としての信頼度について，上記の変数を用いた回帰分析の結果を示しながら，団体のネットワークに見られる特徴を浮かび上がらせたい。

2　政府機関との関係の緊密度・諸アクターとの協調・対立関係

　団体は日常的に政府および諸アクターとどのような協調・協力関係にあり，また，その関係はどのような要因によって決定されるのであろうか。まず本章の分析における第一の従属変数，すなわち，社団と政府機関の緊密度に注

目したい。この項目についての設問（「一般的に言って，あなたの団体と政府機関の関係は緊密ですか」）に対する回答結果は，サンプル全体では「非常に緊密」が19.3％，「比較的緊密」が46.6％，「ふつう」が23.3％，「交流は少ない」が8.9％，「交流はない」が1.1％であった（N＝1225）。これらのデータからは，中国の社団が総じて政府と密接な関係にあることが窺える。

しかし，他方で，上記の回答に多少のばらつきが見られるのも事実である。それでは，各団体の政府機関との緊密度は何によって説明されるのであろうか。表6－1は回答結果（「非常に緊密」を5，「交流はない」を1とする5点尺度）を従属変数，第1節で紹介した「自発的設立ダミー」，「人事関与指数」，「物質的・財政的支援指数」，団体の活動分野および所在地に関するダミー群を独立変数とした順序ロジットモデルの推定結果を示したものである。投入された独立変数のうち，係数が統計学的に有意であったのは，自発的設立ダミー，人事関与指数，農業ダミー，国際ダミー，浙江省ダミーであった。自発的設立ダミーの係数が負で，人事関与指数の係数が正で，いずれも有意であることは，上から組織された団体および人事面で政府と強いつながりをもつ団体が，それ以外の団体よりも，政府と緊密な関係にあることを示している。これはいわば想定どおりの結果である。他方，物質的・財政的支援指数の係数は正ではあるものの有意ではない。このことは，物質的・財政的なつながりよりも人的なつながりの方が，政府機関との関係において重要である可能性を示唆している。

続いて活動分野に関するダミー変数群に目を向けると，農業ダミーの係数が負で，

表6－1 社団の政府機関との緊密度の決定要因

独立変数	モデル1
自発的設立ダミー	−0.315**
人事関与指数	0.328****
物質的・財政的支援指数	0.172
科学研究ダミー	−0.295
教師・医師・芸術家・専門家ダミー	−0.132
商工業ダミー	−0.155
農業ダミー	−0.705***
社会サービスダミー	0.197
環境保護ダミー	−0.232
宗教ダミー	−0.170
国際ダミー	1.221*
北京市ダミー	0.272
浙江省ダミー	0.318**
「交流はない」の閾値	−4.866
「交流は少ない」の閾値	−1.944
「ふつう」の閾値	−0.265
「比較的緊密」の閾値	2.139
対数尤度	−1033.863
χ^2検定	120.290****
疑似決定係数	0.055
N	877

注：数値は（非標準化）回帰係数。
＊：$p<.10$，＊＊：$p<.05$，＊＊＊：$p<.01$，＊＊＊＊：$p<.001$．

表6-2 社団の各アクターとの協調度（平均値）

	政府職員	党幹部	地方政府	労働団体	農業団体	マスメディア	社会福祉団体	社区	女性団体	国際組織	外国の利益団体
平均値	5.34	5.25	5.48	4.98	5.03	5.05	4.82	5.04	4.83	4.13	4.04
N	1055	1029	1050	1014	1013	1020	999	1009	999	949	941

1％水準で有意であり，国際ダミーの係数が正かつ10％水準で有意であることから，農業分野の団体は政府機関との関係において疎遠であるのに対し，国際分野の団体は他の分野の団体よりも政府機関との間に緊密な関係を築いていることが分かる。さらに地域別には，浙江省の団体が他の地域の団体に比して，政府とより緊密な関係にあることが明らかとなった。

次に，より多様なアクターとの関係に視点を拡げる。表6-2は，諸アクターとの協調・対立関係を問う設問（「あなたの団体は次の各団体とどのような関係にありますか」）について，7段階評価（1～7）の平均値を示したものである。平均値上位を党・政府関係のアクターが占めており（地方政府

表6-3 社団の各アクターとの協調度の決定要

独立変数	モデル1（政府職員）	モデル2（党幹部）	モデル3（地方政府）	モデル4（労働団体）	モデル5（農業団体）
自発的設立ダミー	−0.348**	−0.289*	−0.027	−0.234	−0.253*
人事関与指数	0.101*	0.186***	0.131**	−0.005	−0.002
物質的・財政的支援指数	0.058	−0.046	−0.107	0.076	0.160
科学研究ダミー	−0.068	−0.111	0.151	−0.302	0.136
教師・医師・芸術家・専門家ダミー	0.111	−0.043	−0.012	0.003	0.131
商工業ダミー	−0.074	−0.100	−0.054	−0.156	0.017
農業ダミー	−0.384	−0.630**	0.647**	−1.103****	0.996***
社会サービスダミー	0.403	0.224	0.606**	0.303	0.420
環境保護ダミー	−0.278	−0.057	0.576	0.093	0.449
宗教ダミー	0.091	0.015	0.937	−0.186	−0.006
国際ダミー	0.174	0.227	0.804	0.286	0.159
北京市ダミー	−0.117	0.004	0.060	−0.165	−0.287
浙江省ダミー	0.489***	0.546****	0.449***	0.255*	0.197
「非常に対立的」の閾値	−6.508	−5.788	−6.193	−6.207	−4.993
「比較的対立的」の閾値	−5.408	−4.869	−4.396	−5.286	−4.295
「やや対立的」の閾値	−3.595	−3.362	−3.120	−3.348	−2.724
「中間」の閾値	−0.394	−0.174	−0.256	−0.128	0.159
「やや協調的」の閾値	0.487	0.679	0.416	0.549	0.820
「比較的協調的」の閾値	1.598	1.762	1.474	1.386	1.686
対数尤度	−1131.322	−1105.727	−1140.908	−1053.572	−1097.821
χ^2検定	52.069****	64.289****	34.103***	45.646****	29.552***
疑似決定係数	0.023	0.028	0.015	0.021	0.013
N	793	778	791	763	762

注：数値は（非標準化）回帰係数。*：p＜.10, **：p＜.05, ***：p＜.01, ****：p＜.001.

(5.48), 政府職員 (5.34), 党幹部 (5.25)), このデータからも社団は基本的には党・政府と協調的であることが確認されよう。一方, 外国の利益団体 (4.04) や国際組織 (4.13) といった国外のアクターとの協調度はやや低い傾向にある。

表6－3は, 上記の回答結果を従属変数, 第1節で挙げた変数を独立変数とした順序ロジットモデルの推定結果である。モデル1・モデル2・モデル3に注目すると, 団体の自立を示す変数と党・政府アクター（政府職員, 党幹部, 地方政府）との協調度については, 人事関与指数の係数がいずれのモデルにおいても正で有意であり, また, 自発的設立ダミーの係数が政府職員および党幹部との間の協調度について負で有意である。さらに, 物質的・財政的支援指数の係数はいずれのモデルについても有意ではなく, 社団の党・政府アクターとの協調度も, 政府機関との緊密度と同様に, 団体の設立経緯と政府との人的なつながりに影響されることが分かる。

モデル6 (マスメディア)	モデル7 (社会福祉団体)	モデル8 (社区)	モデル9 (女性団体)	モデル10 (国際組織)	モデル11 (外国の利益団体)
−0.248*	0.097	0.317**	0.173	−0.031	−0.018
0.061	0.033	0.026	0.113**	−0.051	−0.075
0.157	0.022	0.016	−0.026	0.215*	0.243**
−0.087	−0.110	0.048	−0.184	−0.220	−0.255
0.249	0.122	0.245	0.155	0.186	0.185
0.042	0.007	−0.148	−0.221	−0.151	−0.237
−0.336	−0.624**	0.378	−0.779***	−1.048****	−1.093****
0.388	0.811***	1.038****	0.850***	0.720	−0.050
0.520	−0.122	0.831*	0.203	0.655	−0.015
−0.771	1.357**	0.675	1.268**	0.129	−0.151
0.066	0.340	0.562	0.008	1.098**	0.952*
−0.459**	−0.077	−0.069	0.057	−0.113	−0.219
0.412***	0.183	0.276*	0.398***	0.046	−0.082
−5.360	−5.821	−5.512	−4.776	−2.737	−2.770
−4.049	−4.201	−4.254	−3.888	−2.194	−2.237
−2.695	−2.601	−2.516	−2.218	−1.404	−1.484
−0.027	0.357	0.290	0.473	0.983	0.931
0.838	1.065	1.001	1.243	1.639	1.537
1.899	1.940	1.858	2.147	2.408	2.319
−1139.214	−1064.730	−1105.324	−1089.990	−1087.627	−1073.739
48.371***	37.172****	34.380***	59.789****	40.181****	36.664****
0.021	0.017	0.015	0.027	0.018	0.017
770	759	761	755	720	714

また，団体の所在地の影響についても浙江省ダミーの係数が正で有意であることから，浙江省の社団が他地域の社団と比べて政府職員・党幹部・地方政府とより協調的であることが確認できる。他方，団体の活動分野を示す変数については，党幹部との協調度の決定要因を推定するモデル2では農業ダミーの係数が負かつ5％水準で有意である一方で，地方政府との協調度については農業ダミーおよび社会サービスダミーの係数が正かつ5％水準で有意である。この推定結果は農業分野の団体が他の団体と比べて党幹部との関係については対立的であるものの，地方政府との関係についてはより協調的であることを示している。ただし，本章で示される他のモデルの推定結果も勘案すると，農業団体と地方政府の協調関係はあくまで上辺だけのものである可能性が高い。

　モデル4～11は，党・政府以外のアクター（労働団体，農業団体，マスメディア，社会福祉団体，社区，女性団体，国際組織，外国の利益団体）との協調度についても，団体の活動分野ごとに特色があることを示している。すなわち，農業ダミーについては，当然ながら農業団体との協調度を示す係数が正で，0.1％水準で有意であり，労働団体，社会福祉団体，女性団体，国際組織，外国の利益団体との協調度を示す係数はいずれも負で有意であった。農業団体はその活動を社会福祉や女性問題にまで拡げておらず，総じて他の団体よりドメスティックな性格を有することが推察される。また社会サービスダミーについては，社会福祉団体，社区，女性団体との協調度において係数が正で有意であり，環境保護ダミーは社区と，宗教ダミーは社会福祉団体，女性団体と，国際ダミーは国際組織，外国の利益団体と，それぞれ協調度において係数が正で有意である。いずれも都市部コミュニティにて啓蒙活動を展開している環境保護団体，社会サービス活動を積極的に行っている宗教団体，国外との連携の下に活動している国際分野の団体の性格を反映した結果と言える。

　団体の自立の程度が党・政府以外のアクターとの協調度に与える影響について検討すると，自発的に設立された団体はそうではない団体と比べて，社区とはより協調的である一方，農業団体やマスメディアとはより対立的である。また，党・政府アクターとの協調度を説明する重要な要因の1つであった人事関与指数は，女性団体との協調度についてのみその係数が正かつ5％

水準で有意であるものの，それ以外のアクターとの関係については重要な変数ではない。逆に，物質的・財政的支援指数の係数は，党・政府アクターとの協調度については有意でなかったものの，国際組織および外国の利益団体との協調度については正で有意である。

続いて，本章の第三の従属変数，すなわち，社団がどのようなアクターを「最良のパートナー」だと認識しているのかについて検討したい。「社団の活動を効果的に展開するために，最良のパートナーは，次のうちどの組織ですか」という設問に対する回答は，サンプル全体では比率が高い順に，政府(49.2％)，社会組織(18.8％)，企業(17.7％)，専門家(7.8％)，マスメディア(5.8％)，国際組織(0.3％)であった。政府こそ「最良のパートナー」であると考えている団体が5割に迫るという結果は，社会団体の活動空間が依然として国家によって規定されている現状を示していると言えよう。しかし同時に，社会組織，企業，専門家，マスメディアなど社会的主体を選択した比率の合計が50.1％と5割を超えていることにも注目すべきである。国家コーポラティズム体制内の団体と言えども，その活動においてはかなり幅広い連携関係が形成されていると考えてよいだろう。

上記の回答結果を説明する要因の分析に際し，2つの異なるモデルを推定し，表6－4に示した。モデル1は従属変数を「政府ダミー(団体が「最良のパートナー」として政府を選択した場合＝1，団体が「最良のパートナー」としてそれ以外のアクターを選択した場合＝0)」，第1節で紹介した変数群を独立変数としたロジットモデルである。これまでの分析で社団の政府機関との緊密度や党・政府アクターとの協調度に影響を及ぼすことが明らかにされたもののうち，人事関与指数の係数のみが10％水準ではあるものの正で有意であり，人的なつながりは社団と政府をより緊密かつ協調的にするだけでなく，社団が政府を「最良のパートナー」だと認識する可能性を高めることが分かる。他方，自発的設立ダミーと物質的・財政的支援指数の係数は有意ではない。

また，社団の活動分野と所在地に関しては，北京市ダミーの係数が正かつ10％水準で有意であるのに対し，農業ダミーと環境保護ダミーの係数が負で有意であることが特徴的であった。これより，政治都市である北京市の団体が政府との連携を築く傾向にある一方，農業分野，環境保護分野の団体は，

表6-4 社団の「最良のパートナー」

独立変数	モデル1 政府	社会組織対政府	企業対政府	マスメディア対政府	モデル2 専門家対政府
自発的設立ダミー	−0.203	0.347	0.397*	−0.525	0.026
人事関与指数	0.109*	−0.005	−0.234***	0.060	−0.243**
物質的・財政的支援指数	0.131	−0.092	−0.082	−0.236	−0.434*
科学研究ダミー	−0.357	0.025	0.573	0.295	1.849***
教師・医師・芸術家・専門家ダミー	0.054	−0.310	0.416	0.044	0.811
商工業ダミー	0.108	−0.595*	0.871**	−0.710	0.071
農業ダミー	−0.857***	0.315	1.519***	−0.127	2.120***
社会サービスダミー	−0.339	0.529	0.385	0.622	0.082
環境保護ダミー	−1.478**	1.331*	1.937**	1.378	2.290**
宗教ダミー	0.356	0.353	−17.814	−18.749	−17.662
国際ダミー	−0.094	−0.716	1.298	−15.093	1.670
北京市ダミー	0.452*	−0.348	−0.604	−0.877	−0.078
浙江省ダミー	−0.124	−0.089	0.552**	−0.025	−0.039
定数項	−0.055	−0.947***	−1.726****	−1.930****	−2.315****
対数尤度	−596.608				−1084.422
χ^2検定	52.470****				188.270****
疑似決定係数	0.042				0.080
N	899				869

注：モデル1の従属変数は「政府ダミー」，モデル2の従属変数は「最良のパートナー」。数値は（非標準化）回帰係数。*：$p<.10$，**：$p<.05$，***：$p<.01$，****：$p<.001$．

他の団体に比べ，活動の展開において政府と連携しない傾向を有することが分かる。

　では，社団は，いかなるアクターに，政府以上のパートナーシップを見出しているのだろうか。モデル2は従属変数を「最良のパートナー」に変更した多項ロジットモデルである。本モデルの推定結果をモデル1のものと比較することにより，より興味深い知見を得ることができる。例えば，人事関与指数は「企業対政府」および「専門家対政府」という二択について係数が負で有意であることは，政府との人的なつながりが社団を企業もしくは専門家寄りから政府寄りにする効果を持っていることを示している。また，農業ダミーに関し，「企業対政府」および「専門家対政府」について係数が正で有意であることは，農業分野の団体が政府よりも企業や専門家を「最良のパートナー」と見なす傾向があることを示している。同様に，環境保護ダミーの係数からも，環境保護分野の団体が政府よりも「企業，専門家，社会組織」をパートナーと見なす傾向が読み取れる。

　さらに，モデル2からはモデル1では示されなかった傾向も明らかになる。

国際組織	その他
対政府	対政府
−11.520	−0.013
1.393	−0.326
−14.313	1.147
16.440	−15.74
1.586	−15.659
1.319	−15.773
5.788	−15.220
−0.192	−0.146
4.323	2.189
−3.998	1.776
1.804	−16.390
1.721	−13.605
14.705	0.037
−36.725	−3.700***

例えば、有意水準は10%であるものの、自発的に設立された団体は、政府よりも企業を「最良のパートナー」として選択する可能性が高く、また、政府から物質的・財政的支援を受けている団体ほど、専門家よりも政府を「最良のパートナー」と見なすようになる。科学研究関係の団体は、ある意味当然のことながら、政府よりも専門家をパートナーとして重視し、商工業関係の団体は社会組織よりは政府を、政府よりも企業を「最良のパートナー」と捉える傾向がある。最後に、浙江省の団体が他地域の団体と比べて、政府よりも企業を選択する可能性が高いというのも興味深い知見であろう。

3　諸アクターに対する信頼

　前節においては、団体が日常的に政府および諸アクターとどのような協調・協力関係にあるのかを分析したが、本節では、団体が利益表明の相手として信頼を置く対象に関するデータを扱う。表6－5は「団体の利益や意見を提起するとき、あなたがもっとも信頼するのはどの人物・組織・集団ですか」という設問の回答について、5段階評価（1～5）の平均値を計算したものである。サンプル全体でみると、信頼の程度の平均値が高い順に、地方官僚（4.12）、全人代代表／政協委員（3.97）、中央政府各部委指導者および地方人代代表／政協委員（3.92）、裁判所（3.74）、マスメディア（3.55）、公衆世論（3.52）、国際機構（3.19）であった。省レベル以下の団体にとって、地方官僚こそが、利益や意見を提起する相手としてもっとも信頼すべき存在であることは、いわば当然の結果と言えよう。また、全人代代表や政協委員が、それに次ぐ信頼度を勝ち取っ

表6－5　社団の各アクターに対する信頼度（平均値）

	全人代代表者・政協委員	地方人代代表者・政協委員	中央政府各部委指導者	地方官僚	裁判所	マスメディア	公衆世論	国際機構
平均値	3.97	3.92	3.92	4.12	3.74	3.55	3.52	3.19
N	822	877	786	985	769	812	797	747

ていることは，地方レベルの団体の利益表出において，全人代代表・政協委員が何らかの役割を果たしていることを示唆しており，興味深い。国家主体の4アクター（地方官僚，全人代代表／政協委員，中央政府各部委指導者，地方人代代表／政協委員）の方が「社会的主体」の4アクター（裁判所，マスメディア，公衆世論，国際機構）よりも信頼度が高いことも，党・国家に権力が集中している中国の現状において，社団が利益を表出する際，国家主体との信頼・協力関係がなにより重要であることを明示している。

では，社団の各アクターに対する信頼度はどのような要因に決定づけられるのであろうか。表6-6に示されているのは，上記の設問に対する回答結果を従属変数，これまで使用してきた変数群を独立変数とした順序ロジットモデルの推定結果である。まず興味深いことに，これまでの分析で常に重要な変数であった人事関与指数の係数はいずれのモデルでも有意ではない。逆に，地方官僚への信頼度を推定したモデル4の物質的・財政的支援指数の係

表6-6 社団の各アクターに対する信頼度の決定要因

独立変数	モデル1 (全人代代表・政協委員)	モデル2 (地方人代代表・政協委員)	モデル3 (中央政府各部委指導者)	モデル4 (地方官僚)	モデル5 (裁判所)
自発的設立ダミー	−0.461***	−0.238	−0.174	0.097	0.215
人事関与指数	0.072	0.026	0.049	0.072	−0.085
物質的・財政的支援指数	−0.120	0.139	0.224*	0.259**	0.119
科学研究ダミー	−0.279	−0.381	−0.204	−0.638**	−0.435
教師・医師・芸術家・専門家ダミー	−0.246	−0.034	−0.225	−0.166	−0.189
商工業ダミー	−0.431	−0.132	−0.310	−0.275	−0.399
農業ダミー	−1.280****	−1.389****	−1.416****	−1.144****	0.320
社会サービスダミー	0.150	0.073	−0.530	−0.095	0.124
環境保護ダミー	−0.768*	−0.386	−0.322	−0.228	0.439
宗教ダミー	0.491	1.010	0.277	0.296	−0.426
国際ダミー	−1.193*	−0.952	−0.929	−0.532	0.397
北京市ダミー	0.112	−0.070	0.124	0.022	−0.189
浙江省ダミー	0.220	0.273*	0.409**	0.241	−0.038
「全く信頼できない」の閾値	−3.553	−3.245	−3.272	−6.000	−4.619
「あまり信頼できない」の閾値	−3.244	−2.965	−2.887	−4.192	−3.190
「ふつう」の閾値	−1.566	−1.256	−1.078	−1.351	−0.619
「かなり信頼できる」の閾値	0.321	0.876	0.694	0.751	1.147
対数尤度	−754.390	−797.208	−739.689	−800.387	−725.836
χ^2検定	48.625****	56.783****	49.351****	43.447****	19.656
疑似決定係数	0.031	0.034	0.032	0.026	0.013
N	625	669	599	735	594

注：数値は（非標準化）回帰係数。*：$p<0.10$，**：$p<0.05$，***：$p<0.01$，****：$p<0.001$．

数は正で，5％水準で有意である。ここから，利益表出の対象として地方政府に信頼を寄せるか否かは，人事面でのつながりよりもむしろ政府から物質的財政的支援を受けているか否かによって規定されるということが確認される。また，10％水準ではあるものの，同変数は中央政府各部委指導者やマスメディアに対する信頼にも正の影響を与えている。さらに，設立経緯に着目すると，自発的に設立された社団は，全人代代表・政協委員のみならず公衆世論に対する信頼も低い傾向を有する。

活動分野に関しては，農業ダミーが，全人代／政協，地方人代／政協，中央政府各部委指導者，地方官僚，マスメディア，公衆世論，国際機構のいずれとの係数も，負で有意であることが顕著な傾向として観察された。事実，農業分野の団体は，総じて他のアクターに対する信頼が低く，平均値は高い順に，裁判所 (3.91)，地方官僚 (3.88)，全人代代表／政協委員 (3.41)，地方人代代表／政協委員 (3.34)，中央政府各部委指導者 (3.32)，マスメディア (3.03)，公衆世論 (3.00)，国際機構 (2.77) であった。平均値が総じて低い中で，裁判所への信頼が高い値を示している点は，他のアクターとりわけ国家主体に対する信頼の低さを際立たせている。他方，環境保護および国際分野の団体の全人代代表・政協委員への信頼も低い傾向にあることが分かる。

最後に，社団の所在地に関しては，浙江省の団体が他の地域の団体よりも地方人代代表・政協委員，中央政府各部委指導者，公衆世論により高い信頼を置く傾向があることも確認された。

モデル6 (マスメディア)	モデル7 (公衆世論)	モデル8 (国際機構)
−0.206	−0.317*	−0.163
−0.005	0.004	0.036
0.214*	0.173	0.080
0.178	−0.234	0.014
0.305	0.064	0.307
−0.079	−0.287	0.108
−1.133****	−1.313****	−0.834***
0.232	−0.226	0.037
0.274	−0.043	−0.086
−0.014	−1.053	−0.141
−0.635	−0.958	−0.070
−0.266	−0.198	−0.347
−0.080	0.338**	−0.062
−3.099	−3.401	−2.543
−2.500	−2.578	−1.522
−0.332	−0.423	0.385
1.747	1.600	2.322
−780.106	−776.135	−786.052
41.907****	49.559****	25.023**
0.026	0.031	0.016
623	615	575

4 まとめ：活動分野による社団のネットワークとガバナンスの多様性

　以上の分析から明らかになったのは，以下の2点である。第一は，社団の政府からの自立性が政府との関係に及ぼす影響である。政府や業務主管単位と人的関係を有している団体は，中央政府・地方政府と緊密な関係を有し，政府や党と協調関係にあると自認し，政府を「最良のパートナー」と認識する傾向にある。他方，団体が利益表明の対象として地方政府を信頼するか否かは，人的コネクションよりもむしろ，政府から物質的・財政的支援を受けているか否かによって規定される。第二に，団体のネットワークが，所在地域や活動分野に影響されるという点である。所在地域については，政治都市である北京市の社団に，政府を「最良のパートナー」として活動を展開する傾向が確認される一方，商業都市浙江省の団体には，政府のみならず他の多様なアクターと協調関係を有する傾向があることが明らかとなった。

　本節では，活動分野を独立変数とする分析から導かれる社団のネットワークとガバナンスの多様性について，3分野の特徴を対照させて論じたい。

　まず最初に，社会サービス分野の社団のネットワークに見られる特徴である。中国政府は，公共サービスの提供における政府機能の限界を認識し，事業委託等のかたちで，市場および市民社会組織の力を積極的に動員しようとしてきた（第10章）。政府の全面的な後押しを受け，出稼ぎ労働者・出稼ぎ女性・貧困者の支援，高齢者支援などの面で社団，民非，基金会，草の根NGOなど多様な市民社会組織が組織され，活動空間を拡げている。こうした経緯は，社会サービス分野の社団に，政府からのサポートに裏付けられた幅広い協調のネットワークを提供している。そのことは，社会サービス分野の社団と，地方政府，社区，社会福祉団体，女性団体との協調関係をめぐる上記データが示すとおりである。社会サービスの分野では，いわば多様なアクターが政府に協力するかたちのガバナンスが形成されつつあると言えよう。

　次に，環境保護分野の団体は，一面では社会サービス分野の団体と同様の特徴をもつ一方，固有の特徴も有する。中国では高度経済成長に伴い，各地で大気汚染や水質汚濁，廃棄物汚染，土壌汚染，砂漠化などの公害・環境問題が深刻化している。こうした問題に取り組むべく，政府環境保護部門は市民社会組織の力を積極的に活用してきた。そして政府の姿勢に後押しされる

かたちで，1990年代以降，環境保護を目的とするボトムアップ型の市民社会組織が，社団，民非，基金会，草の根NGOなど多様な形態をもって発展してきた。例えば1993年には，初めての純民間環境保護団体として，自然の友が発足した。自然の友は，翌1994年に，会長である梁従誡の所属する社団，中国文化書院の分院として登記した。また1996年に発足した北京地球村環境文化センターは，企業として工商部門に登記した。同年，環境問題に関心を持つジャーナリストおよび知識人のグループとして発足した緑家園（第15章参照）は，中華環境保護基金の管轄下に入った。これらの団体を皮切りに，全国的に環境保護組織の設立が進んだ。中華環境保護連合会が発表した「中国環境保護NGO報告書」によると，2008年10月時点で全国の環境保護民間組織は3539団体，うち政府が設立したものが1309団体（37％），学校内団体が1382団体（39％），草の根NGOが508団体（14％），国際環境保護組織の中国機構が90団体（2.5％）だという（経済観察網 http://www.eeo.com.cn/2013/1225/253962.shtml 2014年2月10日閲覧）。環境保護を掲げる市民社会組織は，活動実績を積むことにより，登記形態を問わず政府の認知と信頼を勝ち取り，政策への影響力を増しつつある。とりわけ「科学的発展観」というスローガンを打ち出し，環境保護に取り組む姿勢をアピールした胡錦濤政権下において，政府と環境保護団体の協力は進展した。

　しかし，環境保護分野の社団と政府の関係は，単なる協調や協力では表現しえない。両者の関係が常に緊張をはらんできたことも事実である。環境保護団体の活動の矛先は，ともすれば，経済成長ばかりを追い求め，環境に十分配慮せず，果ては地元の産業を守るために汚染に関わる情報を隠蔽・改ざんしようとする政府に向かうことになりかねない。とりわけ地方レベルでは，依然として経済成長至上主義が蔓延しており，政府環境保護部門自体の力が弱小であるため，地方レベルの市民社会組織は，政府の後ろ盾を得られない(12)状況に置かれてきた。その結果，多くの環境保護団体は，政府とのパイプを利用しつつも，常に政府から自律的なネットワークを発展させ，自律的に活動を展開することの必要を意識してきたと考えられる。「最良のパートナー」として，政府ではなく，企業，専門家，社会組織が選択された背景には，このような事情があるのではなかろうか。以上のように解釈すれば，環境保護の分野には，市民社会組織，企業，専門家によって築かれた自律的なネット

ワークと政府との間の相互利用関係を柱とするガバナンスのあり方が模索されつつあると推察できる。

　最後に，農業分野の団体と諸アクターの関係には，固有の特徴が見られる。上記調査データが示した特徴として，第一に，政府との関係が他の団体に比して疎遠であり，政府ではなく企業や専門家を「最良のパートナー」と捉えている団体が多いという点が挙げられる。これには，2次調査の対象となった農業分野の社団をめぐる政策環境が如実に反映されていると考えられる。農業分野の社団は，構成員から年会費を徴収し，主として技術，情報，運輸，販売サービスを提供する団体であり，専業技術協会，専業協会等として民政部門に登記される。これら農民専業合作経済組織は1990年代半ば以降，農産品販売の不振，WTO加盟（2001年12月）による貿易自由化への圧力，胡錦濤政権の「新農村建設」事業の呼びかけを受けて急増し，政策担当者のみならず研究者の注目を集めるようになった[13]。しかし，アグリビジネスの参入を視野に入れた大胆な農業の産業化が推奨される中で，社団として経済活動の制約を受けざるをえない専業協会には限界があった。結果として多くの農村では，社団ではなく利益配当を目的とする企業法人として農民専業合作社が設立され，農産物の生産・加工・販売を手広く担うようになり，2007年7月には「中華人民共和国農民専業合作社法」の施行により，その法的地位が保障されるに至った[14]。これにより，既存の専業協会の中には条件を整えて傘下に農民専業合作社を設立したり，新たに設立された農民専業合作社の中に自らを解消させたりする動きが生じている（孔麗，2008：156）。いずれにせよ，農業分野には市場化の波が押し寄せており，社団もそれに対応／適応することが求められている。企業や専門家が「最良のパートナー」に選ばれた所以は，こうした農業改革の潮流に求められるだろう。

　農業分野の社団に見られた次の特徴は，利益表明において国家主体を含む諸アクターを信頼しない傾向を有するという点であった。数あるアクターの中でも，裁判所に対する信頼が最も高いということは，政府や疑似民主機関である人代／政協への信頼の低さを際立たせている。データが示したのは，都市化の潮流の中で，農業分野の利益を代弁する地方幹部に乏しく，利益関係において農業分野の団体が孤立している現状であった。また，党との協調に関し確認された「負で有意」との統計結果は，共産党が農民の代表として

の性格を失っている現実を改めて突きつけるものであった。

　最後に，農業分野の社団は，国際組織，外国の団体のみならず，社会福祉団体，女性団体とも「非協調」の関係にあるという特徴である。胡錦濤政権の推進した「新農村建設」は本来，農業生産の向上のみならず，社会保障や農村文化の充実をも盛り込んだ総合的な発展計画であった。しかし，農業分野の社団の活動を，福祉や女性支援の分野と連携させつつ推進しようという動きは見られない。むしろ市場化への志向を強める農業団体にとって，福祉や女性へのまなざしは不利と受けとめられていることが推察される。農業団体が，第13章でとりあげた老人会，宗族，信仰ネットワークとどのような関係を築いていくのかが注目される。

　以上のように，農業分野のガバナンス構造は大きな変化を遂げつつある。市場重視へとガバナンス構造が大きく転換する中で，利益表明システムからの孤立状況は解消されるのか，互助ネットワークを中心とした既存の公共空間にいかなる影響を及ぼしてゆくのかが新たなテーマとして浮上する。

　社会団体のネットワークには，所在地や活動分野によってバリエーションがあり，それぞれが変化の途上にある。各分野の国家―市場―市民社会の動態的な関係が，揺れ動く中国の公共空間のかたちを映し出しているのである。

（1）　初めの3つの質問に「あてはまる」と答え，かつ，後の2つの質問に「政府部門」と回答した場合，その社団の「人事関与指数」は最高値の5となる。一方，初めの3つの質問に「あてはまらない」と答え，かつ，後の2つの質問に「政府部門」以外の組織を回答した場合，その社団の指数は最低値の0となる。平均値は1.616（N＝918）であった。

（2）　2つの質問に「あてはまる」と答えた場合，その社団の物質的・財政的支援指数は最高値の2となる。一方，2つの質問に「あてはまらない」と答えた場合，その社団の指数は最低値の0となる。平均値は0.612（N＝1204）であった。

（3）　科学研究は学会・研究会など，教師・医師・芸術家・専門家は教師協会・学校連合会・医師協会・医院連合会・芸術家協会・法律援助協会・記者協会・会計士協会・建築士協会など，商工業は業界団体・企業家連合会など，農業は農村専業技術協会・専業協会など，社会サービスは老人・障害者・女性・こどもなどの扶助組織・ボランティア団体などの連合会，環境は環境保護協会など，宗教は宗教協会など，国際は国際社会や外国人サ

ービスにかかわる団体を指す。
（4）　環境，宗教，国際に関しては，それぞれサンプル数が22，16，11しかないため，分析結果も，あくまで参考値として扱う必要があろう。
（5）　「はっきり言えない」と回答した団体も1.6％あった。
（6）　社区については第12章を参照のこと。
（7）　「その他」と回答した団体も0.6％あった。
（8）　無論，中国においては，社会組織，企業，専門家，メディアも党・国家の統制の下に置かれており，純粋な意味での「社会的主体」とは言えないが，本稿では国家との関係と対照させるべく，「社会的主体」のカテゴリーで論ずる。
（9）　固定効果を政治的アクター，ランダム効果を回答者とする混合効果モデル（mixed effects model）に基づき，テューキー（Tukey）法による多重比較の結果を見ると，地方官僚は他の全てのアクターより，0.1％有意に信頼度が高かった。
（10）　国家主体の4アクター（地方官僚，全人代代表／政協委員，中央各部委指導者，地方人代代表／政協委員）と「社会的主体」の4アクター（裁判所，マスメディア，公衆世論，国際機構）とのテューキー法による多重比較では，いずれをとっても国家主体の方が0.1％有意で信頼度が高かった。注8と同様に，中国では，裁判所，マスメディアとも党・国家の統制の下に置かれており，純粋な意味での「社会的主体」とは言えないが，本稿では国家との関係と対照させるべく，「社会的主体」のカテゴリーで論ずる。
（11）　表6－6において，他のモデルでは農業ダミーの係数が負で有意であるのに対し，裁判所については有意でないというデータが得られたこともまた，農業団体が裁判所を他団体と同様に信頼していることを示している。農業に限定したテューキー法による多重比較をみても，裁判所は地方官僚以外の全てのアクターより0.1％有意水準で信頼度が高かった。
（12）　2008年3月に中央政府環境保護総局が環境保護部に格上げされるまで，中央政府および各級地方政府において，環境保護部門は他の部門に比べ格下の等級に位置づけられていた。
（13）　改革開放下で設立された最初の専業協会は，1980年3月に浙江省で設立された臨海市茶葉協会だと言われる。同協会の活動に着目した浙江省農業庁は，1984年に蒼南県で宜山鉄農民服務社を設立した（孔麗，2008：140）。
（14）　立法化に先立ち，2003年に農業部は浙江省を農民専業合作経済組織の試行省に指定し，2004年11月に中国初の地方法規として「浙江省農民専業合作社条例」が公布された（孔麗，2008：146）。

第 7 章

政治過程

黄 媚

　「民主的」制度を欠いた政治状況にあって，社団はどのように政策形成に関与しようとしているのだろうか。本章では，政策決定に対する社団の参加意思と参加状況を考察する。政府との人的関係や他の社会組織との連携関係をてこに，インサイド戦術により政策形成に関与しようとする社団の存在が確認される。

はじめに

　すでに序章で述べたように、本書の目的は政治学の視点から、中国の市民社会組織の実態を描き出すことである。そして、社団がどの程度、利益団体として活動するのかということは、現代政治学における団体研究の最も核心的部分であり、中国の社団研究もその例外ではない。

　政治学の分野では、1960年代よりアメリカ政治学における構造主義から行動主義へのパラダイムの転換を機に、利益団体研究は脚光を浴びるようになった。政治過程における利益団体の配置（位置づけ）は、社会領域における各利益主体の競争結果であると同時に、一国の政治制度の特徴や各政治アクター間の影響力関係が反映されたものとしても捉えられる。本章は、団体研究理論を用いて、中国の社団の政治過程における利益団体としての活動実態を記述する。本書の目的部分で提起した問題意識の下、社団は憲法上の請願・ロビイング権利をどの程度意識して行使しているのか、社団は人民代表大会（以下、人代）を標的としてどの程度意識してロビイングを行っているのか、選挙制度が実質的に機能していない中、社団はどのような手段を通じてロビイングを行うのかについて明らかにする。

　序章でも述べられたように、2000年以降、中国政治社会（political society）の言説空間において、利益団体（集団）をめぐって議論が繰り広げられている[1]。本章は、社団に対象を絞り、政治過程における団体の活動を分析する。特に、地方レベルの政治過程における社団の活動実態を明らかにすることは、今後の中国における国家－社会関係の力学的変化を推測する根拠となるのみならず、中国の政治過程、ひいては政策決定過程の特徴を検証する上でも不可欠な営為であると考えられる[2]。

1　中国の政治・政策決定過程をめぐる議論

　中国の政策や議案の制定は、これまで全体主義体制下で中央指導部によって決定されていることから、指導部個人に権力が集中したエリート主義的な権力構造であったとされる（Oksenberg 1982）。その後、改革開放政策が実施されるにつれ、政府部門間、中央と地方政府間、個人と集団間の利益の多元化が進み、単なる中央指導部による政策決定が不可能になっている。政策

決定はかつての指導者個人の決断から集団間，部門間の共通認識・合意を得るという政策決定の多元化へとシフトしている。しかし，それはあくまで党・政府のエリート・官僚レベルに限定されたものである。そして，1990年代に入ると，一部の研究者らによって，経済政策，エネルギー政策，環境政策の分析を通じて，中国の政策決定の構造を競争的な分権構造と指摘されるようになった。また，市場経済化が進むにつれ，中国共産党が一党支配を維持するために高度な集権的構造を有しながらも，地方レベル・各部門間において様々なアクターの利害関係が絡んだ社会対立も出現している（Lieberthal, Lampton 1992; Hamrin, Zhao 1995）。

1990年代後半に入り，党・政府は社会利益の吸収・表出のルートの制度化を図り，人民代表大会制度の機能強化，公聴制度の導入を進めている。中でも，党・政府は，社団が特定の社会階層，特定のアジェンダによって結社されたものであるため，社会側の利益を政治過程に反映する機能・役割に寄与する，と認識している[3]。しかし，各種の社団は中国の政治システム上の位置によって，政治・政策決定過程への参与程度・方式も異なっている。

特殊な政治的地位に与えられる人民団体は，政治協商会議の成員であるゆえに，制度上で唯一，直接に政策提案や政策実施に関わることができる社団である。例えば，徐家良，尚暁援は中華全国婦女連合会，韓福国は中華全国工商業連合会を取り上げ，政協会議や，人代会議における両団体の活動に焦点を当てて分析を行った。陳水生は，2008年に施行された「労働契約法」の制定過程を背景に，政策決定過程における労使頂上団体中華全国総工会，中華全国工商業連合会の動きについて考察した。人民団体は体制内のリソース（ヒエラルキー的組織構造，団体指導者の政治身分，人代・政協会議での発言権，専門誌による情報発信）を活用し，政治過程への関与を実現した（徐家良 2003；韓 2006；尚 2007；陳水生 2012）。

他方，草の根NGOは政治過程に正式に参加するルートが限られているため，国際NGO，マスメディア，専門家を通じて，体制外部の勢力の力を借りながら，政府のアジェンダの設定に影響を及ぼす傾向にある。趙秀梅，王名らは，チベットアンテロープ保護運動，怒江（サルウィン川）ダム建設反対運動をめぐる環境団体の活動戦略を分析した。環境NGOは，国際会議の場での国連代表や海外の政治家との接触，国際NGOとの連携強化，世論形成といっ

た戦術を行使することで，最終的に政府の政策を阻止することに成功したのである（趙秀梅 2004, 2011；王・鄭 2007）。

それに対して，社団を主体とする研究は，これまで団体と政府間の関係に関する分析がほとんどであった（王・折・孫 1993；Unger 1996; White 1996; Saich 2000；陳・汪・馬 2004；郁・王・黄・李 2006；郁・江・周 2008；龔 2007；賈 2008；張・範・王 2009）。従来，中国の政治システム自体が人民団体以外の社団に対して，正式な政治参与のルートを提供していない。近年では，人代改革や公聴制度の導入を進めているにも拘わらず，その対象は限定的であり，人民団体に加え，業界団体のみが利益表出機能を強化する対象となる。従って，政治過程における社団の動きを検証すること自体が困難である。また，社団自身（種類，設立経緯）が非常に多様化しているため，対象を限定した事例研究では，政治過程における団体活動の全貌を俯瞰することもできない（Margaret 1997; Foster 2003; Kennedy 2005）。

また，地域や，対象を限定したサーベイ調査を用いて，政治過程における業界団体や，シンクタンクの活動を行った分析がある。これらの団体の一部は政府職員へのポスト提供や，座談会の場での意見具申などの手段を通じて，行政リソースの利用を最大化し，会員利益を政治過程に反映させようと動いている（陳・汪・馬 2004；郁・王・黄・李 2006, 郁・江・周 2008；朱 2009；黄 2011）。しかしながら，業界団体やシンクタンクが党・政府の育成対象，特殊な位置づけとなっているため，これらの団体の政治過程における特徴を社団全般に普遍的な事柄として捉えるべきなのか判断することができない。他の分野で活動する社団はどの程度政治過程に関与しているのかといったことを明らかにしていく余地が残されている。

先行研究と序論で提起した問題意識を踏まえ，本章では，主に C-JIGS2（社団）調査のデータを用いて，団体は議会にあたる人代での立法活動にどの程度関わっているのか，ロビイングをどの程度実施しているのか，どのようなロビイング戦術を行使するのかという3つの側面から，政治過程における各分野の社団の実態を明らかにする。

2　設立目的

社団が利益団体として活動するかどうかを理解するには，まず団体自身が

どのような目的で設立されているのかを確認すべきである。なぜなら、社団が、利益団体として政治過程に関与するには、団体自身が政治的な目的を持つかどうかといった主観的関与も重要な段階として存在するからである（辻中 2002：68）。多くの研究でも指摘されているように、中国の社団は政府機構改革を経て、設立されたものが少なくない。従って、社団は会員の利益より党・政府の利益を優先することを前提にしている（王・折・孫 1993；孫 1994；Yang 1989；于・李 2001；高丙中 2008）。実際、会員の利益を代弁するため、もしくは、政府の政策に影響力を発揮するために、設立される社団はどれ程あるのだろうか。

社団の設立目的（複数選択）を見ていくと、まず「会員へのサービスの提供」が最も多く73.8％に達している。「会員間の交流促進」（65.9％）、「業界の発展を促進」（60.9％）の次に、「政府主管部門の業務への協力」が55.8％にも上る。それに対して、「会員の正当な権益を擁護」、「会員のために政府からの優遇政策を勝ち取る」、および「政策・法規の制定・実施への影響力行使」といった設立時点から利益団体としての側面が強く見られる社団は、それぞれ52.4％、35.4％、15.3％存在している。その他、「一般向け公益活動の展開」も45.7％と、やや高い数値を示している。

上述のように、中国の社団の中に、少なからず政府業務への協力を目的に設立された団体が存在することがデータで裏付けられる。同時に、設立時から政治過程に関わろうとする社団も一定の比率を占めている。では、多くの

表7－1　設立目的の主成分分析結果

設立目的	第1主成分	第2主成分	第3主成分
会員の正当な権益を擁護	0.751	0.170	−0.076
会員のため政府からの優遇政策を勝ち取る	0.751	0.015	−0.011
会員へのサービスの提供	0.633	0.188	−0.149
政策・法規の制定・実施への影響力行使	0.588	−0.115	0.229
会員間の交流促進	0.549	0.487	−0.065
政府主管部門の業務への協力	0.400	0.161	−0.179
一般向け公益活動の展開	0.001	0.799	0.255
業界の発展を促進する	0.178	0.572	−0.364
その他	−0.034	0.069	0.876
回転後の固有値	2.369	1.311	1.081
説明された分散（％）	23.318	14.57	12.016
説明された分散の累積（％）	26.318	40.889	52.905

回転法：kaiser の正規化を伴うバリマックス法、5回の反復で回転が収束した
出所）C-JIGS2（社団）に基づき、筆者作成。

研究者が指摘するように中国の社団は設立される段階で，会員と政府の二重利益を代弁する特性を持つのだろうか。さらに，主成分分析（principal component analysis）を用いて，社団の設立目的をパターン化する。

表7－1にあるように，主成分分析の結果は，3つの成分が検出された。第3成分「その他」を除けば，主に「会員の利益の保護・政策への働きかけ」および「公益・業界利益の発展」の2つのパターンとなる。しかしながら，第1成分のうち，会員の権益保護，政策への働きかけなど利益団体としての特徴を表す項目以外に，政府業務への協力という項目も含まれる。中国の社団は設立される時点から，会員利益を追求するのみならず，政府との一定程度の関係を有している。

3　政治過程における活動の展開：ロビイング

民主主義国家において，利益団体は政党と同様に国内政治の集合アクターであり，社会と政府を結びつける役割を果たしている。多くの利益団体は政策決定・執行に影響力を与え，団体に有利な政策を引き出している。果たして，中国の社団は自らの利益・要求を政治過程に反映させるべく活動を展開しているのだろうか。

以下では，人代での活動および，政府への働きかけの分析を通じて，社団のロビイングの実態を明らかにする。ロビイングは，政治的・社会的アクターに何らかの影響を与えるために行われる団体の意図的活動であるため，社団が政治社会に関わる重要な指標として取り上げられる。

3－1　人民代表大会での活動

まず，社団の人代への働きかけを考察する。中国憲法により，人代は議会にあたり，中国の権力機構として規定され，人代代表は選挙によって選出される。[4] 従って，人代は社団のみならず，他の社会アクターによる政治参加の最も公式的なルートである。

本調査では，「あなたの団体は全人代または地方人代の立法活動において，どのような活動をしたことがありますか」という設問を設けているが，社団の人代での活動には2つの特徴がある。第一に，ほとんどの社団は人代での活動を積極的に展開していない。ただし，その中でも人代で比較的，積極的

な活動をする社団は，基層レベル（市・県レベル）に集中する傾向にある。例えば，市・県レベル人代代表に意見を提出する社団の比率が16.5％であるのに対し，省レベルが5.7％，全国レベルがわずか3.3％である(5)。第二に，社団は人代代表に意見を提出する比率が，議案を出す比率よりやや高い（各行政レベルの人代に議案を出す比率が市・県レベル16.5％，省レベル5.7％，全国レベル2.1％となる）。意見の提出が議案を出すことと比べると，手続き上の負担が軽いため(6)，この種の方法は社団にとって利用しやすいのかもしれない。

では，1次調査と比較して社団の人代での活動にはどのような変化が見られるのだろうか。社団による人代での活動はそれほど盛んではないものの，1次調査と比較すれば積極的に展開していると言える。1次調査では，社団のうち，全人代への立法活動に参加する団体がわずか1.7％であり，他には省レベルが5.6％，地・市レベルが5.8％，区・県レベルが8.5％に留まっていた(7)が，2次調査では，基層レベルにおける人代参加の伸び率が比較的顕著である。これは，社団の基層レベルの人代への参加・利益表出がより容易になっていることが要因として考えられる。その背景には，2002年共産党第16回全国代表大会で政治建設と政治体制改革を推進することが提唱されたことがある。中でも，法に基づいた国家建設や，基層民主の拡大，公民の政治参加および公民による民主選挙の保障などが提起された(8)。2003年以降，北京市をはじめ，各地域の区・県級人代の直接選挙において，候補者自ら支持者を集める「自薦候補」の現象が現れ，話題を呼んだ（雷 2009：105-114）。人代選挙において，選挙民個人による自薦候補者が出現し，政治参加へのチャンネルを多少開くことで，社団を通じた人代への参加も少しずつ進んでいるのではないかと推測される。

また，活動分野ごとの社団の人代に対する活動を詳しく見ると（図7-1）(9)，党・政府が神経をとがらせる宗教問題に対して，信徒の要求を吸い上げるため，団体を通じた利益伝達・表出のルートを確保しようとする思惑があるのか(10)，もしくは民政部門に登記する宗教団体は党・政府の認可の下で独占的地位を与えられる代わりに(11)，政治アクターへの提言を求められるのか。宗教団体は全般的に人代に積極的に意見提出，議案具申活動を展開していると見られる。

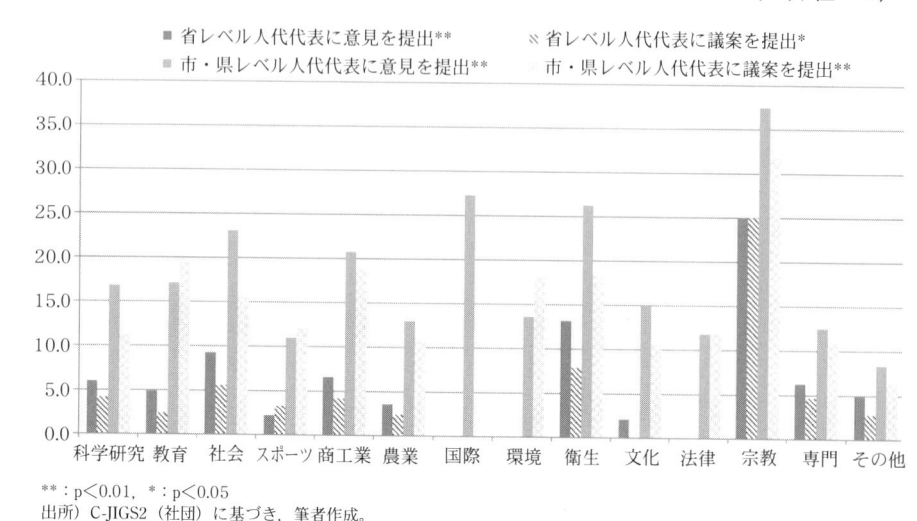

図7-1 団体の活動分野別における人代活動（省レベル，市・県レベル）（単位：%）

■ 省レベル人代代表に意見を提出**　　　※ 省レベル人代代表に議案を提出*
　 市・県レベル人代代表に意見を提出**　　 市・県レベル人代代表に議案を提出**

科学研究　教育　社会　スポーツ　商工業　農業　国際　環境　衛生　文化　法律　宗教　専門　その他

**：$p<0.01$，*：$p<0.05$
出所）C-JIGS2（社団）に基づき，筆者作成。

　また，衛生，社会サービス，商工業サービス，教育，科学研究分野で活動する団体も一定の比率で省レベル，市・県レベル人代への意見提出・議案具申を行っている。他方，生態環境，法律，国際団体は市・県レベル人代を中心にこれらの活動を展開することがデータで裏付けられる。

3-2　政府向けのロビイング

　政府に対して，社団はどの程度ロビイングを行っているのか。本調査では，「あなたの団体は政府機関に政策的な意見を提出する場合，次にあげるような行動を取ったことがありますか。2009年に実施した回数を記入し，行動の影響力の尺度に従い，選択して下さい」という質問がある。全体のうち26.8%[12]の団体は政府向けのロビイングを実施しているが[13]，日韓JIGS調査の結果では，日本は59.0%，韓国は63.3%であり（朴仁京，2013：114）[14]，それと比較すれば，かなり低い値である。

　では，政府から優遇政策を勝ち取ることや，政策決定への影響力行使などを目的とする利益団体としての特徴が強い社団は，ロビイングを実施することに努めているのだろうか。設立目的とロビイングの実施の相関関係を検証

する。分析結果では，政府業務への協力とロビイングの実施の間に相関関係が成立する（0.227，r＜0.01，片側）。他には，会員の交流促進（0.141，r＜0.01，両側），会員のために政府からの優遇政策を勝ち取る（0.139，r＜0.01，片側），会員にサービスを提供する（0.116，r＜0.01，片側）は統計的に有意であるが，両者の相関が弱い。つまり，政府業務活動に協力する社団であるほど，ロビイングを実施する傾向がより強い。政府への協力活動を通じて，接触機会が増え，信頼を得て，政府への働きかけが比較的行いやすくなるのではないかと考えられる。

　また，多くの先行研究では，社団は政府と関係（人事，財政）を持つことで，政府に意見を反映させる機会が増加すると指摘する。(15)団体と政府の人的，財的関係，およびロビイングの実施との間に何らかの関係があるのかを探ってみたい。分析結果から，編制を受ける（0.132，r＜0.01，片側），業務主管単位から事務所の提供を受ける（0.115，r＜0.01，片側），業務主管単位から人員の派遣を受ける（0.108，r＜0.01，両側），会長の元勤務先が政府機関である団体（0.090，r＜0.01，両側）とロビイングの実施との間に相関関係があるものの，すべての相関が弱いということが見て取れる。ここで，興味深いのが，編制を受ける団体がロビイングを実施する傾向が他の団体と比べてやや強いことである。第5章の分析でも，一部の社団は編制制度を利用し，政府に対して利益表出機能を強めていると見られたが，ロビイングの実施においても，編制制度に組み込まれることで，少なからず有利な状況が生まれることが，ここでも示されたと言えるだろう。

　さらに，活動分野ごとに社団によるロビイングの展開に違いがあるのだろうか。分析結果を見ると，生態環境団体が63.6％の比率でロビイングを行っている。他には，専門団体34.4％，農業・農村発展33.1％，社会サービス32.6％も比較的高い比率を示している（p＜0.001）。(16)先行研究では，環境団体が対象としてよく取り上げられるように，この分野の団体は他分野と比べ，政府に対してより積極的に働きかけるために，分析の対象となりやすいのかもしれない。また，業界団体の政治過程における活動もよく注目されるが，今回の調査結果を見ると，商工業サービス団体全体のうち25.9％しか政府に対して(17)ロビイングを行っていない。この種の団体の内部においては，かなりばらつきがあるようである。つまり，一部積極的に政府に働きかける業界団体もあ

れば，政府が委譲した権限や限られた活動（業界情報の収集，業界資格の認定など）しか展開しない団体も少なくないと考えられる。

3-3 ロビイング戦術

ロビイング戦術は，多種多様であり，例えばケイ・シュロズマン（Kay Schlozman）らはアメリカの利益団体が行使する27種類のロビイング戦術を挙げている（Schlozman, Tierney, 1986: 154-155）。また，ロビイング戦術は，利益団体の代表者が政策決定者・アクターとの間に直接に連絡を取るインサイドロビイング，利益団体の代表者がマスメディア，会員動員，他の団体との連合などの手段を経由し，政策決定に影響を与えるアウトサイドロビイングという戦術に分けることができる（Hrebenar, Scott 1982; Evans 1991; Kollman 1998）。

本調査票で挙げる14種類のロビイング戦術の中，最も多くの社団が1種類のみ（23.8％）を行使して政府に働きかける。2種類の戦術を併用すると回答する団体は21.3％である。加えて，ロビイング戦術実施の平均値が1.58であるため（標準偏差：2.148，有効サンプル数：525），社団は大抵1種類か2種類のロビイング戦術を駆使している。

団体のロビイング戦術行使状況を具体的に見ていくと（表7-2），「政府が主催する座談会への参加」が圧倒的に多く，40.5％の比率を占める。次いで，「政府に報告書や政策建議の提出」が30.0％，「政府職員に電話をする」が15.0％の順となっている。それ以外では，「他の団体と連合し，共同行動を取る」（9.6％），「政府職員に手紙を書く」（7.7％），「メディアへの情報提供」（7.6％），および「個人的な関係を通じて政府への建議の提出」（7.4％）も上位の比率を占めている。つまり，社団は主に政府との直接的な関わりを通じて，政府に働きかける。同時に，団体間やマスメディアとの連携は社団にとっても政府へのアクセスルートの1つとして認識されている。

また，各ロビイング戦術の効果については（表7-2），「政府が主催する座談会への参加」が45.7％で，最も効果的であると社団は認識している。他には，「政府に報告書や政策建議の提出」（32.3％），「政府職員に電話をする」（20.1％），「他の団体と連合し，共同行動を取る」（13.8％），「政府職員に手紙を書く」（10.5％），「メディアへの情報提供」（10.1％）も1割以上を占めている。

表7-2 ロビイングの実施率・効果・戦術の主成分分析結果

ロビイング戦術	実施率(%)[1]	実施の効果(%)[2]	第1主成分(アウトサイド戦術)	第2主成分(私的接触・他団体連合戦術)	第3主成分(インサイド戦術)
政府が主催する座談会への参加	40.5(N=851)	45.7(N=628)	0.077	0.066	0.816
調査報告書・政策建議報告を提出する	30.0(N=821)	32.3(N=446)	0.058	0.118	0.789
政府職員に電話をする	15.0(N=750)	20.1(N=270)	0.067	0.799	0.210
手紙を書く（電子メールも含む）	7.7(N=728)	10.5(N=156)	0.366	0.547	0.274
員に働きかけ政府機関に手紙を書く，電話を掛ける	2.7(N=711)	5.3(N=77)	0.685	0.343	0.080
個人的な関係を通じて政府に建議を提出する	7.4(N=722)	9.7(N=146)	0.275	0.723	−0.014
メディアに情報を提供する	7.6(N=726)	10.1(N=138)	0.350	0.266	0.340
記者会見を開き，団体の立場を明らかにする	2.7(N=709)	3.9(N=59)	0.644	0.239	0.193
有料でメディアに広告・宣伝を掲載する	4.3(N=717)	5.9(N=87)	0.567	0.323	0.069
他の団体と連合し，共同行動を取る	9.6(N=740)	13.8(N=185)	0.245	0.600	0.055
司法を通じて問題を解決する	1.8(N=708)	3.4(N=73)	0.649	0.343	0.039
陳情に行く	0.8(N=705)	1.4(N=31)	0.880	0.131	0.026
請願・座り込みをする	0.5(N=703)	0.8(N=23)	0.855	0.124	0.051
大衆集会を開き，支持を獲得する	1.1(N=703)	1.9(N=32)	0.571	0.081	0.099
回転後の固有値			3.866	2.346	1.589
説明された分散（%）			27.611	16.755	11.351
説明された分散の累積（%）			27.611	44.367	55.717

1）1回以上を実施すると回答した比率（欠損値込），括弧内は有効サンプル数。
2）「ふつう」，「比較的効果あり」の合計比率（欠損値込，「はっきり言えない」は欠損値とされる），括弧内は有効サンプル数。
回転法：kaiserの正規化を伴うバリマックス法，5回の反復で回転が収束した
所）C-JIGS2（社団）に基づき，筆者作成。

社団が政府に働きかける際に，これらの戦術がよく用いられていると同時に，かつ効果的な方法としても認識されている。

利益団体が異なるロビイング戦術を行使するのは，各国の政治構造の違いも関係しているが，団体の組織的特徴や，活動目的の違いにも関係している（Thomas 1993; Ishio 1999; 石生 2002）。では，中国の社団は各種の戦術をどのように組み合わせ，ロビイングを展開しているのか。主成分分析の結果から（表7-2），3つの主成分が検出された。具体的には，会員を動員し，メディアや陳情・請願などの戦術を取るパタン（アウトサイド戦術），私的関係を利用しつつ，他団体との連合を取るパタン（私的接触・連合戦術），公的な場での政府との接触を取るパタン（インサイド戦術）となる。

次に，分野ごとの社団は政府への働きかけを行う際，異なる戦術を取っているのだろうか。表7-2で得られた3つのロビイング戦術の主成分分析の得点に基づき，団体分野別のロビイング戦術の平均値を取ったものが下記の図7-2である。

図7-2 ロビイング戦術と団体分野別の主成分得点平均

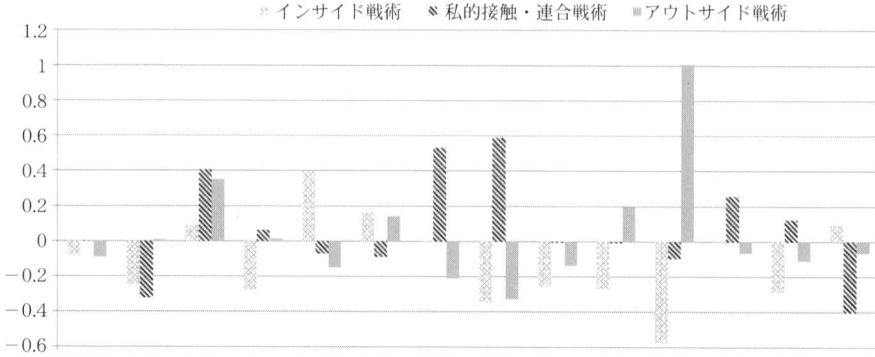

　インサイド戦術　　私的接触・連合戦術　　アウトサイド戦術

　　　　科学研究　教育　社会　スポーツ　商工業　農業　国際　環境　衛生　文化　法律　宗教　専門　その他
　　　　(N=87)(N=15)(N=47)(N=41)(N=83)(N=76)(N=6)(N=17)(N=18)(N=24)(N=7)(N=5)(N=38)(N=56)

出所）C-JIGS2（社団）に基づき、筆者作成。

　活動分野別に見ると団体のロビイング戦術については以下の4つの傾向が浮き彫りになった。第一に、法律団体はアウトサイド戦術の得点が非常に高く、会員への動員、メディアの利用、陳情、請願などの戦術を利用し、間接的に政府に働きかける傾向にある。1990年代に入り、中国において労働争議の多発、権利侵害の問題が跡を絶たない中、専門性を利用して、弱者に支援活動を行っている法律団体が立ち上がるようになった。[18] 政府の管轄下にある本調査の法律団体も、政府との直接的な接触を避け、動員や法律的な手段を戦術として利用する。

　第二に、農業・農村発展団体、特に、商工業サービス団体はインサイド戦術の得点が高い。商工業サービス団体は、政府との公式の接触が確保されていることを物語っている。他方、農業・農村発展団体は、インサイド戦術以外にも、アウトサイド戦術の得点もやや高い。農村地域における政治権力構造が複雑化する中、この種の団体における政府に向けたロビイングの戦術もインサイドか、アウトサイドかの二極に分化しているのではないかと考えられる。

　第三に、生態環境、国際、宗教、専門団体は私的接触・団体間の連合を取る戦術の得点が高い。かつて環境、国際、宗教分野で活動する草の根NGOは国際NGO、他国の政治家などとの連携をより重視し、また他には団体間の

連携を利用するという議論がよくなされていたが（田島 2007；趙秀梅 2011），政府の管轄下に置かれるこれらの団体は，私的接触や団体間の連携を重視する志向が一層強いと考えられる。また，上節の分析結果によれば，宗教団体は人代への活動参加率が比較的高いものの，行政に向けたインサイド戦術の利用があまり行われていない。宗教団体の指導者や責任者が一定の比率で人代代表，政協委員を占めているため，意見表出する際に，行政より人代への働きかけは比較的に容易なのかもしれない。

第四に，社会サービス団体はあらゆる戦術の主成分得点が高い。社会サービス団体が政府の育成対象であるゆえに，様々なルートでもって政府に働きかけることがわかる。

4　まとめ

本章では，利益団体研究の視点から，中国の社団の政治過程における活動，主にロビイングを検証してきた。分析結果から，一部の社団は，政治過程において人代，政府機関に対して働きかけを行い，利益団体としての機能を備えつつある。社団は憲法上の請願，ロビイング権利を意識しつつも，選挙制度が機能していない中，人代を通じた利益表出より政府への働きかけを行うことが比較的多い。

そして，社団の人代への積極的な参加はあまり見られないものの，1次調査の時点より進んでいる。特に，基層レベルにおける人代への参加率が1割を超え，1次調査と比べると多くなっている。しかしながら，選挙過程における党の統制が依然として強いため，人代は政治参加の主たる場として，その役割を十分に発揮できないと指摘されており（中岡 2011），社団の人代を通じた利益表出は今後どのような方向に進んでいくのか，人代改革に目を配る必要がある。また，宗教団体は独占的な地位を与えられているがゆえに，人代への意見提出・議案具申を他の分野で活動する団体より旺盛に行っているように見える。

次に，社団全体のうち2割以上がロビイングを展開している。中でも，政府への業務活動に協力する社団，編制を受ける社団であるほど，ロビイングをより行う傾向にある。ここから，政府の活動に協力したり，編制制度に組み込まれたりしている社団ほど，政府に意見を反映させる機会が比較的多い

ということが推測される。また，活動分野別に見ると，生態環境，専門，農業・農村発展，社会サービス団体はロビイングを行う比率が比較的に高い。

さらに，社団のロビイング戦術の行使について，次のような特徴が挙げられる。第一に，多くの社団において，利用するロビイング戦術の数は1種類か2種類に留まり，その戦術も政府座談会への参加や報告書の提出などといったインサイド戦術が主である。一方，一部の社団はマスメディアへの情報提供や，他の団体との連合形式などといった手段を通じて，政府に働きかける。これらの戦術は，比較的多くの社団にとっても効果的であると認識されている。第二に，活動分野別に団体のロビイング戦術の傾向を見ると，法律団体がアウトサイド戦術，商工業サービス，農業・農村発展団体がインサイド戦術，生態環境，国際，宗教，専門団体が私的接触・団体連合形式といった戦術を利用する傾向があり，社会サービス団体は，それらの戦術を全般的に利用することが明らかとなった。

社団は，中国の政治過程において新たなアクターの1つとして登場したが，その活動は，現在のところ，制度によって強い制約，規制を受けている。しかしながら，生態環境，専門，法律，農業・農村発展など新興社団の台頭や，団体間の連携，各社会アクターとの相互作用は，今後，社団の利益団体化を加速させ，中国の政治過程を変化させるベクトルになるのではないかと考えられる。

（1） 中国では，一般的には「利益集団」と「利益団体」は，同一の概念として使用されている。中国の政治社会の文脈において，利益集団，利益団体は政治学で一般化された概念より，社会に存在する利益の各主体，既得権益を持つ組織・集団，例えば独占部門，企業集団などを指す場合が多い（楊帆 2010：62-63）。しかし，1990年代後半になると政治学上での利益団体（集団）の定義も数多く表れてきている。例えば，李景鵬が1990年代中頃より顕著な成長を遂げる社団を準利益集団と定義している。これらの団体は，政権を取ることを目標としない，利益表出の対象が議会・行政機関・司法機関などといった広義概念上の政府である，団体の利益を実現するため，政府政策に影響を与えると定義される（李 1999）。陳水生によれば，利益集団とは，政治過程において，特定の目標や共同利益を実現・維持するため，集団的行動を取る組織である。これらの組織は，自身のリソースを最大限に利用し，政治過程に参入して公共政策や団体会員・組織の利益

を最大化させようとする組織である（陳水生 2012：133-134）。
（２）　政治過程（political process）とは，固定的リソースを有する団体による特定の目的への動員という形態をとった権力の表出である。他方，政策決定過程（policy-making process）とは，団体を基礎として，それを代表する個人による直接的影響力という形態をとった権力の表出である（石田 1992：78）。
（３）　第３章でも言及したが，2000年以降，党・政府は社会側の利益を政治システムに反映させるため，政策の作成・調整を行っている。例えば，2007年中国共産党第17回全国代表大会を開催する際に，基層レベルにおける社会管理制度の整備を唱えた。2011年第11期全国人民代表大会第４回会議で採択された第12次５カ年計画は，社会管理の強化とイノベーションに関連する項目が盛り込まれた。中でも，政策決定に関連する公開制度，公聴制度，大衆参加制度を改善・整備することが提起され，特に人民団体，業界団体の利益表出機能を発揮させることを強調した（「国民経済と社会発展第12次五ヵ年計画要綱」（2011年３月公布）「第９篇　表面的・根本的問題の解決，社会管理の強化・イノベーション」を参照。中華人民共和国中央人民政府のホームページ：http://www.gov.cn/2011lh/content_1825838.htm 閲覧日：2013年７月16日）。
（４）　「全国人民代表大会および地方各級人民代表大会選挙法」は1953年７月に施行された。その後1979年，1982年，1986年，1995年，2004年，2010年に６回の改正を行ったが，中でも，1979年の選挙制度改革が最も注目される。具体的には，直接選挙を郷，鎮，区レベルから県レベルまで引き上げ，等額選挙（候補者と定員が同数の選挙のこと）から差額選挙（候補者数が定数を上回る選挙のこと），無記名秘密投票などを導入することが規定された。
（５）　本調査では，全国レベルの社団が含まれていないため，一定のバイアスがあると想定される。
（６）　人代への議案を提出する規定に関しては，全国レベルと地方レベルによって手続きが多少異なる。全国級人代では「全国人民代表大会議事規則」（1989年４月施行）の第２章第21条の規定に基づき，代表団もしくは人代代表30人以上の連名を得て，議案を提出することが認められている。他方，地方レベル人代では「中華人民共和国地方各レベル人民代表大会および地方各レベル人民政府組織法」（2004年10月改正）第18条により，県レベル以上の人代代表10名以上の連名で県レベル以上の人代，郷・民族郷，鎮レベルの人代代表５名以上の連名で郷鎮レベルの人代に議案を提出することができると規定されている。それに対して，人代への意見の提出については，県レベル以上の人代代表は直接に同レベルの人代大会，常務委員

会に意見，建議を提出することができる（上記「組織法」第19条）。
(7) C-JIGS1では，社団による人代立法活動への参加を検証するため，「あなたの団体は全国人民代表大会または地方人民代表大会の立法活動に影響を与える活動を展開したことがありますか。1．全人代，2．省（浙江省・黒龍江省）／直轄市級（北京市），3．地・市級（浙江省・黒龍江省）／区・県級（北京市），4．県級（浙江省・黒龍江省）」という質問を設けている。
(8) 2002年11月8日，当時の国家主席江沢民の共産党第16回全国代表大会での報告「五．政治建設および政治体制改革」を参照（新華網のホームページ：http://news.xinhuanet.com/newscenter/2002-11/17/content_632278.htm 閲覧日：2013年10月8日）。
(9) 団体分野別の人代における活動の比率は欠損値込比率である（カイ2乗検定）。
(10) 中国政府の報道によれば，各行政レベルの人代代表・政協委員には，1万7千人もの宗教界出身者がいることが報じられた（「中国両会上的五大宗教領袖」中国民族宗教網のホームページ：http://www.mzb.com.cn/html/Home/report/13124042-1.htm を参照，閲覧日2013年12月16日）。
(11) 宗教団体は，「社会団体登記管理条例」(1998年)，「宗教社会団体登記管理実施弁法」(1991年施行) および「宗教事務条例」(2005年施行) の規定の下で設立・管理を受けなければならない。宗教団体の設立は，「一行政区に同一分野の複数の団体の並立を認めない」という原則以外に，宗教の種類が中国宗教史上で既に存在するもの，広範な代表性があるものという2つの条件がある。従って，現在，民政部門で登記する宗教団体は中国仏教協会，中国道教協会，中国イスラム教協会，中国カトリック愛国会，中国カトリック主教団，中国プロテスタント教「三自」愛国運動委員会，中国プロテスタント教協会の7つに限定されている。また，他の分野の団体と比べ，より厳格な管理を受けており，全国レベルの宗教団体は地方支部を設置することが禁止されている上，地方レベルの宗教団体も団体会員の身分で全国レベルの団体への入会を認められず（「宗教社会団体登記管理条例」），各行政レベルの宗教団体が同レベルの統一戦線部門と宗教管理局の管轄下に組み込まれている。各行政レベルの宗教団体は独占的な地位を与えられている。
(12) ロビイング戦術については，1．政府が主催する座談会への参加，2．調査報告書・政策建議報告を提出する，3．政府職員に電話する，4．手紙を書く（電子メールも含む），5．会員に働きかけ政府機関に手紙を書く，電話を掛ける，6．個人的な関係を通じて政府に建議を提出する，7．メディアに情報を提供する，8．記者会見を開き，団体の立場を明らかにする，

9. 有料でメディアに広告・宣伝を掲載する，10. 他団体と連合し，共同行動をとる，11. 司法を通じて問題を解決する，12. 陳情に行く，13. 請願・座り込みをする，14. 大衆集会を開き，支持を獲得するの14項目を設置する。行動の影響力の尺度は，0. はっきり言えない，1. あまり効果がない，2. ふつう，3. 比較的効果があると分類した。
(13) 14種類のロビイング戦術のうち，実施回数が1回以上と回答する社団の比率である。比率は欠損値込後のものとする。
(14) 日本と韓国の調査では「あなたの団体は，政治や行政に要求する際に，次にあげる行動（1. 与党との接触，2. 野党との接触，3. 中央官庁（中央省庁・中央部処）との接触，4. 自治体との接触，5. パブリック・コメント，6. 発言力をもつ人との接触，7. 法案作成の支援，8. 専門知識等の提供，9. 会員による電話・メール等の働きかけ，10. 請願のための署名，11. 集会への参加，12. 直接行動，13. マスメディアへの情報提供，14. 記者会見，15. 意見広告，16. 他団体との連合）をどの程度（1. まったくない，2. あまりない，3. ある程度，4. かなり頻繁，5. 非常に頻繁）行いますか」という質問を設定している。日本と韓国の団体総数がそれぞれ15,791団体（調査期間2006年12月－2007年3月），1,008団体（調査期間2008年1月－2009年3月）である。計算結果は，「ある程度」以上と答える社団数を調査総数（欠損値込）で割った比率である。また，日韓調査では，ロビイング対象が行政以外に，政党も含まれているが，中国調査では行政のみを対象とすることから，一定のバイアスがある。
(15) 例えば，政府機構改革を経て設立された社団の多くは，政府から補助金を受け，天下りを受け入れることで政府との関わりが強くなる。そして，政府から委譲された経済管理権限を担い，政府の経済政策の制定に関与すると指摘されている（王・折・孫 1993；賈・沈・胡 2004；Kennedy 2005）。また，自発的に設立された社団は政府から財政的に比較的自立しているが，定年退職後の政府職員を受け入れることにより，政府との関係を維持し，団体の利益を反映することが指摘されている（陳・汪・馬 2004；郁・王・黄・李 2006；郁・江・周 2008）。
(16) ロビイングの実施という変数は14種類のロビイング戦術をコーディングした新たな変数（信頼性変数：0.802）である。そのダミー変数は，ロビイング1回以上実施する場合を1，実施していない場合を0とする。活動分野別団体のロビイング実施の比率（％）＝ロビイング1回以上実施する分野別団体数／分野別団体総数×100（カイ2乗検定）。また，他の分野の比率は以下の通り，文化31.9％，国際・海外27.3％，商工業サービス25.9％，科学技術研究24.3％，衛生23.7％，その他21.0％，スポーツ19.8％，教育19.5％，宗教18.8％，法律11.8％である。

(17) 「業界団体」とされた社団は，2007年より民政部の新たな分類法の導入によって，「商工業サービス団体」に変わったものの，両者の性質は同様である。ただし，新たな分類の中，一部の「専門団体」や「農業・農村発展団体」もかつての「業界団体」に分類されているものがあると思われる。

(18) 1990年代以降，各大学内で法律支援団体の設立が目立っている。1992年5月の武漢大学社会弱者権利保護センターの設立を先駆けとして，その後，北京大学，清華大学，中国人民大学，復旦大学，華東政法大学，南京大学，中南財経政法大学，西南政法大学，貴州民族学院などの大学で法律支援ボランティア協会・支援センターが続々と設立された。これらの法律団体は大学に「掛靠」し，草の根団体として活動するものが少なくない。これらの団体は法律の普及活動に取り組んでいるほか，弱者向けの法律支援も実施し，特に問題化している労働訴訟，権利保護問題の分野に集中する。また，これらの団体は活動する際にも法律的手段によって，弱者に対する訴訟活動の支援を行っている。

第8章

民弁非企業単位

黄媚

　中国において，NPOはどの程度活動空間を拡げているのだろうか。本章では，「社会的企業」概念の普及に伴い，社会サービスの担い手として成長しつつある民弁非企業単位（民非）に焦点を当て，そのプロフィールおよび政治的諸アクターとのネットワークの輪郭を描く。

はじめに

　民弁非企業単位（以下，民非）は，1998年の「民弁非企業単位登記暫行条例」が施行されたのを機に社団，基金会と共に，中国市民社会組織の公式な1構成として組み込まれた。「NPO 国際分類規格 (the International Classification of Nonprofit Organizations)」に基づけば，中国の民非の多数は，教育研究，医療，社会サービス，地域開発などの分野で活動する市民社会組織である。社会利益の多元化や，慈善意識の高まりによって設立された社団，基金会とは異なり，民非は，1990年代以降，中国政府が推進してきた事業単位改革，および「社会的企業」理念の中国への普及を受けて成長を遂げている。その数は，民非に関する統計が取られ始めた1999年の5,901団体から，2012年には225,108団体へと増え，民政部門で登記する市民社会組織（社団，民非および基金会を含む）の中に占める比率は，1999年のわずか4.1％から，2012年の45.1％までに増えた（中国社会組織年鑑編委会編 2008, 2013）。

　民非に関する研究は，制度的紹介（顧 2008；趙 2010；景 2011）と事例分析（金・劉 2012）を中心に行われてきた。また，一部のサーベイ調査があるものの（鄧国勝 2008），組織のプロフィール，内部ガバナンスといった分析に終始している。しかし，これまで民非は社会サービスを提供する市民社会組織の主体として位置づけられるが，その存立実態は必ずしも明らかではない。本章の目的は，今後更なる分析を進めるために，まず民非の「輪郭」を確認するものである。分析では，民非が成長する制度的，社会的背景を踏まえ，次に C-JIGS2（民非）の調査結果を用いて，北京市，浙江省および黒龍江省の民非の存立様式，自立性，他の組織との関係や，政治過程における活動を体系的に考察する。

1　民非の成長：制度的・社会的背景

　市民社会組織の存立様式は，その主体の属性以外に，国家による社会への規制制度といった政治的要素，および国家・市場・社会による資源配分のあり方といった経済要素からも規定される（重富 2001：20-25）。従って，国家，市場，伝統社会が十分にその機能を発揮していない場合は，市民社会組織は活動の機会を得る。また，市民社会組織は多種多様であるため，単な

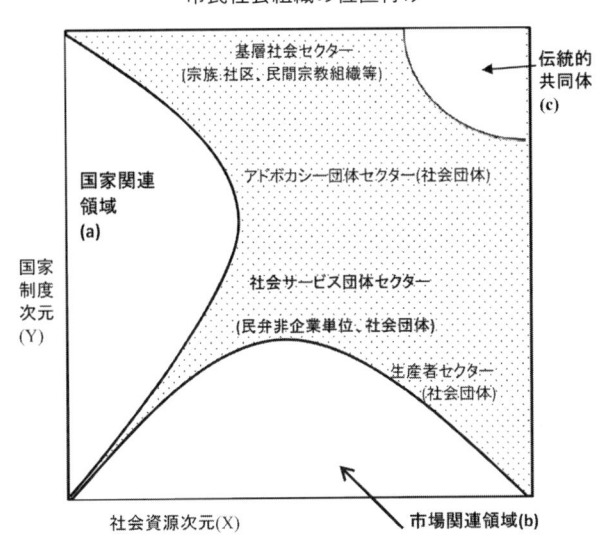

図 8 - 1 統合空間ダイナミクスモデルおよび市民社会組織の位置付け

注) 社会・資源のX軸は社会発展、経済発展の程度および社会分化の程度を示す。市民社会組織が動員されるべき「資源」を提供する次元。他方、Y軸は国家制度による法律、規制、法人制度、税制度を示す。市民社会組織が活動する自由な空間を提供する次元。
出所) 辻中豊が提示した「変動発展と団体セクターの位置付け」の理論的モデル（2002：223）に基づき、中国の市民社会組織の現状を取り入れて修正したもの。筆者作成。

る社会側の資源を動員する主体のみならず、国家や市場に代わって国民に公共サービスを提供する1主体でもある（辻中 2002：220）。

図8-1は辻中豊が2002年に提起した「統合空間モデル」を用いつつ、一部の市民社会組織の位置を表示したものである。中でも、民非は国家関連領域と市場関連領域に近い「社会サービス団体セクター」に所属している。

民非が位置する「社会サービス団体セクター」は、国家領域、市場領域の影響を受け、形成されている。1980年代末より、政府は社会公共サービスの一部を市民社会領域へと委譲し、国家領域が徐々に縮小している。他方、2000年以降、市場領域では、経済の発展、社会の多元化が進んだ結果、企業活動は経済的利益の獲得を目的の中心に据えるだけではなく、持続的な経済開発および社会開発を達成することも目指すようになってきた。その結果、社会

的に有益な企業フィランソロピーを有する「社会的企業」(social entrepreneurship)が誕生し，凄まじい勢いで成長を見せている。これら，国家領域の縮小と，市場領域における経済活動と社会的投資や企業フィランソロピーといった革新的手法による非営利活動の展開という二面性を持つ社会的企業の出現によって，社会公共サービスを提供する民非の活動領域は大きく広がってきている。中国の民非はまさしく，国内における公共事業の民営化改革および国際社会における普遍的価値理念の中国への普及によって，発展してきたのである。

1－1　事業単位改革

　民非の成長の一因は，中国の事業単位改革にある。計画経済期では，国家が一貫して，市場・社会領域を統制してきた。市場領域では，非公有制企業がほぼ消滅し，国有企業を中心とした公有制企業が経済活動を行い，生産的職能を担っていた。他方，教育，科学，文化，医療衛生，社会福祉などといった非生産的職能は，国家が資金を提供し，社会公共サービスを提供する組織である「事業単位」(institutional organization)[4]が担っている（李・董 2010）。

　中国の民非の発展のきっかけは1980年代にまで遡ることができる。公共サービスにおける政府投資の不足や非効率性を解消するため，政府は医療・衛生事業[5]，教育[6]，科学研究[7]，文化・スポーツ[8]などの分野で集団・個人の参与を許可し始めた（王雄軍 2011）。その後，市場経済改革の推進，および欧米における「ネオ・リベラリズム」的な公共事業の民営化改革理念の中国国内への波及を受け，政府は「小政府，大社会」へと方針を転換し，公共事業，公共サービスの提供主体を多様化させ始めた。

　1990年代に入り，国家によって設立され，財政的にも国家に支えられる「国家事業単位」以外に，「社会公共事業は社会各主体によって展開されるべき」という方針の下，公有制以外に他の所有制経済主体によって設立された「集団所有制事業単位」や「民弁事業単位」[9]も現れた。そして，中国の経済改革の方向性から，企業のみならず，事業単位においても請負制，独立採算制が導入され[10]，非公有制資本が公共事業，社会公共サービスの各分野で参与することが促された。政府は，1998年に「事業単位登記管理暫行条例」および「民弁非企業単位登記暫行条例」を施行し，事業単位が依然として機構編制管

理部門で登記・管理されることに対し，民非は市民社会組織として民政部門で登記することにし，その位置付けを明確にしたのである。

また，民非に関する法整備について，政府は，「民弁学校設置運営条例」（1997年10月施行，2004年7月「民弁教育促進法」の施行より廃止された），「教育類民弁非企業単位登記弁法（試行）」（2001年10月），「中外共同学校設置運営条例」（2003年9月）といった教育分野で活動する民非の関連条例を施行したほか，スポーツ類，医療衛生類，職業訓練類，文化出版類の民非の管理条例も制定した。(11)その結果，民非は，公共事業，社会公共サービスを担う1主体となりつつある。しかしながら，政府が事業単位の改革を推進した結果，類似した社会公共サービスを提供する主体として，行政的職能を持つ事業単位と，市民社会組織と位置付けられた民非の2つが存在することとなってしまった。

1-2 「社会的企業」概念の普及

「社会的企業」という概念は，この10年間でヨーロッパをはじめ，世界的に普及した。その背景には，1980年代以降，先進諸国が貧困，社会問題の解決の糸口として，市民社会の果たす役割に強い関心を寄せたことがある。欧米諸国は，主に社会の末端において市民社会組織と連携し，活動に取り組んでいる。例えば，イタリアの社会的協同組合，アメリカのコミュニティ経済開発などの例が挙げられる。他方，中国においては1990年代後半より，市民社会組織の活動が盛んになり，一部の組織は「社会的企業」的なビジネス手法を取り入れながら，社会公共サービスの継続・拡大を目指している。

教育分野で活動する民非の中でも先駆けであり，かつ最も注目を浴びているのが北京富平学校である。この学校は2002年に，経済学者茅于軾が著名人を集め，民非として北京市通州区民政局で登記し，貧困者向けの家政サービス訓練活動を展開し始めた。この学校は，「社会ベンチャーのイノベーションおよび社会弱者向けのサービス展開」を設立趣旨に，「社会的企業を育成し，社会ベンチャーの展開を促進する」ことを活動目標としている。その後，学校は生態・環境，児童教育，マイクロクレジットといった公益事業分野に積極的に進出している。2008年の世界慈善フォーラムで，北京市富平学校は中国模範NGOの7団体のうち1団体として選ばれるなど，中国における社会

的企業の草分け的な存在である。[12]

　教育分野以外の民非も近年，公益活動の推進力として発展している。2006年，上海浦東非営利組織発展センター（Non-Profit Incubator，以下 NPI）が，上海浦東区で民非として発足した。NPI は，「社会イノベーションを促進し，公益人材を育成する」ことを設立趣旨として掲げ，「公益インキュベーター」の概念を活動に取り入れる。活動の主たる内容は，申請と認定手続きを得た新規参入市民社会組織に対する，事務室の提供，資金補助，登記支援，組織運営のアドバイスなど，全面的なサポート活動である。その後，NPI は2008年に成都市と北京市，2009年に深圳市，2012年に南京市，2013年蘇州市において同様な活動を開始し，各地域における市民社会組織のインキュベーター活動を着々と推進している。[13]

　上記に挙げた２つの事例以外に，中国の市民社会組織の半数を占める民非は実際にどのような特徴を有しているのか。ここからは，北京市，浙江省，黒龍江省３省での調査に基づき，民非の実状を定量的に解明する。

2　存立様式

　民非は市民社会組織としてどのように存立しているのか。以下では，設立年，活動分野，行政分布をはじめ，民非の設立目的および組織リソースを含めて考察する。

2－1　設立年・活動分野・行政分布

　北京，浙江および黒龍江の民非の設立年について示したのが図８－２である。３つの地域における民非は類似した成長経路を見せている。

　1990年代末が，市場経済の推進および「民弁非企業単位登記暫行条例」の施行を契機として，民非の成長の起点となった時期である。その後，2000年より，経済改革の深化および民間資本の社会公共サービスへの参与によって，民非に関連する一連の条例が施行され，民非は急速に増えている。経済発展と政府による法整備は，民非の設立・発展の大きな要因となっていると考えられる。

　次に，民非は一体どのような分野で活動するのか。民政部による2011年の全国統計によれば，教育分野での民非が最も多く，51.3％を占めている。[14]本

図8−2　民非設立年（5年ごと）（単位：団体）

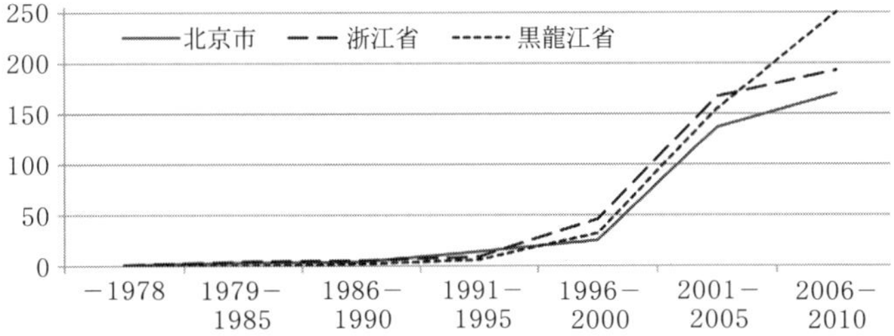

注）民弁非企業単位調査（2009年−2011年）では，非教育類と教育類の団体に分けて調査が行われたが，本図は両調査の合算値を示している。
出所）C-JIGS2（民非）に基づき，筆者作成。

調査では，3つの地域において各分野で活動する民非の比率は，全国統計と類似した分布を示している。まず，半数以上は教育分野で活動している（北京市52.7％，浙江省66.8％，黒龍江省57.2％）。次に，社会サービス，医療衛生，科学研究といった分野[15]に，民非が集中している。地域間の差が多少あるものの，活動分野の分布はほぼ類似している。

以上のように，民非は教育サービスを中心に提供する主体であることがわかる。その理由は，政府の教育分野でのサービス提供が欠如しているということを示しているのかもしれない。公立教育機関が平等な教育機会を提供するため，特定・多様化したニーズの教育サービスを供給することが不足しているゆえに，義務教育の分野以外では，民非は教育サービスを提供する担い手となる（鄧 2008；李 2010）。

また，民非の行政レベルの分布を見ていこう。地域を問わず社団と同様に行政レベルが下がるほど，民非数が多い。例えば，北京市の場合，81.4％が区・県レベルで活動するのに対して，直轄市レベルでは18.6％に留まっている。浙江省と黒龍江省も類似した行政分布が見られる。[16]社団のみならず，民非も基層レベル（区・県レベル）で活動するものが多い。基層レベルの結社が進んでいることから，社団をはじめ，民非といった市民社会組織は市民生活・活動の場により近い存在であることが窺える。

2−2　設立目的・活動対象

民非の設立動機を考察すべく，本調査では，「あなたの組織はどのような目

的で設立されたのでしょうか。あてはまるものを全て選んで下さい」という質問を設けている。下記の表8-1はその分析結果を示している。

　まず，地域・種類を問わず，「社会サービスの提供」を最も多くの民非は選んでいる。次に，各地域で，およそ2割から3割の民非が「弱者利益の保護」および「共同趣味の育成」を設立目的として答える。ただし，黒龍江省，北京市の民非は「弱者利益の保護」を選んでいる比率が浙江省より1割高い。また，「政策制定・実施への影響力行使」と答える組織は，黒龍江（19.0％）と北京（12.3％）が比較的に高い比率を示しているが，浙江がわずか7.7％に留まっている。その他，教育類の民非向けの質問項目の中には，「経済利益の獲得」も挙げているが，浙江省（42.1％）が最も高い。設立目的から見れば，浙江省は経済利益の獲得，黒龍江省は政策への影響力の行使を回答する民非の比率が比較的高いことから，地域間における経済の発達状況や，制度的環境の違いが，民非の設立動機を左右するかもしれない。

　民非は，公共サービスを提供する社会組織として位置づけられるが，この種の市民社会組織はどのような人々の利益を実現するために活動を展開するのだろうか。「社会大衆」といった主体以外（北京，黒龍江7割以上，浙江8割），全体の3割以上の民非は主に「高齢者」や，「児童・青少年」に特定した対象にサービスを提供し，活動を展開する。

　また，本調査における民非のうち，2割以上が障害者向けの活動を行っていると回答する。実は，1980年代以降，障害者関連の政府主導型の基金会，社団が設立されると同時に，民間で自発的に設立された障害者向けの市民社

表8-1　民非設立目的（単位：％）

	非教育類					
	社会サービスの提供***	弱者利益の保護*	共同趣味の育成	政策制定・実施への影響力行使*	その他*
北京市	79.6	27.5	22.3	12.3	8.9
浙江省	88.5	15.3	23.0	7.7	10.4
黒龍江省	69.5	28.6	19.5	19.0	3.8

	教育類					
	社会サービスの提供***	弱者利益の保護	共同趣味の育成	経済利益の獲得**	政策制定・実施への影響力行使	その他
北京市	84.0	17.1	28.2	24.2	1.7	6.7
浙江省	81.4	16.6	34.4	42.1	1.6	6.9
黒龍江省	65.6	12.1	29.6	38.1	2.4	4.5

独立性の検定カイ2乗（以下同様）***：$p<0.001$，**：$p<0.01$，*：$p<0.05$
出所）C-JIGS2（民非）に基づき，筆者作成。

会組織も立ち上がり始めた。1990年「中国障害者保障法」、1994年「中国障害者教育条例」、2007年「中国障害者就業条例」が施行されたことで、障害者を対象とする社会サービス活動が奨励され、障害者向けの民非の設立が促されてきた。

他には、李国武らの分析結果によれば、民非数と高齢者人口の比率、出稼ぎ労働者の比率との間に顕著な関連性がある（李国武ほか 2011）。本調査結果においても、高齢者、児童・青少年、障害者以外、ジェンダー、出稼ぎ労働者向けの民非も1割程度を占めており、中でも、浙江省は出稼ぎ労働者向けの民非が16.6％で、北京市、黒龍江省より2倍高い。数多くの民非は弱者向けのサービス提供を行っていることがわかる。

2-3　人員規模・財的規模

アーサー・ベントリー（Arthur Bentley）は、組織規模が団体の政治過程に参加する基本的な要素であると提起している（Bentley 1967）。それは、規模が大きい組織であればあるほど、多くの資源を吸収・保有することができ、社会側の利益をより容易に動員することができると考えられるからである。以下では、民非の組織規模を人的、財政的側面から見ていく。

民非は、組織運営や活動展開などをサポートする職員をどのくらい確保しているのだろうか。まず、非教育類民非の場合（表8-2）は、3省は1割の組織は常勤職員を有していない。また、常勤職員数に関して、各地域において最も高い比率を占めているのは、北京市では10-29人、浙江省と黒龍江省では2-4人である。30人以上の常勤職員を有する民非は、北京市は浙江省よりやや多いが、黒龍江省と比べるとかなり大きく違う。非常勤職員とボランティアに関しては、常勤職員と類似した結果を示しており、北京市の民非は他の2省と比べて、より多くの非常勤職員数、ボランティア数を有している。他方、教育類民非で勤務する常

表8-2　常勤職員数（単位：％）

非教育類民非	北京市	浙江省	黒龍江省
0	11.5	7.5	11.0
1人	3.3	7.5	8.1
2-4人	22.4	35.6	41.1
5-9人	21.3	19.5	20.6
10-29人	25.1	18.4	15.8
30人以上	16.4	11.5	3.3
EN	183	174	209
教育類民非	北京市	浙江省	黒龍江省
1-49人	64.8	90.8	89.9
50-99人	16.7	4.6	5.3
100-499人	16.7	3.9	4.8
500人以上	1.9	0.7	0.0
EN	108	153	189

出所）C-JIGS2（民非）に基づき、筆者作成。

表8-3　総収入の比率（2009年）（単位：％）

（単位：元）	非教育類民非			教育類民非		
	北京市	浙江省	黒龍江省	北京市	浙江省	黒龍江省
1万以下	20.6	20.7	38.4	9.9	5.9	12.3
2-9万	11.1	11.9	41.2	12.4	15.2	39.7
10-49万	27.0	35.6	14.1	23.1	36.8	33.3
50-99万	10.3	7.4	2.3	22.3	17.6	6.4
100-499万	21.4	13.3	4.0	25.6	18.6	6.4
500万以上	9.5	11.1	0.0	6.6	5.9	1.8
EN	126	135	177	121	204	219

出所）C-JIGS2（民非）に基づき、筆者作成。

勤職員数（講師数も含む）は、地域を問わず、常勤職員数がほとんど1-49人に集中しているが、50人以上の比率を見ると、北京市が浙江省、黒龍江省より1割高い。

　財政規模も組織の主たるリソースである。北京市の民非の総収入が調査地域の中で最も多く、黒龍江省が最も少ないという結果である（表8-3）。

　まず、非教育類を見ると、総収入において最も多いのは、それぞれ、北京市、浙江省の10-49万元、黒龍江省の1万元以下である。北京市において、総収入100-499万元の民非は浙江省より約1割、黒龍江省より約2割高い比率を占めている。黒龍江省の場合、すべての組織の総収入は10万元以下に集中している。また、教育類の場合においても、北京市では100-499万元を選んでいるのが2割以上であるのに対し、浙江省では10-49万元、黒龍江省では2-9万元を選択している民非が最も多い。

　人的、財的規模を考察した結果、3つの地域においては、一般的に北京市の民非の規模が最も大きく、黒龍江省が最も小さいと言えるだろう。

3　自立性・政策関与・組織ネットワーク

　民非は、設立経緯をはじめ、人事、財政上では政府からの関与を受けているのだろうか。また、政策過程にどれほど関わっているのか。他の組織との間にどのような関係を持つのか。上記の疑問に答えるため、民非の自立性、政策関与、組織ネットワークに着目して検討する。

3-1　自立性

　社団をはじめ、中国市民社会組織の顕著な特徴の1つといえば、政府と社

会の相互作用によって，市民社会組織が成長を促されているということである。それゆえに，多数の先行研究は中国の市民社会組織の自立性をめぐって，議論を繰り広げている。そこで，ここでは，設立経緯，人事，財政の側面から民非の自立性について考察する。

まず，各地域の民非はどのような経緯で設立されているのだろうか。調査結果からは以下の3つの特徴が見られる。

第一に，すべての地域において非教育類が教育類と比べて，自発的に設立されたものが多い。例えば，北京の例をあげると，非教育類民非の59.1％が自発的に設立されているが，教育類ではその半分程度の27.7％となる。教育分野における民間資本の参与は非教育分野より規制されているかもしれない。

第二に，地域差が存在することである。黒龍江省では自発的に設立されたものが北京市，浙江省よりも多い。例えば，黒龍江省は非教育類の77.1％，教育類の44.5％が自発的に設立されており，北京市（非教育類59.1％，教育類27.7％），浙江省（非教育類38.8％，教育類27.9％）より多い。

第三に，浙江省の民非は「どちらともある」と答えた比率が突出して高い（非教育類で44.7％，教育類で68.8％）[23]。浙江省では，組織自体の設立動機に加え，外部支援も受けて設立されるものが多いと推測される。

次に，各地域の民非は政府職員の天下りや，政府からの財政補助を受け入れているのだろうか。まず，編制定員の受け入れ状況を見よう。分析結果によれば，北京市，浙江省1割以上の民非が編制定員を受け入れており，黒龍江省より高い比率を占めている。指導者の元勤務先について，地域を問わず，指導者の元勤務先は，「事業単位」と答える比率が「その他」を除いて最も高いものの，北京市と浙江省は黒龍江省と比べると，1割か2割高い比率を占めている[24]。また，常勤職員の元勤務先に関しても（非教育類のみの設問），北京市と浙江省の民非はそれぞれ11.1％，10.6％が「政府部門」，37.0％，32.3％が「事業単位」に勤務したことがあると答え，黒龍江省の3.8％，26.9％よりやや高い比率を占めている。

指導者の選出について，調査結果によれば，北京市，浙江省の民非にとっては，理事会が組織人事決定の重要な機関と認識され，半数を占めている[25]。それに対して，黒龍江省では「組織内での自由選挙」と答える比率は約半数を占め（非教育類48.6％，教育類47.9％），北京市と浙江省より高い[26]。黒龍江

省は自由選挙によって指導者を選出する民非が最も多いとデータで裏付けられる。他には、「業務主管単位の推薦」を選んでいる比率は全体的に高くないものの、非教育類では浙江省が18.4％、教育類では黒龍江省が6.7％と、3つの地域の中でそれぞれ最も高い比率となる。[27]

人事面から見た組織内部のガバナンス状況は、北京市、浙江省では、理事会に人事の選出権を与えている。また、業務主管単位は人事決定への関与がそれほど強くないものの、非教育類においては指導者の推薦・任命も一定程度行われている。人事上では、北京市、浙江省は政府、事業単位との関わりが比較的に強く、黒龍江省は両者とは比較的希薄な関係にあると言える。

財政的に、政府補助金を受ける有無について見る。総収入の内訳を検証した結果、サービス収入が民非の主たる収入源であるが、北京市、浙江省の非教育類の中で、約17.0％は政府からの財政的支援を受けている（黒龍江省4.3％）。教育類の民非は政府補助金を受ける比率が非教育類と比べると、北京市で7.1％、浙江省で4.7％、黒龍江省で2.8％と低いが、北京市は依然として政府からの財政補助を受ける比率が3つの地域の中で最も高い。

総じて、北京市は3つの地域で、設立経緯をはじめ、人員、財政の面においても、政府、事業単位との関連が比較的強い。それに対して、黒龍江省の民非は政府からの自立性が最も高いと検証される。

3-2 政策関与・組織ネットワーク

民非は政治過程にどれほど関わっているのか。まず、行政機関から政策の設定や執行に関して、相談を受けたり、意見を求められたりすることがあると答える民非は全体のうち16.8％で、基金会（17.8％）と大差ないが、社団（34.6％）と比べると半分に過ぎない。また、その内訳は、非教育類が北京市（22.4％）、教育類が浙江省（22.6％）それぞれ高い比率を占めている。[28]

しかし、「過去5年間で中央または地方政府に特定の政策や方針を実施・阻止するよう働きかけ、成功したことがありますか」という質問に対して、「ある」と回答する民非（2.1％）は少ない（社団9.2％、基金会2.5％）。民非は政府への働きかけは活発ではないのだろうか。ここでは、政府への意見表明に関する質問（「あなたの団体・組織が政府機関に対し、ある意見を反映する場合、好機を窺い、意見を出すことがあります」）から、より掘り下げたい。分

析結果によれば，意見を出すと答えた社団が67.4％，基金会が62.7％であるのに対して，民非が39.3％に留まる。ここから，やはり民非は行政から相談を受ける反面，自ら行政に働きかけるような活動は盛んではないと推測できる。しかしながら，地域ごとに見ていくと，浙江省では43.0％が好機を窺いながら，政府機関に意見を出すことがあると答え，北京市（34.9％），黒龍江省（39.2％）と比べるとやや高い。(29) 政府政策・方針を実施・阻止の成功率を除けば，浙江省の民非は政策への関与が他の地域より比較的積極的に行われていることが窺える。

では，政府を標的に活動をそれほど積極的に展開していない中，日常活動を行う上で，民非はどのような組織・機関と接触しているのか（表8－4）。

詳しく見ていくと，3つの地域ともすべての選択肢の中で，最も高い比率で占めているのも「政府部門」である。民非にとっては，政府部門が活動を行う上で接触する最も重要な機関と認識される。また，「事業単位」，「社団」，「他の民非」，「社区居民委員会」を選んでいる比率も比較的高い。民非は，政府部門，事業単位以外に，他の市民社会組織と頻繁に接触していると推測される。また，浙江省の非教育類民非は「政府部門」，「事業単位」に次いで，「企業」という回答が55.8％と高い数値を示している。非公有制経済がより発達している浙江省においては，企業も民非にとって重要なアクターとして見られるということだろう。

「組織の活動を実施する上で，最適のパートナーは以下のうちどちらの組織でしょうか」という質問に対して，「政府」が最も多くの民非に選ばれている。

表8－4　日常活動をする際，頻繁に接触する機関・組織（単位：％）

非教育類民非	政府部門***	事業単位**	社会団体***	他の民弁非企業単位	基金会	社区居民委員会	企業*	その他
北京市	73.3	58.9	66.0	45.1	23.4	55.2	40.0	32.1
浙江省	61.7	57.7	53.6	36.0	14.7	48.7	55.8	29.4
黒龍江省	56.7	39.5	48.6	45.7	22.4	38.6	34.8	25.0

教育類民非	政府部門**	事業単位	社会団体**	他の民弁非企業単位	基金会***	社区居民委員会	企業*	その他*
北京市	59.3	44.9	50.0	45.8	15.2	37.1	43.0	23.3
浙江省	49.4	40.4	36.9	39.0	7.5	40.1	26.6	25.7
黒龍江省	44.9	38.2	40.7	38.1	21.6	31.4	32.2	21.4

***：p＜0.001，**：p＜0.01，*：p＜0.05
注）比率は「頻繁に接触」，「比較的頻繁に接触」および「非常に頻繁に接触」の合計の比率
出所）C-JIGS2（民非）に基づき，筆者作成。

例えば，非教育類の中では，すべての地域でおよそ半数が「政府」を最適のパートナーとして見ている。「政府」以外には，「社会組織」と回答する民非も2割を占めている。

上記の分析結果から，3つの地域において民非は政策過程への参与があまり進んでおらず，政策の実施・阻止への展開も積極的に展開していないのが実態である。その中で浙江省の民非は比較的積極的に政府への働きかけを行っていることがわかった。また，民非は組織の活動を展開する上で，他の社会組織，企業との間に一定の関係を持ち始めているものの，政府が依然として最も重要なアクターであると認識している。

4　まとめ

中国の民非は，1990年代末より成長の兆しを見せ始め，2002年以降の市場経済体制の更なる推進や政府による民非に関連する条例の制定によって，顕著な成長を遂げている。分析結果によれば，中国の民非は以下のような特徴があると言える。

まず，地域を問わず，中国の民非の半数以上は教育分野で活動する。それ以外に，社会サービス，医療衛生，科学研究といった分野で活動するものも少なくない。また，数多くの民非は一般大衆，社会弱者向けに公共サービス活動を展開する。

次に，民非の規模を検証した結果，地域差が存在しており，北京市の民非が人員，財政規模が最も大きく，黒龍江省のものが最も小さい。しかしながら，北京市と浙江省の民非は政府や，事業単位からの天下り，政府からの補助金を受け入れ，政府や，事業単位との間に一定程度，関係を持っている。それに対して，黒龍江省の民非は設立経緯から，人事，財政上に至るまで，政府との関係が希薄であることが窺える。

さらに，政治過程において，民非の活動はそれほど盛んではない。3つの地域全てで政府から相談や意見を求められる民非が2割未満である。他方，政府へ意見を反映しようとするものは3割以上あるものの，社団，基金会と比べ少ない。また，政府に政策実施・阻止するために働きかけることが成功した民非はわずか2％に過ぎない。その中では，地域間の比較を見ると，浙江省の民非による政府への働きかけは比較的積極的に行われている。

最後に，民非と他の組織との関係から見た民非を持つ組織ネットワークでは，政府は民非の活動を展開する上で，重要なアクターである。同時に，政府，事業単位といった体制内のアクター以外に，他の市民社会組織や企業といった組織も，民非の活動において，新たに重要なパートナーとも見られている。このことは，一部の民非は，体制内に組み込まれていた従来のアクターのみならず，新たに登場している経済・社会アクターとのネットワークも既に構築しつつあるということを表している。

(1)　ジョンズ・ホプキンズ大学の非営利セクター国際比較研究プロジェクトの成果の1つは，「NPO国際分類規格」を制定したことである。その分類は，非営利組織は活動領域，性質によって，(1)文化・レクリエーション，(2)教育・調査研究，(3)保健・医療，(4)社会サービス，(5)環境，(6)地域開発・住宅，(7)法律・アドボカシーと政治，(8)フィランソロピー（助成団体），(9)国際活動，(10)宗教，(11)業界・職業団体・組合，(12)その他，の12に分類される。

(2)　2003年に清華大学公共管理学院NGO研究所と香港中文大学が民非を対象に共同調査を行った。そこでは，遼寧省，広東省，山西省，江西省，甘粛省と雲南省を経済発展の程度に基づき，先進地域，中進地域，後進地域に分けた後，各レベルから1つの市を選択，全体で18市の民非について調査を行っている。有効サンプル数1,733（有効回収率：43.8％，サンプル総数：3,954）（鄧国勝（2008）「第11章　民非的現状，特質与作用」高丙中・袁瑞軍編著『中国公民社会発展藍皮書』北京：北京大学出版社，233-249頁）。

(3)　本調査では，教育類および非教育類に対する2種類のアンケート調査票を作成し，調査を行った。その理由は，後述するように，中国の民非の半数は教育分野で活動するという特徴があるからである。また，2種類の調査票の質問は，一部の質問において，異なる部分がある。

(4)　1963年7月に「国務院の編制管理に関する暫行弁法（草案）」が公布された。その中で，事業単位は「生産条件の改善，社会福祉事業の促進，国民文化・教育・衛生などのニーズに応え，国家が設立し，国家経費を投入する組織である」と定義された。

(5)　計画経済体制期では，医療衛生事業はすべて国家の投資によって展開していた。しかしながら，衛生分野への投資が不足していたため，国民は「受診するのが難しい，入院するのが難しい，手術するのが難しい」という「三難」状況に直面していた。この打開策として，1980年に衛生部は国

務院に「個体開業医を許可することに関するリクエストレポート」を提出した。国務院の批准を得て，公有制医療機関以外に，民間・個人による医療事業への参入が認められるようになった。

（6）　1982年，全国人民代表大会で通過した「憲法」第19条第4項では，「国家は，集団経済組織，国家事業・事業単位および社会組織が法律に基づき，各種の教育事業に参与することを奨励する」と規定し，法律上では民弁教育機関に合法的地位を与えた。

（7）　1985年，中国共産党中央委員会による「科学技術体制改革に関する決定」の公布を機に，科学研究機構の体制改革の幕が開いた。その中で，集団，個人が科学研究，技術サービス機構を設立することが許可されている。

（8）　1985年には，国務院が「芸術演出団体の改革に関する意見」，1986年には国家体育運動委員会が「体育の体制改革に関する決定」をそれぞれ公布し，文化・スポーツ分野での個人・社会組織の参入を認めた。

（9）　1996年，「中央機構編制委員会による事業単位機構改革に関する若干の意見の通知」の中で，「民弁事業単位」が提起された。国家財政における負担を減らすために，民間資金による社会公益事業・サービスへの参与，いわゆる民弁事業単位が認められた。その後，「民非」という言葉が代わりに使用されるようになった。

（10）　事業単位において，例えば，教育，文化，医療衛生，スポーツなどの分野では，政府から一定の予算を与えられる。収入が予算を上回った場合は，事業単位が自由に支出することができる仕組みになっている。

（11）　具体的には（時間順），「城鎮医療機構分類管理の実施意見」（2000年7月），「体育類民弁非企業単位登記審査管理暫行弁法」（2000年11月），「城鎮非営利性医療機構の民弁非企業単位登記に関する問題の通知」（2000年12月），「職業訓練類民弁非企業単位登記弁法（試行）」（2001年9月），「出版管理条例」（2002年2月施行，2011年3月より改正）などが施行されている。

（12）　北京市富平学校のホームページ：http://www.fdi.ngo.cn/fupingshishui/jianjie を参照（閲覧日：2013年9月9日）。

（13）　NPI（恩派）公益組織発展センターのホームページ：http://www.npi.org.cn/ を参照（閲覧日：2013年9月9日）。

（14）　民政部は民非の活動領域を14種類に区分している。教育分野以外に，他の領域で活動する比率は以下の通りである。社会サービスで15.5％，医療衛生で10.6％，科学研究で5.4％，その他で5.3％，文化で4.3％，スポーツで3.8％，商工業サービスで1.1％，職業で1.1％，農業・農村開発で0.9％，生態環境で0.4％，法律で0.3％，宗教で0.1％，国際で0.02％である（中国社会組織年鑑編委会 2012）。

（15）　例えば，社会サービス分野では，北京市で17.1％，浙江省で9.3％，黒

龍江省で20.0％，医療衛生分野では，北京市で10.9％，浙江省で7.7％，黒龍江省で4.4％，科学研究分野では，北京市で6.3％，浙江省で8.8％，黒龍江省で9.4％である。
(16)　北京市が直轄市であるため，北京市の市レベルと浙江省・黒龍江省の省レベル，北京市の区・県レベルと浙江省・黒龍江省の地・市レベルが同一行政レベルにあたる。浙江省の民非の行政レベルの分布は，区・県レベル52.2％，地・市レベル41.8％，省レベル6.0％，黒龍江省の民非の行政レベルの分布は，区・県レベル46.0％，地・市レベルは43.1％，省レベル10.9％である。
(17)　浙江省は全国に先駆けて，2004年に「浙江省民弁非企業単位管理暫行弁法」を施行し，そこには支援策も組み込まれた。同省での民非に関する制度的環境が比較的整っているため，民非による「政策制定への影響力行使」の比率は低くなっているのかもしれない。
(18)　教育類民非の設立方式は，主に(1)企業投資型（企業フィランソロピー），(2)公私混合型，(3)個人蓄積型である（李 2010：85－86）。浙江省の教育類民非で「経済利益の獲得」を挙げる比率が高い理由は，非公有制経済が発達する同地域では，企業フィランソピーの手法を用いて，民非を設立するケースが多いかもしれない。
(19)　この質問項目は非教育類民非に対する調査の中で設けている。また，質問は重要な順に3つまで回答する形となっている。分析結果は，全て回答した民非の数を各地域の有効サンプル数で割った比率である。
(20)　「高齢者」を選んでいる比率は，北京市46.3％，浙江省33.2％，黒龍江省58.6％，「児童・青少年」を選んでいる比率は，北京市39.4％，浙江省34.8％，黒龍江省36.7％である。
(21)　例えば，中国障害者基金会は1984年，中国障害者連合会は1988年にそれぞれ設立された。その後，1995年中国障害者連合会は民政部から独立し，国務院管轄下の社会事業単位として位置づけられる。
(22)　例えば，1982年北京患者・障害者クラブ，1983年大連市障害者青年協会，蘭州市・金昌市障害者青年協会，1984年雲南大学障害者学生協会，1985年広州至霊学校，1986年広州市障害者青年協会，1987年広州市手話研究会など障害者向けの自発型の組織が設立されている。
(23)　北京市の場合，非教育類で18.8％，教育類で18.1％であり，黒龍江省の場合は，非教育類で11.4％，教育類で13.2％となる。
(24)　非教育類民非では，北京市で44.3％，浙江省で38.6％，黒龍江省で29.8％，教育類民非では，北京市で46.6％，浙江省で39.6％，黒龍江省で30.0％がかつて事業単位での勤務経験があると答える。
(25)　非教育類民非では，北京市で50.9％，浙江省で43.6％，黒龍江省で15.4％，

教育類民非も，北京市で63.0％，浙江省で48.8％，黒龍江省で18.1％である。
(26)　非教育類民非では，北京市で17.5％，浙江省で19.6％，教育類民非では，北京市で17.3％，浙江省で20.9％である。
(27)　非教育類民非では，北京市で12.3％，黒龍江省5.8％，教育類民非では，北京市で5.8％，浙江省で2.8％である。
(28)　比率は「ある」と答えた数を有効サンプル数（いずれも教育類・非教育類の合算値）で割ったものである。基金会，社団との比較では以下同様。
(29)　比率は「意見を出すことがある」と答えた数を有効サンプル数（教育類・非教育類の合算値）で割ったものである。
(30)　非教育類民非では，北京市で57.6％，浙江省で43.6％，黒龍江省で42.0％，教育類民非では，黒龍江省で42.1％，北京市で39.5％，浙江省で38.5％である。

第 9 章

基金会

小嶋華津子・小橋洋平

　経済成長に伴い発展を遂げつつある基金会は，中国の国家－社会関係の変化において，いかなる役割を果たすだろうか。本章では，新旧の基金会について，諸アクターとの関係および政治観を比較分析することにより，基金会の発展動向を明らかにする。

はじめに

本章では，中国の公的市民社会組織の一形態である基金会をとりあげる。基金会は，「基金会管理条例」（2004年6月1日施行）に基づき登記された団体であり，「自然人，法人あるいはその他の組織の寄付した財産を利用し，公益事業への従事を目的に成立した非営利性の法人」（「基金会管理条例」第2条）と定義される。同条例施行以前は，登記上「社会団体」の中に括られていたが，条例により独立した形態として認知されるや，基金会は目覚ましい発展を遂げてきた。

その発展の歴史が浅いことから，中国の基金会についての先行研究はそれほど蓄積がない。多くの論考が制度の紹介あるいは基金会が抱える問題——資産の運用に関するノウハウの欠如，不透明な内部統治，外部からの監視システムの不備など——を指摘するに留まっている。そうした中で，限られた先行研究が論点としてきたのが，基金会と政府の関係である。中国では1981年の中国児童少年基金会の設立を皮切りに，1987年までの間に26の全国性基金会（後述）が設立されたが，初期の基金会は，役職者が全て政府から任命され，行政編制を有し，政府の補助金を用いて研究助成を行う，政府の1工作機構としての色彩を強く有していた。その他にも，宋慶齢基金会，中華農科教基金会，中国緑化基金会など，民間から寄付を募り公益活動を展開するものの，国家事業単位や人民団体と同様，職員も全て公務員であり国家の意向を受けて活動する基金会が知名度を誇ってきた。さらに，人事や財務の上で一定の自立性を有するものの，党・政府の意向を強く受けて活動を展開している基金会として，中国青少年発展基金会，中華文学基金会，中華環境保護基金会，中華慈善総会，中国紅十字基金会，中国児童少年基金会，中国婦女発展基金会などが知られている。これら知名度の高い「官弁」（政府主導）の基金会が，政府との関係をどのように展開してきたのかが，先行研究の問題関心の1つであった。

謝宝富（北京航天航空大学公共管理学院）による2003年の論考は，上述した「官弁」の基金会が，指導者の人事や資金の調達等においていかに政府に依存してきたか，さらに政府が条例をつうじて基金会を厳格に管理する一方，納税面等での優遇を十分に与えてこなかったかを論じた（謝 2003）。また，

徐宇珊（清華大学公共管理学院）は，2008年の論考において，中国人口福利基金会を事例に，中国の基金会と政府の関係を，組織間関係論の資源依存アプローチを用いて分析した。徐曰く，政府と基金会の間には「非対称の資源依存関係」が成立している。すなわち，基金会は始動資金，人員編制，寄付の募集や活動展開における組織ネットワークの提供などの面で政府に依存し，その依存度は，政府の基金会に対する依存度を上回っている。その上で徐は，社会慈善資源を拡大させることによって，基金会は資源依存の非対称性を解消することができると結論づけた（徐宇珊 2008）。

これに対し，税兵（南京大学法学院）は，民政部民間組織管理局のウェブサイト上に公開されている2008年年報の中から50の基金会をサンプルとし，いわゆる官弁の基金会についても，多元的な社会慈善市場の形成に伴い，人事や財務の面において政府の影響力は減退しつつあり，むしろ政府が，公共財の供給という面で基金会への期待を高め，また基金会の内部ガバナンスへのチェック機能をも公共に頼らざるを得なくなっている点を指摘した（税 2010）。また，肖颯・劉凱も，2011年の論考において，政府の基金会に対する干渉は減少し，基金会と政府の関係は，過去の非対称的依存関係から脱却し，「パートナーシップ関係」へと向かいつつある，との見解を示した（肖・劉 2011：50）。

これらの見解の相違は，研究の時期および研究対象の違いを反映したものであり，いずれも基金会と政府の関係の1側面を的確に捉えている。しかし，これらの指摘を踏まえた上で，国家－社会関係における基金会の立ち位置とその多様性を総合的に判断するためには，主たる先行研究が対象としてきた全国性の官弁の知名度の高い基金会のみならず地方性基金会（後述），さらには，公募基金会（後述）のみならず経済発展により社会に蓄積された富を背景に近年急速に発展を遂げてきた非公募基金会（後述）をも視野に入れた定量的分析が役立つであろう。(1)

そこで本章では，北京市・浙江省・黒龍江省の基金会を対象に実施したC-JIGS2（基金会）のデータから，基金会と政府の関係および基金会の政治志向に関わるデータを取り出し，地方性基金会の立ち位置を浮き彫りにしたい。その際，基金会がたどってきた変化と今後の方向を推測すべく，基金会のあり方を規定してきた3つの条例――旧「社会団体登記管理条例」（1989年10月

施行), 現「社会団体登記管理条例」(1998年10月施行) および「基金会管理条例」(2004年6月施行) (第3章参照)——の施行年を区切りに, 基金会を登記年により4グループに分け, 新旧の基金会の特徴を描き出すこととする。[2]

以下, 第1節では, 基金会の制度的環境とその発展について, 公式文書および『中国民政統計年鑑2012』に基づき概観する。第2節・第3節では, 調査データを用い, それぞれ地方性基金会と政府の関係, 地方性基金会の政治観に関わるデータを分析する。[3] それを踏まえ, 第4節では, データから確認された2種類の因子——基金会と党・政府との関係に関わる因子および基金会の政治観に関わる因子——について共分散構造分析を行い, 基金会の政治的立ち位置について見取り図を描く。

1　中国の基金会とその発展

1-1　制度的環境

「基金会管理条例」によれば, 基金会は, 公衆に寄付を募る基金会 (公募基金会) と, 公衆に寄付を募ることのできない基金会 (非公募基金会) に区分される。公募基金会は, 寄付を募る範囲に基づき, 全国性公募基金会と地方性公募基金会に分けられ (第3条), 全国性公募基金会および元金 (中国語で原始基金) 2000万元以上の非公募基金会は, 国外の基金会の中国代表部などと同様に国務院民政部の管轄となるが, 地方性公募基金会およびその他の非公募基金会は, 省・自治区・直轄市人民政府民政部門の管轄となる (第6条)。設立にあたっては, 全国性公募基金会については800万元以上, 地方性公募基金会については400万元, 非公募基金会については200万元以上の元金を貨幣資金として有することが要件となる (第8条)。なお, 設立の際は, 業務主管単位の同意書を提出しなければならない (第9条)。

基金会は, 5-25人の理事で構成される理事会を設置しなければならない (第20条)。理事長, 副理事長および秘書長については, 現職の国家公務員 (中国語で国家工作者) は兼任することができない。また, その他の組織の法定代表人による兼任も認められない (第23条)。また, 私人財産によって設立された非公募基金会においては, 親族関係にある理事は, 理事総数の3分の1を超えてはならない。また, 基金会より報酬を受け取る理事についても, 理事総数の3分の1を超えてはならない (第20条)。

公募基金会が寄付を募集する際には，広く社会に対し，集めた寄付を用いて展開する公益活動および資金の詳細な使用計画を公表するべきである（第25条）。基金会および寄付者，受益者は，法律および行政法規の規定に基づき税収面の優遇を享受する（第26条）。基金会は，合法・安全・高効率の原則に基づき基金資産の維持・拡大を実現すべきである（第28条）。公募基金会が規約に定められた公益事業に用いる支出は，前年の総収入の70％を下回ってはならない。非公募基金会の場合は，前年の基金残額（余額）の8％を下回ってはならない。基金会職員の賃金福利および行政事務支出は，当年総支出の10％を超えてはならない（第29条）。

基金会は，登記管理機関により年度検査，日常的監督を受ける（第34条・第36条）。また税務・会計についても主管部門より監督を受ける（第37条）。また，基金会は登記機関の指定するメディアに，工作報告を公布し，社会公衆の質疑・監督を受ける（第38条）。基金会が虚偽の報告をしたり，規約（章程）に定められた宗旨および公益活動の範囲を超えて活動を展開したり，公益事業支出において条例違反をしたり，情報公開義務を怠ったりした場合には，登記管理機関は，基金会が違法行為期間に享受した税収減免を追加徴収するよう税務機関に報告する（第42条）。

1-2　基金会の発展

以下，『中国民政統計年鑑2012』に基づき，今日の基金会についての基礎的データを紹介したい。[(4)]

2004年以降，基金会の数は急速に増加してきた。2004年末時点では892団体であったが，2011年末には2614団体を数え，基金会の総収入は279億7458.8万元，増加資産の総計は63億7234.7万元に達した。

2614団体の内訳は次のとおりである。まず，全国性基金会が183団体，地方性基金会が2431団体である。2006年末時点では全1144団体のうち全国性基金会が99団体，地方性基金会が1045団体であったため，比率は大きく変化していない。地方性基金会の分布には偏りがある。江蘇省（376団体），広東省（267団体），浙江省（222団体），北京市（186団体），湖南省（137団体），上海市・福建省（ともに127団体）の7行政地域で，実に地方性基金会総数の6割近くを占めているのである。逆に，内陸地のチベット，青海省にはそれぞれ

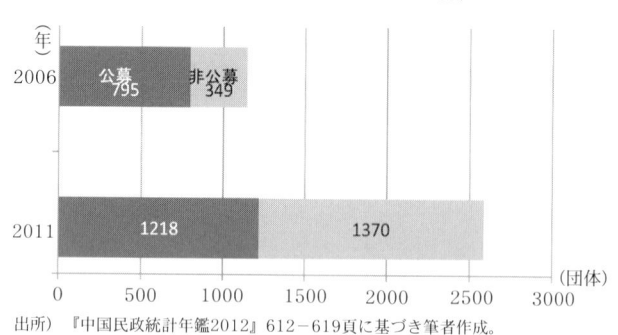

図9－1　基金会の数（公募・非公募）

2006年：公募 795、非公募 349
2011年：公募 1218、非公募 1370

出所）『中国民政統計年鑑2012』612－619頁に基づき筆者作成。

11団体，13団体しかない。

　また，公募基金会と非公募基金会の別でみると，公募基金会が1218団体，非公募基金会が1370団体となっている。公募基金会が総数の7割近くを占めていた2006年と比較すると，非公募基金会の増加が目立つ（図9－1参照）。公募基金会は，政府によりトップダウンで形成される傾向が強いのに対し，非公募基金会はボトムアップ型の基金会が多く，個人，企業，学校が設立およびその後の運営に関わる傾向が強い。経済発展に伴い，社会に富が蓄積された結果，ボトムアップ型の基金会が設立される社会的条件が整い，「基金会管理条例」の施行により法規上運営の保障が得られたことにより，非公募基金会が増加してきたことが推察される。

　活動分野については，教育分野（805団体）と社会サービス分野（753団体）が突出して多く，続いて文化分野（184団体），衛生（121団体），科学技術・研究（79団体），生態環境（62団体）と続く。

　なお，党組織を設置している基金会の数は，438団体であり，全体の16.8％である。これは2006年時点の26.5％と比べると著しい低下である。ボトムアップ型の非公募基金会の増加に伴い，党の関与も低下してきていることが窺える。

2　地方性基金会と政府

　本節では，C-JIGS2（基金会）のデータを用い，地方性基金会と政府の関係を分析する。

まず設立の経緯について，有効サンプル（N=112）のうち，「組織の決定により設立」と回答したのは34.8％（39団体），「自発的に設立」と回答したのは48.2％（54団体），「どちらとも言える」は17.0％（19団体）であった。登記年別に「自発的に設立」との回答をみると，1989年以前に登記された団体（以下「1989以前」），1990-1998年に登記された団体（以下「1990-1998」），1999-2004年に登記された団体（以下「1999-2004」），2005年以降に登記された団体（以下「2005以降」）はそれぞれ25.0％（2団体），23.8％（5団体），56.5％（13団体），57.6％（34団体）と，統計的に有意ではないもの1999年以降その比率が急増していることが分かる。

人事関係について，編制定員を有している基金会は，有効回答（N=113）の11.5％（13団体），業務主管単位により「人員を派遣され，その給与の支払いを受けている」基金会は，有効回答（N=111）の11.7％（13団体）であり，いずれも登記年による有意な差は確認されなかった。しかし，基金会の指導者の選出について，「業務主管単位が指導者を推薦あるいは決定する」と回答した比率は，「1989以前」で42.9％（3団体），「1990-1998」で43.5％（10団体），「1999-2004」で17.4％（4団体），「2005以降」で17.5％（10団体）であり（$\chi^2(3)=7.863a$, $p<0.05$），1999年以降登記された団体で，業務主管単位による介入の度合いが著しく低くなることが明らかとなった（図9-2参照）。また，指導者の前職についても，登記年の間に統計的に有意な差が確認された（$\chi^2(12)=28.003a$, $p<0.01$）。すなわち，政府部門出身の指導者を配する基金会の比率は「1990-1998」には71.4％を占めていたが，「1999-2004」では41.7％，「2005以降」では21.7％と激減の傾向にある。また事業単位出身者を指導者に配する基金会も，「1999-2004」では41.7％を占めるも[5]

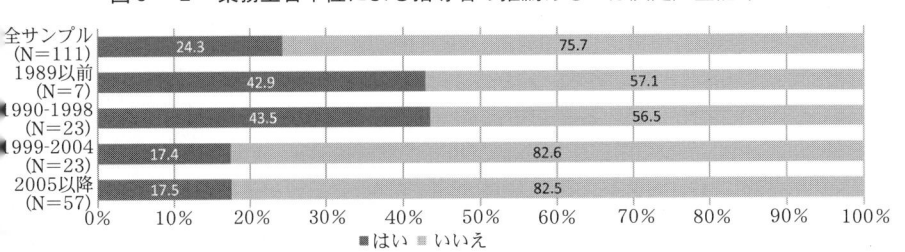

図9-2 業務主管単位による指導者の推薦あるいは決定／登記年

	はい	いいえ
全サンプル (N=111)	24.3	75.7
1989以前 (N=7)	42.9	57.1
1990-1998 (N=23)	43.5	56.5
1999-2004 (N=23)	17.4	82.6
2005以降 (N=57)	17.5	82.5

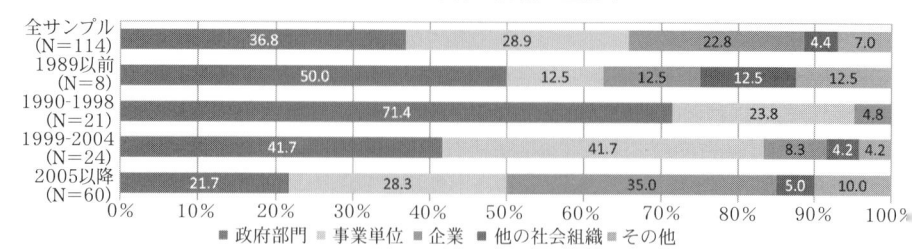

図9-3　指導者の前職／登記年

	政府部門	事業単位	企業	他の社会組織	その他
全サンプル (N=114)	36.8	28.9	22.8	4.4	7.0
1989以前 (N=8)	50.0	12.5	12.5	12.5	12.5
1990-1998 (N=21)	71.4		23.8		4.8
1999-2004 (N=24)	41.7	41.7	8.3	4.2	4.2
2005以降 (N=60)	21.7	28.3	35.0	5.0	10.0

のの，その後は，数は増加しているものの比率は低下している。代わって著しく増加傾向にあるのが企業出身の基金会指導者である。その比率は「1999－2004」においても1割に満たなかったが，「2005以降」になると35.0％に達している（図9－3参照）。

調査データを見る限り，財務面での政府との関係については，基金会と政府のつながりはほぼ解消されているように見受けられる。業務主管単位から「事務所の提供を受けている」と回答した基金会は，有効回答（N＝111）の27.0％（30団体）を占めたが，「財政拠出を受けている」基金会は，わずかに4団体であった。総収入に占める政府補助金の割合についても，「ゼロ」という回答が，有効サンプルの79.2％（57団体）を占め，「91－100％」と回答したのはわずか1サンプルであった。他方，「総収入に占める社会からの寄付金」，「寄付金に占める企業寄付金」，「寄付金に占める個人からの寄付金」の比率について「91－100％」と回答したのはそれぞれ57.0％（49団体），37.6％（32団体），13.8％（11団体）であり，それぞれの基金会が特定の財源を基盤としており，全体として多様性を有していることが確認された。

活動を展開する際の諸アクターとの接触頻度については，「1．まったく無し，2．あまり無し，3．ふつう，4．比較的頻繁，5．非常に頻繁」の5段階評価の結果，平均値は高い順に，「政府部門」（3.76），「事業単位」（3.75），「企業」（3.63），「社会団体」（3.57），「基金会」（3.40）の順であり，「政府」が必ずしも突出している訳ではない。また，「企業」との接触については，「1989以前」，「1990－1998」，「1999－2004」，「2005以降」がそれぞれ2.43，3.30，3.64，3.92であり，登記年との間に有意な差異があり，新しい基金会ほど企業との接触頻度を高めていることが確認された（グループ間（結合）平方和

6.801，自由度3，平均平方2.267，F値2.063，有意確率0.007）。活動面において政府との関係が全般的に疎遠になりつつあることは，2009年1年間の基金会の活動に関する次のデータからも推察される。まず，「政府の委託業務の実施」について，「実施した」と回答した基金会の比率は，「1989以前」，「1990－1998」，「1999－2004」，「2005以降」がそれぞれ25.0％（2団体），43.5％（10団体），20.8％（5団体），22.6％（14団体）であり，1990年代に設立された基金会で4割に達しているものの，1999年以降に設立された基金会では2割程度にとどまっている。同様に，政府機関に政策的な意見を提出するため「政府の組織した座談会に参加した」と回答した基金会は，40.0％（2団体），55.6％（10団体），38.9％（7団体），21.2％（11団体）（$\chi^2(3)=7.904$，$p<0.05$），「調査報告書あるいは政策建議報告を提出した」と回答したのは，20.0％（1団体），35.3％（6団体），36.8％（7団体），7.7％（4団体）（$\chi^2(3)=11.022$，$p<0.05$）であり，座談会参加については1999年以降登記された基金会，調査報告書の提出については2005年以降に登記された基金会で著しく比率が低下している。

また統計的に有意ではなかったが，集計結果からは，1990年代以降登記された基金会については，新しい基金会ほど，政府の管理体制からの解放を求めていることも窺えた。すなわち「掛靠」制度について，「不必要」とする回答が，「1989以前」，「1990－1998」，「1999－2004」，「2005以降」についてそれぞれ50.0％（4団体），33.3％（6団体），43.5％（10団体），51.8％（29団体）と増えていることが明らかとなった。

3　地方性基金会の政治観

本節では，基金会の政治観を示すデータを紹介する。ここで分析の対象とするのは，基金会の設立目的および政治的立場に関わるデータである。

まず，設立目的について，「1. 弱者の利益を保護し促進する，2. 社会問題を解決するべく政府に協力する，3. 政府の政策決定・執行過程に影響力を行使する，4. 問題解決のため社会革新を促進する」それぞれについて当てはまるものを問うた（複数回答可）。その結果，「当てはまる」と回答した比率は，「弱者の利益を保護し促進する」（42.9％　48団体），「社会問題を解決すべく政府に協力する」（47.3％　53団体），「政府の政策決定・執行過程に影響力を

図9－4　基金会の設立目的

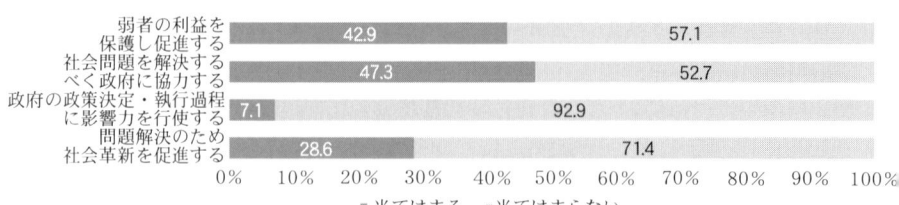

項目	当てはまる	当てはまらない
弱者の利益を保護し促進する	42.9	57.1
社会問題を解決するべく政府に協力する	47.3	52.7
政府の政策決定・執行過程に影響力を行使する	7.1	92.9
問題解決のため社会革新を促進する	28.6	71.4

行使する」(7.1%　8団体),「問題解決のため社会革新を促進する」(28.6%　32団体)であった(図9－4参照)。

　また,いくつかの政治的立場について,賛成度を5段階(5:賛成,3:中立,1:反対)で評価させた。その結果,5と4の合計が高い順に,以下のとおりとなった(図9－5参照)。「企業は利益追求だけではなく社会貢献も行うべきだ」(98.0%　96団体),「経済成長よりも環境保護を重視した政治を行ったほうがよい」(92.5%　87団体),「国や地方政府の決定に対して,もっと大衆が参加できるようにしたほうがよい」(84.1%　79団体),「政府の主要な課題は国民間の所得格差の是正である」(75.3%　70団体),「政府の主要な課題は地域間格差の是正である」(73.1%　68団体),「安全を守るためには,公民の自由が多少制限されても仕方がない」(71.3%　67団体),「政府の権限のうち可能なものは地方政府に委譲したほうがよい」(50.6%　46団体),「政府は経済の非効率な部分を保護しすぎている」(49.5%　45団体),「経済社会に対する国家の関与は少なければ少ないほどよい」(40.9%　38団体)。ここか

図9－5　基金会の政治観

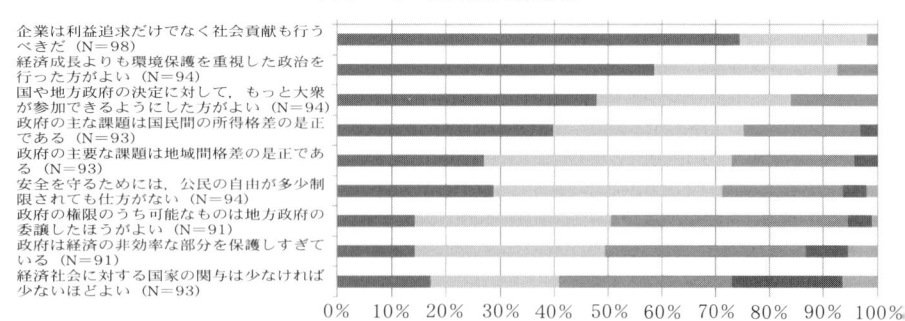

ら明らかになるのは，基金会が総じて，経済成長や利益の追求よりも環境保護や格差の是正を重視し，市民の自由よりも安全を重視し，かつ大衆の政治参加に重きをおいていることである。

4 政府との距離と政治観の関係に見られる地方性基金会の傾向

このような政治観は，基金会と政府の制度面やリソース面での関係性によってある程度規定されると思われる一方で，新たに登場した基金会は同じ体制下でも異なる傾向を示す可能性がある。そのことを検討するために，本節では共分散構造分析を用いて政府との距離と政治観の関係について分析を行う。分析では，基金会の登記年，所在地，党・政府との関係を用いて3つの因子（業務主管単位への依存，党・政府との人的コネクションと特権，党・政府とのパートナーシップ）を，基金会の設立目的と政治観を用いて4つの因子(7)（格差是正，中央のリーダーシップによる社会問題の解決，地方・企業・民間の参加による社会問題の解決，経済の自由化と政治的自由民主）をそれぞれ探索的因子分析で抽出するとともに，前者の3因子および設立年，地域ダミーを説明変数，後者の4因子を応答変数とした重回帰分析を同時に行う。モデルの詳細および因子分析は章末の付録に記載し，本文では重回帰分析の結果について述べる。

分析により明らかになったのは以下の点である（表9－1参照）。まず，党・政府と人的コネクションを持ち，業務主管単位の活動・財務に関する審査を免除されている特権的基金会は，中央のリーダーシップの下，地方・企業・市民の参加による社会問題の解決を志向する傾向にある。他方，地元の業

表9－1 基金会の政治観の決定要因（共分散構造分析の結果より抜粋）

独立変数	格差是正	中央のリーダーシップによる社会問題の解決	地方・企業・市民の参加による社会問題の解決	経済の自由化と政治的自由民主
登記年	0.055	0.201*	0.076	0.081
北京市ダミー	0.175	0.125	−0.027	−0.155
浙江省ダミー	0.289	0.185	0.258	−0.161
業務主管単位への依存	0.136	−0.165	0.326**	−0.108
党・政府との人的コネクションと特権	0.167	0.348**	0.383***	−0.062
党・政府とのパートナーシップ	−0.312**	0.192	0.000	−0.329**
決定係数	0.130	0.217	0.291	0.163
N			117	

注）数値は標準化回帰係数。*：$p<0.10$，**：$p<0.05$，***：$p<0.01$，****：$p<0.001$

務主管単位に人事・財務の面で依存している基金会は，同様に社会問題の解決に関心を持つものの，特に中央のリーダーシップは求めない。これに対し，政府および業務主管単位への人事・財務の依存に影響されず，政府とのパートナーシップを築いている基金会は，格差是正を唱えず，かつ経済の自由化や政治的民主化に否定的である。このことは，党・政府からの自立が必ずしも弱者の救済への志向や，いっそうの市場化や自由民主への志向に繋がらないことを示唆している。現状において，党・政府から自立的な基金会は，貧富の格差の激しい社会の中にあって，既存の利権構造の擁護者としての性格を有していると言えるかもしれない。

加えて登記年に着目すれば，10％有意ではあるが，新しい基金会ほど中央のマクロコントロール下での社会問題の解決を志向する傾向にある。中国は改革開放以降，地方分権を進め，財政自主権をはじめ地方に多くの裁量権を付与することにより，経済発展に向かう原動力を調達してきた。しかし，こうした政策は，「地方保護主義」と呼ばれる弊害を生み，近年は，財の再分配，金融面の統制，環境保全，食の安全等重要事項について，国家の積極的な関与を求める声が高まりつつある。新しい基金会の間にも，同様の考えが共有されてきていると言えよう。

5　まとめ

以上に紹介したデータから，基金会の発展動向については次のような傾向を見て取ることができる。

第一に，基金会は政府から自立する傾向にある。すでに財政面では政府から自立している基金会が大半を占めるが，財政面に加え，人事面でも基金会は指導者の人事について，政府の介入を受けない傾向にある。代わって，基金会と企業の連携は特に2005年以降強まっていると考えられる。政府出身者の基金会指導者就任が減少する一方，2005年以降に登記された基金会については企業関係者の就任が35％に達している。活動においても，企業との接触が増加し，委託業務の実施など政府との連携は減少する傾向にある。政府への働きかけ——政府主催の座談会への出席や政府への調査報告書の提出——が著しく減少していることからも，基金会が政治とは一線を画し，企業との連携の下に社会サービスに徹する方向に発展しつつあることが推察される。

第二に　基金会は全般的にみて，環境問題や格差是正についての関心が高く，「企業の社会的責任」についての賛成は98.0％に達している。データで見る限り，基金会の存在は，市場経済化以降の中国が，社会主義時代の遺産である政府の肥大化，権威主義体制による権力の集中を克服し，小さな政府を目指しながら，必ずしも市場至上主義に陥らずに，環境を保護し，所得の再分配を行う，企業や社会のバランス志向を反映しているように思われる。また，新しい団体ほど地方分権志向を持たない傾向にある。

　第三に，現時点で党・政府からの自立は，必ずしも弱者の救済への志向，いっそうの市場化や自由民主への志向に繋がらない。党・政府から自立的な基金会は，貧富の格差の激しい社会の中にあって，既存の利権構造の擁護者としての性格を有していることが推察される。このことは，今後ますます進むであろう基金会の党・政府からの自立が，必ずしも，現体制に対する革新勢力の誕生を意味しないことを示唆している。

(1)　基金会について定量分析を行った先行研究としては，中国の基金会の情報サービス・プラットフォームである基金会中心ネット（基金会中心網）のデータを用いた張亜維・陶冶の研究がある。張と陶は，2005年－2009年の全資産ランキングでTOP100に入った128の基金会のデータを，資産増加率の観点から分析し，非公募基金会が公募基金会を上回ること，全国性基金会が地方性基金会を大幅に上回ること，学校・企業を発起人とする基金会が他の基金会を上回ること，弱者救助・医療や災害救援のように「公平」を志向する基金会の成長率が高いこと等いくつかの傾向を指摘した（張・陶 2012）。
(2)　一部の基金会が登記後調査時までに消滅した可能性を考慮すれば，登記年ごとに分析は必ずしも同時期の基金会の全体像を示すものではない。
(3)　第1章に示したとおり，基金会調査で得られた有効サンプル数は118であり，精緻な重回帰分析を行うには不足である。したがって，本章の分析は主にクロス集計表に基づいて行う。
(4)　中華人民共和国民政部編『中国民政統計年鑑（中国社会服務統計資料）2012』中国統計出版社，612－619頁。なお2006年のデータについては，中華人民共和国民政部編『中国民政統計年鑑2007』中国統計出版社，192－193頁を参照した。
(5)　事業単位とは，国有資産を利用して社会公益事業（教育・科学技術，文化，衛生等）を行う事業体（学校，病院など）を指す。

（6） なお，調査データからは，基金会の指導者が，事業単位幹部，国有企業幹部を含む全ての党・政府幹部・職員が統一的な行政位階制に配置されている中国にあって，高いポストを経験した幹部である比率が高いことも明らかとなった。すなわち，指導者がかつて就任した最高行政ポストに関し，「部長級（大臣・次官級）」との回答が有効サンプル（N＝90）の8.9%（8団体），「司局級」（局長級）が52.2%（47団体），「処級」（課長級）が32.2%（29団体），「科級」（係長級）以下が6.7%（6団体）であった。また，指導者が人代代表・政協委員に選出されたことがあると回答した基金会は，有効回答（N＝104）の36.5%（38団体）に達した。

（7） 「党・政府との人的コネクションと特権」の因子は政府からの支援や指導者の特権的な地位を伴う関係であるのに対し，「党・政府とのパートナーシップ」は，支援や指導者の地位とは独立な関係となる。

付録　共分散構造分析の詳細

本章の4節で行った共分散構造分析の詳細をここに示す。本分析のモデルは付録図9－1で示すように①団体目的・態度を規定する因子群を求めるカテゴリカル因子分析，②政府・党との関係を規定する因子群を求めるカテゴリカル因子分析，③団体目的・態度の因子を応答変数とした重回帰分析，④政府・党との関係性因子を応答変数とした重回帰分析から構成される。この

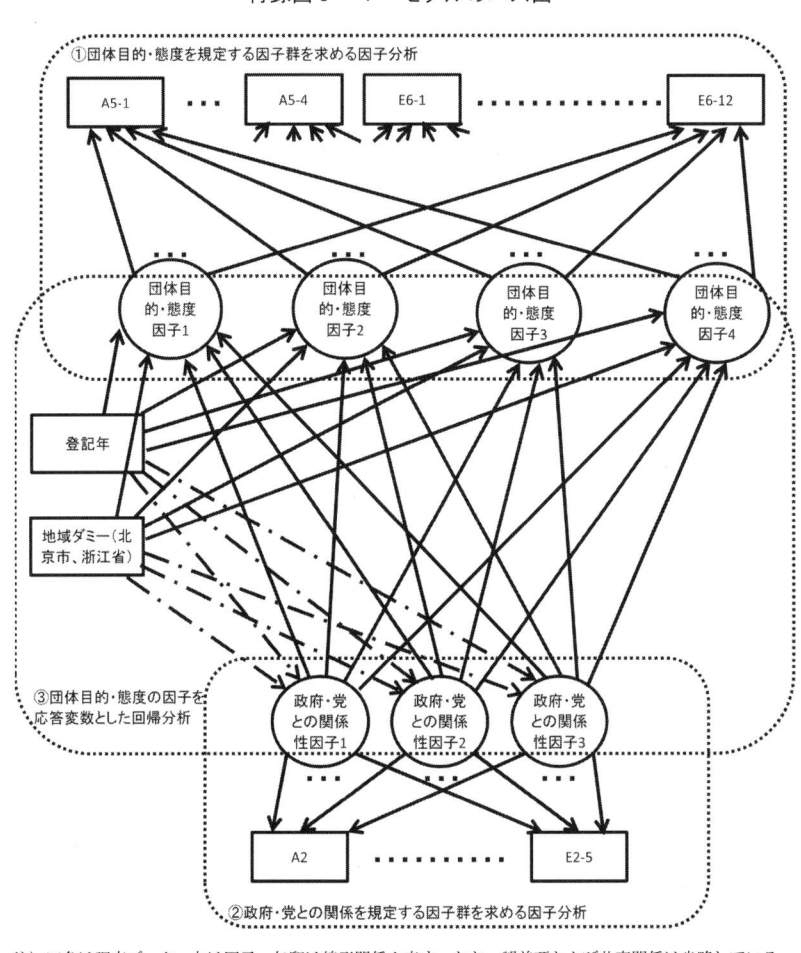

付録図9－1　モデルのパス図

注）四角は調査データ，丸は因子，矢印は線形関係を表す。なお，誤差項および共変関係は省略している。

付録表9-1　モデル全体の概要

推定法	WLSMV (Mean and Variance-adjusted Weighted Least Square estimator)
回転法	Geomin　（斜交回転）
χ^2検定	812.38****
自由度	626
RMSEA	0.050
CFI	0.882
TLI	0.854
WRMR	0.965

うち④（鎖線で表されているパス）は登記年や地域ダミーと政府・党との関係性の相関を統制することが趣旨であり詳細は割愛する。本文の表9-1は③に当たる。

①と②の因子数（4因子と3因子，以下，4＆3因子と書く）に関して，1＆1因子から7＆7因子の49通りのモデルを全て推定し，計算が収束しない，または5％有意水準を満たす負荷量が1つもない（解釈が不可能な）因子が存在するモデルを除いて適合度を比較したところ，3＆4因子，3＆5因子の2つのモデルは本章で採用したモデルより優れた値を示した。各指標の値が最も高いのは3＆5因子のモデルでRMSEA：0.046，CFI：0.905，TLI：0.877，WRMR：0.880である。

3＆4と3＆5因子を採用しなかった理由は，採用モデルにおける「格差是正」因子と「中央のリーダーシップ」因子が1つに統合されており，因子の解釈が困難という問題がある。統合された因子では値が高い団体ほど，弱

付録表9-2　①団体目的・態度の因子分析

		因子1 格差 是正	因子2 地方・企業 ・民間の参 加による	因子3 経済の自由 化と政治的 自由民主	因子4 中央のリー ダーシップ による
目的	弱者の利益を保護し促進する	0.356**	0.021	0.219	0.647****
	社会問題を解決するべく政府に協力する	-0.048	0.325***	-0.032	0.576****
	政府の政策決定・執行過程に影響力を行使する	-0.065	-0.032	0.478**	0.810****
	問題解決のため社会革新を促進する	-0.226	0.193	-0.023	0.185
態度	政策の効率性が重要	-0.026	0.620****	0.030	-0.364****
	能率より調整が大切	-0.091	0.508****	0.112	-0.045
	政府主要な課題は所得格差の是正	0.665****	0.050	-0.026	-0.181
	経済社会への国家関与は少ないほどよい	0.370*	0.044	0.586****	-0.006
	政府は経済の非効率的な部分を保護しすぎる	0.389**	0.041	0.483****	0.043
	政府主要な課題は地域間格差の是正	0.810****	-0.064	-0.042	-0.032
	経済成長より環境保護を重視したほうがよい	0.115	0.634****	-0.012	0.307****
	政府決定に大衆が参加したほうがよい	0.109	0.398****	0.480****	-0.025
	安全のため公民自由が多少制限されても仕方がない	0.155	0.370***	-0.286***	-0.190
	一部の政府権限は地方政府に委譲したほうがよい	-0.117	0.497****	0.187	-0.311***
	国民の意見は政治に反映されるべき	0.241	0.541****	0.061	0.047
	企業は社会貢献も行うべき	0.124	0.621****	-0.084	0.046

注1）数値は因子負荷量。*：$p<0.10$，**：$p<0.05$，***：$p<0.01$，****：$p<0.001$
注2）目的は2値の名義尺度，態度は5段階の順序尺度。

者の保護や政治への関与を目的とする一方で，所得や地域格差の是正を重視しないという一見すると相反する傾向を併せ持つ。政府と関与がある団体は格差是正を強く求めないという傾向が反映した可能性もあるが，因子の解釈としては複雑なものとなる。以上を踏まえ，格差が固有の因子として抽出されており解釈が容易な4＆3因子モデルを採用した。なお，目的と態度に関する他の2因子は採用モデルとほぼ同じであり，5％有意水準か否かという基準で見た場合，「経済の自由化と政治的自由民主」因子で「目的：弱者の利益を保護し促進する」が1％有意で正の値を取る点だけが異なる。

以上，モデル選択に主観的な判断が介在する点は本分析の課題である。今後基金会に関する理論の精緻化や事例研究が進めば3＆4，3＆5因子モデルの解釈も議論できるようになると考える。付録表9－1にモデル全体の概要，付録表9－2と9－3に①，②の結果を示す。

付録表9－3　②政府・党との関係性の因子分析

	因子1 業務主管単位への依存	因子2 党・政府との人的コネクションと特権	因子3 党・政府とのパートナーシップ
公募型基金会	0.273	0.501****	0.118
政府の支援を受けず自発的に設立	−0.339**	−0.394***	0.074
指導者が政府部門出身	0.36**	0.843****	0.008
指導者が就任した最高行政ポスト	−0.177	0.498****	0.075
政府部門との接触頻度	−0.083	0.484****	0.342***
政府との緊密度	0.129	0.461****	0.378****
政府職員との協調度	−0.292	−0.007	1.024****
業務主管単位による指導者選出	0.768****	0.081	0.044
業務主管単位との関係（事務所の提供）	1.111****	−0.002	−0.286
業務主管単位との関係（人員の派遣）	0.914****	−0.073	−0.172
業務主管単位との関係（財政拠出を行う）	0.622****	0.097	−0.197
業務主管単位との関係（指導者を決定する）	0.899****	0.182	0.004
業務主管単位との関係（年度会議に出席する）	0.331**	0.152	0.155
業務主管単位との関係（年度活動報告を審査する）	0.016	−0.568****	0.740****
業務主管単位との関係（財務状況を審査する）	0.228**	−0.421****	0.476****
業務主管単位との関係（その他）	−0.159	0.389****	−0.065
業務主管単位指導者が活動に参加する頻度	0.555****	−0.023	0.169
業務主管単位との緊密度	0.705****	0.157	0.188
指導者が共産党員	0.091	0.579****	−0.245
党組織の有無	0.011	0.918****	−0.240
党幹部との協調度	−0.230	0.025	0.985****

注1）数値は因子負荷量。＊：$p<0.10$，＊＊：$p<0.05$，＊＊＊：$p<0.01$，＊＊＊＊：$p<0.001$
注2）最高行政ポストと業務主管単位指導者の活動参加頻度は4段階，政府や業務主管単位との緊密度は5段階，政府職員や党幹部との協調度は7段階の順序尺度，その他は2値の名義尺度。

第10章

公共サービスの委託[1]

汪錦軍（許旭成・和嶋克洋訳）

　中国政府は，市民社会組織を厳しい統制管理の下に置く一方で，市民社会組織に，自らが担いきれない公共サービスの提供者となることを期待している。こうした状況の下で，築かれつつあるかに見える政府と市民社会組織の相互依存関係は，どの程度実体を伴うものなのだろうか。

はじめに

　市民社会組織は公共サービスの提供において重要な役割を果たしている。一方，政府は，公共サービスの提供において，次第にすべての問題を自ら解決することができなくなり，政府以外の組織の力に頼らざるを得なくなると認識している。このため，市民社会組織は政府および政府以外の組織による多元的管理構造の中で重要な役割を担うこととなる。以上の背景の下に，公共サービス提供への市民社会組織の果たす役割の研究は，公共サービス提供の構造改革および政府の職能転換において重要な課題となっている。

　中国では，党と政府は「調和のとれた社会の建設」というスローガンを掲げ，市民社会組織の重要性を認識している。2011年に当時の胡錦濤共産党総書記は中国共産党中央党校主催の「省レベル主要幹部による社会管理および創造のプロジェクト」の始業式で，社会管理体制の強化と完備のための，八箇条からなる方針を示した。その第1条は「各事業単位による社会管理と職責の意識を強化し，各社会組織による自らの建設および公共サービス提供の力を強化すべきである。人民団体による社会管理と公共サービスの参加を支持し，人民大衆による社会管理の参加を発揮させるべきである」という内容であった。

　30年以上の発展を経て，中国の市民社会組織も相当大きな規模に達し，様々な公共サービスの提供において重要な役割を果たしている。各地方政府も市民社会組織に公共サービス提供の委託を行い，関連の優遇政策を打ち出している。例えば，2007年，北京市朝陽区の街道委員会は，地域内の商業活動と工事建設以外の公共サービスに関し，一般入札の導入を決めた[2]。その他に，上海の浦東新区政府は，本来政府主導であった社会発展と民衆の日常生活のための公共サービスを市民社会組織に委託し，「政府負担，定数委託，共同管理，評価実現」という新しい公共サービスの提供方法の模索を明文化した。無錫市政府では，2005年に「政府による公共サービスの民間委託の指導意見」を発表し，さらに2006年に老人ホームの新設，街灯サービス，汚水施設の運営と管理など11分野の32項目の公共サービスを市民社会組織に委託した。この中には一般入札や定数委託を通じたケースがある（蘇・賈・孫・韓 2010）。

　それでは，政府の市民社会組織への公共サービスの委託の現状はどうであ

ろうか。また，その委託において市民社会組織はどのような役割を果たしているのだろうか。既存の研究では，このような疑問に答えるための全体的な分析が欠如している。そこで，上述の疑問に答えるために，これまでの個々の事例分析を超えた大規模なサーベイ調査に基づく研究が必要となる。

　本章は第2次中国JIGS調査の結果に基づき，北京市，浙江省の市民社会組織(3)（本章ではこれを民政部門で登記する社団，民非，基金会を指す）を対象にして以下の3つの疑問の解明に努める。第一に，政府の市民社会組織への公共サービスの委託の現状はどのようになっているのか。第二に，どのような種類の市民社会組織が政府に公共サービスを委託される可能性が高いのか。第三に，公共サービスの提供システムにおいて市民社会組織がどのように位置づけられているのか。分析では，政府による市民社会組織への政策と市民社会組織自身の発展を視野に入れながら，公共サービスの提供システムにおける市民社会組織の役割を明らかにする。

1　概要

　政府の市民社会組織への公共サービスの委託は，市民社会組織の発展と公共サービスの民営化による相互作用の結果である。しかし，中国の市民社会組織は，従来政府から公共サービスの委託を受けておらず，委託は近年の新たな現象であると言える。ここでは初めに，本調査の分析結果から，政府の市民社会組織への公共サービスの委託の現状について明らかにする。

　まず，政府公共サービスの委託規模からみれば，政府の市民社会組織への公共サービスの委託は，いまだに小規模で件数も少ないことがわかった。「過去3年間（2007年－2009年）で，あなたの団体は政府から公共サービスの委託を受けたことがありますか」という問いに対して，有効回答数1,776の中で，「はい」と回答したのは131団体にとどまっている。つまり，2007年から2009年までの3年間に政府から公共サービスの委託を受けた市民社会組織が総数に占める割合は僅か7.4％である。ほとんどの市民社会組織は政府から公共サービスの委託を受けていないことが明らかになった。ただし，市民社会組織の収入に占める政府の委託金の割合に関する設問からは，201の市民社会組織が政府の委託金を受けたことがあるという結果が得られた。その割合では11.3％を占めており，先の設問よりやや高い。これは，中国の市民社会組織

にとって「政府から公共サービスの委託」という言葉に馴染みが薄いために，実態を十分に反映できなかったためと考えられる。しかし，いずれにせよ，委託を受けた組織の比率は低いと言えよう。このように，政府の市民社会組織への公共サービスの委託は小規模に留まっていることが窺える。

また，地域別に見れば，北京市は683有効回答の中に11.7％（80団体），浙江省は906有効回答の中に5.6％（51団体）が政府から公共サービスの委託を受けたことがある。北京市の数値が浙江省より高いことは，各地方の公共サービスニーズおよび地方政府の公共サービスに関する新理念への受容度の違いに関係していると考えられる。こうした相違は，北京市と浙江省両政府の公共サービスの民間委託に対する考え方の違いが表れているためである。

現状における規模の小ささの一方で，政府の市民社会組織への公共サービスの委託は拡大傾向にある。例えば，「政府から公共サービスの委託を受けた初回の年」という質問への回答から（図10－1），政府による市民社会組織への公共サービスの委託は2000年以降拡大し，とりわけ2007年以降の拡大が著しいことが読み取れる。

また，2007年以降は市民社会組織が政府から委託された公共サービスの項目も増加している。項目数は2007年に177件，2008年に244件，2009年に318件までに増えた。無効の回答を除外した結果，その金額はそれぞれ2007年に72,646元，2008年に548,437元，2009年に870,106元と増加している。

他方，政府から市民社会組織への委託過程については，いまだに成熟して

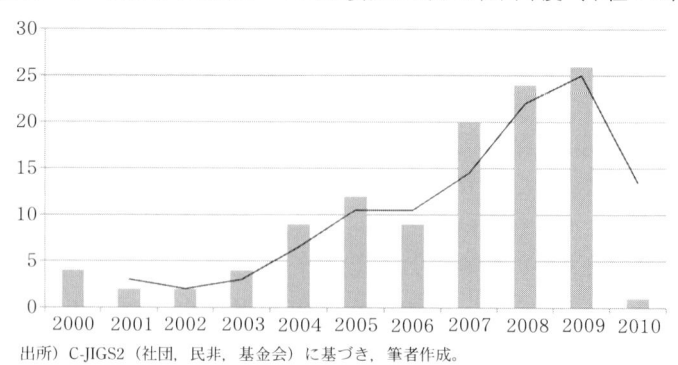

図10－1　政府から公共サービスの委託を受けた初回年度（単位：％）

出所）C-JIGS2（社団，民非，基金会）に基づき，筆者作成。

いない点が多い。例えば，「あなたは主にどういったルートから政府の委託情報を得ているか」という問いに対して最も多い回答は「政府の公開情報」からではなく，「政府からの要請・依頼」であり，その割合は全体の33.3％を占めている。ただし，「政府主催の公共サービス調達プロジェクトの関連ホームページ」からと回答した団体も26.2％，「政府関連部門への訪問」からと回答した団体も24.8％ある。また，個別項目の委託ルートに関する質問に対して，「政府からの要請」を選択したケースが延べ86件ある一方，「一般入札」を選択したケースは延べ10件のみである。さらに，委託金への会計審査監査に関して，「政府による監察」，「第三者による監察」，「監察を受けていない」と回答した団体の割合はそれぞれ58.4％，23.6％，18.0％である。この結果から，委託金の審査監査に対する有効な制度が欠如しており，政府の市民社会組織への公共サービスの委託過程に不正などの問題が生じる余地が残っていると言える。要するに，政府の市民社会組織への公共サービスの委託は，未だ制度化していないと特徴付けられる。

　以上の分析結果をまとめると，政府の市民社会組織への公共サービスの委託は小規模から次第に拡大していることが明らかになり，地方政府が公共サービスの提供における市民社会組織の参入を奨励するような動きも見られた。しかし依然として政府の市民社会組織への公共サービスの委託が制度化していないという問題がある。

2　制度的依存度

　中国の市民社会組織には，政府主導の下で設立されたものが多い。例えば，各レベルの政府機関によって立ち上げられたものや，政府機関から切り離された部門，党・政府職員の天下りによって設立されたものがある。これらの市民社会組織は，運営理念，組織職能，活動，管理体制などにわたって政府に依存し，未だ政府の付属部門としての色彩が濃い（王・賈 2002）。その結果，多くの市民社会組織は政府からの自立性を確保していないとされる。中国の市民社会組織に関する既存の研究のほとんどは，政府に依存することが市民社会組織にとって重要なことであるという認識に立っている。

　そこで，本節では，政府への制度的依存度が市民社会組織にとって重要であるという仮説を立てる。そして，このような仮説の下，制度的依存度が政

表10－1　設立経緯，編制の有無と政府からの公共サービスの委託

設立経緯	政府による公共サービスの委託を受けるか否か ある（％）	(EN)	編制の有無	政府による公共サービスの委託を受けるか否か ある（％）	(EN)
自発的に設立	7.6	634	ある	6.5	201
組織の決定による設立	8.2	330	なし	8.5	1315
どちらともある	9.6	564			

出所）C-JIGS2（社団，民非，基金会）に基づき，筆者作成。

府からの公共サービスの委託に与える影響を分析する。

　まず，表10－1をみると，設立経緯について「自発的に設立」を選択した市民社会組織において政府から公共サービスの委託を受けた割合が7.6％である一方，「組織の決定による設立」を選択した市民社会組織においては8.2％，「どちらともある」を選択した市民社会組織においては9.6％である。この3つの数値には大きな差異が見られない。また，カイ2乗検定で検証した結果，有意確率は0.452であり，本章で有意水準とする0.05を大幅に上回ったため，市民社会組織の設立経緯と政府からの公共サービスの委託の有無には関連性がないことがわかった。

　次に，市民社会組織の編制と政府からの公共サービスの委託の有無との関連性を見ていきたい。編制を有するか否か，また，どのような種類の編制を受けるのかは，市民社会組織の政府への制度的依存度を理解する鍵となる。ここでもクロス集計の結果をカイ2乗検定で検証する。編制を受ける団体では，201団体のうち6.5％（13団体）が政府から公共サービスの委託を受けた経験がある。一方，編制を受けていない団体では，1,315団体のうち8.5％（112団体）が委託を受けた経験がある。よって，編制を受ける市民社会組織の方が政府から公共サービスの委託をより受けやすいとは言い難い。さらに，カイ2乗検定によれば有意確率は有意水準0.05を上回る0.325であり，市民社会組織が編制を受けるか否かということと政府からの公共サービスの委託の有無との間には関連性がないことが窺える。

　続いて，市民社会組織が持つ社団以外の看板の種類と政府からの公共サービスの委託の間の関連性を見ていこう。分析結果によれば，看板が事業単位である場合，政府から公共サービスの委託を受けたことがあると回答した団体の割合は19.8％である。一方，看板が政府機関である場合では5.7％に過ぎない。また，他の看板を持たない市民社会組織では，委託を受けたことがあ

ると回答した割合が7.8%である。つまり，事業単位の看板を持つ市民社会組織は，政府からの公共サービスの委託の獲得率が高いことが検証された。

上述の結果によれば，市民社会組織の政府への制度的依存度の高さが政府からの委託の獲得に有利に働くとは言い難い。それでは，他にはどのような要因が政府の市民社会組織への公共サービスの委託に影響を与えるのであろうか。筆者は市民社会組織と政府の親密度を重要な一因として想定し，その影響を考察した。

図10-2で示したように，政府職員とよく接触する市民社会組織は，政府から公共サービスの委託を獲得する比率がより高い傾向にある。特に，市レベルの政府職員との接触は重要であり，彼らとよく接触する団体の17.0%が公共サービスの委託を獲得している。総じて，政府職員との接触度は，政府の市民社会組織への公共サービスの委託において重要な要因だと考えられる。

各レベルの政府職員との接触度と公共サービス委託の獲得についてカイ2乗検定を行った結果，市級職員との親密度と委託との関係の有意確率は0.007，局級では0.000，処級（日本では課長レベル）では0.000，科級以下（日本では係長レベル以下）では0.022であった。いずれも有意水準の0.05を下回ったため，市民社会組織の政府からの公共サービスの委託の獲得と，市民社会組織と各行政レベルの政府職員との接触度には関連性があると言える。

このように，市民社会組織が政府職員との親密度が高いほど，政府から公共サービスの委託を獲得する割合が高まる傾向にある。一方，従来考えられていた傾向とは異なり，政府への制度的依存度が公共サービス委託の獲得に

図10-2　政府職員との接触度と政府からの公共サービスの委託（単位：%）

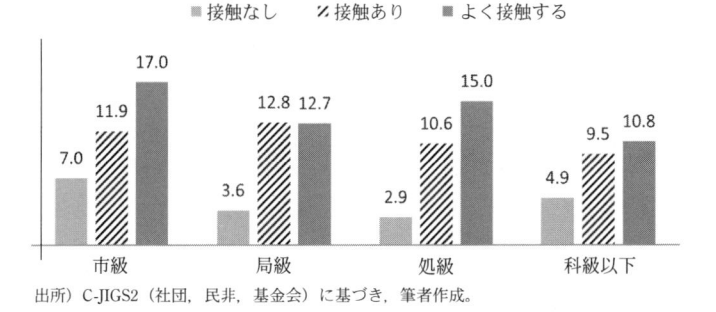

	接触なし	接触あり	よく接触する
市級	7.0	11.9	17.0
局級	3.6	12.8	12.7
処級	2.9	10.6	15.0
科級以下	4.9	9.5	10.8

出所）C-JIGS2（社団，民非，基金会）に基づき，筆者作成。

それほど重要ではないということも明らかになった。

3　政策環境

　公共サービスの提供は市民社会組織の重要な機能の1つである。では，市民社会組織はどのような分野で政府からの公共サービスの委託を受けるのか，あるいは受けるべきなのか。また，公共サービスの委託の現状に影響を与えている政策的要因は何であろうか。

　政府の市民社会組織への公共サービスの委託に関する議論では，市民社会組織に求められる公共サービスの供給システム上の役割から論じるべきだと考えられている。では，市民社会組織は，公共サービスの供給システムの中でどのような役割を果たすのか。団体は自身の公共サービスの提供機能についてどのように認識しているのか。政府との関係をどのように構築していくのか。これらの問題を解明するには，公共サービスの供給システム全体への認識が不可欠である。以下では，中国での公共サービスの供給システムにおける市民社会組織の役割を分析していく。

　初めに，市民社会組織がどのような分野において公共サービスの委託を受けているのかについて検証してみよう。調査結果によれば，市民社会組織の種類ごとに，政府からの委託を受けた団体の比率が異なっている。具体的には，非教育類民非（13.0％）および社団（8.0％）は委託を受けた団体の比率が高い。一方で，教育類民非（5.8％）および基金会（3.4％）は比率が低い。これはそれぞれの種類の市民社会組織自身の機能と関連していると考えられる。例えば，基金会の主な機能は，政府からの委託金を受け入れることではなく，社会からの寄付金によって公共サービスの提供を行うことである。従って，基金会を除けば，教育類民非は政府から委託を受けた比率が最も低い。このように，市民社会組織への政府からの委託は，非教育類民非および社団に比較的多く見られる。

　さらに，市民社会組織の活動分野と政府からの委託獲得状況について検証した結果（図10-3），生態環境（30.8％），専門・業界組織（15.6％），商工業サービス（12.8％），社会サービス（11.7％）などの分野で活動する団体に政府からの委託を受けている団体が多いことが分かった。それに対して，教育分野の市民社会組織で委託を受けた団体の比率は他分野に比して比較的に

図10-3　各分野の政府から公共サービスの委託の獲得（単位：％）

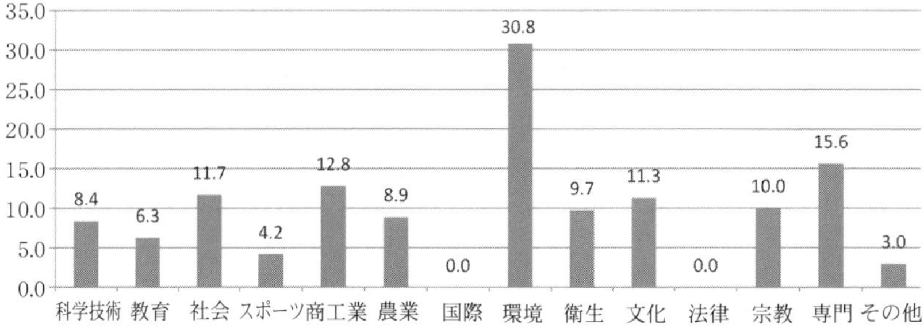

分野	％
科学技術	8.4
教育	6.3
社会	11.7
スポーツ	4.2
商工業	12.8
農業	8.9
国際	0.0
環境	30.8
衛生	9.7
文化	11.3
法律	0.0
宗教	10.0
専門	15.6
その他	3.0

出所）C-JIGS2（社団，民非，基金会）に基づき，筆者作成。

少ない。

　上記の分析結果から，政府の市民社会組織への公共サービスの委託は，主に社会サービス，環境，地方経済発展関連の分野に集中していることが窺える。一方，その他の公共サービス分野，特に教育分野においてその委託の獲得率は比較的に低い。また，政府が市民社会組織に委託した公共サービスの項目を検討すると，これらも主に業界発展，社区（コミュニティ）での保健衛生，社区サービスなどの関連項目が多い。

　データ分析の結果は，中国における公共サービスの供給システムの特徴と深く関わっている。現存のシステムの構造の下では，政府以外に，事業単位もまた主な公共サービスを担う主体である。多くの公共サービスの分野において，事業単位と市民社会組織の活動は重なる部分がかなり多いため，両者の間に競争的な関係があると想定される。それに加えて，政府の公共サービス委託に関する法規は整備されておらず，また，政府の公共サービス委託金の大半は，政府機関を通じて事業単位に流れてしまっているのである。このために，市民社会組織が事業単位と比べて政府からの委託を受ける機会が少ない。このことは，看板が事業単位である市民社会組織が，政府からの委託を受ける比率が高いといった上述の分析結果とも一致する。

　こうした状況を解決するため，近年一部の地方政府は，公共サービス委託に関するイノベーションを推進している。例えば，政府は，まず民政部門に委託金を割り当て，その後民政部門が市民社会組織にサービスの委託金を分配する。その結果，従来の事業単位を通じた委託金の分配方式と異なり，よ

表10-2　種類別市民社会組織の政府政策への満足度（単位：％）

地方政策への満足度	非常に満足	比較的満足	ふつう	やや不満	非常に不満
社会団体	23.3	51.3	21.0	3.7	0.7
民弁非企業単位（教育類）	16.2	31.3	37.5	12.0	3.1
民弁非企業単位（非教育類）	15.7	45.7	30.9	4.9	2.8
基金会	23.0	43.2	32.4	1.4	0.0
関心ある国家政策への満足度	非常に満足	比較的満足	ふつう	やや不満	非常に不満
社会団体	25.7	51.1	19.8	2.3	1.0
民弁非企業単位（教育類）	19.7	34.9	34.3	10.0	1.1
民弁非企業単位（非教育類）	21.1	47.6	25.2	4.7	1.3
基金会	23.6	50.0	22.2	4.2	0.0

出所）C-JIGS2（社団，民非，基金会）に基づき，筆者作成。

り多くの市民社会組織は政府の公共サービスの委託を受けられるようになる。

　言い換えれば，市民社会組織にとって，事業単位の存在が政府からの委託を受けるのに際して大きな障害となっている。特に教育分野で，この問題が最もよく表れている。表10-2に示したように，教育類民非は，政府の市民社会組織の関連政策に最も不満を持っている。

　また，中央政府と地方政府の市民社会組織の関連政策に対して，教育類民非は他の団体より不満を持つ割合が高いことが顕著である。

　上述の分析をまとめると，現行の公共サービスの供給システムにおいては，政府の市民社会組織への公共サービス委託は，既存の事業単位からの影響が薄い社区サービス，業界発展などの分野を中心に行われていることが明らかになった。(4) 一方，事業単位に関わる公共サービスでは，市民社会組織が政府からの委託を受ける機会が制限されている。この知見は，公共サービスの供給システムにおける市民社会組織の役割に対する認識に非常に重要である。そのため，中国市民社会組織に関する研究では，従来の政治体制に依存するメカニズムの分析が非常に重要であることを強調したい。

4　まとめ

　以上の分析を踏まえてまとめると，今日における中国政府の市民社会組織への公共サービスの委託は，次のような特徴を持っていると言うことができる。

　第一に，政府の市民社会組織への公共サービスの委託に関わる一般入札や会計監査審査において，その関連政策や法律は依然として十分に整備されて

おらず，現段階では政府の公共サービス委託は初期段階にとどまり，未成熟な点が多い。例えば，委託過程において政府から市民社会組織への要請が多い一方，市民社会組織による一般入札は少ない。それゆえ，公共サービスの民間委託市場では一般入札などの競争がなかなか行われていないのである。

第二に，政府の公共サービス委託は，主に既存の事業単位体制の影響力の薄い社会サービスや商工業サービス領域で行われている。その背景には政治体制の影響がある。事業単位は公共サービスの領域において財政予算，人事面での優位性を持つ。一方，市民社会組織は依然それに対抗できるだけのリソースを持たない。そのため，市民社会組織にとっては，事業単位の影響力が薄い社会サービスや社区サービス領域に進出すること，もしくは地方政府の市民社会組織参入奨励政策に関係することが，自身の更なる発展にとってきわめて重要なのである。

第三に，市民社会組織の政府からの委託の獲得には，政治体制と政策だけでなく，彼ら自身のこれまでの活動が大きく関係していることが明らかになった。例えば，政府との緊密度が高いほど，政府から委託を獲得する機会も増える。また，市民社会組織による公共サービスの提供に関する過去の業績が政府に認められるならば，政府からの委託獲得の可能性も大きくなる。現段階では依然として政府からの要請が主流であるため，委託市場における競争が欠けているが，政府の委託方法が従来の政府による要請から一般入札へと変化するならば，市民社会組織自身の活動能力がより一層問われるようになるだろう。

最後に，市民社会組織にとって，設立時における政府との関わりなどの制度的依存度は必ずしも政府からの委託の獲得に影響を及ぼす決定的要因ではないと言えよう。現在，市民社会組織にとって最も大切であるのは，自身の参入を奨励する政府の政策環境の整備である。社区サービスにおいても教育領域においても，市民社会組織にとって自身の政府への制度的依存度ではなく，自身が活動できる政策空間の獲得が公共サービスで役割を果たすための緊喫の課題となっているのである。

今後の政府の市民社会組織への公共サービスの委託は，市民社会組織自体に関連する政策の改革と整備を推進することにより，より多元的かつ効率的な公共サービスの供給システムを構築することにつながると言えよう。

(1) 本章は「第7章「服務替代」合作模式与公共服務購買—基於北京和浙江的実証研究」（汪錦軍（2012）『走向合作治理—政府与非営利組織合作的条件，模式和路径』杭州：浙江大学出版社，137－154頁）に加筆修正を行ったものである。

(2) 街道は地域の公共サービスを社会管理（交通，衛生，緑化など），家政サービス（話し相手サービス，ショッピングの付き添い，費用の肩代わり，送迎サービス，修理サービスなど），文化教育（文化・スポーツ活動の開催，保健衛生の指導など），労働保障（職務の開拓，雇用など）の4つに分類している。

(3) 本章では社団，民非，基金会調査の合算データを使用している。また，注1で挙げられている本章の基となった論文はデータ集計作業中に執筆されているため，データ数が他章とは異なっており，また，黒龍江省のデータも含まれていない。2010年8月18日時点での北京市での調査票回収率は62.9％（サンプル数：1178，回収数：741），浙江省での調査票回収率は59.3％（サンプル数：1748，回収数：1036）である。

(4) 政府は様々な政策を通して，社区サービス，業界発展サービスの育成を支援している。2006年，財政部，国家発展改革委員会，衛生部は「都市社区衛生サービスへの補助政策に関する意見」を発表して，政府による衛生分野における委託サービスの試験地域を指定した。また，2007年，国務院は「業界団体・商会の改革および発展を一層推進することに関する若干の意見」を発表し，政府による業界団体の委託サービスに関連する制度づくりを明確にした。業界団体は政府の委託を受けて活動を展開し，サービスを提供する。一方，政府はその事業に資金を支給し，その資金も政府の予算管理範囲内に組み込まれる。総じて，地方政府は業界団体の発展を積極的に支援するため，業界団体に分類される組織は政府委託サービスを受けている比率が比較的に高い。

第Ⅲ部

事例研究

第11章

人民団体―労使頂上団体を例として

黄媚・小嶋華津子

　党と大衆を結ぶ紐帯として，党とともに歩んできた人民団体。人民団体は，改革開放，市場経済化，グローバル化と押し寄せる時代の変化に，どのように適応しようとしているだろうか。市民社会組織としての機能をどの程度有しているのだろうか。本章では，中華全国総工会および中華全国工商業連合会に焦点を当てて考察する。

はじめに

　中国の社団には，中国共産党の一党支配体制において，特別な地位を与えられた「人民団体」と称される団体がある。具体的には，中国共産主義青年団，中華全国総工会，中華全国婦女連合会，中華全国青年連合会，中華全国工商業連合会，中国科学技術協会，中華全国帰国華僑連合会，中華全国台湾同胞連誼会をそれぞれ頂上団体とする団体を指す。これらの団体は，中国共産党が多様な人民大衆と結びつく（「統一戦線」）ための仲介組織として設置したものであり，中央および地方各行政レベルに設けられた人民政治協商会議（以下，政協）の構成メンバーである。

　本章では，労使頂上団体として位置づけられる中華全国総工会および中華全国工商業連合会を取り上げ，これらの団体の政治的社会的機能について，歴史と現在を概観する。分析では，中華全国総工会と中華全国工商業連合会が設立された歴史的背景，党・政府との関わりを踏まえ，近年両団体が，党・政府，また労働者や企業家とどのような関係にあるのか，その力関係の変化を浮き彫りにする。

1　「統一戦線」と人民団体

　1945年の中国共産党第7回全国代表大会において，毛沢東は新政権が旧来の民主主義制度ではなく「新民主主義」を採用すべきであると提起した。新政権とはあらゆる民主的諸階級を連合した統一戦線の政治制度としての連合政府であり，中国共産党の指導の下で各民主諸党派と各人民団体の代表者を政権に参加させる民主的連合政府であるとされた。当時の毛沢東は，こうした新民主主義をとる中国の政治体制は，ソ連のプロレタリアート独裁下の一党独裁とは大いに異なる共産党指導下の多党連合の一形式であると強調した。

　上記の構想に基づき，1949年9月には政協が発足した。同月に採択された「中華人民政治協商会議共同綱領」には，政協は「労働者，農民，軍人，知識人，プチブルジョアジー，民族ブルジョアジー，少数民族，華僑およびその他の愛国民主人士からなる，人民民主統一戦線の組織形式」であると明記されている。政協は1954年9月の全国人民代表大会の発足に伴い，実質的な政策決定の場としての機能を失い，「国家の建設事業や重大事項について，全国

人民代表大会と中央政府に提案する」諮問機関として再定義されたものの，依然として統一戦線の場として存在している。共産党中央直轄の「統一戦線工作部」[(4)]指導下の政協は，政党および各業界の代表から成り，共産党，民主諸党派，および人民団体を含めた25の分野別組織[(5)]から構成されている。人民団体は社会団体法人として登記されているものの，政協の代表議席をもち，社会団体の中でも特殊な政治的地位を与えられている。そのため，人民団体を「政治団体」と称する一部の研究者すら存在する（王・折・孫 1993：43；康暁光 1999：92；王・劉・何 2001：170；何・王 2008：145；陳・張 2009：132）。

建国以来，人民団体は中国の結社活動において重要な役割を果たすと同時に，共産党と社会との間の政策・意見の吸収・伝達の1ルートとして活用されてきた。各人民団体は設立過程によって，(1)建国前から中国共産党の指導によって組織されたもの（中国共産主義青年団，中華全国総工会），(2)建国前から存在し積極的に共産党を支持する団体，また建国前後に党の指導によって再編された団体（中華全国婦女連合会，中華全国青年連合会，中華全国工商業連合会），(3)建国以降，政治・経済・社会状況の必要に応じ，党の指導によって組織されてきた団体（中国科学技術協会，中華全国帰国華僑連合会，中華全国台湾同胞連誼会）から成り立っている（池上 1962：132）。

人民団体の設立と発展は，中国共産党が打ち出した「大衆路線」[(6)]と緊密に

表11-1　人民団体の設立年および会員構成

名称	設立年	会員構成
中国共産主義青年団	1922年5月に設立（前身は中国社会主義青年団，1925年より現在名），1949年4月に再結成	優秀先進青年
中華全国総工会	1925年5月（前身は中国労働組合書記部，1927年に地下活動化，1935年に中国労働協会として設立，1948年より現在名）	労働者
中華全国婦女連合会	1949年3月（前身は中華全国民主婦女連合会，1957年より現在名）	各業界の女性
中華全国青年連合会	1949年5月（前身は中華全国民主青年連合総会，1953年4月に中華全国民主青年連合会，1954年4月より現在名）	各民族，各業界の青年
中華全国工商業連合会	1953年10月	商工業界の経済人士
中国科学技術協会	1958年9月（1950年に設立した中華全国自然科学専門学会連合会と中華全国科学技術普及協会が合併により誕生）	科学技術者
中華全国帰国華僑連合会	1956年10月	帰国華僑，華僑
中華全国台湾同胞連誼会	1981年12月	台湾人士

出所）中国統一戦線辞典編委会（1992：173-177）に基づき，筆者作成。

関わっている。人民民主独裁を標榜する共産党は、その存立基盤を人民大衆の党への広範な協力に依存している。共産党の党規約は、「中国共産党は中国労働者階級の前衛であり、各民族の人民利益の忠実的代表である」と明記しており、共産党は「大衆路線」によって人民の利益を実現するという位置にある。そのため、人民団体の設立・管理・指導は、共産党の「大衆路線」を実施するための重要な一環となっているのである。

人民民主独裁における国家権力は、人民の組織化についても人民団体に依存する。そのため、人民団体は政治的色彩を強く有しており、各団体は規約において自らを「党・政府と人民大衆の間の架け橋」であると位置づけている[7]。人民団体は基層組織や会員に党の政策を宣伝すると同時に、所属する会員に政治参加のルートを提供する。また、政府は人民団体の活動に必要な補助金を各人民団体に支給し、県レベル以上の人民団体の職員は、国家公務員編制によって公務員待遇を受けている。人民団体は党・政府からも支持を得ており、地方レベルにまで広範な組織ネットワークを形成してきた。

しかしながら、1980年代以降の市場経済化を受けて、人民団体の代表性が問われている。近年、急成長を遂げている社会団体は、政府との一定の関わりを持つ団体も少なくない。しかし、少なくとも人民団体と比べると民間結社の形態により近い組織形態であり、「党・政府の政策宣伝道具」と揶揄される人民団体よりも会員の利益をより重視すると見なされている。そのような状況下において、多くの人民団体は、1990年代以降、党・政府の支持と指導を得つつも、基層組織の設立や会員を取り込むよう方針の転換を図っている。

そして、経済発展が国是として掲げられている中、労働者と企業家の利益をどのように調整しているのだろうか。以下では、労使の頂上団体－中華全国総工会と中華全国工商業連合会の政治的、社会的役割と機能はどのような変遷を辿っているのかについて検証する。

2　中華全国総工会

工会とは、労働組合にあたる組織であり、「中華人民共和国工会法」（1992年4月採択、2001年10月改正、以下「工会法」）では、「職員・労働者が自由意志により結成した労働者階級の大衆組織」（第2条）と定義される。

前述のように、工会の歴史は、1920年代にまでさかのぼる。1921年8月、

都市部の労働運動を指導すべく，中国共産党は中国労働組合書記部を設置し，翌年5月，広州で第1回全国労働大会を開催した。1925年には，五・三〇事件を契機として上海・香港を中心にゼネストの波が生ずる中，第2回全国労働大会が開催され，中国労働組合書記部は中華全国総工会に改組された。中華全国総工会は，1927年の四・一二上海クーデターを受けて国民党により閉鎖に追い込まれたが，1948年8月，「解放区」工会と国民党統治下の工会により共同開催された第6回労働大会において，再開が宣言され，これより中華全国総工会を頂点とする工会組織体系が構築された。

2-1 工会の組織構造

中国において，労働組合は，中華全国総工会を頂上団体としてヒエラルキカルに組織されたもののみが活動を認められている。具体的には，中華全国総工会の下に，省レベル，市レベル，県レベル総工会が置かれ，これらの総工会が郷・鎮や地域の工会および企業工会を統括するしくみになっている。そのほか，業界によっては全国レベル・地方レベルに産業別工会が組織されている。[8] 企業工会を含む工会の基層組織数は，2011年末時点で約232万，会員数は2億5,885万1,000人，工会専従職員数は99万8,000人とされる（中国国家統計局 2012：927）。

また，中華全国総工会主席には，代々中国共産党中央政治局員あるいは中央政治局常務委員クラスの指導者が就任してきた。現任の李建国も，中央政治局員であり，全国人民代表大会常務委員会副委員長を兼任している。また，省レベルの総工会主席も，それぞれ省人民代表大会常務委員会副主任などを兼任していることが多い。工会の財務状況は，きわめて不透明である。「工会法」第42条には，工会経費の出所として，「(1)工会会員が納めた会費，(2)工会を設置した企業・事業体，機関が毎月支払う，従業員の賃金総額の2％に相当する工会費，(3)工会所属の企業・事業体が上納する収入，(4)政府の補助金，(5)その他」と記載されているが，ほとんどの工会職員は政府財政から給与を支払われる公務員であり，人事面でも党・政府に強く依存している。

2-2 工会の制度的位置づけ

「工会法」は工会の機能および位置づけについて，以下のように規定してい

る。職務については，労働者の「利益を代表し」，その「合法的権益を守る」ことこそが「基本的な職責」とされる（第6条）。具体的には，雇用者との集団契約の締結，従業員代表大会等をつうじた事業体の民主的管理の実践，日常的な労働者の意見の吸い上げと問題解決・救済等がその手段となる（第6条・第19条・第20条）。雇用側もまた，労働者の労働契約解除について事前に工会に通知する義務を有する（第21条）など，工会の指摘・意見に対し誠意をもって回答することが求められている。しかし，工会の職責はそれに留まらない。工会は，活動を展開するにあたり，憲法の遵守のほか，「経済建設を中心とし，社会主義の道を堅持し，人民民主独裁を堅持し，中国共産党の指導を堅持し，マルクス＝レーニン主義・毛沢東思想・鄧小平理論を堅持し，改革・開放を堅持」しなければならない（第4条）。そして，その方針に従って，労働者を指導し，教育すること（第5条・第7条），経済建設のために労働者を動員すること（第7条）もまた，「人民団体」たる工会の職務として明記されているのである。

　したがって，ストライキやサボタージュが生じたときも，工会の立場は，雇用者－被雇用者の双方に配慮した中立的なものとならざるをえない。その点について「工会法」は，次のように規定する。「企業・事業体に操業停止・サボタージュが生じた場合，工会は労働者を代表して企業・事業あるいは関係方面と協商し，労働者の意見と要求を伝え，解決のための意見を提出しなければならない」「工会は企業・事業体と協力し，生産や業務の秩序をできる限り早く回復させる」（第27条）と。要するに，工会は特定の職員・労働者の合法的権益を守ることを基本的職責としながら，同時に，「全国人民の総体利益を守り」（第6条），労働者を共産党の一党支配体制の維持と国の発展に寄与するよう教育するような人材に教育する後見人としての役割をも担っているのである。そこに利益団体としての工会の限界がある。

2－3　利益団体化への模索

　上記のような利益団体としての工会の限界は，元を正せば，「プロレタリア独裁」という中国の国是に由来している。すなわち，理念型「プロレタリア独裁」の下においては，階級闘争を経て既に資本家階級が消滅し，共産党こそが「労働者階級」たる全人民の基本的利益を代表しており，「労働者階級」

内部の対立も起こりえない。そのため，工会が敢えてブルー・カラー労働者の権益を擁護すべく党・政府から自立的な利益集団として活動する必要も無い。逆に，「労働者階級」内部の利益分化，利益対立の存在をことさらに強調し，工会を党・政府から自立的なブルー・カラー労働者の利益集団として再生しようとする動きは，ともすれば社会主義イデオロギーや「プロレタリア独裁」体制の否定につながる危険をはらむのである。

　しかしながら，現実には，中国を含め，20世紀を特徴付けた社会主義国家は，一部の官僚による国家資産の占有，独裁を招いたのであり，管理者層と農民・労働者の間，持つ者と持たざる者との間には利益対立が厳然と存在した。そして，このような理念と現実の矛盾を前に，工会の位置づけや機能は，建国直後から，常に政治の争点となってきた。それは，工会が，党・政府と一般労働者を結ぶ「紐帯」として，党・政府の方針・政策を労働者に伝達したり，工業化という国家目標のために労働者を教育・動員したりするトップダウンの仲介者としての役割に重きを置くべきか，それとも，労働者大衆の声を党・政府に伝え，彼らの労働条件・生活条件の向上および様々な権益の擁護に努めるボトムアップの仲介者としての役割に重きを置くべきかをめぐる論争であった。

　しかし，工会の利益団体化を主張した指導者は，結局のところパージされた。例えば，建国当初工会を実質的に指導していた李立三（全総副主席・労働部長）は，工会を，雇用関係において依然として弱者の立場にある労働者の利益代表として建設すべく，党による工会幹部の任命・派遣制度の廃止，政府財政に依存しない会費による工会運営の実現など自立した工会指導系統の強化を目指したが，中華全国総工会党組織第1回拡大会議（1951年12月）にて批判された（小嶋 1996：83-114）。また，その数年後には，頼若愚（全総主席）を中心とする工会幹部が，頻発するストライキに際し，工会を労働者の利益団体として再生すべく，基層工会幹部選挙推進運動をはじめとする自己改革を試みた。しかし，全総党組第3回拡大会議（1958年5-8月）を経て粛清され，工会組織の自立化を警戒する党の決定により，工会の垂直的指導系統は切断された（小嶋 1997：113-143）。工会はその後プロレタリア文化大革命に至る急進的な左傾化の過程で，社会主義下の理想的「大衆」像――党の示す国家目標を個人的利益に優先させる無私無欲の大衆――に適合

させるかたちで，自ら党と一体化する道を突き進んでいった。度重なる政治キャンペーンの中で「党の助手」としての活動を比較的容易に受容した県レベルおよび基層の工会組織の一部は，党との一体化の中で独自の役割を失い，消滅へと向かった。

　文化大革命初期に機能停止に追いやられた工会は，1973年より再建へと向かったが，その利益団体としての機能強化が再び公然と議論され始めたのは，1980年代のことであった。改革・開放期を迎え，中国全体がグローバルな市場競争へと巻き込まれていくにしたがい，労使矛盾が激化し，各地でストライキ，サボタージュ，工場長の殺害といった事件が相次ぐようになった。1980年夏ポーランドにて労働組合運動ソリダルノシチ（連帯）がギエレク政権を退陣させた事態を重く受けとめた党指導部は，75年憲法および78年憲法に明記されていた公民のストライキ権を82年憲法の条文から削除した。しかし他方で，中国版ソリダルノシチを防止すべく，従業員代表大会制度およびその執行機関としての工会の建設，工会を労働者代表とする労使紛争処理の規範化を推し進めた。そして，全総に対し，工会と大衆の結びつきを強化し，社会の安定に寄与するための施策を考案するよう指示したのであった。こうした党中央の指示を受け，党委員会の1工作部門，1官僚機構になり下がってしまった工会を，労働者の利益団体として再建すべく，幹部人事をも含む党・政府からの工会の自立化を謳い上げた改革構想が，「工会改革の基本構想」（中国工会第11回全国代表大会（1988年10月）で採択）である。ここではさらに，工会が各行政レベルの政策決定過程および労使紛争処理過程に積極的に参加すること，企業においては工場長と労働者代表たる工会の間の労働協約締結制度を推進することに加え，労働者の権益侵害が民主的チャンネルを以て解決できない場合には，工会が様々な方法で合法的な闘争を行う権利を有することが確認された。しかし，こうした工会改革を含む抜本的な政治改革の試みは，1989年6月の第二次天安門事件により挫折し，それ以降今日に至るまで停滞したままである。

　党・政府の幹部に利得が集中するいびつな市場経済の下，不公平感を高めた農民や労働者の怒りが集団抗争事件などのかたちで噴出するに至って，前胡錦濤政権は「和諧社会」建設のスローガンを掲げ，格差の是正に取り組んだ。労働の分野についても，「最低賃金規定」（2004年3月），「労働保障監察条

例」(2004年12月),「中華人民共和国労働契約法」(2008年1月),「中華人民共和国労働紛争調停・仲裁法」(2008年5月)など,労働法規の整備を進めた。これらの法規においては,工会の機能の強化が強調された。例えば,「労働契約法」は,企業に対し,集団契約の締結を義務付けるとともに,集団契約締結の当事者としての工会の機能を改めて明記した。また,「労働紛争調停・仲裁法」においても,労働争議調停委員会・労働争議仲裁委員会への工会の参画や,県レベル以上の政府行政機関・工会・企業代表による協商メカニズムの構築が改めて規定された。しかし,工会の機能強化に向けた動きは,必ずしも工会の利益団体化を促さなかった。むしろ,党自身が「弱者救済」を打ち出す中,工会は「党の良き助手」たることを目指し,労使紛争の現場から離れ,活動の重心を,政策研究,法律コンサルティング,生活支援など,本来行政あるいは司法が担うべき領域に定めつつあるように見受けられる。

　そのような工会が,労働者の間で,自らの利益代表と見なされるはずもない。近年頻発するストライキは,いずれも労働者が独自にリーダーを立てて起こしたものである。社会主義体制において党の従順な助手,1官僚機構として位置づけられてきた工会と,市場経済化の現実の間の矛盾は広がるばかりである。

　かつてアニータ・チャン(Anita Chan)は,1993年の論考の中で,市場経済下で既存の工会が果たしている利益集約・表出機能の限界を指摘した上で,今後10年以内に従来型の国家コーポラティズムからより民主的な国家コーポラティズムへの転換がなされないならば社会的混乱が引き起こされるだろうと警告した(Chan 1993)。また,ゴードン・ホワイト(Gordon White)らも,1996年の論考で,今後,国家的要素の強い従来型のコーポラティズムから社会コーポラティズムへの移行を予測している。ただし,工会をはじめとする公的大衆組織や社会団体が,党・国家との従来どおりの関係に固執した場合には,新たな不法組織との矛盾が拡大し社会不安につながる可能性もあるだろう,との見解を示した(White, Howell, and Shang 1996)。フェン・チェン(Feng Chen)もまた,2003年の論考の中で,労働者が暴力的な直接行動に走ったり,独自の組織を形成したりする事態を避けるためには,現在の国家コーポラティズム体制を何らかの中央集権的社会コーポラティズムへと変革し,工会の自立化を図るよりほかは無い,と結論付けている(Chen 2003)。

しかしながら、それから10年、20年が経過した現在に至っても、彼らが期待した変化は生じていない。「人民民主独裁」の下では、党・政府が「和諧」路線を強調し、工会の権益擁護機能の強化を呼びかけたとしても、それはすなわち、工会の行政機構としての権限の増大と党・政府との一体化に帰結し、一元的支配体制の一層の強化を導くことにほかならない。現代史の遺産は、依然として工会に重くのしかかっているのである。

3　中華全国工商業連合会

中華全国工商連（以下、工商連）は2012年末現在、会員総数（企業会員、団体会員、個人会員）が314万に達し、全国各地で広い組織ネットワークを構築している。工商連は建国後に始まった資本主義商工業改造において重要な政治団体として設立されたものであった。その後、1980年代後半より非公有制経済が急速な発展を遂げる中、私営企業家の頂上団体として位置づけられている工商連は、党・政府により新たな役割を与えられ、経済・政治団体への転身を図っている。

3-1　歴史的変遷：政治団体から経済・政治団体への変貌

工商連の設立をめぐっては、建国前から共産党内において議論が繰り広げられていた。1949年3月第1回全国統一戦線会議において、毛沢東は民族ブルジョア階級に対する闘争と団結の手段を通じて国民経済を回復させると述べた。また、中国共産党第7期中央委員会第3回会議でも、毛沢東は労働者階級の指導の下、労農連盟を基盤にプチブルジョア階級、民族ブルジョア階級を団結させる方針を明示した（韓2006：75）。このように、建国以降、政府は国民経済の回復、ブルジョア階級の改造および彼らの政権への取り組みを、工商連設立によって打開しようとしたのである。

結果として、1951年2月、党中央は「統一戦線活動を更に強化することに関する指示」を出し、国有企業は必ず工商連に参加しなければならず、党・政府が統一戦線部と財政部門を通じて工商連の活動を指導するものとした。同年10月23日に開催された第1回全国政治協商会議第3次会議では、周恩来が政治報告において、工商連を改編し、各基層組織の整理・調整を促進させる旨を言明した。私営商工業内部の改造は既に始まっていることがその理由

であった。

　1952年6月の第3回全国統一戦線会議では，民族ブルジョア階級と民主諸党派との統一戦線問題をめぐって議論が戦わされた。同会議では，「民主建国会の活動に関する要点」と「工商業連合会の改編に関する指示」が採択された。その採択の中で，民主建国会が経済に大きな影響力を持つ商工業資本家を主体とする組織とされたのに対して，工商連は私営商工業のブルジョア階級を主体とし，彼らを組織，教育する人民団体であると位置づけられた。同年8月に，政務院は「工商業連合会組織通則」（以下，「通則」）を通達し，工商連の性質，組織構成および役割を規定したが，「通則」では，工商連は各商工業者を連合する人民団体と位置づけられている[13]。また，団体の主な役割は，計画経済体制下における私営商工業者の生産・経営活動の管理，彼らの合法利益の代弁，政府・機関への意見反映と規定された。国有，公私合営企業も工商連の会員に含められたものの，工商連活動の重要な対象は私営商工業者であった。党指導者たちの一連の議論を踏まえ，建国後の1953年4月，工商連の設立が許可され，同年10月には正式に設立された[14]。

　上記の経緯を辿ってみると，工商連は人民団体として，国家による資本主義商工業改造のプロセスの中で設立されたものであることが明らかである。一部の研究者は，工商連が私営商工業者の利益代弁組織という建前を取りながらも，商工業者を計画経済の指導客体として取り込み，経済建設に貢献させることにより，社会主義改造を効果的に進めようとする党・政府の構想に基づいて設立されたのだと指摘する（韓 2006：80）。特に，各地方レベルにおいては，党幹部を地方の工商連の副主任委員に任命するとの規定が設けられ，工商連は経済団体としてよりも政治団体としての色彩をより強く有するようになった。

　工商連の政治的役割を論じる際，第1次5カ年計画（1953-1957年）の実施について触れておく必要がある。第1次5カ年計画では生産面での工業発展の土台を構築する「社会主義工業化」，および制度面における国有化・集団所有化を実現する「社会主義的改造」の2つの目標が掲げられていた。そして，1956年9月に開かれた第8回党大会で，劉少奇は制度改革が基本的に完成したとの報告を行った。こうした状況を踏まえ，私営商工業者を主体とする工商連の存立意義はすでに失われたのではないかという論点も浮上した。

しかし同年12月には，中央統一戦線部は中央の「工商業連合会の役割を継続して発揮させることに関する意見」を公表し，社会主義的改造終了後も工商連を私営商工業者を主体とする人民団体として存続させることと明示した。後に毛沢東も，私営商工業者に対する思想改造・教育活動を展開するにあたり，工商連が長期的に存立する必要があると明言した。つまり，社会主義的改造終結後も，工商連は社会主義思想教育の場として使われたのであった（韓 2006：83）。

プロレタリア文化大革命収束後の1977年2月，中央統一戦線部は党中央に「工商業連合会の活動再開問題に関する報告」を提出し，工商連の基層組織の再建と活動の再開に取り組み始めた。そして，1978年，政府が改革開放を掲げて，公有制経済以外の経済所有制形態を許可し始めると，工商連は私営経済領域のリソースを利用すべく，会員の動員と私営経済の発展を推進するようになっていった。

1981年，工商連と民主建国会は，中央政府の指導により，都市部において個体商工企業，私営企業といった非公有制企業を設立させ，都市部における就職先を拡大する活動に取り組み始めた。1982年末，工商連は6,000の会員を動員し，就職希望者9万人の就職先として3,344社の企業を立ち上げた。市場経済化に伴い，政府は私営経済への規制緩和を進め，工商連もより積極的に市場経済活動に携わるようになっていたのである。特に，政府の優遇政策を受けた沿海地域においては，工商連は会員の人的リソースを利用し，香港，マカオ，台湾の企業との合資企業設立に組織活動の重点をおいていった（韓 2006：132-133）。

1993年10月，「全国工商業連合会規約」が修正され，工商連には中国民間商会という新たな呼称が与えられた。同時に工商連の会員は企業会員，団体会員と個人会員に分けられることとなった[15]。この規約により，工商連の会員は，私営企業，香港・マカオ・台湾・華僑・外資系企業など非公有制企業へと変化していった。また，1997年，2002年にも規約が修正された。この中で，工商連は「共産党が指導し，党・政府と非公有制経済を連携する架け橋であり，政府が非公有制経済を管理するための団体である」と再定義され，活動対象を主に非公有制企業とすることが示された。市場経済体制への進展に伴い，工商連は政治団体から経済・政治団体へと変貌を遂げていったのである。

3－2　業務主管単位の授権と私営企業家の政治参加

　工商連は人民団体として，1950年の「社会団体登記暫行弁法」によって登記が免除されると規定された。1989年の「社会団体登記管理条例」では，人民団体は引き続き登記の範囲外とされた。1990年3月，政務院が1952年8月16日に施行した「工商業連合会組織通則」に基づいて，民政部は「工商業連合会登記問題に関する通知」（以下，「通知」と略記）を公布した。当該「通知」もまた，工商連と各地方レベルの団体が登記不要であることを明示した。現在も，工商連は社会団体として民政部門に登記していない。

　2000年に民政部が公布した「社会団体の業務主管単位を再度確認することに関する通知」をみると，工商連に，社会団体の業務主管単位としての地位は与えられていない。そのため，工商連傘下の商会は工商連の内部団体とされ，独立した法人格を持たない。また，傘下団体は活動に際して工商連による管理，指導，監督を受けているが，これは社会団体の規制の抜け穴にもなっている。工商連傘下の商会は「一行政区に同一分野の複数団体の並立を認めない」という規則を受けずにすむため，温州市の例では，同一業界内に2つ以上の業界団体・商会を設立することが可能になっているのである（陳・汪・馬 2004：160）。

　中央政府の法規に対して，地方レベルにおいては工商連に業務主管単位の地位を与えた地域も数多く存在する[16]。こうした地方レベルの動きを踏まえて，2009年，民政部は「工商業連合会を社会団体の業務主管単位とすることに関する文書」を各地方民政部門へ通達した。同文書は，「国務院は工商連を全国レベルの社会団体の業務主管単位として認め，地方レベルにおいては各地方政府が自主的に決定する」と規定したもので，地方レベルにおいて各地方民政部門と工商連が連携して傘下団体の日常活動を指導，管理するという方針を示すものであった。また，2011年，民政部は「地方レベルの工商業連合会を社会団体の業務主管単位に授権することに関する通知」を公布した。地方民政部門の提案を受け，工商連は地方レベルで活動する業界団体，商会を業務主管単位として認めた。

　工商連は人民団体としての政治的リソースを活用し，私営企業家の政治参加の1ルートとしての役割を担っている。具体的には，工商連は政協に議席

を持つため，私営企業家の意見を集約しそれを政協に反映することのできる位置にいるということができるのである。例えば，1999年から2000年の2年間，全国工商連は傘下の310団体の提案・意見を集約し政協に申し入れた（韓福国 2006：149）。また，2004年の政治協商会議第10回全国委員会の開催に際して，工商連は65名の委員を推薦したが，そのうち38名は私営企業家であった（黄孟復 2004：82）。つまり，市場経済体制導入に伴う私営経済の発展を受けて，工商連が私営企業家の代表団体としての色彩を強めつつあると考えることができるのである。

4　まとめ

本章は，中華全国総工会，中華全国工商業連合会の事例を通し，社会団体の中でも特殊な政治的地位を与えられた人民団体の実態の変遷を述べた。

論述の中でも見られるように，労働者の頂上団体である総工会は，一連の改革を実施してきたものの，現状から脱皮できず，労働者の利益団体としての機能を必ずしも備えていない。そのため，総工会の枠外において，特に，珠江デルタ，北京，上海など，出稼ぎ労働者が集中し，非公有制経済が発達する地域においては，労働者の権利を保護する草の根NGOが数多く設立されている。これに対して，総工会は，2004年に開催した中華全国総工会第14回執行委員会第2次全体会議で，「基層工会工作を更に強化することに関する決定」を公布し，非公有制企業における工会設置にも力を入れ，労使問題の深刻化に歯止めをかけようとすると同時に，労働者の団体としての代表的かつ唯一の地位の正当化を図った。しかしながら，総工会は人事や財政を党・政府に依存しているゆえに，その条件が改善されない限り，労働者の利益を代弁する利益団体への成長には限界がある。

他方，中華全国工商業連合会は中華全国総工会とは対照的な路線を歩んでいる。1980年以降，党・政府は経済建設中心路線を国是として掲げている。そのような国家による私営経済の推進を受けて，工商連は私営企業家の利益団体として影響力を増大しつつある。基層レベルにおいては，工商連は政協に委員を推薦する資格を持つため，各地域の有力な企業家の入会を進め，私営企業家に政治へのアクセスを提供している。そして，私営企業家の政治権力が高まるにつれ，企業家の利益団体である工商連の政治的立場も強まるの

である。

　今後，中国の労使間の利害調整はどのように行われるのか。また，こうした中，総工会と工商連がどのように位置づけられるのか。中国の国是の変化のみならず，「国家－社会」間の力学の変化，さらに，社会的利益を吸収・調整する過程の正当化も問われる。

(1)　政協は独立した国家権力機関ではなく，中国共産党の中央直属機関である統一戦線工作部に所轄し，共産党傘下の民主諸党派，人民団体に参加する非共産党員を動員する組織とされる（高橋祐三 2004：87）。

(2)　本章の「1 統一戦線と人民団体」，「3 中華全国工商業連合会」の2節は黄媚（2011）「市場経済化と中国の業界団体―国家コーポラティズム体制下の模索」（筑波大学博士論文）「第2章　党・政府の社会領域への統制と業界団体」の「第2節　統一戦線と私営企業家の頂上団体―中華全国工商業連合会」の内容を一部再編したものである。

(3)　8つの民主諸党派の設立年と組織基盤は以下の通りである。中国国民党革命委員（1948年設立，国民党の左派），中国民主同盟（1941年設立，中・上層の知識人），中国民主建国会（1945年，経済界人士・若干の専門家），中国民主促進会（1945年，教育界・文化界・科学界の知識人），中国農工民主党（1930年，医薬・衛生界・科学技術界・文化教育界の中・上層知識人），中国致公党（1925年，帰国華僑・華僑の家族），九三学社（1946年，科学・技術界・文化教育界・医薬衛生界の中・上層知識人），台湾民主自治同盟（1947年，中国大陸にいる台湾出身者）（中国統一戦線辞典編委会 1992：166－172）。

(4)　統一戦線工作部は中国共産党中央の直属単位である。その他には，弁公庁，組織部，宣伝部，対外連絡部，政法委員会，政策研究室，台湾工作弁公室，対外宣伝弁公室，外事弁公室，機構編制委員会，社会管理総合治理委員会，精神文明建設指導委員会，中国共産党中央党校，『人民日報』社，『求是』雑誌社，文献研究室，党史研究室，編訳局，中央直属機関工作委員会，中央国家機関工作委員会，档案館，保密委員会，密碼工作領導グループ弁公室，警衛局などの25機構がある（2013年12月時点）。

(5)　8つの人民団体のほか，経済界，農業界，文化芸術界，教育界，体育界，新聞出版界，医薬衛生界，宗教界，少数民族，香港特別招請人士，マカオ特別招請人士，台湾特別招請人士，帰国華僑特別招請人士など25の分野別組織から構成される。

(6)　1945年中国共産第7回全国代表大会で党規約の修正において，当時中共中央書記劉少奇は，毛沢東の「大衆の中から大衆の中へ」といった共産

党の大衆闘争の原則に基づき，「大衆から学び，大衆の知識と経験を集中し，それを系統的で一層高度な知識に変えることによって，大衆の行動を指導する」という方針を強調した（天児慧 1984；小島朋之 1985；康暁光 1999）。
(7) 例えば，中華全国総工会の「中国工会規約」によると，工会は共産党の指導の下，党と大衆の間の架け橋であると明記されている。同様に，中華全国工商業連合会の「中華全国工商業連合会規約」は，工商連の役割を，共産党の指導の下で党・政府と非公有企業の企業家の架け橋となることであると規定している。
(8) 中華全国総工会，地方総工会，産業工会については，社団法人格を有する。下部の工会組織については，「民法通則」に規定された条件を満たしたものに限り，社団法人格を取得すると規定されている（「中華人民共和国工会法」第14条）。
(9) 集団契約の履行過程で紛争が生じ，協議によって解決できない場合，工会は労働争議仲裁機関に仲裁を請求することができる。仲裁機関が受理しなかったり，仲裁機関の判断に不服であったりした場合には，人民法院に訴訟を起こすことができる（「中華人民共和国工会法」第20条）。
(10) 本節は，小嶋華津子「中国工会の課題―人民団体から利益団体への模索」『現代中国研究』第25号，2009年10月，19－41頁の内容の一部を再編したものである。
(11) 「中華人民共和国労働法」（1995年1月）第33条および労働・社会保障部の発布した「集団契約規定」（2004年1月）第20条では，工会の設立されていない企業については職員・労働者の推挙した代表が企業側と集団契約を結ぶとされたが，「労働契約法」第51条では，「工会の設立されていない雇用単位においては，上級工会が労働者の推挙した代表を指導し，雇用単位と集団契約を結ぶ」というように，あくまで工会が集団契約の締結に介入することが明記された。
(12) 具体的には，会員数の内訳は，企業会員が1,495,405，団体会員が76,874，個人会員が1,574,875となる。「2012年下半年関与会員和組織発展状況的通報」（中華全国工商業連合会のホームページ：http://www.acfic.org.cn/Web/c_000000010003000100030003/d_11991.htm を参照。閲覧日：2013年9月19日）。
(13) 1952年の「通則」では，工商連の会員構成は以下4種類とされた。⑴市・県級工商連の会員は，当該市・県の区域内にある国有，私営，合営の工商企業，合作社，合作社連合社とする。手工業者，行商，露天商人は個人的に，あるいは集団として入会する。⑵省レベル工商連の会員は，県，省・直轄市および県レベルに相当する工商連，国有企業の省レベル機構，省レベル合作社連合総社とする。⑶全国レベル工商連の会員は，省，中央，大行政区，直轄市および省レベルに相当する工商連，国有企業の全国級機

構,全国合作社連合総社とする。(4)工商業界に特別に貢献した人士(徐家良 2010：219)。

(14) 工商連が設立される前に開催された会議の中では,工商連の基層組織の整理・調整,改編などが言及されたが,実際には1952年末までに各地方で工商連組織は存在していた。例えば,河南省西峡県(1937年),遼寧省安東市(1946年),黒龍江省ハルビン市(1947年),河南省漯江市(1948年),天津市(1950年),上海市・北京市(1951年)などが挙げられる。1952年末に,全国に1,045の商工業団体が存在していたと推測される(韓福国 2006：77-78)。

(15) 1993年修正の「工商連規約」によると,工商連の会員は企業会員,団体会員および個人会員から構成される。(1)企業会員：私営企業,香港・マカオ・台湾・華僑からの投資で設立された企業,外国投資企業,連営企業,株式企業,郷鎮企業,集団企業,国有企業とその他の所有制企業。(2)団体会員：私営企業家協会,民間企業家公会,民営科学技術実業家協会,個体労働者協会,郷鎮企業協会,台湾同胞投資企業協会,外商投資企業協会,外商公会,民間同業公会,工商連と連携関係を持つ経済団体。(3)個人会員：商工業者,商工企業の経営者と投資者,個体工商業者の代表,工商連と連携関係を持つ経済学者,経済理論家,法律従業者,香港・マカオ・台湾・華僑などの知名人士(徐家良 2010：220)。

(16) 2004年末,各地方レベルにおいて,工商連を業務主管単位として認めた地域は次の通りである。省レベル：広東省,江蘇省,湖北省,河南省,安徽省,四川省,湖南省など。市・区・県レベル：江蘇省啓東市,内モンゴル自治区フフホト市,揚州市邗江区,四川省新津県,浙江省杭州市・寧波市・麗水市・嘉興市,温州市の鹿城区・洞頭県など。2006年温州市政府は温州市工商連を業務主管単位に指定した(徐家良 2010：191)。

第12章

都市コミュニティ

小嶋華津子

　中国の都市コミュニティは，いかなる市民社会組織により形成されているのだろうか。本章では，政府主導で推し進められている社区居民委員会の再編の動きと，「住民の自治」を掲げる草の根NGOの動きが織りなす都市コミュニティの現在を描き出す。

はじめに

　中国都市部において、日本の自治会にあたる地縁組織はどのような機能を果たしているのだろうか。そこには市民社会が育まれる機運は生じているのだろうか。本章では、中国都市部のコミュニティをめぐる多様な組織とその関係を概観したい。

1　中国都市部のコミュニティ

1-1　「単位」制度から「社区」制度へ

　中国都市部のコミュニティは、ここ20年ほどの間に大きく変化した。

　計画経済体制期、都市部の末端社会は、「単位」システムによって規定されていた。当時経済活動の主体であった国有企業・集団所有制企業は、単なる企業体ではなく、従業員とその家族に生活インフラ（住宅、託児所、学校、病院、食堂など）や生涯にわたる社会保障を提供する「単位」として機能していた。都市に生活する人々は、「単位」に所属することによってはじめて食糧の配給をも含む必要な保障を得ることができた。他方党・政府は、行政の末端機構である「単位」をつうじて末端社会の住民を管理・監視し、動員することができたのであった。しかし、改革開放政策の下、国有企業改革によって国有企業が担ってきた社会運営機能が行政・市場へと移管され、分配の対象だった住宅が商品と化し、個人営業者、私営企業、外資企業などが、既存の「単位」システムの枠外で急速な発展を遂げ、新たな就業機会を目当てに、農村から都市へ大量の出稼ぎ労働者が押し寄せるようになると、「単位」システムは急速に溶解へと向かった。

　「単位」の溶解を受け、多様な都市住民を末端で管理する新たな枠組みとして上から建設されたのが「社区」である。政府民政部のイニシアティヴの下、1990年代から各地で社区建設プロジェクトが始まり、「全国で都市社区建設を推進することに関する民政部の意見」(2000年11月) により、全国規模で社区建設を展開するにあたっての統一的方向が示された。

　新たに再編された社区において、中核的役割を期待されているのが社区居民委員会である。社区居民委員会の歴史は、1954年の「都市居民委員会組織条例」に遡る。条例に基づき建設された居民委員会はその後、大躍進政策（1958

―1960年),プロレタリア文化大革命(1966－1976年)のさなかには,一時的に都市人民公社に組み入れられたり,居民革命委員会として再編されたりしたが,1982年憲法(第111条)に「居民委員会は都市住民居住地域に設立された基層大衆性自治組織である」と明記されるに至り,再び都市部の住民自治組織として位置づけられ,100－700世帯をまとまりとする居民委員会の再建が進められた。居民委員会の任務として,現行「都市居民委員会組織法」(1989年採択,1990年施行)第3条は,以下の6項目を列挙している。①憲法・法律・法規および国家の政策を宣伝し,住民の合法的権益を擁護し,法の下果たすべき義務を履行し公共財産を愛護するよう住民を教育し,様々なやり方で社会主義精神建設活動を展開する。②居住区域の住民の公共事務と公益事業を行う。③民間の揉め事を仲裁する。④社会治安の維持に協力する。⑤人民政府およびその派出機関に協力し,住民の利益に関わる公衆衛生・計画生育・軍人の家族や遺族の救済・青少年教育などの工作を行う。⑥人民政府やその派出機関に対し,住民の意見や要望を伝え,建議を提出する。しかしながら,「単位」社会が機能していた1990年代後半に至るまで,居民委員会の権限・役割は総じて非常に限られたものであったと言ってよい。それが,今世紀に入り,社区建設が推進される中で,約1000－3000戸をまとまりとする社区の自治を担う執行機関として,新たに社区居民委員会という呼称を与えられ,テコ入れされたのであった。2012年末時点で,社区居民委員会は9万1153,社区居民委員会委員は46万9000人を数える(「2012年社会服務発展統計公報」中国民政部ホームページ http://cws.mca.gv.cn/article/tjbg/201306/20130600474746.shtml,2013年7月16日閲覧)。

1－2 行政機関化する住民自治組織

　しかし,社区居民委員会については,もはや「住民自治組織」ではなく,行政機関に等しいとの認識を抱かれる傾向にある[1]。社区居民委員会の人事を見ても,専従職員は区政府の派出機構である街道弁事処が任用し,その報酬や福利厚生は財政によりまかなわれている[2]。これらの職員が社区居民委員会の正式な委員となるためには,「居民委員会組織法」に基づき,住民あるいは住民代表の選挙で当選しなければならないが,その選挙は形骸化が指摘されている。すなわち,選挙は往々にして選挙管理委員会が候補者を選定した上

での信任投票であり，競争選挙ではない（王秀琴 2007：109）。投票も，全住民が参加するのではなく，地区の党支部を中心に結成された選挙管理委員会が恣意的に選んだ住民代表により行われるケースが多い。共産党組織部は，社区における党の指導力を維持・強化するため，党支部委員が居民委員会委員を兼任できるよう様々に根回しをしている。さらに，社区居民委員会の活動内容を見ても，社区服務站（あるいは社区工作站，社会工作站）と呼ばれるサービスセンターを場に，地域の治安維持，計画生育の推進，社会保障の提供を担っており，大方の業務が財政的補助と引き換えに政府から委託された行政事務である。

　こうした行政機関化ならびに党への従属への方向性は，2010年8月に公布された「都市社区居民委員会建設工作の強化と改善に関する中共中央弁公庁・国務院弁公庁の意見」（以下では「意見」と略す）によりいっそう明確に示された。「意見」は，社区居民委員会建設工作の基本原則は「党の領導の堅持」にあり，党組織こそが社区の各種組織と各種工作の「領導核心」であり，本工作においては一貫して党と政府のイニシアティヴを堅持しなければならないと強調した。社区居民委員会は，党と政府が大衆と結びつくための橋梁・紐帯であり，社区党組織の領導を自覚的に受け入れ，政府に協力して治安維持，公衆衛生，計画生育，就職斡旋，社会保障，社会救済，住宅保障，文化・スポーツ事業等を行う。また，社区党組織のメンバーと社区居民委員会および業主委員会（後述）のメンバーの重複を目指し，「党・政府機関，企業・事業単位の現職あるいは退職党員幹部，社会の著名人や社区専従職員に，社区居民委員会選挙に参加するよう奨励する」とともに，党組織の責任者を選挙管理委員会主任に推挙し，選挙に対する党の領導を徹底させるとした。

　居民委員会の行政機関化，居民委員会選挙の形骸化に対し，多くの住民は特に気に留めていないように見受けられる。自治を支えるべき住民の大多数は，コミュニティの自治に対し冷淡であると指摘される。居住コミュニティのありようと住民の利害が直結する農村とは異なり，社区の外に主たる利害関係を有する都市住民の参加意識が低いのは，中国に限らず普遍的に見られる状況である。しかし，中国に特徴的であるのは，権威主義的な一党支配体制の下で，政府による公共空間の占有状態に慣れてしまっていることが，住民の政府に対する依存心，公共領域への参加意識の欠如をもたらしている点

である。張俊芳は次のように述べる。人々は社区で生活をしていながら，自分が社区の住民自治に対し責任や義務を果たすべきだとは意識していない。社区建設は全くもって政府の行為であり，自分は，政府が投資し建設してくれたものの恩恵にあずかれればよいとさえ誤解している，と（張俊芳 2004：157）。また，牛鳳瑞，潘家華（中国社会科学院都市発展・環境研究センター）は，「単位」型社会に慣れ親しんだ多くの住民は，公権力に対する依存心が強く，自己管理の方法を知らず，コミュニティの公共的事物に対して冷淡であると論じ，「住民規約（業主公約）」を通じて住民の間に公共の精神を育まねばならないと主張する（牛鳳瑞・潘家華 2007：196）。住民は依然として，「単位」による手厚いサービスの享受者であればよかった時代の習慣や意識構造から脱却していないのである。

　こうした状況に対し，党・政府は，社会主義体制ならではのやり方で，ボランティア活動を推進している。例えば政府民政部，中華全国総工会，共産主義青年団中央，全国婦女連合会，中国障害者連合会，中国紅十字会総会，全国老齢工作委員会弁公室，中国次世代への関心工作委員会，中国社会工作協会は2005年10月，連名で「新しい情勢下の社区ボランティアサービス工作をしっかり行うことに関する意見」を公布し，各地方組織に対し，2010年までに住民の10％がボランティアに参加し，全国の80％以上の都市部社区にボランティアサービスを普及させるとの目標を掲げた。[3]そして，党および共産主義青年団員，国家公務員が陣頭に立ってボランティアに参加し，工会，共産主義青年団，婦女連合会，障害者協会，紅十字会，老齢協会，次世代への関心工作委員会，社会工作協会がそれぞれにボランティア工作においてしかるべき役割を果たすよう求めた。また，各省の民政部門は社区ボランティアの発展目標を掲げ，社区ボランティアサービス組織を設立し，2006年より毎年12月5日（国際ボランティア・デー）に進捗状況を公開するとともに，効果著しい地域や部門を表彰し，落後した地域については改善に向けた指導を行うよう呼びかけた。しかし，住民の参加意識の高まりなしに，ノルマを課すようなやり方が，「自発性」を装ったボランティアの「動員」という矛盾した事態を生じさせかねないことは，過去の歴史が証明済みである。

　住民自治組織の行政機関化と並び，今日の都市部コミュニティの潮流を方向付けているのが市場化の動きである。新たに開発された住宅区においては，

数十万平米に及ぶ住宅区の生活インフラの提供に関わる事象の多くが，開発業者および不動産管理公司と管理費を支払う住宅所有権者の間の市場行為に還元される。不動産管理公司の管理に不満を募らせた住民は，「業主委員会」と呼ばれる住宅所有権者の委員会を組織し，自らの権利を主張し始めた。住宅所有権者および業主委員会は，「業主論壇」「焦点房地産網」「秦兵律師網」「業主維権網」などのインターネット・サイトを通じ，特定の地域を超えてネットワークを拡大しつつある。北京，上海，広州，アモイなどでは，業主委員会の連合体である業主委員会協会を準備，申請する動きも活発である。2003年以降は，これら住宅所有権者による運動のリーダーが，党の推薦を受けない自薦候補として居民委員会の選挙に立候補する動きも見られ，内外の関心を集めた（唐娟 2005：14-15）。

しかし，業主委員会制度もまた，次第に党・政府の網の中にしっかりと組み入れられつつある。元々業主委員会は，「所在地の区・県政府不動産行政主管部門および街道弁事処，郷鎮政府に届け出を行い，承認を得る必要がある」こと，業主大会，業主委員会は，職責の遂行にあたって，「所在地の社区居民委員会と協調し，その指導と監督を受けること」（「物業管理条例」第20条）が定められていたが，近年，より露骨な政府の関与を求める規則が各地で制定された。例えば深圳市では，1994年に業主大会と業主委員会を主とする居住区管理モデルが打ち立てられたが，深圳市政府国土房産局による「深圳市業主大会・業主委員会指導規則」（2005年1月）公布を機に，政府の業主委員会に対する関与を強化する方針が示された。具体的には，業主大会の設置に関し，街道弁事処の取り持ちの下，社区工作站あるいは社区居民委員会，建設単位代表各1名，住宅所有権者代表3名から構成される準備組（組長は社区工作站あるいは社区居民委員会のメンバーが担当）を中心に進められる旨規定されたことにより，業主委員会に街道弁事処や社区居民委員会の指導者が参画するようになり，業主委員会に対する政府および社区居民委員会の介入が強められた。先述の「意見」でも，社区居民委員会が「業主委員会，業主大会，不動産サービス企業の活動を指導し監督する」と明記された。

2　社区と草の根NGO

こうした中で，住民の自発的な参加を促す試みも報告されている。本節で

は，その中から，上海市浦東新区の羅山市民会館のケースおよび「社区参与行動」の活動について紹介したい。

羅山市民会館とは，1990年代に，上海市浦東新区政府社会発展局，浦東新区社会発展基金，キリスト教上海青年会（YMCA）羅山街道弁事処の協力により作られた施設である。同社区の内外からボランティアを受け入れ，子供を対象にした教育活動や老人サービスを展開するYMCAのやり方は好評を得て，「行政・社会団体・市民ボランティアの協働による社区サービス」の先駆として注目された。

同様に，行政・社会団体・住民の協働により参加型の社区ガバナンスのモデルを普及させることを目的にした活動で近年注目されているのが，現在民非として活動する社区参与行動サービスセンターである。この団体は元々2002年12月に設立され，当初は営利団体として工商部門に登記したが，その活動実績が認められ，2009年2月，東城区民政局に民非として登記した。具体的には，参加型社区ガバナンスについてのコンサルティング，研修プログラムをつうじた人材育成のほか，政府・専門家・NGO・住民の協働による参加型ガバナンスのモデルの実践と普及を進めている。例えば，2012年，社区参与行動サービスセンターは北京市東城区民政局と協力して，東城区社会組織指導サービスセンターによる同区の社区レベル住民自治組織の育成をサポートし，和平里街道青年湖社区，交道口街道菊児社区など8社区の住民自治組織のガバナンスやサービスの改善を図った。また北京市大興区清源街道香留園社区では，街道弁事処，社区居民委員会，北京万通公益基金会，華潤置地物業公司（不動産管理会社），社会組織および住民の協働による参加型生態社区モデルプロジェクトとして，緑化，資源リサイクル，研修を実施した。さらに別の社区では，北京市企業家環境保護基金会の支援を得て，北京緑詩丹環境保護科学技術有限公司の協力の下，「緑の住宅地ゴミ分別・減量試行プロジェクト」を展開した。甘粛省蘭州市では，群力社区発展センターと協力し，社区内の甘粛省第二人民医院，甘粛劉辰弁護士事務所などの機構を社区サービスの提供に参加させることに成功した。重慶市でも，羊角堡社区と模範村社区で前年に引き続き住民の自治管理推進の試みを進め，住民による自治管理行動小組の設立，討論会の開催を通じて，旧住宅区のゴミ問題，公園管理の問題などを解決した。社区参与行動サービスセンターのホームページ

に掲載された「2012年度報告」によると，同団体はこの10年来すでに70の都市，210あまりの社区において活動のネットワークを構築したという。

社区参与行動サービスセンターの活動は，国内の多くの専門家の支持するところとなり，顧問には，社会活動家として著名な北野（作家），舒可心（社区問題専門家），各大学や研究機関所属の専門家——陳偉東（華中師範大学城市社区建設研究センター），顧駿（上海大学社会発展研究センター），郭虹（四川省社会科学院社会学所），何増科（中央編訳局世界発展戦略研究部），焦若水（蘭州大学哲学社会学院），李凡（世界・中国研究所），李凡（環球協力社中国弁公室），李亜（北京理工大学管理與経済学院），李妍焱（日本・駒沢大学文学部），彭衛平（国際商用機器公司情報技術専門家），師曽志（北京大学公民社会研究センター），夏建中（人民大学社会学系），于燕燕（北京社区研究基地），袁瑞軍（北京大学政府管理学院），周紅雲（中央編訳局比較政治與経済研究センター），さらには政府関係者も名を連ねている。また，資金協力者としては，北京市計画委員会，東城区民政局，東城区党委員会社会工作委員会，東城区和平里街道弁事処，東城区東花市街道弁事処，福建省寧波市海曙区民政局など政府機関のほか，万通公益基金会，北京市企業家環境保護基金会，巴迪基金会など国内の基金会，さらにはフォード財団，ドイツキリスト教会サービスセンター，ジョン・ホプキンズ大学中国草の根研究センターが挙げられている。実際に，2012年度の収入のバランスとしては，国外の基金会による助成が80％，国内の基金会による助成が15％，政府によるサービス買い上げが5％となっている（『社区参与行動2012年度報告』39頁　社区参与行動服務中心ホームページ www.ssca.org.cn，2013年7月16日閲覧）。

以上のように，社会団体が仲立ちとなって，政府・社区居民委員会，基金会，企業，住民の協働を図ることにより，社区レベルの資源が有効に活用され，サービスが向上する。こうしたガバナンスのモデルはまだ一部で実現しているにすぎないが，政府の後押しを受け，今後普及していくと思われる。現に，2013年1月に「全国社区管理・サービス実験区創造工作の強化に関する意見」の中で，民政部は，社区をプラットフォームとし，社会組織がキャリヤーとなり，社会工作者陣がサポートし，政府が社区サービスを買い上げるメカニズムを推進する方向を示した。こうした動きが新しい潮流をつくっていくか，注目すべきであろう。

3　まとめ

　以上に論じたように，中国都市部のコミュニティには現在，様々な変化が生じている。まず，全体としてみれば，党や政府が，法律上「住民の自治組織」であるはずの社区居民委員会を政府機関化し，「自治」や「ボランティア」を大々的に演出しながら，実際には全てをとりしきろうとする「人民民主独裁」ならぬ「独裁」の潮流がある。こうした演出に対しては，多くの住民が冷ややかな感情を有しているものの，他方で自らの財産権の侵害や生活インフラの不備に不満を高めた住民は，業主委員会を組織して，不動産管理公司や政府管理部門を相手に，時に抗争を繰り広げ，インターネットを通じて地域を超えた連携を強めつつある。しかし，その業主委員会も，徐々に，党・政府のとりしきる枠組みの中に組み入れられようとしている。

　他方，社区参与行動サービスセンターの活動のように，市民社会組織が中心となり，コミュニティの住民に働きかけ，真の意味で参加型のガバナンス・モデルを普及させようという動きがあることにも注目すべきである。むろん，この動きは党・政府からの認可，党・政府との連携があってはじめて実現するものであるが，主導しているのは民間の力である。こうした参加型ガバナンスの試みがコミュニティのサービスを向上させ，住民たちから認知されていけば，都市部コミュニティをめぐる権力構造は，大きく変化することになるだろう。

　中国都市部のコミュニティについて，内外とりわけ西側の先行研究は，業主委員会の強化・連合，住民と不動産管理公司との抗争事件，住民運動出身者による区・県人民代表大会代表選挙への出馬などに注目し，それを，住民の政治参加意識の高まりひいては政治の民主化につながる動きとして論ずる傾向が強かった。例えば，ベンジャミン・リード（Benjamin L. Read）は，住宅所有者の権利要求運動と政治参加の問題を考察するにあたり，「権威主義体制内の経済改革は，政治的自由化・民主化を促すのだろうか？」という大きな問題を提起し（Read 2003: 33），業主委員会が国家や市場アクターにとって無視できない利益団体として発展を遂げることにより，漸進的な政治的変革をもたらす可能性を論じた（Read 2007: 149-173）。また，呉茂松も，住宅所有者による権利要求運動に関する実証的研究を踏まえ，これらが「都市

部における基層政治構造の変化の原動力となっている」との見解を示した(呉茂松 2009：57)。しかし，自由化や民主化といった軸にのみ依拠して状況を分析するならば，多くの注目すべき動きが分析対象から捨象されてしまう恐れがある。また，公共空間を構成する諸アクター間の均衡点は，国や地域により異なるだろう。党・政府，企業，市民社会組織，住民の間にどのような均衡点が見出されていくのか，変化著しい都市部社区の変化を多面的に捉える視点が必要である。

(1) 今回のアンケート調査に際しても，当初居民委員会を調査対象に組み入れる予定であったが，北京大学公民社会研究センターにより「居民委員会は実質的に政府機関と見なされているため，市民社会組織調査の対象としては適さない」と除外された経緯がある。

(2) 居民委員会の職員は公務員待遇を享受し，主任が科級幹部並みの待遇を受けているケースもある。

(3) 先述の「意見」でも，「社区」ボランティアを積極的に動員し，3年から5年のうちに，「社区」ボランティアの登録率を住民人口の10％以上とすることを目標とするとした。

(4) 「中華人民共和国物権法」によれば，住宅所有権者は，建築物およびその附属施設についての管理規約の制定・改正，補修資金の徴収，改築・修築，不動産管理会社もしくは管理人の選定・任用など，居住区内の共有・共同管理に関わる事項について共同決定する際，業主大会を設立し，業主委員会を選挙することができる（第75条）。業主委員会の職責は，①業主大会の召集と不動産管理実施状況の報告，②住宅所有者および業主大会代表として選定した不動産管理会社との不動産管理サービス契約の締結，③住宅所有者・使用者の意見や建議の適時把握，不動産管理会社による不動産管理サービス契約の履行に対する監督，協力，④管理規約実施の監督，⑤業主大会の賦与するその他の職責である（「物業管理条例」第15条）。ただし，業主委員会設置の試みは，開始から日も浅く，北京市でも2007年時点で，市内約3200の住宅区のうち，574（17.9％）の小区に設置されたにすぎない（趙久合 2007「関於検査『物業管理条例』執行状況報告 2007年10月30日北京市第十二届人民代表大会常務委員会第三十九次会議上」北京市人民代表大会常務委員会ホームページ http://www.bjrd.gov.cn/27925/2007/11/28/243@17142_11.htm，2010年1月22日閲覧）。

(5) 現段階では，いずれも正式な社会団体としての登記を批准されていない。

第13章

農村コミュニティ[1]

仝志輝（許旭成・竜聖人訳）

　改革開放に伴う党・政府のプレゼンスの弱まりは，都市コミュニティのみならず，農村コミュニティにも，多様な市民社会組織を生み出した。本章では，村民委員会，老人会，宗族，宗教組織，文化・スポーツ・娯楽組織等多様な市民社会組織を取り上げ，それぞれの性格を，党・政府との関係に留意しつつ整理する。

はじめに

　都市部の市民社会組織と同様に，農村社会における市民社会組織も改革開放以来30年にわたって著しい発展を遂げている。しかし，農村市民社会組織が研究対象として注目を浴びることは少なく，中国の市民社会研究の主流から取り残されている。その原因は，同組織が非常に多様化しているため，研究者間でその定義や分類がなかなか統一されないことにも求められよう。

　本章の目的は，中国の農村地域における市民社会組織の全体像を概観することである。以下では，まず農村市民社会組織を定義し，次に農村市民社会組織に関する3つの分類基準を提示する。そして，中国の農村地域で活動する市民社会組織の具体例を取り上げ，それらの組織の実態を検討する。

1　農村市民社会組織の定義

　農村市民社会組織は，単純に言うと農村で活動する民間組織の一種である。ただし，その定義を明確にするには，まず「市民社会組織」の定義を検討することから出発し，次に「農村」という活動地域を理解する必要がある。

　中国の市民社会研究では，NGO，NPO，ボランティア団体，慈善団体などを市民社会組織として議論することが多いため，農村で活動するこれらの組織をそのまま「農村市民社会組織」と名付けることが当然になっている。また，政府の公式的な定義に基づいた市民社会組織（社団，民非，基金会）以外にも，民政部門で登記してはいないものの，市民社会組織としての機能を果たしている団体が数多く存在している。

　それでは，市民社会組織の定義にはどのようなものがあるだろうか。陶伝進によれば，市民社会組織とは利益表出や権利保護の主体である。そして，市民社会組織は社会的弱者に対する公共サービスの提供や，特定集団の利益の表出を可能にし，さらに，民主的精神を育てることもできるという（陶伝進 2004）。一方，ゴードン・ホワイト（Gordon White）の研究では，市民社会とは国家と家族の間に存在する仲介的社会領域であり，この領域は国家から自立した組織によって占められている。よって，市民社会組織は市民が自発的に結成し，自らの利益・価値を保護・促進するためのものであると定義される（ホワイト 2000：64）。

農村市民社会組織を定義する際には，市民社会組織の有するこのような基本的属性を念頭に，組織の活動地域およびその構成員である農民の特殊性に注目する必要がある。農村市民社会組織は農村基層レベルの公益活動に従事し，また，農民の収入の向上，公共サービスおよび娯楽や祭祀・宗教行事の場の提供，平等な権利の獲得に向けて活動する。したがって，農村市民社会組織の特徴の1つは，経済，社会，大衆参加，文化・生活などの分野における農民の権利の実現を目指しているという点である。都市と農村の「二重構造」の下，農民は現在の制度下では社会的弱者になりがちである。このような問題を受け，党・政府が農民に提供できない経済的・社会的権利（機会）および福祉を供給する機能を担うことが農村市民社会組織には期待されている。ただし，都市部の市民社会組織と同様，農村市民社会組織の多くは成長の初期段階にあり，政府からの自立性も欠如している。そのため，政府主導で設立されたり，政府が自ら作り上げたりする官弁団体も少なくない。

　以上の議論を踏まえ，本章では農村市民社会組織を，「経済的，社会的，大衆参加，娯楽・宗教などの分野において農民主体で設立され，農村地域で活動する政府，企業以外の社会組織」と定義する。この定義に従えば，例えば，村民委員会は農村市民社会組織の範疇に含まれる。しかし，同委員会は政府への協力および村民自己管理（村民自治）という二重機能を持つため，NGOであるとはいい難い。

　今後，農村地域における市民社会組織の設立経緯，機能がより多様化すると同時に，国家権力，経済組織（企業単位）および市民社会組織の関係もより複雑化すると考えられる。また，農村市民社会組織には地域差も大きい。よって，各地の民政部門が全国的に統一された定義の下で農村市民社会組織を管理することは困難であり，研究者間でも定義を統一させることが難しい。したがって，本章では農村市民社会組織をあくまで広義に捉えることにより，農村地域に存在する多様な市民社会組織を網羅的に整理していく。

2　農村市民社会組織の分類

　農村市民社会組織は建国以前からの伝統的市民社会組織としての特徴も有しているが，近年の農村市民社会組織の成長の背景には，党・政府による市場化プロセスの推進がある。改革開放以降，国家の農村社会への介入が弱ま

るにつれ，市民社会組織が成長し得る空間が広がった。具体的には，人民公社の解体により，集団土地の占有権や経営権，労働力の支配権が国家から農民の手に戻された。また，国家が農村社会で実施した政治的・経済的分権化も，市民社会組織の発展を促進した。その結果，宗族や廟会といったかつては抑圧されていた伝統的市民社会組織も新たな政治社会環境の中で復興・成長しつつある。

さらに，政府が「社会主義新農村の建設」というスローガンを掲げたことで，農村市民社会組織内部においても多少変化が起きている。ただし，「公共サービス型政府」を目指す党・政府の方針を受けて郷鎮レベルの政府は村民委員会の事務に干渉・関与しないと定められたものの，郷鎮政府は依然として村民委員会より優位に立ち，村民委員会への統制を強化しようとしている。

ここでは，各農村市民社会組織の様々な組織形態や機能，政治社会における位置づけに注目し，その類型化を試みる。従来の市民社会組織研究では，様々な基準に沿った類型化が行われている。例えば，設立経緯や組織のリソースを基準にすると，外部から影響を受けて設立されたもの（外部型）と会員自ら設立したもの（自発型）とに大きく分けられる。また，活動分野により，市民社会組織を「政治性団体」，「経済性団体」，「文化性団体」，「社会公共性団体」などに区分することもできる。さらに，活動範囲によって，県レベル，郷レベル，村レベルの団体に分けることも可能である。

農村市民社会組織を分類する際にもこれらの分類を援用することが可能ではあるが，一定の限界もある。例えば，外部型と自発型という分類は農村社会にも適用できる。しかし，団体の活動範囲を基準にしてしまうと，自然村や行政村[2]，郷鎮，さらに県までも農村コミュニティに含まれる場合があるため，類型化が難しくなる。また，活動分野を基にした分類についても，各団体の活動分野はマクロ的な視点から定義されることが多いため，農村社会構造との間に一定の乖離が生じてしまう。

そこで，農村社会の実態および農民自身の認識に基づく市民社会組織の役割を強調するため，次の３つの次元での特徴に注目し，農村市民社会組織を類型化する。

第一の次元は，国家権力構造や政治体制との関係である。これらは農村市民社会組織の発展において重要な要素であり，地方政府や国家イデオロギー

との関係によって，体制促進型，体制抵抗型および体制無視型に大別される。[3]

第二の次元は，組織内部の構成員間の関係である。組織人事や内部での政策決定パタン，組織利益の享受の様相といった組織内部のガバナンスに注目し，農村市民社会組織をエリート主導型，エリート・農民共同参加型，エリート・農民共同管理型と分けることも可能であろう。

そして，第三の次元は，農村という地域に特有のニーズである。活動時期によって，農村市民社会組織を農繁期サービス型，農閑期サービス型，通年サービス型に分類できる。農村社会では基本的な生活パタンが農繁期と農閑期で異なり，農民のニーズも時期によって異なる。よって，農繁期サービス型組織は，生産協力，生産販売，融資などのニーズに対応するものであり，農業専業合作経済組織や民間金融組織などが含まれる。一方，農閑期サービス型組織の主な目的は精神面や文化面でのニーズを満たすことであり，文化芸術組織，賭博禁止協会，廟会，宗教団体などがある。通年サービス型組織は地域の公共サービスや社会事務・管理を供給することが主な目的である。例えば，老人会，婦人会，紅白（冠婚葬祭）理事会などが挙げられる。

3　農村市民社会組織の諸構成

本節では，村民委員会，老人会，宗族，宗教組織，文化・スポーツ・娯楽組織を取り上げながら，農村市民社会組織の実態を概観する。他にも，農民合作経済組織，農村専業技術協会，農民専業合作社，農村専業サービス協会，農村婦人協会などといった多様な市民社会組織が存在するが，ここでは，上記の市民社会組織を中心に，農村政治社会の変遷を考察してゆきたい。

3-1　村民委員会：体制促進型，エリート・農民共同管理型，通年サービス型

村民委員会は農村市民社会組織の中で最も権威のある農民の自己管理のための市民社会組織であると規定されており，その数も多い。民政部の統計によると，2011年時点で全国には589,653の村民委員会がある。[4] 村民委員会は農民に社会サービスを提供し，また，国家の行政管理権限を代行する機能も有しているため，研究者からの注目を浴びている。

「村民委員会」という言葉は，農村地域に住居する成人（18歳以上）から成

り立つ自治組織を意味する場合もあれば、その自治組織によって選出された自治的権力機関を意味する場合もある。「村民委員会組織法」の規定によれば、「村民委員会は村民により自己管理、自己教育、自己サービス（助け合い）の提供を行う基層大衆自治組織である。民主的手続きに従って選挙、政策決定、管理、監督を実施する。村民委員会は、村の公共事務・公益事務、村民紛争の調停、治安の維持に従事し、政府に村民の意見・要求・建議を反映させる」とされている。村民委員会は、人民公社の解体や行政管理権限の縮小を受け、国家による農村社会の管理やグッド・ガバナンス（good governance）を実現することを目指し、設立された。そして、党・政府による法律の整備と政策によって推進され、成長を遂げた。

前にも触れたように、国家による行政管理を代行し、農村社会における自治管理の権限も与えられているため、一部の研究者は村民委員会をあくまで１行政組織として認識している。しかし、同委員会を農村市民社会組織研究の対象から排除するのは適当ではない。村民委員会は農村社会における社会公共生活の全般を実施・管理する組織であり、法律上でも自治組織として定められているからである。

村民委員会の構成員は成人の直接選挙によって選ばれる。こうした点は、市民社会による国家権力のチェックや、市民を中心とした社会事務の管理、市民の政治参加および選挙の実施といった民主主義の理念に類似している。それゆえ、1980年代中頃から、国内外の研究者が村民選挙を中国農村政治改革・村民民主参加の１形態として捉え、関心を寄せている。村民委員会の構成員選出における選挙の存在が農村政治研究のブームを巻き起こしたが、近年は、村民委員会が公共サービスの提供をどの程度実現しているのか、村の行政事務がどの程度公開されているのか、村党支部や郷鎮政府との関係性や利害調整のあり方といった村民委員会の役割・機能により研究の焦点が当てられるようになっている。

3－2　老人会：体制促進型，エリート主導型，通年サービス型

農村における高齢者（65歳以上）の数は2006年には総人口の7.9％に当たる10,419万人に達した。そして、今後50年間、高齢者数は年間3.2％の割合で増加すると予測されている。農村部の高齢化は都市部よりやや進んでおり、2000

年の第5回全国人口センサスによれば，60歳以上の人口が総人口に占める割合は都市部で9.7％，農村部で10.9％である。

　農村部の高齢者は労働能力や学歴が低いため，弱者の立場に置かれる。それに加えて，政府による農村社会福祉政策が充実していないため，高齢者はほとんど家族に頼らざるを得ない。このような状況にも拘わらず，実際には，経済条件や扶養に関する考え方の変化もあり，一部の高齢者は十分な介護を受けていない。そのため，農村社会に互助システムを構築することが重要な課題であり，その中で大きな役割を果たすのが老人会である。

　農村老人会は，高齢者の権利保護のための組織であり，農村の高齢者が自らのニーズを満たすために自発的に設立する。老人会は，自己管理，自己教育，自己サービス（助け合い）の提供という主旨の下で，高齢者への文化，教育，スポーツ，科学知識の普及などの分野で活動を展開する組織であり，1980年代以降急速に発展してきた。最初に自発的に設立された老人会は，当初は生活困難な高齢者家族の葬祭問題を解決することを目的とした江蘇省興国県江背町高寨村の「高齢者互助会」である。その後，1982年には吉林省龍井市平安屯と浙江省麗水市青田県温渓町で，1984年には河南省清豊県陶河村で，1985年には山西省大同市南郊区城関町新華村と福建省長楽県，南平市，沙県でも設立されるなど，中国各地で高齢者の自発性により老人会が立ち上げられた。ただし，これらの組織は，年金の給付，生活互助，文化・娯楽の提供といったサービスを中心に活動を行っている。

　老人会の急速な成長に対して，各地方政府も老人会を法制度に取り込みつつ，その動きを促進し始めた。例えば，1988年7月22日，浙江省人民代表大会第7回第4次常務委員会会議では，「浙江省高齢者の合法権益の保護に関する若干の規定」が採決され，市，県（区），郷（鎮）レベルにおいて老人会の設立が許可された。同規定により，村レベルの老人会の設立にも法的根拠が与えられたわけである。

　1990年代後半に入り，党・政府は高齢労働者対策などといった高齢者問題をより重視するようになり，1999年10月22日には中国共産党中央や国務院の批准によって「全国老齢工作委員会」が設立された。また，地方政府もその後各地で老齢工作委員会を設立させた。農村高齢者自らの意思と政府の推進により，老人会は基層レベルの高齢者向け団体の中で最も重要な組織となっ

た。さらに2001年に全国老齢工作委員会が雲南省で開催した「コミュニティにおける高齢者活動の強化」会議で、北京市、上海市、天津市、黒龍江省、遼寧省、山東省など10の省・市が実験地域に指定され、これらの地域では村民委員会の下に老人会が設置されることになった。

　全国老齢工作委員会の調査によれば、2003年末時点で中国全土に42.5万の老人会がある。中でも、農村村民委員会の下で設立されたものが老人会の総数の87.8%に当たる37.3万団体に達している。また、2006年には、全国老齢工作委員会は会員単位と合同で「中国高齢者事業発展『十一五』計画」を発表し、農村高齢者に向けた活動の増加と介護施設水準の向上を目指した。その結果、2006年末には、中国全土で高齢者法律相談所が1.9万社、高齢者権益保護組織が7.4万団体、高齢者学校が37,176校(在学人数が383.4万人)、高齢者娯楽センターが31.7万カ所を数えることとなった。[5] 筆者の調査によれば、これらの組織・施設には、農村老人会からの委託を受けて設立されたものが少なくない。

　しかしながら、老人会の設立・発展における地域間の格差も見られる。既存の研究においても筆者による実地調査の結果においても、最も老人会が発展していると考えられる地域は浙江省である。民政部の統計によれば、2005年末までに同省内にある34,848の村のうち、93.5%に当たる32,577の村で老人会が設立されている。また、加入者数も農村高齢者総人口の74.4%に当たる352.89万人に達しており、中国全土の平均値をはるかに上回っている。他方、中西部地域の農村では老人会の発展が遅れているのが現状であり、その主な原因は組織的リソースの欠如にある。さらに、一部の調査報告によれば、せっかく老人会が設立されても、活動資金の不足によって存在が形式的なものに留まってしまっている場合もあるという。

3-3　宗族：体制無視型，エリート主導型，農閑期サービス型

　従来抑圧された宗族組織は、1980年代に復興し始めた。その要因は、「家庭請負制」の下、宗族組織の存在が農村における社会公共事業や福祉事業の実施をスムーズにし、かつ、精神面や文化面でのニーズを満たすことにも繋がるからである。農村社会で様々な市民社会組織が成長を遂げる中、宗族は公共・福祉分野におけるその役割を維持すると同時に、農村社会での精神面や

文化面での存在感もより強めていった。地域分布からみれば，多くの宗族は南部地域に集中している。

　宗族の存立様式と活動内容に関する先行研究は数多く存在しているが，家譜の修正や宗祇の紹介などに終始している。しかし実際には，宗族間の連携は農村社会における基本的なネットワークであるのみならず，農村経済の成長や社会福祉の向上を促進する重要な要素でもある。その1例として，檀山鋪郷を中心として1997年6月に設立された文珍基金会を挙げることができよう。同会は地域を越えた張氏一族の民間教育基金会組織で，一族の子孫に必要な教育援助を行うことを目的としたものであるが，設立後5年間で173人を動員した。また，同会から貧困学生に給付された奨学金も1.45万人民元に上り，支援した学生・孤児の人数も9名に達している（李 2006：96）。

3－4　宗教組織：体制無視型，エリート主導型，通年サービス型

　社会主義体制の下，改革開放以前は長年にわたって無神論が提唱されたものの，農村での宗教信仰が絶滅することもなかった。しかし，1980年代以降，農村の宗教信仰はすさまじい発展を遂げている。ある調査によると，中国にはカトリック教徒が400万人，プロテスタントが1,000万人，イスラム教徒が1,800万人，チベット仏教信者が750万人，上座部仏教信者が200万人存在しているという。また，道教の寺院も600カ所あり，道士・女道士の数も6,000人を上回っており，他の宗教も含むと，延べ1億人に達する計算になる。そして，各宗教の信者は農民が最も多く，信仰の主体となっている。

　また，2004年の統計によれば中国におけるキリスト教徒数は1,600万人であるが（桑吉 2004：112），実際の数字は政府の発表した公式データの2－5倍であると推定されている（呉梓明 2001：358）。そのうちの70％は農民であり，政府による宗教統制の緩和，および信仰の自由を保障する政策の実施が農村における宗教信仰の復興の背景にある。また，一部の後進地域では，娯楽や文化的活動の乏しさや自然災害，生活苦などから人々が宗教に癒しを求めるようになっており，また，医療条件が厳しい地域では，病気の苦しみに悩まされる農民たちが宗教に救いを求めるようになっている。さらに，農村における貧富格差の拡大や地方政府と農民の関係の緊張化からも，農民たちは宗教が唱える社会平等と輪廻思想に幻想を抱くようになった。こうした背景の

下，農村地域では伝統宗教のみならず，外来宗教も急速に広がっている。

　全体的には，仏教や道教，イスラム教の組織ネットワークはそれほど広がっていないのに対し，キリスト教が急速に拡大している。地方政府による宗教政策は，組織の存立状況や組織規模を左右する。例えば，ある報道によれば江蘇省北部，河南省，江西省などの各地でキリスト教の躍進が目立っているが，特に河北省ではカトリックの影響が強い。また，農村におけるキリスト教徒に高齢者や女性が多いのも特徴的な点であり，その多くが孤独感を解消するために入信したという。こうした点を考慮するならば，農村宗教組織の発展は，精神面もしくは文化面での活動を目的として政府が設立した市民社会組織が衰退していることを間接的に反映しているとも考えられよう。

3-5　文化・スポーツ・娯楽組織：体制促進型，エリート・農民共同参加型，農閑期サービス型

　人民公社期の農村における文化・スポーツ・娯楽組織の活動は，国家のサポートを受けて非常に活発であり，人民公社と生産大隊の大多数をカバーしていた。その後，人民公社の解体を受け，改革開放初期にこれらの組織の多くが解散もしくは活動を停止したが，近年，農民の生活水準が改善されるにつれ，復興し始めている。中には自発的に設立された組織も少なくなく，例えば，提灯祭り，花見大会，歌合戦，伝統舞踊，高齢者合唱団などといった民間の文化・芸能・スポーツ団体も出現している。また，政府も農村地域における「精神文化建設」や「文化活動の強化」というスローガンを掲げ，農村文化センターや図書館などの設立を促進している。

　近年，党中央宣伝部と中央精神文明建設指導委員会弁公室，財政部，文化部，国家広電総局は「文化プロジェクト」，科学技術・文化・衛生に関する「三下郷」プロジェクト，文化情報リソースの共有プロジェクト，農村への図書寄贈プロジェクト，農村映画「2131」プロジェクトなどを中国各地で実施し，農村における文化・スポーツ・娯楽組織の発展を促している。例えば，山西省には，2005年時点で569の農村文化センター，498の農民図書館，424の農村映画放映隊，341の民間劇団などが存在しており，「焦点訪談」という中国中央テレビ局（CCTV）のニュース番組でもかつて特集で報道された。[6] 2006年には，同省の全市行政村の22.4％に当たる238の村で農民アマチュア文化組

織が設立され，同組織の総数は295団体に達した。また，全市行政村の39.5%を占める420の村では，合計433の図書館や文化センターが設置された。[7]

4　まとめ

　本章では，中国の農村地域における市民社会組織の実状を概観した。人民公社の解体以降，農村市民社会組織の成長を促す決定的な要因となったのは，農村社会における政治権力の後退，および家庭請負制度の実施による個々の経済・政治活動への参加ニーズの高まりであった。

　中国の農村社会で活動する市民社会組織には，政府主導の下で設立された村民委員会や老人会，文化・スポーツ・娯楽組織もあれば，かつて農村社会に根付いていたが1980年代以降復興した宗族組織や近年信者数を増やしている宗教組織もある。また，本章で論じてきたように，組織形態や存立様式が複雑であるため，定義や類型化をなかなか統一できないのが現実である。そこで本章では，農村市民社会組織を対象とする分析を前進させるための第一歩として，その定義および分類基準を提示した。

　農村市民社会組織が発展してきている要因の1つは，党・政府が農村社会への介入を弱め，組織の育成・推進を行っていることである。しかしながら，都市部の「ポスト単位社会」と同様に，党・政府は依然として村民委員会などといった政府主導型組織の設置を通じて，各種の農村市民社会組織に対する管理を継続しようとしているのも事実である。

（1）　本章は「第14章中国農村民間組織的定義，分類和発展」（高丙中・袁瑞軍（2008）『中国公民社会発展藍皮書』北京：北京大学出版社，301-322頁）を加筆修正したものである。
（2）　家族や宗族が集まることにより「自然」にできた集落は自然村，行政単位としての村は行政村と呼ばれている。中国では後者に限り，村民委員会と党支部の設置義務が発生する。
（3）　体制促進型を国家の政策によって推進，育成される，体制抵抗型を国家の支持を得られず，厳しい統制・取り締まりを受ける，体制無視型を農民自身が設立し，国家からの支持も反対もなく，組織の存在を黙認される市民社会組織とそれぞれ定義する。
（4）　『中国統計年鑑（2012）』（北京：中国統計出版社），867頁。
（5）　「2006年民政事業発展統計報告」（中国民政部のホームページ：http://

admin.mca.gov.cn/news/content/recent/2007523122309.htm を参照。閲覧日：2007年5月12日）。
（6）　成葆徳・趙晋蓉（2005年12月20日），「山西発展農村民弁文化的調査思考」，『山西日報』。
（7）　「農村文化体育事業進一歩発展」（湖州統計信息網のホームページ：http://www.hustats.gov.cn/ を参照。閲覧日：2007年5月12日）。

第14章

国際社会と草の根 NGO[*]

趙秀梅（趙秀梅・大倉沙江訳）

　草の根 NGO と国際社会の連携は，中国の市民社会の発展にいかなる影響をもたらすであろうか。本章では，環境保護，貧困削減，エイズ予防等の分野で活躍する草の根 NGO を取り上げ，国際社会からのサポートが，その設立や活動において，いかに重要な役割を果たしているかを論ずる。

はじめに

1990年代後半以降，国内環境の変化だけでなく国際社会の変化の影響を受け，中国の草の根NGO(1)は顕著な発展を遂げている。国内的な要因としては政治環境の緩和，知識人の地位の向上，環境・貧困・格差など社会問題の悪化による社会の役割の拡大が挙げられる。他方，国際社会はNGOを通じた国際的な規範や普遍的な価値観の普及を目指しており，社会問題の解決に必要な様々な提案を行う。このような国際社会の活動は，市民社会組織の運営能力の向上につながると考えられる。

国際社会が中国の草の根NGOの発展に与える影響に関する研究は一定の蓄積があるものの，中国国内で活動する国際NGOの組織様式・活動内容や，地方ガバナンスに対する国際NGO，草の根NGOの役割などの研究が中心であった（Shelley 2000; Zhao 2002; 邱・劉 2005；馬 2006；朱建剛 2007；唐・陳・詹・張 2008；譚 2008）。一方で，国際社会が中国の草の根NGOに対し，どのようなルートを通じて影響を与えているのか，また，国際社会と中国の

図14-1 分析枠組み

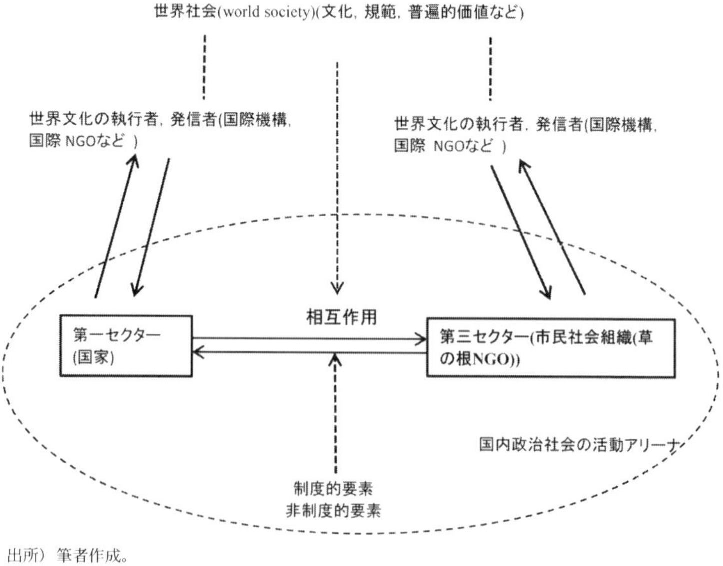

出所）筆者作成。

草の根NGO, ひいては市民社会の成長との間にどのような相互作用が存在するのかについては未だに解明されていない。

本章は,「世界社会(world society)」のアプローチを用い(Meyer et al. 1997), 国際社会と中国の草の根NGOの関係を体系的に解明することを目的とする(図14−1)。

中国の市民社会の発展に影響を与える要因としては, 単に国際機関, 国際NGOといった実在する組織だけではなく, 世界社会の文化・規範や普遍的価値観も重要である。本章では, これらの要素が中国の草の根NGOの発展にどのような影響を与えるのかを中心に考察する。具体的には, 国際社会がどのようなルートを通じて, またどのような過程を経て草の根NGOの発展に影響を与えるのかという点に焦点を当て, 分析を行う。

1　草の根NGOの設立における国際社会の役割

1990年代以降, NGO, NPO, 市民社会, 第三セクターといった概念が急速に中国社会に浸透し始めた。そして, NGOの設立が, 社会問題を解決するための1つの重要な手段として社会的・政治的アクター(政府, 知識人, 学者, マスメディア, 一般市民)に広く受け入れられるようになった。この現象が, 中国の市民社会組織, 特に草の根NGOが発展する社会的, 文化的基盤になっている。特に1990年代中頃は, 中国の草の根NGOにとって成長の初期段階であり, この時期に設立された草の根NGOのほとんどが国際社会の直接的な影響を受けている。以下では, 例を挙げながら, 中国の草の根NGOの設立に対する国際社会の役割について検討する。

まず, 草の根NGOの創設者の経歴を見ると, 海外で留学や研修経験を積んでいることが多い。例えば,「自然の友」の創設者である梁従誡は, 海外訪問や国際会議を通してNGOに関する知識を獲得し, 1995年に中国で初めての環境保護NGOである「自然の友」を設立した。また,「緑家園」の設立者の汪永晨は, アメリカの財団で3カ月間研修を受けた経験がある。彼女は, 研修中に現地のNGOを訪問し, NGOに関する知識や運営方法を習得した。そして, 1996年の帰国直後に,「緑家園」を設立した。

中国での国際会議の開催も, 草の根NGO設立を促している。中でも, 重要な節目となったのが1995年に北京で開かれた第4回世界女性会議である。

「地球村」の創設者の廖暁義はアメリカで数年間の留学生活を送り，1995年の北京世界女性会議に参加した後，環境NGOの設立を決意した。また，1996年に設立された「北京大学婦人法律援助センター」も世界女性会議を契機に誕生したものである。同センターの創設者たちは，世界女性会議のNGOフォーラムに参加した際に，海外のNGOの関係者と交流を深め，女性に対する法的支援に従事するNGOの情報を得た。そして，「フォード財団」(Ford Foundation)から資金援助を受けて組織を立ち上げたのである。

また，草の根NGOの創立者の中には，国際NGOの中国事務所での勤務経験を持つ者も少なくない。例えば，環境保護NGOの「緑色高原」や「山水家園」の創設者は，「世界自然保護基金」(WWF)の中国事務所に勤務していた。そして，国際社会の影響を受けて設立されたNGOが，今度は中国国内で草の根NGOの普及活動に取り組んでいるのである。ルらの研究によれば，67の草の根NGOのうちの17団体の創設者が先述した「自然の友」の中心的なメンバーや元職員であった (Ru, Ortolano 2009)。また，「地球村」のメンバーも，同団体で学んだ知識を活かし，少なくとも5つ以上の草の根NGOを立ち上げている。

その他にも，数多くの草の根NGOが，中国で活動する国際機関や国際NGOが運営するプロジェクトの中で生まれた。エイズに関する情報を提供する草の根NGOの「中国紅糸帯網」(China HIV/AIDS Information Network, CHAINと略記)もその1つである。同NGOは，国際NGOの「ファミリー・ヘルス・インターナショナル」(Family Health International, FHIと略記)が「中英エイズ予防プロジェクト」に参加した際，関連情報を収集するために設立した団体である。最初の3年間は，FHIが全ての運営資金を提供していたが，現在では完全な財政的独立を果たしている。また，北京市宣武区の健康サービスセンターに「掛靠」し，民政部門で登記も行った。CHAINは，「世界エイズ・結核・マラリア対策基金」(The Global Fund to Fight AIDS, Tuberculosis & Malaria)や「ビル&メリンダ・ゲイツ財団」(Bill & Melinda Gates Foundation)，「中英プロジェクト」などの国際NGOが発信する関連情報も網羅的に提供しており，組織間の情報共有に重要な役割を果たしている[2]。

また，国際機関が運営するプロジェクトの中核的な目的ではないものの，ある種の副産物として生まれた草の根NGOも多い。例えば，「世界銀行」

(World Bank) の融資によって灌漑プロジェクトが推進されたが，当該プロジェクトの最終成果を管理するために，「農民用水者協会」が設立された。同協会は，利水者が自発的に設立した団体であり，近年国際機関によって推進されている参加型灌漑管理 (Participatory Irrigation Management) の一種である。2009年末現在，全国で4万以上の農民用水者協会が活動している[3]。その他にも，中国の草の根 NGO を設立・育成する事業を主な目的とする国際機関のプロジェクトも存在している。世界銀行が「中国青少年基金会」と連携して行っている「希望工程激励プロジェクト」はその1例であり，大学生の主催する社会団体の発展と活動の促進を目的としている[4]。

2　草の根 NGO の能力向上に向けた国際社会の活動の展開

　国際機関や国際 NGO に期待される重要な活動の1つとして，NGO が組織や事業を運営するために必要な能力を育成することが挙げられる。特に，他国における NGO のノウハウや成功事例に関する情報提供については，国際社会が中核的な役割を担っている。以下では，主に情報発信および研究支援の事例を取り上げ，中国の草の根 NGO に対する国際社会の支援活動の内容を考察する。

2−1　職員訓練と情報発信

　NGO 職員の能力向上に対する支援の重要性について，フォード財団中国事務所元所長のアンドリュー・ワトソン（Andrew Watson）は，「フォード財団は政策や知識，組織ガバナンス，人材育成といったいわゆるソフトな側面を重視する。そのための訓練や組織ガバナンスの強化に関する事業に助成したい」と述べている（過 2006）[5]。また，胡敏が34の国際 NGO を対象として行った調査は，国際 NGO の23.5％が能力向上に関連するプロジェクトを行っており，よく実施されている事業であることを明らかにした（胡敏 2004）。

　多くの国際 NGO が，中国の NGO の人材育成を支援している。その中でも，フォード財団が「ウィンロック・インターナショナル」（Winrock International）と連携し，2002年から実施している「ウィンロック能力向上プロジェクト」は，最も注目度の高い事業の1つである。当該プロジェクトは「組織の発展とそれに向けた戦略的計画」，「ガバナンスとリーダーシップ」，「人的資源管

理」,「財務管理」という4点について,各団体の活動内容や特徴に応じた相談や訓練を行うものである。特に,北京,武漢,西安,貴陽,昆明,深圳をはじめとする18の地域の草の根NGOが支援の対象とされた。プロジェクトの最終成果として,「ウィンロック非営利組織管理参考資料」シリーズが出版され,他の多くの草の根NGOの活動マニュアルとなった[6]。その他にも,フォード財団の「国際奨学金プロジェクト」や,「ウィンロック国際農業開発研究所」(Winrock International Institute for Agricultural Development)が実施した農村開発分野における支援事業など,NGOの人材を育成するための特別プロジェクトも多く存在している。

　国際社会による団体間の情報共有の促進も,草の根NGOの能力向上を助ける。例えば,「中国発展簡報」(China Development Brief)は,国際社会からの資金援助を受け,中国のNGO研究,情報収集,活動内容の普及といった事業に携わっている。彼らは2013年の時点で58の季刊誌を出版しており,特に,ニュースレターはNGOの間でも有名である。

2-2　研究支援

　国際組織は,NGOに関する国際学会や研究大会の開催に向けた資金援助も行っている。資金援助の対象には,政府部門(主に民政部,財政部などのNGO関係部門)や官弁NGO(例えば,「中国扶貧基金会」,「中国民間組織促進会」)から,大学,研究所などの学術団体まで含まれている。

　例えば,1990年代後半以降,世界銀行は中国民政部と連携して,市民社会組織の発展に力を入れている。その1例が2004年に打ち出された「NPO税法に関する研究プロジェクト」である。その中で,世界銀行は先進国のNPOに関する税制度や法律を紹介するだけではなく,中国の市民社会組織に関する税制度の現状を調査し,税制改革に関する具体的な提言を行った。さらに,2009年には「市民社会組織に対する政府委託事業の在り方とその国際的動向」というプロジェクトを実施し,先進国の委託事業に関連する制度や事例などを調査した。最終的に,その知見は政府からの委託事業の経験が乏しい中国社会に提供された。また,海外のNGOや市民団体に関する法律を中国語に翻訳し,誰でも参考にできるようなウェブサイトも立ち上げた[7]。

　市民社会に関連する研究会や国際会議は,国際社会から助成を受けている

ものが多い。例えば，中国で初めて設立された市民社会に関する研究センターである「清華大学NGO研究センター」は，国際会議の開催を経て，発足したものである。また，「北京大学公民社会研究センター」や「中国人民大学非営利組織研究所」なども同じような経緯で設立された。実際，フォード財団から相当な資金がNGOに関する研究支援に助成されており，特に近年では，学術研究に対する支援が助成金とプロジェクトの総額のそれぞれ約半分を占めるまでに至っている。

　中でも，エイズ予防分野の研究は特筆に値する。国際社会の一般的な常識では，エイズ問題は単なる医療・健康に関わる問題ではなく，ジェンダーや貧困，地域発展，さらに各地の伝統や習慣などにも関わる複雑な社会問題として捉えられる。そのため，解決には多くの社会領域の関心が必要であり，学術的な共同研究も重要である。2000年に開始された「中英エイズ予防プロジェクト」は，エイズ予防分野の学術研究への資金援助が行われた初めての事例である。同プロジェクトでは，国内外の著名な研究者を募集し，海外のエイズ予防研究の手法を中国の学界に紹介した。その成果として，中国におけるエイズを対象とした社会学の発展が促され，エイズ予防研究に対する社会の関心が高まった。また，同プロジェクトの助成を受けて「清華大学エイズ政策研究センター」が設立されたが，エイズ予防分野における草の根NGOの活動参加に関する研究も，この研究センターの携わる重要な研究課題の1つである。[8]

　国際組織が，政府官僚やNGO研究者，NGOの職員に資金を提供し，海外のNGOの見学やNGOに関する国際会議に参加する機会を与えることもある。「JICA」（Japan International Cooperation Agency）は，2004年から，中国財政部・民政部のNGO業務担当者，大学のNGO研究者，NGOのリーダーを，日本に毎年招待している。滞在中，参加者は日本の官僚や研究者，NPOの職員と共同セミナーを開催するなど，様々な交流活動に参加している。

3　草の根NGOと政府との関係構築

　第3章でも触れられているように，中国における市民社会組織の管理制度は厳しいものであり，草の根NGOは正式に登記することができない。草の根NGOにとっては，政府からの「正当性」の獲得や自立性の確保が重要な

課題であり、その中心的なアクターである中国政府との関わりも不可避である。それでは、国家から自立した市民社会組織を育成するために、国際社会はどのような役割を果たしているのか。以下では、草の根NGOの正当性の獲得と自立性の維持をめぐる国際社会の動きをみていこう。

3－1 「正当性」獲得をめぐる国際社会と政府の攻防

　ここで言うNGOの「正当性」とは、法律、道義、権威、および実際の制度運用の担当者により制定された基準に則して、NGOが市民社会組織として人々と組織、政府に認められている状態である（Slim 2002）。正当性を有したNGOは、ある特定のルールに則して認められ、受け入れられる状態にあると言えるが、中でも、法律は唯一のルールである。しかし、NGOにとっては、法律による認可は合法的（legality）であるが、正当性の全てではなく、その一部に過ぎない。法律が正当性の基盤とされることもあれば、社会的規範や価値観、信念などがその根拠になることもある。

　実際、中国に存在する草の根NGOの多くは、法的な正当性を欠いている。厳格な二重管理制度の下、草の根NGOは民政部門で正式な登記はできず、無論法人格も取得することができない。従って、工商部門で企業として登記する、法人格を持っている社会団体に「掛靠」する、政府機関・事業単位の「二級団体」として存立する、などといった形態を選択して活動する。さらに、任意団体のまま活動を行う組織もある。そのため、多数の草の根NGOは法的な立場と実際に展開する活動との間に様々なジレンマを抱えることになる。

　今日の中国では国家権力が社会のあらゆる領域にわたって依然として大きな影響力を有しているため、草の根NGOは国家権力との間に何らかの関係を結ぶことで、正当性をある程度獲得することができる。一般に、国家権力からの認知は社会的な認知と比べて最も重要なものであり、それは草の根NGOにとっても同様である。従って、中国の草の根NGOは国家権力の代表者である政府機関や政府職員と接触し、何らかの支持を得ることで自らの正当性を高めると考えられる。例えば、政府職員との共同活動、政府職員・幹部の団体の活動への招待、政府職員の団体顧問やアドバイザーとしての受け入れなどを通じ、草の根NGOは政府からの支持を獲得することが可能である。

一方，国際組織も，中国国内の政治的・社会的事情に鑑みながら，NGOと政府機関との共同参加の枠組みを作り上げ，プロジェクトを推進する。このような活動の例として，江西省の村レベルでの貧困者への援助に関するプロジェクトや，「世界基金」(the Friends of the Global Fund) のエイズ防止プロジェクトが挙げられる。これらのプロジェクトに参加する草の根NGOは，政府機関と共同で活動し，また，政府機関から助成金を獲得することにより，国家から「お墨付き」を得ているという印象を政府の制度運用担当者のみならず，社会側にも与える。つまり，このような活動を通じて一定の「公的」な正当性を得ることができる。

　しかし，中国の政治システムや制度環境の下で，草の根NGOが法的な正当性を取得することは難しい。そこで，草の根NGOは社会規範や価値観，信念などに基づく「実質的」な正当性を高めることにより，制度上の正当性の欠如を埋め合わせようとする。実際，国際社会も，中国の草の根NGOの実質的な正当性の向上に向けて，様々な活動を行っている。

　まず，国際社会は，草の根NGOの正当性の根拠となる基準や行動規範として，NGOの存在を尊重するという世界文化を中国国内に広めている。例えば，中国の環境NGOは，世界環境保護運動を通じてその正当性を直接的に獲得した。また，社会問題解決のための市民参加といった国際的な認識枠組みも，中国の草の根NGOの活動に関する正当性の根拠として示されることが多い。さらに，国際社会からの注目やメディアの報道により，草の根NGOの国内での知名度が高まり，これらの団体の正当性の向上にもつながっている。例えば，海外で賞を受賞した中国NGOやNGOのリーダーも少なくなく，「自然の友」の元会長の梁従誡は朝日新聞のアジア環境賞とラモン・マグサイサイ賞，「地球村」のリーダーである廖暁義はソフィー賞を受賞した経験がある。彼らが国際的に名誉ある賞を獲得することにより，国内メディアからの注目が集まる。また，アメリカのクリントン元大統領が中国を訪問した際に，草の根NGOのリーダーと面会したことや，アメリカの元国務長官が草の根NGOを訪問したことなども，NGOの知名度や正当性の向上につながっている。

　その他にも，草の根NGOが，国連や国際機関の行うプロジェクトに参加し，正当性を高めることも期待できる。重慶市の小規模な環境保護NGOは，

世界銀行の「安全保障政策プロジェクト」に参加した。その後，この団体は重慶で知名度を上げ，市民のみならず政府からも認められる存在となった。具体的には，地元企業や政府から助成金をはじめとする支援を獲得した。同プロジェクトに携わる職員によれば，「世界銀行から助成金を受けたということは，この団体が優れた団体であるという証拠である。そうでなければ，世界銀行が資金を提供しなかったであろう」と人々は認識しているという。(9) すなわち，世界銀行から助成金を受けたことが，この草の根NGOの価値を判断する材料になったと考えられるのである。

3-2　参加型活動による自立性の向上

　政府主導型の市民社会組織とは一線を画す草の根NGOの最も重要な特徴は，その政府からの自立性である。しかしながら，中国の市民社会組織の中には政府主導によって設立された団体や政府機関が自ら作り上げた官弁団体の数も少なくなく，資源の獲得や政策への関与において支配的・独占的な地位を占めている。

　こうした状況に対して，国際社会は草の根NGOの自立性を向上・維持させることにも注意を払いながら中国でのプロジェクトを実施している。例えば，ゲイツ財団が推進した「エイズ・プロジェクト」では，草の根NGOの自立性を確保するための枠組みが作られた。具体的には，プロジェクトの契約書にサインする時点から始まり，資金の受け入れ，計画書の作成，監査の受け入れ段階まで全ての過程において，草の根NGOが自ら主体的に実施しなければならないというものである。

　このような枠組みの中で，草の根NGOは自立性を確保すると同時に，他の団体や国際組織，国内政府機関，政府関係組織との間に協力関係を構築することも可能になる。例えば，実際には，プロジェクトを通してエイズ感染者を見つけることは非常に難しい。その中で，地域コミュニティと密接な関係をもつ草の根NGOに期待されるのは，感染者を発見し，早く治療を受けるよう説得する役割である。その後，専門的な検査を政府部門の疾病予防対策センターが担当する。このように，プロジェクトの各段階で異なる役割を担う組織が存在することで，各組織が相互に協力し合って役割を最大限に発揮し，事業を円滑に運営することができる。このような事業のあり方につい

て，あるプロジェクトの担当者は「草の根NGOが財政上の自立性を有すれば，ある程度は政府機関と対等な連携を維持することができる。後にプロジェクトが終了しても，その草の根NGOの政府との関係はあまり変わらない。このことは，草の根NGOにかなりプラスの影響をもたらす」としている。[10]

また，国際社会は，草の根NGOの自立性を強調すると同時に，他の組織や政府との協力関係も重視している。政府主導型の官弁団体は人事，資金調達，組織内ガバナンスなどにおいて政府と緊密な関係を結んでいる。そのような関係を持つことで，政策決定への参加や意見の表出がより容易になっていく。他方，草の根NGOは政府との間に希薄な関係を持つことしかできない。このような草の根NGOと政府との関係について，フォード財団北京事務所所長のジョン・フィッツジェラルド（John Fitzgerald）は次のように述べた。

> フォード財団は各地域の政治社会環境にあったプロジェクトの運営を行っている。我々は1つの問題に対して多様な考え方や解決方法を望んでおり，あらゆる分野のあらゆるプロジェクトに関して「三角型援助」を構築するつもりである。例えば，大学研究者，草の根NGO，政府といった三者の協力関係の構築を望んでいる。我々の今までの経験，特に中国での経験からいって，「三角型援助」モデルがこの国でのプロジェクトの実施にはより効果的である。ここで，説明しなければならないのが「政府」という言葉である。「政府」は必ずしも中央政府だけを意味しているのではなく，そこには地方政府や各行政レベルの民政部門も含まれる。これらの政府機関が草の根NGOと協力すれば，草の根NGOの成長・発展を一層促進することができる。我々は，草の根NGOと政府の協力を目指しつつ，各プロジェクトを実施している。なぜなら，非常に効果的にプロジェクトを推進できるからである。[11]

フィッツジェラルドは特に次の2つのプロジェクトを高く評価した。1つは「非営利型インキュベーター（Non-Profit Incubator，NPIと略記）」という市民社会組織の立ち上げを支援する事業である。同プロジェクトはフォード財団から助成金を受けて開始されたが，政府，各国の支援機関，市民社会組

織，マスメディア，および専門家たちからの注目を浴びており，中国で市民社会組織を運営する際の1つのモデルとなっている。2008年の上海チャリティ会議では「イノベーション・プロジェクト」の最優秀賞を受賞しており，中国民政部も高く評価している。現在では，上海をはじめ，中国各地に同モデルを広めることが目指されている。もう1つは「南京市協作者社区（コミュニティ）発展センター」に関する事業である。このプロジェクトも，基層レベルの政府機関（例えば，区，街道，居民委員会）からの支持を獲得し，円滑に推進された。フィッツジェラルドは，地方政府の支持があったからこそ，同プロジェクトが予想以上の成果を収めたと評価している。

4　草の根NGOの活動戦略：アウトサイド・ロビイング

　草の根NGOは，しばしば戦略的に国際社会の影響力を利用して，自らの活動空間を広げようとする。グローバル化の加速によって，ローカル・レベルで活動する草の根NGOの多くが国際組織に加入し，海外の組織との連携関係を強めている。その結果，草の根NGOが国際社会を「迂回」して，中国政府に間接的に圧力をかけることが可能になる。現在のところ，このような事例は多くはない。しかし，組織の活動目標を達成するために，草の根NGOが国際社会の影響力を利用した事例もいくつか存在する。

　例えば，1990年代の終わりごろ，環境分野の草の根NGOがチベットアンテロープの保護キャンペーンを始めた。チベットアンテロープの毛で作られたシャトゥーシュ（毛織物）は，高価なスカーフに使われる。そのため，国際市場，特にヨーロッパ市場での需要が高まるにつれ，チベットアンテロープは大量に密猟された。このような事態を受け，「自然の友」の元会長である梁従誡は，中国を訪問したイギリスのトニー・ブレア（Tony Blair）首相（当時）との会談の中で，シャトゥーシュ毛の違法取引を取り締まるべきだとする公開書簡を提出し，中国のチベットアンテロープ保護運動への支持を求めた。そして，その翌日，支援を表明するブレア首相からの返信が「自然の友」に届いた。この一連の出来事は中国国内外のメディアに広く報道され，中国国内でのチベットアンテロープ保護運動への注目がさらに高まった。

　また別の事例として，2003年前後に中国西南地域で発生したダム建設をめぐる「怒江（サルウィン川）ダム建設反対運動」が挙げられよう。この反対

運動は，草の根 NGO が初めて中国の政策決定過程に影響を与えた代表的な事件として知られている。「怒江ダム建設反対運動」成功の裏には，国家環境保護局との連携，草の根 NGO 同士の協力といった要因も挙げられるが，なかでも，国際社会の影響を活用したことが重要な一因であった。

「怒江ダム建設反対運動」に参加した草の根 NGO には，中国で知名度が高く，国際交流活動に頻繁に参加していた団体が比較的多かった。2003年11月末，世界ダム被害住民会議がタイで開催され，中国の市民環境保護団体からは「緑家園ボランティア」，「自然の友」，「緑島」，「雲南参加型流域」などが参加した。会議に際して，中国の環境 NGO はあらゆる機会を利用し，怒江ダム建設反対の重要性を訴えた。また，国際社会の支持を求めて駆け回り，60余りの国の NGO から支持署名を集めることに成功した。それらは，最終的には，国連のユネスコに提出され，ユネスコからは，「怒江ダム建設に注目する」という回答を得た。さらに，2004年3月26日から29日にかけ，環境 NGO の「北京地球村」，「自然の友」，「緑家園ボランティア」の代表4名は，韓国済州島で開催された「国連環境計画」(UNEP) の第8回世界環境大臣会議に参加した。会議では，「緑家園ボランティア」の代表が「心の怒江」と題する講演を行った。講演を受けて，各国の代表のみならず国連環境計画事務局長も署名を行い，怒江を保護することを支持した。その結果，草の根 NGO の海外での活動がメディアを通じて国内で大きな論争を巻き起こすまでに至り，最終的に怒江ダムの建設計画が中止されたのである。

5　まとめ

本章では，草の根 NGO と国際社会との関係，特に組織の設立経緯や活動展開，政府との関係構築，活動戦略における国際社会の影響について分析を行った。国際社会は中国の草の根 NGO の発展に関し，推進力としての役割を果たしてきた。しかしながら，本章で紹介した出来事はあくまで国家から許容される分野，活動範囲内で行われたものに過ぎない。中でも，環境保護，貧困削減，エイズ予防といった人間開発分野においては中国政府も国際協力を重視する傾向があり，大国としての役割を果たすことになるとみられる。その結果，人間開発分野においては，草の根 NGO が国際社会からプラスの影響を受けることが多い。

しかし，国際社会が中国の草の根NGO，ひいては中国の市民社会の発展に与える影響には一定の限界があると考えられる。外国からの圧力および国際秩序の新たな規範・基準は，対等な国家－社会関係を促進するかもしれないが，国家は必ずしも国際社会の期待通りに行動するわけではない。中国の国際社会における政治的・経済的存在感は一層高まっている。そのため，権威主義体制の中国は政権を維持するため，国家のニーズに合わせた合理的計算を行った上での行動をとると考えられる。中国は，一部で世界文化に適応する傾向が見られるものの，国際社会の規範，価値，標準などの影響はまだ限定的であることもまた事実である。

特に，国際規範や普遍的価値と国家利益が衝突する場合，中国は容易には国際的圧力に妥協しない。それは草の根NGOに関する既存の法制度および管理体制からも読み取ることが可能である。研究者やNGO関係者は，二重管理制度が中国における市民社会組織の発展を遅らせていると厳しく指摘している。近年，業界団体をはじめ，慈善団体や福祉団体は直接民政部門で登記することが可能になったが，草の根NGOに対する管理体制は依然として緩和されていないのも事実である。国際社会が中国国内の草の根NGOを育成することを通じて，中国の政治社会を変える原動力となるには限界があると考えられる。

* 本章は「国際社会対中国第三部門的影響―世界社会的視角」(2011)（康暁光編著『依附式発展的第三部門』北京：社会科学文献出版社，163－232頁）を加筆修正したものである。
（1） 本章が研究対象とする草の根NGOとは，(1)民政部門で登記せず工商部門で企業として登記している市民社会組織，(2)未登記の市民社会組織，および(3)当初は未登記であったものの，のちに政府の許可を得て民政部門で登記することができた市民社会組織を指す。
（2） 担当者への筆者によるインタビュー，2009年3月。
（3） 世界銀行のプロジェクト担当者への筆者によるインタビュー，2010年3月。
（4） 世界銀行のプロジェクト担当者への筆者によるインタビュー，2010年3月。
（5） 「福特基金会中国弁事処」（中国基金会研究のホームページ：http://www.chinajjhyj.org/htm/News-more.asp?ID=316 を参照。閲覧日：2010年6

月5日)。
（6） ウィンロック能力向上プロジェクト担当者への筆者によるインタビュー，2010年4月。このシリーズ本は，全8冊刊行されている。
（7） 世界銀行のプロジェクト担当者への筆者によるインタビュー，2010年3月。
（8） 中英プロジェクト担当者，The Global Fund to Fight AIDS 中国プロジェクト担当者，中国・ゲイツ財団プロジェクト担当者への筆者によるインタビュー，2010年4月。
（9） 世界銀行のプロジェクト担当者への筆者によるインタビュー，2010年5月。
(10) 筆者によるインタビュー，2010年4月。
(11) 筆者によるインタビュー，2010年4月。

第15章

メディアの批判報道

王冰

　「市民社会」が自律的メディアと自由な言説空間を必要とすることに疑問の余地は無い。では，依然として言論統制が続く中国において，自由な言説空間はどの程度成立しているのだろうか。本章では，規制を受けながらも次第に社会的責任意識を育み，声を上げつつあるメディアの現状を，新聞の批判報道に注目し，その発展を3時期に分け，それぞれの時期において批判報道が市民社会に与えた影響を考察する。

はじめに

　1978年に始まった中国メディアの経済改革期において，メディア業界は急速な成長を遂げた。新聞を例にとると，下記の表15－1に示したように，新聞の発行種類は1978年の186種から1985年の1,445種に急増し，さらに1996年の2,163種に達した。新聞の発行部数で見ても，その数も増加する一方である。1978年の1号あたりの発行部数はわずか4,280万部だったが，1985年になると1億9,107万部に急増し，さらに2011年には2億1,517万部に達した。

　こうしたメディアの急成長の中，メディアは党及び社会の不正に対する批判を盛んに行うようになった。1987年に黒龍江省で発生した，建国以来最大規模の森林火災の原因をめぐり，メディアは国家林業部及び地元幹部の職責意識の欠如，官僚主義を批判した。また1990年代以降の市場経済の急成長がもたらしたコピー商品，悪質製品の生産・販売などの違法行為及び社会貧富や地域間の格差，社会道徳やモラル低下などの社会問題に対しても，メディアは積極的に批判を行った。さらに2000年代には，金融，不動産，教育，医療保険，社会保障，食品安全などの公共利益に関わる問題を中心に批判を行っている。

　批判報道はメディアの報道面に以下の2点の大きな変容をもたらした。

　第一に，メディアに脱党のイデオロギーを促した。1978年以降，文化大革命中に頓挫していた批判報道は，メディアが単なる党のイデオロギー宣伝機能からの脱却を目指した改革の中で回復した。1988年に広東省の党機関紙・『南方日報』の編集委員会は，紙面の中で単に党の会議，政策宣伝の報道を掲

表15－1　中国における新聞の年別発行状況

年別	種類	1号あたりの総発行部数（単位：万部）	年間総発行部数（単位：億部）
1978	186	4280	127.8
1980	188	6236	140.4
1985	1445	19107	246.8
1990	1444	14670	211.3
1995	2089	17644	263.3
1996	2163	17877	274.3
1997	2149	18259	287.6
1998	2053	18211	300.4
1999	2038	18632	318.4
2000	2007	17914	329.3
2001	2111	18130	351.1
2002	2137	18721	367.8
2003	2119	19072	383.1
2004	1922	19522	402.4
2005	1931	19549	412.6
2006	1938	19703	424.5
2007	1938	20545	438.0
2008	1943	21155	442.9
2009	1937	20837	439.1
2010	1939	21438	452.1
2011	1928	21517	467.4

出所）『中国統計年鑑2012』の「図書，雑誌及び新聞の発行情報」http://www.stats.gov.cn/tjsj/ndsj/2012/indexch.htm，2013年3月26日閲覧。

載するだけではなく，1年間に少なくとも8本の批判報道をトップ紙面で載せるべきであるという改革の意見を打ち出した。この報道方針のもと，同紙は当時の広東省内の深刻な密輸現象に注目し，その背景にある党政幹部の腐敗行為に対して多くの批判報道を紙面に掲載した。

　第二に，ジャーナリズムのプロフェッショナル意識を向上させた。1987年の黒龍江省森林火災をめぐる批判報道を例とすると，多くの記者は新華社の「通稿」を転載するという従来の報道パタンを破り，自ら現場取材を行い報道の客観性を大いに重視するようになった。『中国青年報』，『経済日報』，『解放軍報』，中国通信社などの全国各地の報道機関は200名以上の記者を派遣し，現地取材を行った。記者らは現地取材をもとに，火災現場の様子，被害状況，被災者の様子，火災の原因などを多面的に伝えた。

　本章は，メディアの批判報道がもたらした上述の変容を背景に，批判報道が中国の市民社会にいかなる影響を与えているのかを明らかにすることを目的とする。本章の構成は以下のとおりである。第1節では社会代弁意識の目覚め期（1978年－1989年），第2節では社会的責任意識の向上期（1992年－2002年），第3節では公共意識の構築期（2003年－現在）と，3つの時期におけるメディアの批判報道の実態を歴史的に考察する。まとめではそれまでの分析結果を踏まえ，本章の結論を提示する。

1　社会代弁意識の目覚め期（1978年－1989年）

　「社会代弁意識の目覚め」期は，改革開放以降メディアの批判報道が回復した1978年から，それが一時的に停滞していた1989年の天安門事件までの期間を指している。

　1978年以降，中国新聞界で批判報道を最初に掲載したのは，党機関紙の「輿論監督」版であった。同紙面の発行は新聞の，共産党のイデオロギー宣伝機能からの脱却を目指した改革議論の中で行われた。1980年代に入ると，全国各地の新聞界ではメディア機能の再認識を主旨とする新聞改革の議論は大きく繰り広げられた。1986年9月に開催された首都新聞学会では，「新聞が党以外の多様な声を反映すべきである；新聞が多元的機能を持つマスコミュニケーション機関である；新聞の中の情報量が増加すべきである」という新しい報道理念をめぐり議論が展開された。続いて1987年11月の首都新聞学会主

催の新聞改革討論会では、「新聞が党の宣伝道具である一面を強調する一方、人民のものでもある一側面を軽視する；単一の党機関紙主体の新聞体制及び新聞の単一の党の声の代弁機能；新聞が党の指導を受ける一方、党を批判できない」(9)という旧来の新聞への認識から改革議論が行われた。

こうした新聞機能の改革議論の中で生まれた「輿論監督」版は、党機関紙紙面の中の「特区」(10)と見なされていたため、他の紙面と違い、最初から党のイデオロギー宣伝機能から距離をおくことができた。1980年代初めから、全国各地の党機関紙は「輿論監督」版やコラムを相次いで回復し、創設した。例えば、共産党青年団中央機関紙・『中国青年報』は、文化大革命中に停刊した「辣椒」欄を回復し、批判報道を掲載するようになった。広東省党委機関紙・『南方日報』も批判を行うための「南海潮汐」、「批評与建議」欄を新設した。

「輿論監督」版では掲載された記事内容は、地方幹部の官僚主義、特権現象に対する批判が中心であった。例えば、1987年に黒龍江省で発生した、建国以来最大規模の森林火災の原因をめぐり、地元幹部の官僚主義、職務怠慢に対して『中国青年報』は「赤色の警告」、「黒色の詠嘆」、「緑色の悲しみ」と題したシリーズの批判報道を掲載した。続いて『人民日報』は1987年に元山西省太原市委書記が特権を利用し、地元公安警察の職務を妨害した行為を批判した。さらに『農民日報』は1988年、元河南省交通庁長・劉松柏の形式主義、官僚気風に対する批判を行った。

「輿論監督」版で掲載された批判報道の中に、社会代弁意識の目覚めを示す動きが見られた。1987年の黒龍江省森林火災の原因をめぐり、ジャーナリストらは政府機関の情報に頼らず、現地の人々や目撃者が提供した情報をもとに火災現場の様子を報じた。『人民日報』の記者・魏亜南は、黒龍江省救助指揮部の火災原因に対する説明に疑問を持ち、自身の現地取材をもとに「大興安嶺での闘争と反省」という記事を載せた。同記事は現地の人々の証言を引用し、火災発生後、地元幹部がすばやく上級部門の支援を要請しなかった行為を暴露した。『中国青年報』の記者らは「赤色の警告」、「黒色の詠嘆」と題した記事の中で、「県長の住宅が燃えない、県委書記の財産が移転した」などの事実に対する現地住民の怒りや不満を如実に報じた。(11)

以上のように、改革開放以降批判報道の掲載を最初に試みたのは、党機関

紙の「輿論監督」版であった。その背景には，同版の発行が新聞の単なる党のイデオロギー宣伝機能からの脱却を目指す改革議論の中で行われたことがある。「輿論監督」版で載せられた批判報道の中に，新聞による社会代弁意識の目覚めが見られた。

2　社会的責任意識の向上期（1992年－2002年）

　1989年の第二次天安門事件により一時的に停滞していたメディアの批判報道は，1992年に鄧小平が南巡講話において，市場経済のより一層の推進を呼びかけたと同時に再開した。本節では，社会責任意識の向上期（1992年－2002年）において「都市報」で掲載された批判報道の実態を探る。

　1990年代半ばに，「都市報」が中国新聞界の新たなジャンルとして登場した。1995年1月に四川省党機関紙・『四川日報』が全国初の「都市報」である『華西都市報』を創刊したことをきっかけに，全国各地で「都市報」の創刊ブームが巻き起こった。湖北省の『楚天都市報』，湖南省の『三湘都市報』，河北省の『燕趙都市報』，福建省の『海峡都市報』，広東省の『南方都市報』などが相次いで創刊された。

　「都市報」は「党機関紙によって創刊され，都市及び都市周辺の住民に向け，主として市民生活を反映し市民にサービスする総合的な新聞紙である」と定義される。つまり，「都市報」は都市及び地域の住民を読者層にし，市民へのサービス志向の新聞である。例えば，『華西都市報』は自身を「都市部の広範な市民に向けて千万戸の家庭に入る市民生活紙」として位置づけ，『燕趙都市報』は「庶民のために新聞を作り，庶民に愛読させる」，『楚天都市報』は「市民のニーズに応え，市民の難問を解く」という報道理念をそれぞれ打ち出した。また，「都市報」は激しい新聞市場の競争から生まれ，親新聞である党機関紙を養う役割を期待された。『南方都市報』を事例にとると，1997年に同紙が創刊された背景には他紙との厳しい競争の中，親新聞である『南方日報』の不振があった。1992年の鄧小平の南巡講話以降，急速な市場経済化により，広州のメディア業界は『南方日報』，『羊城晩報』，『広州日報』の三社鼎立の競争局面を迎えた。一方，『南方日報』社は1980年代から多角経営に積極的に取り組んできたものの，1994年には，経営不振に陥っていた。この財政面での危機を乗り越え，『羊城晩報』，『広州日報』との競争に勝つために，『南方

日報』は広州とその周りの珠江地域の都市住民を狙う新しい種類の新聞・『南方都市報』を創刊したのである。要するに，『南方都市報』は市場競争の中で劣位にあった『南方日報』の振興という役割を担わされていたと言える。

　このように親新聞である党機関紙を養うために創刊された「都市報」は，党機関紙ほどには，党のイデオロギー宣伝機能を主要な機能として担わされてはいなかった。各地の「都市報」は創刊後，党のイデオロギー宣伝内容を中心に掲載する義務がないため，社会的責任の意識を高めた。多くの「都市報」は社会ニュースを紙面の主柱の１つとして掲載している。『華西都市報』は創刊直後，第１面を社会ニュースや社会事件の報道，経済ニュースや市民生活関連，文化スポーツニュースや国内外の大事件報道の３つのブロックに分けるとの編集方針を決めた。多くの「都市報」は社会ニュースの紙面において犯罪，殺人などの社会事件，社会問題及び社会の不正に対して積極的に批判を行った。『華西都市報』の元編集長・席文挙は「打蒼蝿，抓生活（批判の対象を社会の不正，中下級幹部及び市民の生活に密接する社会問題に集中する）」を批判報道の理念として述べた。「都市報」で掲載された批判報道の内容は主に以下のとおりである。

　まず市場経済領域の中の不正行為に対する批判報道があった。1992年以降急速な市場経済の発展に伴い，悪徳業者や個人によるコピー商品，悪質製品の生産・販売，利益至上信条による経済や社会秩序の混乱，背信行為や違法行為も蔓延している。「都市報」はこれに対して積極的に批判を行ってきた。例えば，四川省の『華西都市報』は1994年に，上海のある商品メーカーが成都市での博覧会開催に際し，実に悪質な偽商品の販売を行ったことを暴露し，市民の中で大きな反響を呼んだ。『三秦都市報』は1994年，市民生活と密着した，自由市場における詐欺行為に注目し，紙面の中で不法卸売商人の詐欺行為を暴露する専門コラムを設置した。また1996年，同紙は10名の記者を派遣し，現地取材をもとに西安市内のバス市場における価格独占，価格詐欺などの不正行為を暴露した。『大河報』は1997年，地元河南省の偽薬品の市場での流通に注目し，地元農民の偽薬品の製造，販売の不正行為を暴露した。

　次に社会領域における不正や問題に対する批判報道である。1992年より急速な市場経済の発展を遂げた一方，社会貧富や地域間格差，社会道徳やモラル低下，殺人などの犯罪，社会問題も深刻化している。「都市報」はこれらの

社会の不正や問題を積極的に取り上げ，批判報道を大々的に載せている。例を挙げると，『華西都市報』は1995年より社会ニュース欄において，四川省出身の女性出稼ぎ労働者が受けた残忍な虐待事件，成都市の一般市民が医療事故により死亡した事件などを報じた。最も有名なのは，同紙による児童誘拐事件報道であった。1995年11月から1996年2月にかけて同紙は「ニュース追跡」欄において四川省で発生した児童誘拐事件を大きく取り上げ，事件の発覚から解決まで続報した。

1992年以降批判報道の掲載を積極的に行っている「都市報」は，以上のような経緯で登場し，人々の目を社会や経済における問題・不正に向けさせた。その原因には，同紙は親新聞である党機関紙を養う役割を期待されたため，党のイデオロギー宣伝機能を主要な役割としていないことがある。同紙による批判報道の中で，社会的責任意識が高まっていたことが分かった。

3 公共意識の構築期（2003年－現在）

2003年より，中国メディア界では「民生ニュース」が新たな報道理念として注目を集めている。本節では，公共意識の構築期（2003年－現在）において「民生ニュース」理念の下での批判報道の実態を明らかにする。

2002年1月に江蘇省テレビ局は「ニュースの庶民化」，「民生ニュース」という報道理念のもと，「南京零距離」という番組を放送しはじめた。これをきっかけに，2003年より中国メディア界は「民生ニュース」の爆発な発展期を迎えた。湖南省テレビ局の「都市第一時間」，安徽省テレビ局の「第一時間」，『三秦都市報』の「民生」，「民情」版，『南方都市報』の「民生・ホットライン」版が相次いで開設された。

「民生ニュース」に関しては様々な定義や解釈がある。まず，ニュースのスタイルから見れば「民衆の視角を持ち，民衆の立場に立ち，民衆にとって興味，読み応えのあるニュースである。こうしたニュースは民衆の関心事を評論し，民衆の悩みや問題を解決する。政治ニュース，経済ニュース，社会ニュースなどと異なる新しいスタイルのニュースである(16)」という定義がある。次に，ニュースの内容から見れば，「普通の人々の生存や生活状態に関心を持ち，彼らの日常生活や仕事ぶりに注目しそれをストーリー化して報じる。社会ニュースと違い，民生への関心を立脚点とし，一般人がニュースの主役と

なり，民衆に強い親近感を持つものである」[17]と定義された。「民生ニュース」は社会事件や社会問題に注目する社会ニュースと違い，人々の生き様と本来の生活状態に報道の焦点を当てる。以上のように，「民生ニュース」は「民衆の視角，民生内容，民衆本位価値志向」[18]という特徴を持っている。

　「民生ニュース」において党のイデオロギー宣伝機能からの脱却は以下の2点に現れている。1点目は民衆本位の報道理念である。従来のメディアの政治宣伝機能はすなわち，党本位の理念を持ち，メディアの送り手としての役割を重視するものである。一方，「民生ニュース」は受け手いわゆる民衆を本位とする視角を持ち，一般民衆の衣食住に関わること，彼らの関心事や生活，利益に密接に結び付く出来事を報道テーマとし，一般民衆がニュースの主役となり，彼らの生活や生活環境，訴えをありのまま記録し，報道することを報道理念としている。例えば，「民生ニュース」番組・「南京零距離」は「社会の中の一般庶民に注目し，彼らの生存状態の再現を第一要義とし，日常生活の中の一般庶民，個人がニュースに登場し，主役になる」[19]という報道理念をあげた。

　2点目は民衆の発言権の向上である。従来の党のイデオロギー宣伝報道は，党及び国家機関，指導者らの発言や活動に注目するものが主流であった。一方，「民生ニュース」は一般民衆の発言や言説をより多く取り上げ，彼らの発言力を向上させている。現在，多くの「民生ニュース」番組や新聞の「民生」版は電話中継，24時間電話受付，読者の投稿，メールなどの手段を利用し，一般民衆による直接な参加や意見表出の空間を提供している。

　近年，「民生ニュース」は「小民生」から「大民生」への理念変化により，大きな転換期を迎えた。「小民生」は普通庶民の生活や生存状況を反映し，一般民衆の衣食住に注目するニュース理念である。[20]一方，「大民生」は一般民衆の生活や生存状態に注目するだけではなく，民衆の生活に影響を与える経済，社会の発展，政府政策，時事政治の変化に民衆の視角をもって注目するニュース理念である。例えば，民衆の暮らしに密接する金融，不動産，教育，医療保険，社会保障，食品安全などの領域に関わる政府の政策や経済ニュース，社会ニュース，時事政治ニュースなどがある。「大民生」[21]という理念下の批判報道は以下の2点の特徴を持つ。

　まず，批判の内容から見れば公共利益表出の意識が表れている。「大民生ニ

ニュース」は社会資源分配の不平等，教育の不公正，医療費の高額問題，食品安全問題，物価の上昇，社会保障の不備などの公共利益に関わるテーマや話題に批判を行っている。例えば，『南方週末』は中国の「三農」問題に最も早く注目した報道機関の1つである。同紙は農村基層の自治問題，農村経済構造欠陥，農村基層幹部の腐敗問題，農村非正規教師の待遇問題，農村「留守児童」問題，「農民工」(出稼ぎ農民) の賃金不払いなどの様々な問題に批判を行っている。また近年，中国メディアは食品，薬品の安全問題に対する批判報道を大々的に載せている。有名なのは2004年の安徽省阜陽偽粉ミルク事件，2006年の元国家医薬管理局長・鄭篠萸が死刑に問われた偽薬品事件，2008年の「三鹿」ブランド汚染粉ミルク事件，2010年のリサイクル食用油事件，2011年の「痩肉精豚」事件 (豚肉に塩酸クレンブテロールなどの薬品を注入する事件) に対する批判報道であった。多くのメディアは党・政府幹部，社会個人，企業などの不正行為を批判するだけではなく，公共利益に最も責任ある，政府の食品安全や医薬管理政策，体制に批判の姿勢を示した。『南方週末』は「三鹿」ブランド汚染粉ミルク事件報道の中で，政府の食品安全管理基準・政策の欠陥を指摘した (『南方週末』，2008年11月6日)。

次に，批判の手段から見れば「大民生ニュース」は交流と対話重視の公共言説空間を提供している。この公共言説空間の中で，党と政府権力側，企業，社会団体，NGO，知識人，読者，視聴者，ホワイトカラー，一般市民などの様々な主体が自ら意見を述べるとともに，お互いに交流と対話を行う。近年，テレビ局の「大民生」理念下の「民生ニュース」番組はこのような公共言説空間の提供に力を入れている。現在，多くのテレビ局の「民生ニュース」番組は毎年3月に行われる「両会」期間中，人民代表，政治協商委員，視聴者代表などを招き，また電話，メールの受付け，インターネット上のチャットなどの手段を利用する公共討論の言説空間を設けている。湖北省テレビ局の「民生ニュース」番組・「経視直播」は2010年の「両会」期間中，就職難，医療費の高額問題，医療保険制度の不備，法律援助，食品安全，環境汚染問題などの民生テーマを取り上げ，10回にわたって放送した。番組の中では，省，市レベルの人民代表，経済，法律，医療の専門家が招かれるとともに，電話やメールなどを通じて約5000人の視聴者が討論や対話に参加した。

以上のように，2003年より「民生ニュース」という理念の下での批判報道

は，中国メディア界で大きく注目を集めている。その背景には，民衆本位の報道価値及び民衆の発言権を重視する「民生ニュース」に党のイデオロギー宣伝価値から脱却する傾向が見られることがある。「大民生」理念下の批判報道の中では，公共利益表出及び公共言説空間の提供，という公共意識が構築されている。

まとめ

　1978年以降の経済改革期，中国メディア界の急成長とともに批判報道は回復した。本章の分析からは，まずメディアの批判報道が中国の市民社会に影響を与えたことと，批判報道が，メディアが党のイデオロギー宣伝価値から自立していく過程と大きく関係していることが分かった。次に，批判報道が中国の市民社会に社会代弁意識の目覚め，社会的責任の向上及び公共意識の構築といった影響を与えていることが明らかになった。具体的には以下の3点が挙げられる。

　第一に，1978年以降党機関紙の「輿論監督」版の発行は，新聞の単なる党のイデオロギー宣伝機能からの脱却に向けた改革議論の中で行われた。「輿論監督」版に掲載された批判報道の内容は，地方幹部の官僚主義，特権現象に対する批判が中心であった。また同版に掲載された批判報道では，従来の官製情報に頼らず現地住民の目撃証言が大いに引用されたことによって，新聞による社会代弁の意識の目覚めにつながった。

　第二に，1990年代半ばに親新聞である党機関紙を養うために登場した「都市報」が，党のイデオロギー宣伝機能を担わないものとして登場した。同紙が社会ニュースを報道の中心の1つとして掲載し，社会問題及び社会の不正に対する積極的な批判を行ってきた。同紙で掲載された批判報道により，新聞の社会的責任意識の向上が高まった。

　第三に，2003年以降爆発的なブームを迎えた「民生ニュース」は，民衆本位の報道理念及び民衆の発言権を重視した。このため，その報道には党のイデオロギー宣伝価値からの脱却が顕著にみられた。近年では，「大民生」理念下の批判報道は，社会資源分配の不平等，教育の不公正，医療費の高額問題，食品安全問題などの公共利益関連問題に注目している。これらの報道の中で公共利益表出及び公共言説空間の提供，という公共意識が構築された。

以上の点は,現在成長しつつある環境NGOとメディアの緊密なパートナーシップ関係とも整合的である。例えば,かつて中央人民ラジオ局の記者であった汪永晨が1996年に「緑家園」ボランティア協会を設立し,続いて『中国青年報』記者の張可佳が環境NGO・「緑島」を創設するなど,環境NGOの創設者の大半がジャーナリスト出身である。両組織の中心メンバーも記者であり,毎月開催される「記者サロン」が重要な役割を果たしてきた。さらに『中国環境時報』が世界自然保護基金（WWF）との協力による「第1回中国十大グリーンニュース」の選評や,自然の友との共同による野生鳥類の籠飼いに反対する「鳥を青空に返そう」活動などを行っているなど,メディアと環境NGOの協力による共同活動も見受けられるのである。

本章ではメディアの批判報道が中国の市民社会に与える影響及びその要因について考察した。今後もメディアが市民社会に及ぼす影響について引き続き検討する必要があるだろう。

(1) 経済改革は,中国メディアに経営権の自立をもたらした。例えば,1979年1月,『天津日報』は文化大革命終結後,全国初の広告の掲載を行った。1980年代半ば以降,メディア業界では多角経営ブームを迎え,多くのメディア社は経済収入を拡大するために,飲食業や印刷業,不動産業,ホテル経営などの多様な経営活動に取り組んだ。

(2) 日刊紙,週刊紙,夕刊紙,朝刊紙などすべての新聞の1号あたりの平均発行部数のことを指している。

(3) 本稿ではメディアの批判報道がメディアの批判・チェック機能,メディアの番犬機能（watchdog role）（中国語：「輿論監督」機能）を担う報道などの総称であると理解する。このうち,メディアの「輿論監督」機能の定義をめぐって,中国メディア研究ではいまだに「民衆がメディアを通じて批判を行う」,「メディアが民衆の意見をもとに批判を行う」との論争が行われているが,本稿はメディアが批判を行うという見解を採用するものである。

(4) 魏文秀（1988），「南方日報深化改革形勢喜人」『新聞愛好者』第9期,18頁。

(5) 新華社の「通稿」はいわば党・政府の統一見解を配信する記事であり,中央指導者の発言や重大な事件を報道する際に,中国の各メディアは原則としてそれを転載しなければならないものである。従来,重大な災難事故を報じる際には,各地のメディアは新華社の「通稿」を掲載するのが慣例

であった。
（6）　黄斉国（1988），「火紅的行動：大興安嶺火災采訪追記」『新聞与写作』，第9期，10-11頁。
（7）　中国語文献では「輿論監督」版と呼ばれている。本稿ではそのまま引用し，批判報道を載せる最初の試みとして捉えている。
（8）　宋志耀（1986），「新聞観念必須更新　首都新聞学会挙行学術討論会」『新聞愛好者』，第11期，7頁。
（9）　李赤（1987），「首都新聞学会連続召開学術討論会　認真学習十三大文件進一歩探索新聞改革」『新聞記者』第12期，4-7頁。
（10）　中国の市場経済体制改革の最初のステップは「経済特区」を設けたことである。それをもじって，中国新聞改革の最初の実践においても党機関紙の中の「週末版」，「輿論監督」版などの発行も紙面の「特区」と呼ばれている。こうした「特区」と言われる紙面は一定程度の自主な編集権を持つ。
（11）　雷収麦・李偉中・叶研・賈永（1987），「従災害報道到更深層次的思考」『新聞実践』第8期，7-9頁。
（12）　黄昇民・周艶編（2003），『中国伝媒市場大変革』北京：中信出版社，189-190頁。
（13）　羅建華（2000），「点撃報界『新概念』」『新聞記者』，第11期，26-31頁。
（14）　尹韻公（2005），『聚焦華西都市報』北京：中国社会科学出版社，5頁。
（15）　張春林（2004），「従都市報的転型看社会新聞的流変」『重慶工商大学学報（社会科学版）』第21巻第1期，157-160頁。
（16）　李舒・胡正栄（2004），「『民生新聞』現象探析」『中国広播電視学刊』第6期，33-36頁。
（17）　吉強（2005），「民生新聞与党報創新」『当代伝播』第1期，78-79頁。
（18）　董王芳（2007），『民生新聞研究』山西大学2007年度修士学位論文，13-16頁。
（19）　叶沖（2007），『電視民生新聞与輿論監督』上海社会科学院2007年度修士学位論文，9頁。
（20）　王超慧・王崇飛・潘徳新（2007），「用『大民生』理念提昇民生新聞品質」『新聞伝播』第5期，50頁。
（21）　同上。
（22）　「三農」とは農村，農業，農民を指し，三農問題とは，農村，農業，農民の問題を特に示し，経済格差や流動人口等を包括した中国の社会問題となっている。「農民問題」：三農問題の中核となる問題，農民の収入が低く，増収は困難であり，都市－農村間の貧富の差は拡大し，農民は社会保障の権利を実質得ていないことを示している。「農村問題」：農村が立ち遅れ，

経済が発展しないことを示している。「農業問題」：農民が農業で金を稼げず，産業化のレベルが低いことを示している。

(23) 「留守児童」というのは，農村で両親とも出稼ぎに行き，祖父母や親戚のもとに預けられたまま育つ子供のことである。現在，中国政府の統計によると5800万人の留守児童がいる。約8割が心理問題を抱えていると言われる。未成年犯罪事件も多発している。

(24) 王長虜（2004），『南方週末三農報道研究』曁南大学2004年度修士学位論文，17－49頁。

(25) 毎年3月に中国で最も重要な全国的政治イベントとなる立法機関の全国人民代表大会と諮問機関の全国政治協商会議が行われる。この2つを合わせて「両会」と呼ぶ。「両会」では議案の審議採択と政策提言がなされ，その年の主要政策が決められる。

(26) 盧綱（2010），「『大民生』新跨越―評湖北経視民生節目転型」『媒体時代』第12期，55頁。

第Ⅳ部

国際比較の中の中国

第16章

アドボカシーの国際比較
―7カ国との比較

小橋洋平・辻中豊・木島譲次

　社団は，権威主義体制下において，政策形成の多元化に何らかの影響を及ぼし得るのであろうか。本章では，政策実施・修正・阻止経験に関する7カ国比較を通じ，アドボカシー機能の欠如という中国の社団の特徴を浮き彫りにする。ローカルレベルでのアドボカシーの停滞，業界団体へのアドボカシー機能の偏りといった特徴は，権威主義体制下のガバナンスの構造的問題に由来する。

はじめに

　中国が直面する格差や高齢化，公害といった問題をポスト工業化という文脈で捉えた場合，1つの鍵となるのが多元化である。中国に先んじてポスト工業化を迎えた先進国では，問題の顕在化に呼応して民間の組織が形成され，政治への働きかけや公共サービスの提供によって公共性を担ってきた。工業化に伴い経済，産業界の利益団体が登場し，ポスト工業化期に経済，産業界の対抗組織が現れるのが一般的な多元化の過程となる。

　しかし，このような多元化は民主主義国家によって観察されたものであり，中国でも同様に団体の噴出が起こり，政治への働きかけを行うことが可能であるのかは定かでない。中国は一貫して中国共産党による一党支配を堅持してきたため，民主主義国家と同様の窓口が開いているとは考え難い。社区建設や草の根NGOのように，市民の自助努力によって社会問題の解決に取り組む動きは見られる一方で，市民社会組織によるアドボカシーは停滞していると考えられている（王・李・岡室 2002；毛里 2012b；李 2012）。農民工や公害といった諸問題は中国の経済発展と密接に関係しており，持続的な経済発展を志向する政府の方針を覆すほどの影響力を社会の側が発揮できるのかは不透明である。

　ただし，現在の中国は未だに第2次と第3次産業が拮抗した状況であり，ポスト工業化に差し掛かった段階に過ぎない。産業構成比率や1人当たりGDPに関しては1950年代後半から60年代前半の日本に相当する（2章参照）。50年代後半から70年代前半の日本では，高度成長に応じて経済・業界団体が発展した一方で，60年代後半には学生運動組織や市民団体，消費者団体などの対抗組織が噴出した（辻中 1988：77-78）。現在の政治体制でも経済，業界団体の多元化は進行していると考えられており（Kennedy 2005），対抗組織の噴出がこれから起こる可能性もある。

　以上を踏まえ，社会と政府の窓口として期待されている社団が多元化の一翼を担う可能性を，政策の実施，阻止経験を尋ねた質問を用いて論じる。分析では，中国の社会的亀裂を生み出す政治的な要因として「増圧体制」と「特殊利益集団」に着目し，実施，阻止経験の割合が社団の行政レベルに比例する実態と，この状況が経済，産業界の優位性に起因していることを明らか

にし，先進国やアジアの発展途上国との比較からこの歪みの特殊性を示す。

1 社会団体によるアドボカシーのリソース，手段，成果

1-1 分析に用いるデータの概要

今回分析に用いる調査データは，JIGSの調査地域の中から，ポスト工業化を果たした先進国として日本とアメリカ，ドイツ，韓国の4カ国，アジアで経済成長を遂げた，または成長途上にある発展途上国として中国とフィリピン，バングラデシュを対象とする。各調査の詳細は1章を参照して頂きたい。各調査では各国の独自性を踏まえ，調査対象の選定や調査方法，質問票の内容は調査を担当した研究者の判断によって異なる。以下，相違点を整理する。

まず，調査地域の違いについて述べる。日本と韓国の2次調査は，国内の地域間比較を念頭に全国規模の調査となっているが，他の調査では首都と人口の多い1，2地域を調査するに留まる。日本と韓国については1次と2次の推移を論じるため，2次で用いるデータを1次の対象地域（日本は東京都と茨城県，韓国はソウル特別市と京畿道）に限定する。

次に母集団の違いを取り上げる。JIGSでは市民社会組織をできる限り幅広く網羅することを最も重視している。日本と韓国では電話帳がその目的に適うと見なされた一方で，必ずしも電話帳が適しているとは言えないと判断された調査では電話帳以外の名簿を用いたり，複数の名簿を組み合わせている。ドイツでは，電話帳の団体がスポーツ，リクリエーションに偏っており，営利，非営利セクターを補うためにシンクタンクの利益団体名簿やロビイング団体の一覧を併用している。また，フィリピン，バングラデシュでは信頼できる電話帳が存在せず，公的機関，シンクタンクや統括団体が作成した名簿を用いている。なお，アメリカの2次調査は非営利だと公式に認められた組織を対象としており，市民社会組織全般よりは範囲が狭い。そのため，アメリカの2次調査の結果との比較には特に注意する必要がある。

標本抽出法は原則，母集団全体からの無作為抽出であるが，中国は1章で述べたように層化抽出法，日本の2次調査は全数調査である。また，バングラデシュは名簿に含まれる団体のうち連絡先の変更や活動停止によって連絡を取ることができない団体が多く，名簿に基づく抽出が困難である。そのため標本抽出は行わず，名簿をもとに現地に赴き事務所を探し，見つかった団

体全てを対象に面接調査を試みている。

　そして，調査方法は，調査担当の研究者が回収数を重視した場合は調査数を増やす意図で郵送のみ，回収率を重視した場合はそれ以外の方法を用いている。また，フィリピン，バングラデシュでは，住所の特定が困難，安価な郵便サービスへの信頼が低いといった点を考慮し，郵送ではなく訪問調査を実施している。

　なお，アメリカとドイツでも2回調査を実施しているが，アメリカの1次とドイツの2次には本章の分析で従属変数として用いる「政策を実施，修正または阻止した経験はあるか」という質問が含まれていないため分析から除外する。

　表16-1に調査当時の各国の1人当たり実質GDPを示す。2001年の中国は2004年のフィリピンと同程度の水準で，2009年には約2倍となっている。経済水準では先進諸国とフィリピン，バングラデシュの間に位置する中国が，市民社会組織によるアドボカシーではどの水準に位置付けられるのかというのが1つの焦点となる。

　以上に加え，中国と他国の調査の違いとして注意すべき点として「政府による管理」と「団体の活動範囲」を挙げる。中国の社団，民非，基金会は原則，二重管理体制に置かれているのに対し，他の調査の団体は必ずしも政府の管理下に置かれているわけではない。表16-2は調査で法人格の有無を尋ねた質問の集計結果である。これを見ると，日本や韓国の調査では，法人格を持つ団体の割合が相対的に低い。このような政府との関係の違いはアドボカシー活動に重要な影響を与える可能性があるため，東アジア諸国の比較分析で取り上げる。なお，本章では特に断りのない限り，欠損値を含んだ回収

表16-1　調査当時の1人当たり実質GDP

国	調査年	1人当たり実質GDP	国	調査年	1人当たり実質GDP
中国	2001	2,868	ドイツ	2000	30,298
	2009	6,207		2007	33,403
日本	1997	29,065	韓国	1997	17,318
	2006	30,961		2008	25,339
アメリカ	2008	43,070	フィリピン	2004	2,968
			バングラデシュ	2006	1,226

注）2005年のドル換算の購買力平価によるもので，世界銀行の公開データ（http://data.worldbank.org/）を参照。

表16-2　法人格を持つ団体の割合（単位：全体％）

中国	C-JIGS1	—	アメリカ[1]	U-JIGS2（シアトル）	87.8
	C-JIGS2（社団）	94.8		U-JIGS2（ワシントン D.C.）	68.0
	C-JIGS2（民非，教育）		ドイツ	G-JIGS1	—
	C-JIGS2（民非，非教育）	91.6	韓国	K-JIGS1	55.1
	C-JIGS2（基金会）	—		K-JIGS2	46.3
日本	J-JIGS1	61.2	フィリピン	Ph-JIGS	97.1
	J-JIGS2	64.9	バングラデシュ[2]	BD-JIGS	77.4

1) アメリカの2次調査では法的立場（legal status）の有無を尋ねており，厳密には法人格と異なる。また，ワシントン調査では法的立場を有するかどうかを聞いているのに対し，シアトル調査では，税制上の優遇措置を受けられる「501(c)3」か「501(c)4」，または「他の法的立場」という3つについて聞いている。ワシントン調査の回答には欠損値が含まれていないため，持たないと答えた32.0％の団体は全て「501(c)3または4を有するが他の法的立場を持たない団体」ということになり，シアトル調査とは異なる。
2) バングラデシュでは公的機関に登録しているかどうかを尋ねているため，厳密には法人格と異なる。

数に対する割合（全体％）を示す。

　また，団体の活動範囲に関して，他の調査では全国，世界レベルで活動する団体を対象に含むのに対し，中国の調査では省以下の民政部に登録している団体を対象としており，団体の活動範囲が省レベル以下に限定されると考えられる。ただし，北京市は約2,000万人，浙江省は5,500万人，黒龍江省は4,000万人と国家並みの人口規模を誇り，制度的にも改革開放以降の「放権譲利」政策や省党委員会書記の強い権力によって，省レベルでは高い自律性を発揮して独自の政策が実施されてきたことが指摘されている（趙 2000；磯部 2008）。本分析では，ローカル・ガバナンスにおける中央-地方関係と同じ観点で省とそれ未満の行政レベルの関係を捉えることでローカルレベルの市民社会組織を評価する。

　各調査の活動範囲の分布を表16-3に示す。ただし，中国調査では活動範囲を尋ねる質問が存在しないため，集計に登録行政レベルを用いている。中国調査に合わせて，他の調査も活動範囲も自治体の規模に対応させている。このとき，活動範囲の中には「広域圏」のように対応する自治体が明確でない選択肢が存在する場合がある。このようなカテゴリは「世界」を除き本分析の集計対象から除外した。ただし，市区町村レベル未満が活動範囲の場合は市区町村レベルに含めた。

1-2　ローカルレベルにおける団体の噴出

　他の章で見てきたように，経済発展や政治改革を経て，中国の市民社会組

表16-3　団体の活動範囲（単位：全体％）

	C-JIGS1 (社団)	C-JIGS2 (社団)	J-JIGS1	J-JIGS2	U-JIGS2 (シアトル)	U-JIGS2 (ワシントン)
市区町村レベル	950(33.2%)	419(33.5%)	298(18.2%)	406(19.3%)	341(22.7%)	143(25.0%)
県レベル	1,023(35.8%)	611(48.8%)	217(13.3%)	341(16.2%)	289(19.3%)	121(21.2%)
州レベル	838(29.3%)	211(16.9%)	—	—	287(19.1%)	—
全国	—	—	698(42.7%)	950(45.1%)	79(5.3%)	161(28.2%)
世界	—	—	196(12.0%)	240(11.4%)	169(11.3%)	90(15.8%)
合計	2,858(100.0%)	1,252(100.0%)	1,635(100.0%)	2,108(100.0%)	1,501(100.0%)	571(100.0%)

	G-JIGS1	K-JIGS1	K-JIGS2	Ph-JIGS	BD-JIGS
市区町村レベル	363(41.0%)	127(26.4%)	165(43.7%)	757(74.7%)	777(51.5%)
県レベル	12(1.4%)	50(10.4%)	31(8.2%)	52(5.1%)	306(20.3%)
州レベル	220(24.9%)	—	—	—	183(12.1%)
全国	150(16.9%)	215(44.7%)	122(32.3%)	120(11.8%)	197(13.1%)
世界	32(3.6%)	53(11.0%)	49(13.0%)	33(3.3%)	41(2.7%)
合計	885(100.0%)	481(100.0%)	378(100.0%)	1,014(100.0%)	1,509(100.0%)

注）「広域圏」のようなカテゴリの除外と欠損値により，各カテゴリの和は必ずしも合計とは一致しない。

織の数は継続的に増加しているが，この傾向は国際比較の観点でみた場合でも中国固有の特徴と言えるのか。2時点間での比較が可能な日本と韓国のデータとの比較を通し考察する。図16-1は，中国の行政レベル別分布と日韓の活動範囲別分布について1次，2次調査の結果を併記したものである。中国の3地域では共通して省レベルの団体の割合が低下しており，団体の増加は特にローカルレベルで顕著であることが窺える。ただし，浙江省では省未満の割合の増加が7.6％に留まり，23.6％増加した北京市や30.3％増加した黒龍江省と比べて少ない。図16-1からは，2次の黒龍江省の分布が1次と比べて，浙江省の分布に近づいていることが窺える。このことから，ローカルレベルの市民社会組織の形成に関しては浙江省が先行しており，黒龍江省はそれに追随する形で発展してきたものと推察される。

同様の変化は韓国のソウル特別市でも見られる。北京市や黒龍江省ほどではないが，全国レベル未満の団体の割合が13.7％増加している。一方，日本では大きな変動は見られず，東京都，茨城県ともに5％未満の増減に留まる。[5] 韓国は日本と比べて民主化の歴史が浅く，地方自治に関する制度整備は2000年代にも行われており（朴・辻中 2013），その影響の可能性がある。ただし，京畿道の比率は変化しておらず，今後の検討課題となる。

とはいえ，ソウル特別市の変動幅は北京市や黒龍江省に比べると小さく，90年代後半から2000年代にかけて経済成長を遂げた韓国と比べても，中国に

第16章　アドボカシーの国際比較―7カ国との比較　327

おけるローカルレベルの団体噴出は顕著であると言えよう。

1－3　ローカルレベルにおけるアドボカシーの停滞

　団体の割合に関してはローカルレベルでの団体噴出による分布の再構築が観察された。では，これらの団体は増圧体制を潜り抜けてアドボカシーを行うことができるのか。実態を端的に示すデータとして，中央または地方政府の政策を実施，修正または阻止をした経験の有無を尋ねた質問の集計結果を図16－2に示す。省レベルは1次が16.3％，2次が17.5％と微増しているが，地・市レベルは11.3％から8.5％，区・県レベルが12.0％から6.2％へと減少している。

　この図から次の2

図16－1　1次調査と2次調査の活動範囲の分布
（単位：全体％）

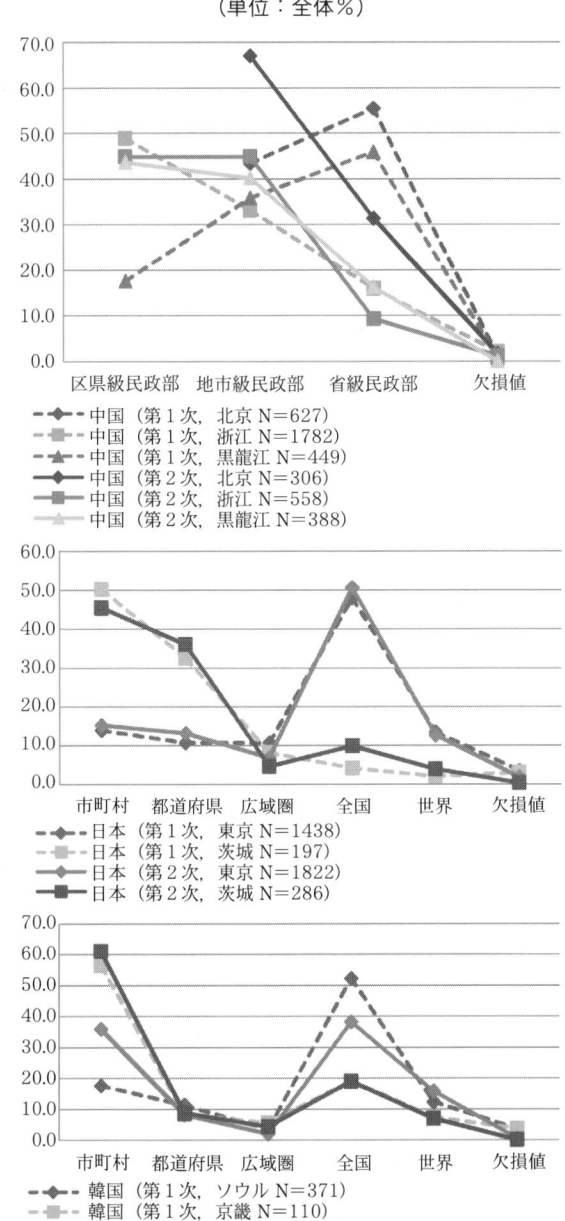

- - ◆- - 中国（第1次，北京 N=627）
- - ■- - 中国（第1次，浙江 N=1782）
- - ▲- - 中国（第1次，黒龍江 N=449）
—◆— 中国（第2次，北京 N=306）
—■— 中国（第2次，浙江 N=558）
—△— 中国（第2次，黒龍江 N=388）

- - ◆- - 日本（第1次，東京 N=1438）
- - ■- - 日本（第1次，茨城 N=197）
—◆— 日本（第2次，東京 N=1822）
—■— 日本（第2次，茨城 N=286）

- - ◆- - 韓国（第1次，ソウル N=371）
- - ■- - 韓国（第1次，京畿 N=110）
—◆— 韓国（第2次，ソウル N=262）
—■— 韓国（第2次，京畿 N=116）

点が指摘できる。アドボカシーにおける社会団体の役割の相対的な大きさ，および２次調査における行政レベル間格差の拡大である。

　まず，社団は民弁非企業単位や基金会と比べ，政策に影響を及ぼした経験のある団体が多い。基金会の調査には行政レベルを尋ねる質問がないため，図16－２には掲載していないが，基金会の割合も全体で2.5%に留まる。全人代で要請があった通り，政府に対して提言を行う主体として，社団は他より大きな役割を果たしていることが窺える。

　しかし，全人代での要請が2001年にあり，その後，団体の自律性を高める種々の制度変更があったにも拘わらず，市レベル以下の社団による政策への関与は省レベルと比べて停滞している。中国の２次調査には修正経験が含まれておらず，１次調査と厳密な比較をすることはできないが，１次では1.4倍程度である省レベルと他のレベルの差が，２次では市レベルの2.1倍，県レベルの2.8倍程度となっている。省レベルでは社団が積極的に政策に関与している一方で，市レベルと県レベルの社団はアドボカシーの機能が相対的に停滞している状況が浮かび上がる。

　このようなローカルレベルでの停滞は，経済発展によって期待される市民社会の変化からは逆行しているように思われる。図16－３に他国の調査との比較を示す。中国の２次調査はバングラデシュの地方レベルと類似した分布となっている。日本を除く他の国でも市区町村レベルの値は他の行政レベルを大きく下回るが，市区町村レベルと県レベルの双方で10%を下回るのは中国の２次とバングラデシュ以外に存在しない。日本や韓国では１次と比べて２次で割合が増加しているように，ローカル・ガバナンスの観点からは多様

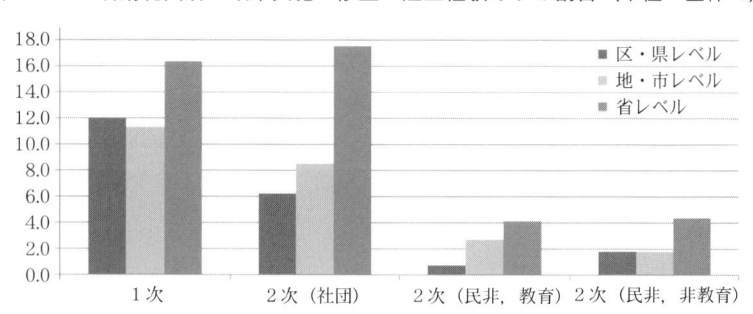

図16－２　活動範囲別の政策実施・修正・阻止経験ありの割合（単位：全体％）

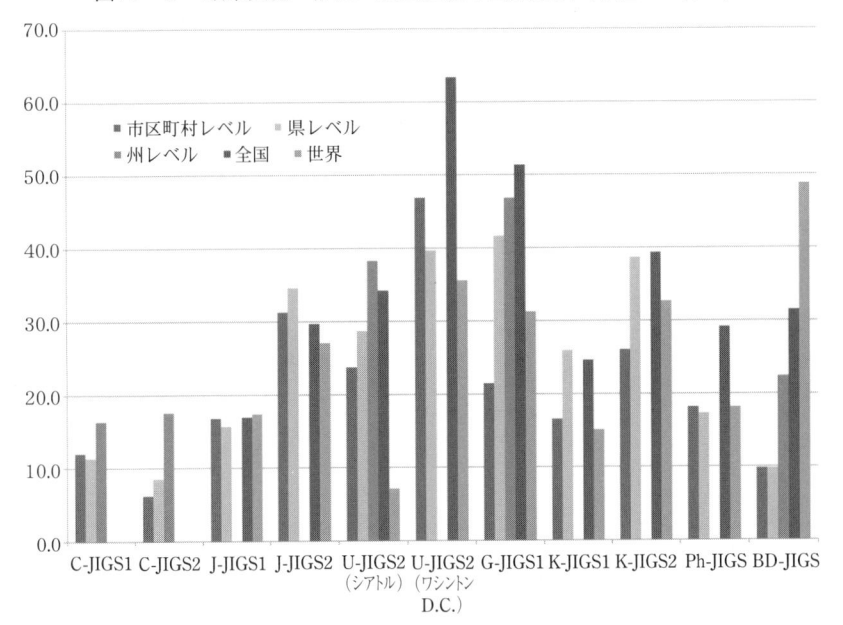

図16-3 政策実施・修正・阻止経験の国際比較（単位：全体％）

化する社会問題に対応するために政府と民間による相互行為の促進が期待されるが、中国の市レベル以下では社団の数は増えているものの相互行為の実現は困難な状況にあると考えられる。

1-4 増圧体制のリソースやネットワークへの影響

このように、中国の区・県、地・市レベルではアドボカシーの停滞が観察されるが、このような活動範囲間の格差は団体のリソースやネットワークにも見られるのだろうか。アドボカシーで見られる格差はリソースやネットワークの格差に由来する可能性がある。ここでは村松・伊藤・辻中（1986：221-222）が圧力団体の影響力の源泉を評価する際に提起した4つの仮説を参考に、団体のリソース、政府への働きかけ、政府以外の団体との関係に着目して比較を行う。[10]

まずはリソースとして予算を比較する。表16-4に予算の中央値を示す。[11]まず、政策実施・修正・阻止経験と共通する点として、日本を除き活動範囲

表16-4　予算の中央値

	C-JIGS1 万元	C-JIGS2 万元	J-JIGS1 100万円	C-JIGS2 100万円	U-JIGS1 万ドル	U-JIGS2 万ドル	G-JIGS1 万マルク	K-JIGS1 千万ウォン	K-JIGS2 千万ウォン	Ph-JIGS 万ペソ	BD-JIGS 万タカ
市区町村レベル	3	2.5	30〜100	30	4	8.9	10〜20	3〜5	2.6	0	8.2
県レベル	4	4	30〜100	24	7	25	20〜60	10〜30	4.6	6	12.5
州レベル	10	15	—	—	9.2	—	20〜60	—	—	—	50
全国	—	—	30〜100	58	6	140	60〜200	10〜30	10	2.5	50
世界	—	—	30〜100	60	4	35	10〜20	10〜30	28.5	12	170

注1）有効回答数は紙幅の関係上，省略している。
注2）日本，ドイツ，韓国の1次は自由回答ではなく選択式のため数値に幅がある。

別での格差が観察される。中国では，1次の時点で省レベルの中央値は県レベルの3.3倍だが，2次では6倍になっている。経済成長にも拘わらず県レベルと市レベルの予算はほぼ変わっておらず，新たに噴出したローカルレベルの社団の多くは限られた予算の中で活動を行っていると考えられる。また，アメリカのワシントン調査やドイツ，バングラデシュでも市区町村レベルと全国または州レベルとの格差が6倍以上あり行動範囲間の格差が確認できる。

一方で，日本と韓国の1次と2次を比較すると，政策実施・修正・阻止経験は増加しているにも拘わらず，リソースの増加は特に見られない。また，フィリピンは予算では中国やバングラデシュを下回るが実施・修正・阻止経験では上回っており，全く同じ傾向を示しているとは言い難い。

次に，ネットワークを表す指標の1つとして政治への働きかけをとりあげる。まずは表16-5に政府内アクターへの働きかけを行う割合を示す。中国のデータでは全国人民代表大会代表／政治協商会議委員を「国会議員」，地方人民代表大会代表／政治協商会議委員を「地方議員」，中央政府職員への直接，間接接触を「中央官僚」，地方政府職員への直接，間接接触を「地方官僚」，それ以外へのアクターを「その他有力者」としている。

1次，2次に共通する中国の特徴としては，行政への依存，特に地方官僚への依存が挙げられる。1次ではその他有力者も50％以上だが，その8割以上が業務主管単位と接触しており，他のアクターとの接触はその半分以下である。それに対し，他国では議員への接触の割合が高く，市区町村レベルでも国会議員への接触がアメリカを除き20％を超えている。リソースは少ないフィリピンでもアクターへの働きかけは活発である。

中国，日本，韓国で2時点間の比較をすると，中国では全活動範囲で地方

第16章　アドボカシーの国際比較—7カ国との比較　331

表16−5　政府への働きかけ（単位：全体％）

		C-JIGS1	C-JIGS2	J-JIGS1	J-JIGS2	U-JIGS2（シアトル）	U-JIGS2（ワシントンD.C.）	G-JIGS1	K-JIGS1	K-JIGS2	Ph-JIGS	BD-JIGS
市町村レベル	国会議員	3.1	2.9	37.6	41.1	15.2	19.6	20.4	37.8	46.7	44.1	—
	地方議員	20.3	10.3	51.0	60.8	24.9	44.1	36.1	52.0	55.2	39.5	—
	中央官僚	20.0	27.9	26.8	23.9	10.3	17.5	4.1	40.9	27.3	27.6	—
	地方官僚	75.3	79.0	73.8	81.5	29.9	47.6	49.3	69.3	69.1	77.4	—
	その他有力者	53.1	26.5	25.8	39.9	—	—	38.6	40.2	52.1	65.8	—
県レベル	国会議員	10.0	4.4	39.2	38.4	23.9	32.2	16.7	32.0	54.8	30.8	—
	地方議員	23.8	10.0	44.7	44.6	29.4	42.1	50.0	32.0	48.4	40.4	—
	中央官僚	28.1	34.7	35.0	36.7	20.1	25.6	8.3	62.0	35.5	26.9	—
	地方官僚	76.8	80.2	70.5	66.6	34.3	47.1	58.3	68.0	58.1	67.3	—
	その他有力者	57.9	27.8	17.1	29.3	—	—	41.7	18.0	45.2	59.6	—
省レベル	国会議員	8.7	5.7	—	—	28.9	—	36.8	—	—	—	—
	地方議員	15.6	9.5	—	—	34.5	—	56.8	—	—	—	—
	中央官僚	47.5	44.1	—	—	25.4	—	25.5	—	—	—	—
	地方官僚	79.6	82.9	—	—	36.2	—	79.1	—	—	—	—
	その他有力者	53.6	28.4	—	—	—	—	49.1	—	—	—	—

注：紙幅の関係上，全国と世界を省略している。

人代代表への接触の減少と市レベルでの全人代代表への接触減少，日本では市区町村レベルでの地方議員への接触増加が見られる[15]。アメリカの2地点の比較でも経験が多いワシントンの方がシアトルよりも地方議員に対する接触が多い[16]。以上，同じ国の調査の比較では，政策実施・修正・阻止経験と議員を介した働きかけの割合に同様の傾向を見出せる。

ただし，行動範囲間の格差が見られないことやアメリカでの議員接触が他国より低いこと[17]など，食い違う点も見られる。そこで，公共の場を介して間接的に働きかけるロビイング手法（アウトサイド・ロビイング）にも着目し，バングラデシュを除く全調査で質問しているマスメディアへの情報提供，記者会見，マスメディアへの広告掲載，他団体との連合の4つのいずれかを実施した経験がある団体の割合を抜粋して示す。中国の1次では区・県レベル，地・市レベル，省レベルがそれぞれ20.8，19.9，19.3％，2次では17.2，16.2，22.3％であり明確な差は確認できない。同様に，中国2次での活動範囲間の格差も見られない[18]。その一方で，他の調査の市町村，県，省レベルと比較したところ，全ての活動範囲で中国の2次が最も低い[19]。加えて，アメリカのワシントン調査は市町村，県レベルが55.2％，57.9％とドイツの次に高く，国家間の比較に関しては政策実施・修正・阻止経験と類似した傾向を見せている[20]。

なお，中国の調査では他にも法的手段，陳情，嘆願書，大衆集会の実施も質問しているが，すべて合わせても1次で5.0％，2次で2.7％に過ぎない。同じ質問ではないので厳密な比較はできないが，他の調査で質問している請願や集会，直接行動（デモなど）と比較すると低い。中国の社団によるアウトサイド・ロビイングは全般的に活発でないと思われる。

では，政府外のアクターとの関係はどのような傾向があるだろうか。JIGSでは，「労働団体」，「農業団体」といったカテゴリごとに協調度を7段階で尋ねる質問が存在する。カテゴリは調査ごとに異なるため，バングラデシュ以外で比較可能な「労働団体」，「農業団体」，「経済・産業界」，「マスメディア」[21]，「市民団体」，「福祉団体」，「外国政府」，「国際組織」，「外国の利益団体」[22]の9つについて，協調的（7段階中5段階以上）と回答した団体の割合を見る。[23]

すると，これまでのデータとは異なり，中国の2次は幅広いカテゴリで高い割合を示す。市区町村レベルに限定して見ていくと，労働，農業で42.2％，44.2％と全調査の中で最も高く，経済・産業，マスメディア，外国政府，国際組織，外国の利益団体で40.6％，49.4％，17.9％，17.7％，16.9％と全てフィリピンの次に高い。[24]また，市民は38.8％とフィリピンとアメリカのワシントン調査の次に高く，福祉は35.9％とドイツ，韓国2次，フィリピンの次に高い。主観的な判断なので測定バイアスである可能性は否めないが，少なくとも他団体との協調関係を重視する姿勢は窺えよう。

また，中国の2次では全てのカテゴリで活動範囲と協調度に有意な相関を見出すことはできず，政策の実施・修正・阻止や予算で観察された行政レベル間格差は協調関係では確認されなかった。[25]

2 東アジア諸国との比較：
　　開発主義における産業政策の推進が及ぼす影響

以上，政策の実施・修正・阻止経験，予算，政治への働きかけおよび他のアクターとの関係を概観してきた。中国ではローカルレベルでの団体の噴出にも拘わらず割合では他の国と比べて概ね低い数値を示しており，特にアドボカシーとリソースでは省レベルと市レベル以下の社団で格差が見られる。

ただし，これまでの図表のみで実施・修正・阻止経験を持つ団体の特徴を包括的に論ずることは難しい。そこで，中国，日本，韓国，フィリピンの東

アジア諸国に対象を絞り，多変量解析によって中国のローカルレベルで実施・修正・阻止経験が停滞している要因を論じる。この４カ国は，1950年代以降に中央政府が主導する開発政策の下で経済発展を遂げたという共通点がある。[26]開発主義の下では，産業政策が優先されることで，経済・産業界に対抗する利益集団は相対的に軽視され，中央集権的な体制により，ローカルレベルでの政府と民間の相互行為は生じにくいと考えられる。中国を未だに開発主義が継続している体制と見なすならば，開発体制からの脱却を果たした韓国とフィリピンや，環境問題で先進的な政策を実現した日本は，ポスト工業化社会へ向けて政策の見直しが求められる中国にとってメルクマールになることが期待される。

ここで開発主義の影響を統制する変数として新たに団体分類を取り上げる。表16－6に，回答の団体分類をもとに「農業」，「経済・産業」，「その他」の３分類を作成し，分類ごとに政策の実施・修正・阻止の割合を集計した結果を示す。なお中国の１次調査には該当する質問が存在しないため，中国については２次調査の結果のみを示す。ここで経済・産業とその他の割合を比較すると，日本と韓国では差がなく，中国とフィリピンでは大きな差が見られる。[27]韓国やフィリピンでは農業と経済・産業のデータ数が少ない点には留意する必要があるが，その他の割合の相対的な高さは経済水準の高さに対応したものとなっている。

以上を踏まえ，活動範囲，リソース，ネットワーク，団体分類という説明変数に着目して，政策実施・修正・阻止経験の有無を規定する要因の解明を試みる。分析にベイジアン・ネットワークを用いる。ベイジアン・ネットワークとは，データの確率分布に基づき因果関係を推論する統計手法である。事前に因果関係を定めるのではなく因果関係を探索する点が特徴で，回帰分析などで一般的に用いられる線形モデルと比べて分析上の制約が少なく，出

表16－6　団体分類ごとの政策実施・修正・阻止経験（単位：全体％）

	C-JIGS2	J-JIGS1	J-JIGS2	K-JIGS1	K-JIGS2	Ph-JIGS
農業（％）	1.8	12.0	35.8	38.1	54.5	33.3
団体数	169	92	179	21	11	12
経済・産業（％）	15.8	16.2	29.5	16.3	35.3	30
団体数	259	303	550	49	17	40
その他（％）	8.7	16.3	29.8	20.5	31.7	19.1
団体数	812	1200	1347	396	347	954

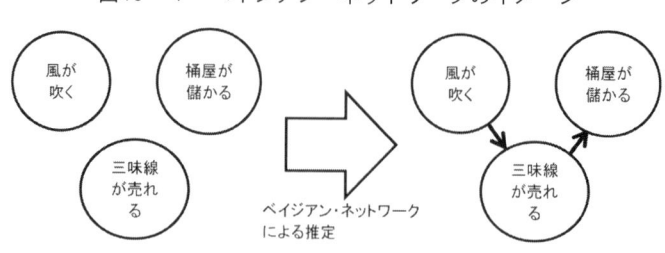

図16-4 ベイジアン・ネットワークのイメージ

力が因果関係となるため解釈が容易であることが利点となる。

図16-4にベイジアン・ネットワークのイメージを示す。円が事象，黒い矢印が因果関係を表す。風が吹くことと桶屋が儲かることには直接的な因果関係はなく，三味線が売れることが2つの事象を媒介していることを表す。あくまで確率的な傾向であり，「風が吹けば必ず三味線を売れる」と主張するものではない。なお，「（風が吹いて）土ぼこりが立つ」や「ネズミが桶をかじる」といった別の事象が追加されれば因果関係の記述は変化し得る。あくまで，分析に用いる変数群で構築可能な範囲での推論である点には注意する必要がある。

分析で用いる変数の一覧を表16-7に示す。まず，グループ1は全ての変数から独立という前提を置く変数群である。営利組織の場合，組織の成長や収益構造の改善のために所在地や組織の主目的そのものを変えることはあり得るが，本調査で扱う市民社会組織は原則，営利組織ではなく，そのような動機を持たないものと見なす。

次に，グループ2はグループ1以外から独立という前提を置く。グループ2も基本的には設立後の諸要因の変化に影響されないものと見なすが，首都

表16-7 ベイジアン・ネットワークで用いる変数群

説明変数	グループ1（全ての変数から影響を受けない）	・所在地（首都か否か） ・団体分類（農業と経済・産業，その他の3分類）
	グループ2（グループ1以外の全ての変数から影響を受けない）	・活動範囲（上記の5分類） ・法人格の有無
	グループ3（応答変数から影響を受けない）	・政府への働きかけ（潜在クラス分析による類型化） ・アウトサイド・ロビイング（同上） ・他のアクターとの関係（同上） ・予算（4分位）
応答変数		・政策の実施・修正・阻止

の方が法人格の取得や全国レベル以上での活動に適している，または団体分類に応じて法人格の必要性や活動範囲が必然的に決まる可能性はある．また，中国では北京市内に県レベルに相当する行政機関がない．それ以外の説明変数（グループ３）については，応答変数が原因にはなり得ないという前提のみを置く．なお，ベイジアン・ネットワークの詳細とグループ３の変数生成に用いている潜在クラス分析の詳細は章末の付録に示す．

図16－５に分析結果を示す．政策の実施・修正・阻止経験に着目して６つのグラフを比較すると，東アジアの４カ国の中でも特異な中国の特徴が浮かび上がる．最初に予算について簡単に触れると，日本と韓国，フィリピンでは法人格と活動範囲，所在地（韓国の１次のみ）のいずれかが規定要因であるのに対し，中国では団体分類，すなわち経済・業界団体であることが重要であるという結果が得られた．

この経済団体の優位性は政策の実施・修正・阻止経験でも観察される．中国では，「北京に存在する経済・業界団体」（N＝43）による実施・阻止経験の割合が全体平均の9.2％に対し27.9％と高い．なお，活動範囲（行政レベル）の規定要因が所在地となっていることから，図４－３や４－４で見られた行政レベル間格差は地域間格差による影響が大きいと考えられる．

それに対し，日本や韓国，フィリピンでは，首都であることや経済・業界団体の優位性は少なくとも直接的な規定要因としては見られない．まず日本では，１次，２次ともにアウトサイドのロビイングを行っている団体の実施・修正・阻止経験の割合が高い．２次について見ると，アウトサイドでマスメディアへの情報提供，会見，広告，他団体との連合を幅広く行うクラス（N＝237）と，情報提供と連合が特に活発なクラス（N＝401）が57.8，48.1％と，アウトサイド・ロビイングが活発でないクラス（N＝1470）の20.3％と比べて高い．１次で影響のあったインサイド・ロビイングが２次では規定要因から外れている点も興味深いが，中国との対比においては業種や地域ではなくロビイングの有無が効いていることが１次，２次で共通した特徴となる．

韓国では，１次，２次ともにアウトサイド・ロビイングのみが規定要因となっている．２次の割合を見ると，アウトサイド全般を積極的に行うクラス（N＝233）は38.2％と，消極的なクラス（N＝145）の23.4％と比べて高い．

最後にフィリピンを見ると，日本の１次と同様にインサイドやアウトサ

図16−5　ベイジアン・ネットワークの結果

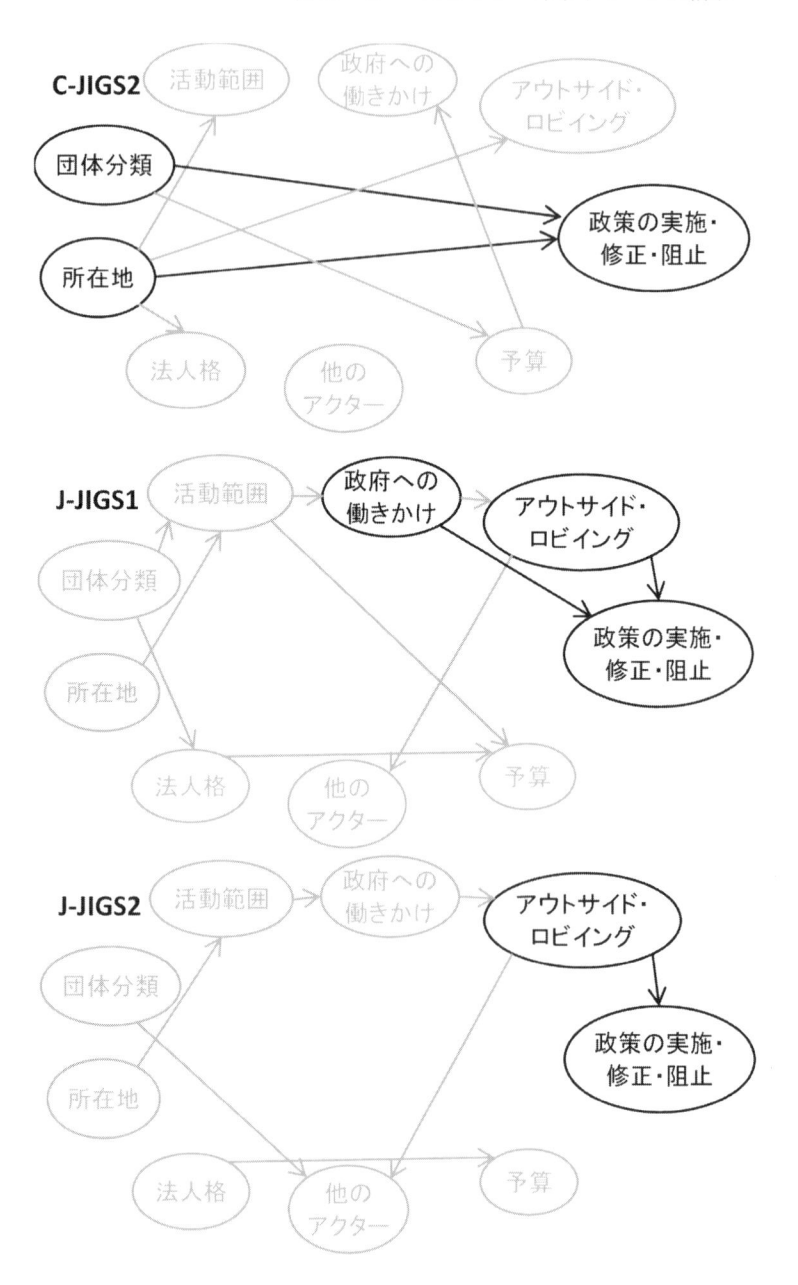

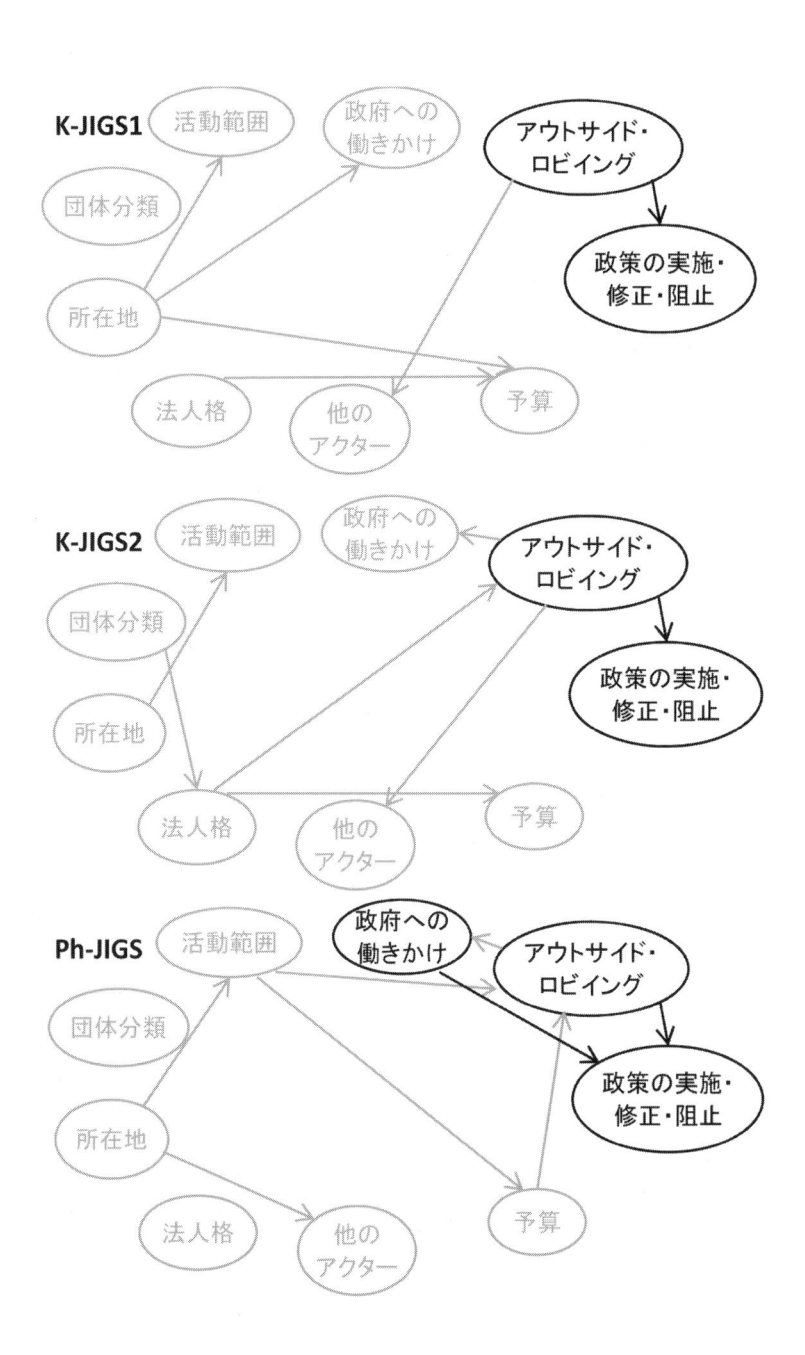

第16章　アドボカシーの国際比較―7カ国との比較　337

K-JIGS1

活動範囲／政府への働きかけ／アウトサイド・ロビイング／政策の実施・修正・阻止／団体分類／所在地／法人格／他のアクター／予算

K-JIGS2

活動範囲／政府への働きかけ／アウトサイド・ロビイング／政策の実施・修正・阻止／団体分類／所在地／法人格／他のアクター／予算

Ph-JIGS

活動範囲／政府への働きかけ／アウトサイド・ロビイング／政策の実施・修正・阻止／団体分類／所在地／法人格／他のアクター／予算

ド・ロビイングを実施することが政策関与につながる。議員や官僚，有力者に幅広く働きかけるクラス（N＝456）は全体平均の19.6％に対し28.1％と高い。アウトサイド・ロビイングの有無はより顕著な差をもたらし，アウトサイド全般に積極的なクラス（N＝186）は42.5％となる。ただし，アウトサイド・ロビイングは活動範囲や予算と正の相関を示しており，地域間や活動範囲間の格差は間接的に影響を及ぼしている可能性がある。

以上をまとめると，日本やフィリピン，韓国ではロビイングが政策の実施・修正・阻止経験に影響するのに対し，中国の行政レベル間格差は北京や経済・産業界の優位な立場が直接的に経験の有無を規定していると解釈するのが妥当という結果が得られた。団体の属性によって政策への関与が左右されるという結果は，多元的な利益を反映する体制が確立しておらず，対抗組織に対する制度的な障壁の存在が示唆される。ただし，前述の通り，韓国とフィリピンでは経済・産業団体の数が少ないというデータ上の制約によって因果関係が見出されなかった可能性がある。経済・産業界の追加的な比較研究が今後の課題となる。

3　まとめ

本章では，ポスト工業化期の社会問題に対処する鍵として多元化に着目し，社団が政策に及ぼす影響について国際比較の観点から論じた。JIGSデータを用いた7カ国比較の結果，中国には政策の実施・修正・阻止経験や予算において，省レベルとそれ以下の行政レベルの間でバングラデシュと同程度の格差が確認された。中国，日本，韓国，フィリピンの東アジア諸国に限定して行ったベイジアン・ネットワークの結果と合わせて解釈すると，上級政府の民政部に登記する経済・業界団体のアドボカシーは活発な一方で，下級政府に登記するその他の社団は停滞するという傾向が見られ，1次と2次調査の比較はその傾向が顕著になりつつあることを示している。さらに，フィリピンやバングラデシュとの比較からは経済水準に見合う多元性を有しているとも言い難い。

都市と農村，沿岸部と内陸部の構造的な格差拡大，日本を上回る勢いで進行する高齢化，地域から切り離された農民工の存在といった現在の中国が抱える社会問題は，戸籍制度や人口規制政策といった中国独自の要素に由来す

る一方で，経済発展を果たした社会が共通して抱えるものであり，先進国の経験から経済・産業界に対抗する組織の役割が重要になると考えられる。しかし，今回の分析結果は政府と対抗組織との相互行為が乏しいことを示しており，第2章で言及した権威主義体制下での良いガバナンスが実現し得るという見方に否定的なものと言えよう。本分析は社団を対象としたものであり，アドボカシーを網羅的に捉えたものではないが，政府からアドボカシーの役割を期待されている社団で多元化が実現していない中，対抗組織が他の手段を行使することは困難だと予想される。第2章などで取り上げた陳情の問題は厳しい現状を示す1例であろう。

なお，多元化が進まない要因について本章では直接的な分析は行っていないが，ロビイングの国際比較は自由選挙が存在しないことの影響を示唆する。民主主義国ではローカルレベルの団体でも15〜45％程度が国会議員への接触を行うのに対し，中国では全人代代表へ接触する区・県レベルの団体は3％程度に留まる。民主主義国では国政選挙の存在がローカルレベルの団体に政治機会を与える一方で，中国ではそのような機会が存在しないことが反映したものと推察される。ローカル・ガバナンス論における相互行為の促進には，複雑化，多様化する社会の中で効率的に公共サービスを提供するための国家機能の再編成という意図が含まれる（伊藤・近藤 2010：21-26）。政治体制の変動を考慮しない権威主義下のガバナンスという視角には限界があり，対抗組織との相互行為を実現するために体制の再検討が求められる段階に差し掛かっているのではないだろうか。

ただし，本分析では人代や政協を介さない共産党への直接的な働きかけについては想定していない。宗教法人が全国規模の組織を介して共産党に働きかけを行うことで地方政府に圧力をかける事例が観察されており（ワンク 2000：289-292），利益の多元化と共産党との関係は今後，研究を進めていく必要があろう。

　　（1）　伝統的な多元主義社会の担い手である労働組合がサービス業中心の労働市場に対し機能不全を起こしており，ポスト工業化社会に対する多元主義的な体制の難点として指摘されている（エスピン＝アンデルセン 2000）。ただし，この文脈で想定されるアクターは大規模集団であり，凝集性の低

さや団体と個人の目的の不一致といった規模に由来する問題（Olson 1965）が関与するため，ここでは多元化そのものの限界とは異なるものと考える。
（２）　一般的には，未回答や誤回答を無作為に生じているものと見なし欠損値を除外して集計するが，本章では，以下の理由から政治との関わりについての質問では「全体のうち『はい』と答えた団体の割合」を示す。政治的な関係についての質問では，専門性が高く当事者でない場合に質問が直観的に理解できない，または回答内容の流出を恐れて回答を躊躇することが考えられる。本章では，どちらの場合もローカル・ガバナンス論における相互行為的な関係を築いていないと見なし，「いいえ」と答えた団体と同様に扱う。
（３）　世界銀行の統計によると，2011年の世界214カ国の人口は平均値が3,248万，中央値が608万人である。
（４）　日本では県が県レベル，シアトル調査では郡（county）が県レベルで州が州レベル，ワシントン調査ではワシントン D.C. が県レベル，ドイツでは県（Regierungsbezirke）が県レベルで州が州レベル，韓国では広域市・道が県レベル，フィリピンでは州が県レベル，バングラデシュでは県が県レベルで郡が州レベルとなる。なお，バングラデシュには最大の行政区画に管区があるが，対応する自治体は存在しない。
（５）　ただし，比率の差の検定（カイ２乗，以下，同検定では同様）では東京，茨城とも５％有意である。ここでは割合の変動幅に基づいて「大きな変動はない」と見なしている。
（６）　中国の２次では「実施または阻止経験があるか」を１つの質問で尋ねているのに対し，他の調査では「実施経験」と「修正または阻止経験」を別々に尋ねている。そこで，「実施，修正または阻止経験」がある団体のうち「実施経験」がある団体の割合を調べると，中国の１次で91.0％，フィリピンで88.8％，バングラデシュで91.3％と発展途上国ではいずれも高く，活動範囲間での比率の差も５％有意でない。このことから，修正経験が含まれないことによる分布への影響は限定的であることが期待される。ただし，先進国ではこの割合が低く，日本の２次が59.6％と最も低い。ここで興味深いのは，日本の１次では87.3％と高い点である。本書では検証する用意がないが，１次が1997年と小泉政権の前であることから，先進国と発展途上国の違いを説明する要因として「ポスト工業化の問題を受け，新自由主義的な政策を採用しようとした国では，修正・阻止経験を持つ団体が増える」可能性がある。
（７）　この２調査のデータを用いて，調査ダミーと活動範囲および２つの交互作用を説明変数，経験ありと答えたかどうかを１と０の応答変数（欠損値も０）としてロジスティック回帰分析を行ったところ，調査と活動範囲

は0.1％有意で交互作用が5％有意（Wald検定）という結果が得られた。交互作用が有意であることは2次で格差が拡大したことを示す。

(8) バングラデシュのデータから全国と世界を除き，注23と同様の分析を行ったところ，5％有意でバングラデシュの方が大きい。ただし交互作用は有意でないので格差の度合いには差があるとはいえない。

(9) 欠損値を除いた有効パーセントでは中国の2次は市区町村レベルで6.7％，県レベルでは11.7％となり，注7の分析でバングラデシュとの差が5％有意ではなくなる。しかし，次に低い日本の1次が20.2％，18.9％と大きく引き離されている点には変わりなく，注23の分析でも欠損値の扱いに関わらず日本の1次とは0.1％有意に差がある。なお，中国の2次以外では修正経験も含まれていることを踏まえ，参考として実施経験のみの割合を示すと，中国とバングラデシュ以外で最も低いのが，市区町村レベルではドイツ1次の14.3％，県レベルでは日本1次の13.8％である。

(10) (1)組織リソース仮説，(2)相互作用正当化仮説，(3)バイアス構造化仮説，(4)頂上団体統合化仮説の4つが挙げられている。本章での分析はこれらの仮説を直接検証するものではないが，(1)がリソース，(2)〜(4)が政府内外のアクターとの関係についてのものである。

(11) 政治との関係について尋ねる質問ではないため欠損値を除いて計算している。

(12) ただし，格差の拡大は統計的に有意ではない。応答変数を予算の中央値以上か未満かのダミー変数に変えて注23と同様の分析を行ったところ，5％有意なのは活動範囲の差のみであった。

(13) メディアン検定は全て0.1％有意（尤度比）である。

(14) 1ペソを1.9円（2004年平均），1元を13.0円（2001年）と13.7円（2009年），タカを1.7円（2006年）とした場合の比較となる。

(15) 比率の差の検定で5％有意のものに言及している。

(16) 市区町村レベルで0.1％，県レベルで5％有意で差がある。ただし，シアトルとワシントンで県レベルの指す対象が異なる点には注意する必要がある。

(17) 中国の2次では中央官僚を除き，独立性の検定（カイ2乗，以下，同検定では同様）で5％有意ではなかった。

(18) 注7と同様の分析では全ての説明変数が5％有意ではなかった。

(19) 独立性の検定で5％有意ではなかった。

(20) 全体，有効パーセントの両方において注7と同様の分析で0.1％有意に低いことを確認した。なお，バングラデシュでも記者会見と他団体連合の質問はあるため「記者会見または他団体連合の実施経験」の割合を見ると，情報提供と広告が含まれていないにも拘わらず，14.4％，24.2％，39.3％と

市区町村レベル以外では中国よりも高い。

(21) 中国では「国営企業」と「私営企業」の平均（四捨五入），他の調査では「経済・業界団体（一部，経営者団体）」と「大企業」の平均を用いている。

(22) 中国では「消費者団体」と「女性団体」の平均，日本の2次とアメリカが「市民団体」，韓国の2次が「市民団体」と「女性団体」の平均，それ以外では「消費者団体」と「NGO」，「女性団体」の平均を用いている。

(23) ここで見る割合は政府との関係ではないが，実際の質問には政府内アクターとの協調度も含まれるため，注16と同様の理由で回答を避けられる可能性を考慮して全体パーセントを見る。

(24) 有効パーセントでも労働と農業は1位だが，2位のカテゴリに関してはアメリカのワシントン，シアトル調査の方が上位となる（ただし，外国政府はワシントンのみ上位）。

(25) 独立度の検定で5％有意なものはない。

(26) ただし，戦後の経済開発政策における日本政府の主導性は過剰に評価されているという見方もある（橘川 1998）。

(27) 中国と日本以外では農業と経済・産業に属す団体の数が少ないこともあり，全ての国で比率の差の多重比較（テューキー）で行ったところ，有意となったのは中国のみである。

(28) 本書では北京市の区を地・市レベル相当と見なしている。

付録A 潜在クラス分析

　本章ではベイジアン・ネットワークに用いる変数として、3種類の潜在クラスを推定している。ベイジアン・ネットワークの推定時間は変数が増えると爆発的に増加するため、変数の数は極力抑えることが望ましい。そこで、政府への働きかけ（インサイド・ロビイング）とアウトサイド・ロビイング、他のアクターとの関係の3種類の変数群をそれぞれ潜在クラス分析にかけ、変数の縮約を図った。以下、分析の詳細を記す。

　推定法はEMアルゴリズムによる完全情報最尤推定法で、無作為に与えられる初期パラメータに応じて推定結果が変わり得る。そこで、政府への働きかけとアウトサイド・ロビイングではクラス1個のモデルから5個のモデルまでそれぞれについて100回ずつ推定、他のアクターとの関係では1〜10個のモデルをそれぞれ50回ずつ推定し、それぞれ500回の推定結果からBIC（Bayesian Information Criterion）が最も低いモデルを採用した。それぞれの推定結果を付録表16−1から3に示す。

付録表16−1　潜在クラス分析：政府への働きかけ

モデル1	χ^2乗値：20.736, 自由度：3			
C-JIGS2	N：1252			
クラス内確率	クラス1	クラス2	クラス3	
国会議員	0.006	0.387	0.004	
中央政府	0.371	0.649	0.000	
地方議員	0.015	0.851	0.049	
地方政府	0.942	1.000	0.000	
その他有力者	0.183	1.000	0.269	
混合比推定値	75.0%	9.5%	15.5%	
モデル2	χ^2乗値：108.800, 自由度：4			
J-JIGS1	N：1635			
クラス内確率	クラス1	クラス2	クラス3	クラス4
国会議員	0.000	0.959	0.173	0.626
中央政府	0.000	1.000	0.961	0.226
地方議員	0.000	0.963	0.000	0.898
地方政府	0.222	0.986	0.621	0.800
その他有力者	0.018	0.705	0.022	0.478
混合比推定値	20.3%	25.1%	41.4%	13.2%

付録表16-1　潜在クラス分析：政府への働きかけ

モデル3	χ^2乗値：24.694，自由度：5				
J-JIGS2	N：2108				
クラス内確率	クラス1	クラス2	クラス3	クラス4	クラス5
国会議員	0.457	0.000	0.047	1.000	0.968
中央政府	0.000	0.419	0.631	0.914	0.861
地方議員	1.000	0.000	0.043	0.193	0.986
地方政府	0.875	0.000	1.000	0.388	0.997
その他有力者	0.596	0.009	0.068	0.056	0.855
混合比推定値	10.2%	33.7%	20.3%	9.0%	26.8%

モデル4	χ^2乗値：57.815，自由度：3		
K-JIGS1	N：481		
クラス内確率	クラス1	クラス2	クラス3
国会議員	0.000	0.203	0.900
中央政府	0.093	0.870	0.893
地方議員	0.017	0.055	0.981
地方政府	0.000	0.834	0.952
その他有力者	0.000	0.127	0.892
混合比推定値	11.7%	39.7%	48.6%

モデル5	χ^2乗値：68.105，自由度：2	
K-JIGS2	N：378	
クラス内確率	クラス1	クラス2
国会議員	0.912	0.182
中央政府	0.750	0.343
地方議員	0.974	0.031
地方政府	0.984	0.466
その他有力者	0.918	0.066
混合比推定値	68.9%	31.1%

モデル6	χ^2乗値：19.288，自由度：3		
Ph-JIGS	N：1014		
クラス内確率	クラス1	クラス2	クラス3
国会議員	0.072	0.921	0.035
中央政府	0.261	0.491	0.068
地方議員	0.106	0.822	0.026
地方政府	0.997	0.968	0.000
その他有力者	0.606	0.912	0.198
混合比推定値	31.6%	45.5%	22.9%

付録表16-2　潜在クラス分析：アウトサイド・ロビイング

モデル1	χ^2乗値：32.305，自由度：2	
C-JIGS2	N：1252	
クラス内確率	クラス1	クラス2
メディア情報提供	0.086	0.833
記者会見	0.012	0.760
メディア公告	0.033	0.823
他団体連合	0.111	0.902
混合比推定値	92.4%	7.6%

付録表16-2　潜在クラス分析：アウトサイド・ロビイング

モデル2	χ^2乗値：38.368，自由度：2	
J-JIGS1	N：1635	
クラス内確率	クラス1	クラス2
メディア情報提供	0.933	0.104
記者会見	0.714	0.010
メディア公告	0.454	0.013
他団体連合	0.909	0.215
混合比推定値	27.9%	72.1%

モデル3	χ^2乗値：8.313，自由度：3		
J-JIGS2	N：2108		
クラス内確率	クラス1	クラス2	クラス3
メディア情報提供	1.000	0.855	0.083
記者会見	0.977	0.286	0.000
メディア公告	0.834	0.310	0.008
他団体連合	0.936	0.699	0.205
混合比推定値	14.7%	25.4%	59.9%

モデル4	χ^2乗値：44.376，自由度：2	
K-JIGS1	N：481	
クラス内確率	クラス1	クラス2
メディア情報提供	0.076	0.935
記者会見	0.016	0.764
メディア公告	0.000	0.700
他団体連合	0.148	0.92
混合比推定値	53.9%	46.1%

モデル5	χ^2乗値：16.568，自由度：2	
K-JIGS2	N：378	
クラス内確率	クラス1	クラス2
メディア情報提供	0.982	0.263
記者会見	0.882	0.004
メディア公告	0.893	0.029
他団体連合	0.962	0.320
混合比推定値	50.5%	49.5%

モデル6	χ^2乗値：30.931，自由度：2	
Ph-JIGS	N：1014	
クラス内確率	クラス1	クラス2
メディア情報提供	0.068	0.898
記者会見	0.018	0.657
メディア公告	0.015	0.592
他団体連合	0.136	0.788
混合比推定値	82.3%	17.7%

付録表16-3　潜在クラス分析：他のアクターとの関係

モデル1 C-JIGS2	χ2乗値：558.264，自由度：6　N：1252					
クラス内確率	クラス1	クラス2	クラス3	クラス4	クラス5	クラス6
労働団体	1.000	1.000	0.045	0.381	0.023	0.998
農業団体	0.730	0.958	0.338	0.328	0.132	0.994
経済・産業団体	0.502	0.910	0.537	0.520	0.116	0.996
メディア	0.458	0.981	0.836	0.622	0.189	1.000
市民団体	0.235	0.994	0.866	0.527	0.045	0.997
福祉団体	0.244	0.858	0.531	0.779	0.073	0.996
外国政府	0.039	0.041	0.017	0.945	0.012	1.000
国際組織	0.038	0.036	0.048	0.960	0.004	1.000
外国利益団体	0.000	0.000	0.000	0.678	0.007	0.982
混合比推定値	12.7%	10.9%	8.3%	3.8%	41.0%	23.3%

モデル2 J-JIGS1	χ2乗値：557.391，自由度：3　N：1635		
クラス内確率	クラス1	クラス2	クラス3
労働団体	0.470	0.195	0.087
農業団体	0.247	0.174	0.109
経済・産業団体	0.238	0.555	0.195
メディア	0.412	0.756	0.180
市民団体	0.821	0.449	0.038
福祉団体	0.867	0.408	0.097
外国政府	0.009	0.755	0.008
国際組織	0.125	0.903	0.031
外国利益団体	0.000	0.517	0.010
混合比推定値	21.2%	12.6%	66.2%

モデル3 J-JIGS2	χ2乗値：453.018，自由度：5　N：2108				
クラス内確率	クラス1	クラス2	クラス3	クラス4	クラス5
労働団体	0.148	0.504	0.107	0.279	0.203
農業団体	0.080	0.758	0.099	0.130	0.381
経済・産業団体	0.034	0.768	0.402	0.782	0.266
メディア	0.031	0.835	0.533	0.398	0.420
市民団体	0.002	0.857	0.138	0.036	0.613
福祉団体	0.110	0.795	0.219	0.000	0.711
外国政府	0.000	0.672	0.526	0.000	0.000
国際組織	0.000	0.977	0.938	0.087	0.090
外国利益団体	0.013	0.872	0.839	0.090	0.051
混合比推定値	44.5%	5.6%	8.7%	18.4%	22.7%

モデル4 K-JIGS1	χ2乗値：415.238，自由度：3　N：481		
クラス内確率	クラス1	クラス2	クラス3
労働団体	0.073	0.370	0.466
農業団体	0.085	0.397	0.509
経済・産業団体	0.100	0.190	0.562
メディア	0.263	0.658	0.579
市民団体	0.043	0.885	0.521
福祉団体	0.143	0.861	0.634
外国政府	0.013	0.064	1.000
国際組織	0.056	0.195	0.904
外国利益団体	0.000	0.000	0.531
混合比推定値	45.5%	39.0%	15.5%

付録表16-3　潜在クラス分析：他のアクターとの関係

モデル5	χ2乗値：615.897，自由度：2	
K-JIGS2	N：378	
クラス内確率	クラス1	クラス2
労働団体	0.053	0.336
農業団体	0.180	0.471
経済・産業団体	0.074	0.433
メディア	0.236	0.704
市民団体	0.300	0.753
福祉団体	0.523	0.855
外国政府	0.010	0.679
国際組織	0.021	1.000
外国利益団体	0.054	1.000
混合比推定値	85.0%	15.0%

モデル6	χ2乗値：519.256，自由度：7						
Ph-JIGS	N：1014						
クラス内確率	クラス1	クラス2	クラス3	クラス4	クラス5	クラス6	クラス7
労働団体	0.260	0.037	0.985	0.791	0.075	0.890	0.000
農業団体	0.323	0.012	0.726	0.202	0.066	0.767	0.000
経済・産業団体	0.505	0.313	0.872	0.778	0.088	0.595	0.350
メディア	0.708	0.371	1.000	0.966	0.156	0.867	0.765
市民団体	0.802	0.000	0.976	0.547	0.014	0.858	0.718
福祉団体	0.733	0.092	0.977	0.000	0.059	0.770	0.708
外国政府	0.951	0.884	1.000	1.000	0.079	0.406	0.424
国際組織	1.000	0.854	1.000	0.748	0.021	0.000	0.195
外国利益団体	0.840	0.816	0.483	0.231	0.003	0.098	0.251
混合比推定値	19.4%	20.5%	13.7%	10.7%	18.2%	7.3%	10.3%

付録B　ベイジアン・ネットワーク

　ベイジアン・ネットワークの推定法は以下の通りである。

推定法：焼きなまし法によるBICの最適化

初期値：ランダム

親ノードの最大許容数：4

1,000回推定を行い，BICが最も低いモデルを採用した。付録表16-4に推定モデルの対数尤度とデータ数を示す。

付録表16-4　推定モデル（図16-5）の対数尤度とデータ数

	C-JIGS2	J-JIGS1	J-JIGS2	K-JIGS1	K-JIGS2	Ph-JIGS
対数尤度	−7982.752	−11010.090	−17011.560	−3372.772	−2362.122	−5820.360
パラメータ数	43	76	81	33	26	44
N	1252	1635	2108	481	378	1014

第17章

BRICsの一員としての中国の市民社会

菊池啓一・辻中豊

　中国の市民社会は，現時点においてどの程度多元的と言えるのだろうか。本章では，BRICs 4 カ国の比較を通じ，政治的多元性の低さ，国家－社会関係における国家の優位といった中国の特徴を再発見する。データから描き出されるのは，権威主義的な特徴とポスト全体主義的特徴を併存させた中国の現在である。

はじめに

　2001年11月30日，世界的な投資銀行であるゴールドマン・サックスのグローバル経済リサーチ部長（Head of Global Economic Research）であったジム・オニール（Jim O'Neill）は，「Building Better Global Economic BRICs」というタイトルのレポートを発表した。2001年と2002年の主要新興国の実質GDP成長率は先進7カ国（フランス，アメリカ合衆国，イギリス，ドイツ，日本，イタリア，カナダ）のそれを上回りつつあったが，オニールは中でも特に成長の著しいブラジル，ロシア，インド，中国の4カ国を「BRICs」と名付け，向こう10年の間にこれらの国の世界経済における存在感が飛躍的に増大すると予測した。そして，BRICs諸国の財政・金融政策の世界経済への影響も大きくなるため，これらの国の代表も先進7カ国首脳会議（G7）に招かれるべきであると論じた（O'Neill 2001）。

　細かい部分での誤差はあるものの，オニールの予測は概ね的中し，BRICs諸国は順調な経済成長を遂げた。特に中国のGDPはここ10年で約4倍となり，2010年には日本を抜いて世界第2位の経済大国となった。BRICs 4カ国としての経済規模はすでにほぼアメリカ合衆国に匹敵する規模となっており，同国を超えるのは最早時間の問題であると言えよう。

　さらに，BRICs諸国は国際政治においても活発な動きを見せている。2005年から3年間はオブザーバーとして主要8カ国首脳会議（G8）[1]に参加していたが，G8拡大に対するアメリカ合衆国の反対をうけ，新たな極として団結していく道を模索し始めた。その結果，2009年にBRICs首脳会議が発足し，BRICsは1エコノミストの提唱する概念を越えた国際政治上のグループとなった。そして，2011年にはG8がカバーしていないアフリカ大陸の代表として南アフリカ共和国が参加を表明し，5つの新興国によって構成されるBRICSへと発展したのである。

　このように，経済面だけでなく政治面においても重要なアクターとなった中国をはじめとするBRICs諸国であるが，急速な経済成長に伴う歪みを見せているのも事実である。各国の所得格差を示すジニ指数によれば，2009年の中国の値は42.1であり，社会騒乱が起きかねないとされる水準である[2]。そして実際，当局の反体制派に対する弾圧が依然として厳しい中国においても，

土地収用問題，警察・軍・城管（都市部の治安管理人）とのトラブル，労働争議，民族問題などを原因とした民衆による集団抗議行動（「群体性事件」）が2002年から2012年にかけて約4倍に増加している（松本・實劔 2012）。また，これらの抗議行動は時おり数万人単位の暴動に発展しており，2008年6月の貴州省甕安県における大規模暴動は県党委員会書記と県長の解任につながった（佐々木・山口・森田 2008）。[3]

それでは，このような抗議運動の増加は，2013年時点において非民主主義体制下にある中国の民主化に繋がるのであろうか。リンスとステパン（Linz and Stepan 1996）によれば，民主化プロセスは各国の非民主主義体制の特徴に依存する。彼らは非民主主義体制を「権威主義体制」，「全体主義体制」，「ポスト全体主義体制」，「スルタン主義体制」と分類する際の基準の1つとして多元性の程度を挙げ，民主化過程や民主主義の定着における市民社会の重要性を指摘した。一方，第2章で紹介されているように，近年の中国政治研究からは市民社会の自律性の向上は必ずしも民主化には繋がらないとする議論も提出されている（e.g., Giley 2008a; Teets 2013）。[4]ただし，社会団体がどの程度政策決定に対する影響力を有しているか，すなわち現在の中国の市民社会がどの程度政治的に多元的であるかに関しては論争が続いている（Teets 2013）。

中国の市民社会における政治的多元性を分析することは，現代中国政治のダイナミズムを理解するという意味においても，今後の体制移行の可能性を検討するという意味においても重要な作業である。しかし，市民社会研究全般の傾向として，実証的な研究は特定の国または地域のみに焦点を当てたものがほとんどであり，中国を対象とした市民社会研究もその例外ではない。[5]そこで，本章では，BRICs4カ国のJIGS（Japan Interest Group Study）調査のデータ比較を通じた中国の市民社会の様相の把握を試みたい。ブラジル，ロシア，インド，中国は広大な領土を有し，国内の地域性や民族構成も非常に多様である。[6]また，いずれの国でも市場経済が導入されている。よって，BRICs諸国の市民社会を比較することにより，中国の市民社会の政治的多元性を社会的多元性や経済的多元性をコントロールした上で客観的に評価することができると考えられる。

本章の構成は以下の通りである。まず，BRICs4カ国で実施されたJIGS調

査の概要を紹介する。次に,「第2次団体の基礎構造に関する調査(中国社会団体調査)」(以下,C-JIGS2)を通じて得られた中国における社団のプロフィール,及び団体－行政関係やアウトサイド・ロビイングにおける特徴を,ブラジル,ロシア,インドのデータと比較しつつ考察する。そして最後に,BRICs諸国における社会団体の主観的な影響力認知とその決定要因を分析し,今後の研究展望を簡単に示す。

1　BRICs諸国で行われたJIGS調査の概要

　近年の比較政治学においては,現在の中国はポスト全体主義体制もしくは権威主義体制であるとされている。トンプソン(Thompson 2001)はリンスとステパン(Linz and Stepan 1996)を援用し,中国をポスト全体主義体制(post-totalitarian regime)として位置付けている。リンスとステパンによれば,ポスト全体主義体制は,(1)社会・経済・制度的領域における限定された多元主義(政治的多元主義はほとんど存在しない),(2)公式にしか存在していない指導的イデオロギー,(3)体制維持のためだけの最低限の政治的動員,(4)カリスマ性を持たない政治エリートによる集団指導体制,などと言った特徴から全体主義体制や権威主義体制と区別される。一方,唐(2012a)は現政府の開発独裁路線に着目し,中国を民主化以前の韓国などと同じ権威主義体制であると解釈している。[7]

　権威主義体制下では限定的ながらも政治的多元性がある程度許容されるのに対し,ポスト全体主義体制下では政治的多元主義はほとんど存在しない。それでは,中国の市民社会はどの程度政治的に多元的なのであろうか。中国の市民社会には権威主義体制下,またはポスト全体主義体制下の典型的な特徴が見出されるのであろうか。本章の目的は,BRICsのメンバーであるブラジル,ロシア,インドで行われたJIGS調査のデータを中国の社団について行われたC-JIGS2のものと比較することによって中国の市民社会の様相を明らかにすることであるが,その準備作業として,ここではBRICs諸国で行われたJIGS調査の概要を紹介する。

　日本の市民社会は他国のそれと比べてどのような状態にあるのか。この疑問に対する答えを西洋的なバイアスなく引き出すことを目的として1997年に開始されたのが,筑波大学辻中研究室によるJIGS調査である。JIGS調査自

体は自治会調査やNPO調査も含んだ大規模なプロジェクトであるが，中でも特に重視されてきたのが社会団体調査であり，2013年8月時点ですでに世界15ヵ国を対象に実施されてきた。[8] BRICs諸国では，本書で扱われている中国での調査に加えて，ブラジルでの調査（以下，BR-JIGS）が2005年11月から2006年7月にかけて，ロシアでの調査（以下，R-JIGS1）が2003年12月から2004年3月にかけて，[9] インドでの調査（以下，IN-JIGS）が2011年12月から2012年8月にかけてそれぞれ行われている。[10]

表17-1はブラジル，ロシア，インドにおけるJIGS調査の概要を，C-JIGS2のそれと比較したものである。これらの調査のうち，C-JIGS2と同様に政府との距離が比較的近いと思われる団体を対象としたのがR-JIGS1である。同調査は，モスクワ市とサンクトペテルブルク市所在の政府に登録されている2,974のNGOを母集団とし，そのうち1,500の団体を対象に郵送法による調査

表17-1　BRICs 4ヵ国におけるJIGS調査の概要

	BR-JIGS ブラジル	R-JIGS1 ロシア	IN-JIGS インド	C-JIGS2 中国
調査期間	2005.11-2006.7	2003.12-2004.3	2011.12-2012.8	2009.10-2011.12
母集団数（a）	34,437 1）	2,974 2）	7,968 3）	23,038 4）
調査対象地域	5都市 5）	モスクワ市・ サンクトペテル ブルク市	デリー首都圏	北京市・浙江省・ 黒龍江省
調査方法	訪問	郵送	訪問	郵送・年度検査会 での記入依頼
調査票配布数（b）	2,609 6）	1,500 7）	4,559 8）	2,120 9）
回収数（c）	2,014	711	738	1,252
回収率（c/b）	77.2%	47.4%	16.2%	59.1%
抽出率（c/a）	5.8%	23.9%	9.3%	5.4%

1）ブラジル地理統計院（IBGE）発行の「2002年ブラジルにおける私立財団と非営利社団（As Fundações Privadas e Associações Sem Fins Lucrativos no Brasil 2002）」，電話帳，各種団体のデータベースによる。詳細はKondo and Tsujinaka (2007) を参照されたい。
2）調査対象地域において登録されているNGO。
3）インド政府計画委員会（Planning Commission）に登録されているNGO，インド農村部NGO連合（CNRI）発行のリストに掲載されているNGO，デリー政府に登録されている協同組合および労働組合，インド商工会議所連合会（FICCI）に登録されている経営者団体の合計。
4）調査対象地域において各級民政部門で登記されている社会団体。
5）ベレン市，ベロオリゾンテ市，ブラジリア市，ゴイアニア市，レシフェ市。
6）ベレン市，ブラジリア市，ゴイアニア市，レシフェ市については，無作為抽出法を用いて抽出。ベロオリゾンテ市については，幹線道路沿いに所在する団体を中心に，市内の9つの地域（Administrações Regionais）をすべてカバーするように抽出。
7）抽出方法は不明。
8）NGOについては全数調査。協同組合，労働組合，経営者団体については層化二段無作為抽出法を用いて抽出。
9）層化抽出法を用いて抽出。

が行われた。その結果，711の有効回答が得られ，回収率は47.4%であった。

一方，BR-JIGSとIN-JIGSの母集団情報も主に公的機関によって発行されたリストに拠っているが，必ずしもすべての団体が政府と近しい関係にあるわけではない。BR-JIGSはベレン市，ベロオリゾンテ市，ブラジリア市，ゴイアニア市，レシフェ市を対象地域とし，ブラジル地理統計院（IBGE）発行の「2002年ブラジルにおける私立財団と非営利社団（As Fundações Privadas e Associações Sem Fins Lucrativos no Brasil 2002）」，電話帳，各種団体のデータベースに記載されている34,437団体を母集団としている。そして，2,609の団体を対象に訪問（インタビュー形式）による調査が実施され，2,014の有効回答が得られた（回収率77.2%）。また，デリー首都圏（National Capital Territory of Delhi）を調査対象としたIN-JIGSは，インド政府計画委員会（Planning Commission）に登録されているNGO，インド農村部NGO連合（CNRI）発行のリストに掲載されているNGO，デリー政府に登録されている協同組合および労働組合，インド商工会議所連合会（FICCI）に登録されている経営者団体の計7,968を母集団とした調査である。現地の郵便事情に鑑み，インドでもブラジルと同様に訪問による調査が4,559団体を対象に行われ，738の有効回答が得られた（回収率16.2%）。

以下では，これらの調査から得られたデータをC-JIGS2の結果と比較しつつ，中国の市民社会の現状を把握していく。[11]

2　BRICs諸国における社会団体のプロフィール

中国の社団は，他のBRICs諸国の社会団体と比べてどのような特徴を有しているのであろうか。本節では，各国の社会団体のプロフィールについて，設立年，地理的活動範囲，団体分類，リソースの順に検討してみたい。

2-1　設立年

市民社会の状況の時系列変化を端的に示す指標の1つが，現存する社会団体の設立時期である。例えば，レスター・サラモン（Lester Salamon）は，1980年代後半以降の世界各国におけるNPOの激増を「アソシエーション革命（associational revolution）」と名付け，市民社会の活性化により従来の国家－社会関係が変容する可能性を示唆した（Salamon 1994）。一方，辻中豊ら

は，日本では終戦直後の1946－1950年に設立された団体が依然として最も多いことに自民党一党優位型の市民社会・利益団体構造の継続を見出している（辻中・森 2010）。

　図17－1は，R-JIGS1の調査が終了した2004年時点での各国における社会団体の設立年の分布を示したものである。他の民主主義国についてのデータと同様に，中国のデータからも政治上の出来事が社団の設立に与えた影響を読み取ることができる。現存している団体のうち，1979年以前に設立されたものは全体の3％だけである。しかし，鄧小平体制下で1978年12月に決定された改革開放路線を受け，80年代以降グラフが上昇し始める（辻中 2009）。C-JIGS2の調査対象となっているのが国家コーポラティズム体制内の団体であることもあり，この傾向は1989年に発生した天安門事件によっても変化することはなかった。そして，1998年には「社会団体管理登記条例」が改訂され（黄 2013），「社会団体の噴出」とも言える状況が続いている。

　同様に，政治体制の自由化が設立年分布に現れているのが，ロシアである。ロシアでも，1985年以前に産声をあげた団体は現存の団体の5％にすぎない。ところが，ミハイル・ゴルバチョフ（Mikhail Gorbachev）がソ連共産党書記長に就任し，ペレストロイカ（改革）やグラスノスチ（情報公開）を断行す

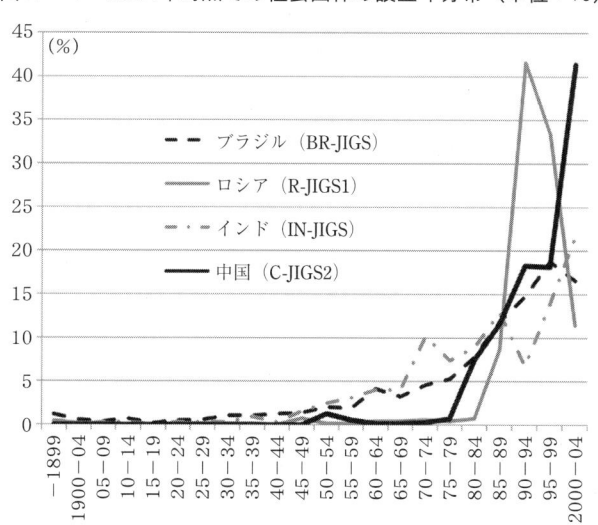

図17－1　2004年時点での社会団体の設立年分布（単位：％）

ると，社会団体の設立件数が急増していった。そして，旧共産圏で典型的であった「下からの」アソシエーション革命を，ソ連崩壊後の90年代を通じて経験した (Salamon 1994)。ただし，プーチンが大統領に就任した2000年以降，社会団体設立の動きは沈静化している。

　インドのデータからも，政治状況が社会団体の誕生に及ぼす影響を読み取ることができる。独立以降，約20年にわたり首相を務めたのがジャワハルラール・ネルー (Jawaharlal Nehru) である。彼の率いた国民会議派 (Indian National Congress) はあらゆるイデオロギーの派閥を取り込んだ包括政党で，争点が主に会議派内のエリート間競争によって解決され，国民的コンセンサスとなる「コングレス・システム」を確立した（コタリ 1999）。しかし，インディラ・ガンディー (Indira Gandhi) が首相となった1960年代後半になるとコングレス・システムの機能不全が顕著になり，既存のシステムに反対するグループを中心とした社会団体の数も増加した。事態の打開を目論んだインディラは1975年に非常事態宣言を発し，1977年の選挙では「開発か民主主義か」を争点としたが，会議派は独立後初めて政権の座から転落した（広瀬 2001）。その後，非常事態宣言下で抑圧的な体制を経験した法律家，ジャーナリスト，学者，ソーシャルワーカー，政治活動家らが1980年代から強力な圧力団体を形成するようになり，また，1991年の経済自由化を経てインドの市民社会も新たな局面を迎えているが (Mitra 2012)，このことは図17－1のグラフからも確認されよう。

　BRICs 4 カ国のうち，政治体制の変化がグラフからほとんど確認できないという意味において非常に興味深いのが，ブラジルにおける社会団体の設立年分布である。同国におけるコーポラティズムは1950年代のジェトゥリオ・ヴァルガス (Getúlio Vargas) 政権下で確立され，この傾向は1964年から1985年にかけての軍政期にも引き継がれた。他方，自治会，女性，アフリカ系ブラジル人，環境保護活動家，草の根レベルのカトリック教会などによって担われた「新しい社会運動 (new social movements)」が1980年代の民主化に貢献した (Hagopian and Power 2012)。しかし，このような市民社会の動きは図17－1には現れていない。ブラジルのグラフは比較的ゆるやかなスロープを描いており，設立年が2000年に近づけば近づくほど，現存する団体数が増加している。このことは，同国における社会団体の「平均寿命」の短さを示し

ているものと考えらえる。⁽¹²⁾

2-2 地理的活動範囲

　それでは，社会団体はどのような地理的範囲を射程に活動しているのであろうか。表17-2は，各国の社会団体が対象とする地理的な範囲を示したものである。中国の場合，C-JIGS2 の調査対象となっているのは各行政レベルの民政部門で登記された社団のみであるため，各団体の地理的射程は非常に明確である。同調査の最初の設問である「あなたの団体はどの行政レベルの民政部門で登記しましたか。」に対する回答をみると，約半数の団体が県レベル（地・市級）を選択していることがわかる。浙江省は省都の杭州市をはじめとする11都市，黒龍江省は省都のハルビン市をはじめとする12都市を抱えており，このレベルで登記をした団体が何れの省でも約40％から45％を占めている。他方，州レベル（省級）を選択した団体は，省レベルの直轄市である北京市では3割程度あったものの浙江省と黒龍江省では少なく，全体としては17％に止まっている。[13]

　一方，ブラジル，ロシア，インドでの調査は必ずしも中央政府や地方政府で登記された社会団体を対象としているわけではない。よって，地理的射程に関する情報は，調査回答者の主観的な判断に基づいたものである。しかし，全体的な傾向として，何れの国でも地方政府の存在しないレベルを活動対象とする社会団体が少ない点は指摘できよう。例えば，ブラジルでは市と州を対象とする団体がそれぞれ37％と33％あるのに対し，「地域政府」の存在しない広域圏レベルを対象とするものは全体の7％にすぎない。また，デリー首都圏を対象とした IN-JIGS でも，デリー市行政自治体（Municipal Corporation of Delhi, MCD）やニューデリー市行政委員会（New Delhi Municipal Committee, NDMC），デリー・カントンメント委員会（Delhi Cantonment Board, DCB）などの自治体を構成する区（district）を対象として活動する社会団体が全体の半数を占めており，地区レベルを対象とする団体の割合を大幅に上回っている。[14][15][16]

　ロシアについても，調査対象のモスクワ市とサンクトペテルブルク市が州と同等の権限を有する連邦市である点が，調査結果に反映されている。すなわち，両市を対象として活動する団体が全体の30.2％と最も多いのに対し，

表17-2　活動対象とする地理的な範囲（単位：％）

	BR-JIGS ブラジル	R-JIGS1 ロシア	IN-JIGS インド	C-JIGS2 中国
地区レベル1			10.1 （区 ward）	
地区レベル2			10.5 （テシル sub-district）	
市区町村レベル	37.4 （市 municipalidade）	30.2 [1]	44.8 （区 district） [2]	33.8 （県級）
県レベル				49.2 （地・市級）[3]
州レベル	33.0 （州 estado）	8.7 （州 oblast/ 地方 kra/ 共和国 republic）[4]		17.0 （省級）[5]
広域圏レベル	7.3 （地域 região）[6]	17.6 （連邦管区 okrug）		
全国レベル	15.4	19.8	31.9	
世界レベル	6.9	23.6	2.8	
N	1,960	711	686	1,241

1) R-JIGS1ではモスクワ市とサンクトペテルブルク市がこのレベルに分類されているが，両市とも州と同等の権限を有する連邦市である。
2) IN-JIGS実施当時は区が9つあり，ニューデリー区をニューデリー市行政委員会，南西デリー区の一部をデリー・カントンメント委員会，その他の7つの区と南西デリー区の一部をデリー市行政自治体が管轄としていた。
3) 杭州市やハルビン市などの「副省級市」も含まれる。
4) モスクワ市はモスクワ州，サンクトペテルブルク市はレニングラード州の州都であるが，両市の行政は州から独立している。
5) 北京市は直轄市であり，省と同等の権限を有している。
6) 北部，北東部，南東部，南部，中西部の5つの地域がある。

両市に対する権限を持たないモスクワ州やレニングラード州を活動の射程とする団体は非常に少ない。その一方で，プーチン政権下で2000年に新たに設置された連邦管区（okrug）(17)を活動範囲とする団体が，全国レベルを射程にしている団体とほぼ同じ割合存在しているというのも，非常に興味深い発見であろう。

2-3　団体分類

　設立年や地理的活動範囲に加え，団体分類も各国の市民社会の特性を検討する上で欠かせない情報である。例えば，辻中らは日本の社会団体に占める経済・業界団体と農林水産業団体の割合の高さを示し，「発展指向型国家」において生産者セクターの優位が確立されたという日本の市民社会の一側面を指摘した（辻中・森 2010）。その反面，福祉団体のような非営利セクターの団体の増加は，各国のガバナンスと密接に結びついている。朴（2012）によれば，韓国の社会団体を対象として行われたK-JIGS2（2008-2009年）で福

祉団体の占める割合が高くなっているのは，十分な公的福祉を供給できない国家を補完する役割が市民社会に求められるようになったためであるという。また，市民社会と民主主義を結びつける議論の多くは，社会団体の中でも市民セクターによる国家に対するモニタリングなどの動きに注目している(e.g., Linz and Stepan 1996; Tusalem 2007)。

以上の観点から，BRICs 4 カ国における社会団体の構成を営利セクター，非営利セクター，市民セクター，混合セクター・その他の 4 分類別に示したのが表17－3である[18]。団体分類の視点から社団の構成を検討すると，権威主義的な特徴とポスト全体主義的な特徴を併せ持つ中国の市民社会の様相が浮き彫りとなる。営利セクターが全体の約35％をも占めている点は，経済に対する国家の関与を特徴とする「北京コンセンサス」によって商工業サービス団体と農業・農村発展団体の優位が確立された点を示唆しており，現在の中国を開発独裁型の権威主義体制であると位置づけた唐(2012a)の議論と整合的である。一方，所得格差が急速に拡大しているにも拘わらず，非営利セクターの割合がロシアやインドなどに比べて低い点は，ポスト全体主義体制に特徴的な国家－社会関係における「旧構造」の影響の強さを表していると思われる[19]。

ただし，ロシアの社会団体については，ソビエト期の国家－社会関係の構造の影響が団体分類のデータにはあまり現れていない。R-JIGS1 では団体分類の複数回答が可能であったため，表17－3の数字の解釈に注意が必要ではあるが，非営利セクターと市民セクターの割合が高い。このことは，市民社会による国家の役割の補完や国家のモニタリングが活発に行われている傾向を示している[20]。また，インドでも同様に非営利セクターの割合が高く，ブラジルでも「混合セクター・その他」に含まれる宗教団体（全体の約30％）の多くが慈善活動や福祉活動に従事している(川路 2008)[21]。これらの特徴を総合すると，中国以外のBRICs 諸国では，経済発展に伴う貧富の格差の拡大などの諸問題への対応に果たす市民社会の役割が大きいことがわかる。

2－4　団体のリソース

最後に，BRICs 諸国の社会団体のリソースを概観したい。団体の持つリソースには様々なものが考えられるが，その代表として常勤スタッフ数と予算

表17-3 団体分類別にみるBRICs 4カ国における社会団体構成（単位：％）[1]

	BR-JIGS ブラジル	R-JIGS1 ロシア	IN-JIGS インド	C-JIGS2 中国
営利セクター[2]	10.7	16.6	26.2	34.5
非営利セクター[3]	14.7	56.7	48.9	21.6
市民セクター[4]	29.8	75.1	11.6	30.2
混合セクター・その他[5]	44.9	1.8	13.7	13.7
N	2,009	711	627	1,240

1) 団体分類に関する質問の選択肢は，調査ごとに大きく異なっている。そのため，本表の数字は，各調査の結果を4分類の観点から再構成したもの。また，R-JIGS1では複数回答が許容されていたため，合計が100%を超えている。
2) ブラジルについては農業団体，地方生産者団体，経済・商業団体，労働団体，ロシアについては農業団体，経済団体，労働団体，労働組合，インドについては農業・生産者関連団体，経済・商業団体，労働組合，中国については商工業サービス団体，農業・農村発展団体が含まれる。
3) ブラジルについては教育団体，行政関係団体，福祉団体，専門家団体，ロシアについては教育団体，行政関係団体，福祉団体，専門家団体，インドについては教育・学術団体，行政関係団体，社会福祉団体，専門家団体，中国については教育団体，社会サービス団体，衛生団体，法律団体，専門・業界組織が含まれる。
4) ブラジルについては学術団体，文化団体，慈善団体，政治・公共問題団体，市民団体・NGO，趣味・スポーツ団体，ロシアについては政治団体，市民団体，環境団体，女性団体，少数集団の権利擁護のためのNGO，地方自治団体，趣味団体，寄付・助成団体，保健団体，消費者団体，価値擁護団体，出版活動団体，子供の権利に関する団体，科学振興団体，平和運動団体，スポーツ・文化団体，人権擁護団体，インドについては文化団体，市民グループ，NGO（国際的組織も含む），娯楽・スポーツ団体，中国については科学研究団体，スポーツ団体，生態環境団体，文化団体が含まれる。
5) ブラジルについては国際団体，宗教団体，その他の団体，ロシアについてはエスニシティ団体，移民団体，国際協力団体，神秘主義組織，宗教団体，インドについてはヒンズー教団体，ヒンズー教以外の宗教団体，その他の団体，中国については国際・海外向け組織，宗教団体，その他の団体が含まれる。

額の中央値を表17-4に示した。同表から明らかであるように，中国における社団の常勤スタッフ数と予算額は他のBRICs諸国におけるそれと比べて著しく少ない。中国の社団は，常勤スタッフを最低1名雇用することを「社会団体管理登記条例」で義務付けられているが（辻中 2009），中央値が1であることは，多くの団体が単に条例を遵守しているにすぎないことを物語っ

表17-4 社会団体のリソース（中央値）

	BR-JIGS ブラジル	R-JIGS1 ロシア	IN-JIGS インド	C-JIGS2 中国
常勤スタッフ数	4	3	7	1
N	1,212	658	417	1,059
予算額（現地通貨）[1]	9.0万レアル	2万米ドル未満	140万ルピー	4.0万元
予算額（日本円換算）[2]	333万円	232万円未満	269万円	55万円
N	238		375	269	1,030

1) ブラジルについては2004年予算，ロシアについては2003年予算，インドについては2010年予算，中国については2009年度の総支出。R-JIGS1では，回答方法が選択式であった。
2) ブラジル37.01625円/レアル（2004年），ロシア115.9008円/米ドル（2003年），インド1.921917円/ルピー（2010年），中国13.69767円/人民元（2009年）で計算。為替情報はブリティッシュ・コロンビア大学のウェブサイトを参照。(http://fx.sauder.ubc.ca/data.html, 2013年8月4日閲覧)

ている。また，第2章の表2-1に示されているように，2009年の1人当たりGDPは6,207ドルであり，インドを大きく上回っている。しかし，予算額を見ていくと，インドの社会団体の中央値が日本円換算で269万円であるのに対し，中国の団体の中央値は55万円である。他のブラジル，ロシア，インドの社会団体の常勤スタッフ数と予算額も先進国の社会団体と比較するとそれほど多くはないが，中国の社団のリソースの乏しさは特筆に値すると言えよう。[23]

3 社会団体の行政への接触経験とアウトサイド・ロビイングの経験

以上のBRICs諸国における社会団体のプロフィールの比較から，中国の市民社会は特に団体分類別の構成において，権威主義的な特徴とポスト全体主義的な特徴を併せ持っている可能性が示唆された。それでは，このような中国の市民社会の傾向は，団体－行政関係やアウトサイド・ロビイングにも見られるのであろうか。

JIGS調査では，総じて各国の社会団体に対して，行政（中央政府および地方政府）への接触方法とその頻度について質問している。ただし，その窓口・媒介者となるアクターは国ごとに大きく異なる。そこで，各国の調査結果を「中央政府幹部・職員との直接接触」，「地方政府幹部・職員との直接接触」，「国政レベルの議員を通じた間接接触」，「地方議員を通じた間接接触」，「その他の有力な政治アクターを通じた間接接触」の5つのパタンに分類し，表17-5に示した。

他のBRICs諸国と比較した場合，中国の社団の行政との接触パタンは次の

表17-5 行政（中央・地方）への接触経験（単位：％）[1]

	BR-JIGS ブラジル	R-JIGS1 ロシア	IN-JIGS インド	C-JIGS2 中国
中央政府幹部・職員との直接接触	32.5	51.9	45.6	34.0
地方政府幹部・職員との直接接触	44.8	82.8	59.6	80.2
国政レベルの議員を通じた間接接触	33.2	45.0	33.0	4.2
地方議員を通じた間接接触	37.4	51.6	43.4	10.0
その他の有力な政治アクターを通じた間接接触	44.4	43.5		27.4
N	2,014	711	662	1,252

1) 行政への接触方法に関する設問は，調査ごとに異なっている。そのため，各調査の結果を5つのパタンに再構成した。本表に示されているのは，各パタン内の複数の設問に対して，1つでも「ある程度」または「（非常に）頻繁」と回答した団体の割合。

2つの点で特徴的である。第一に，行政に対するアピールをする際，直接的に働きかける方法を選択する団体の割合が高い。特に，地方政府の幹部や職員と接触する団体が全体の8割を占めている。C-JIGS2は各レベル民政部門で登記された社団を調査対象としているため，各団体は何らかの必要が生じた場合，とりあえず自らを所管する地方政府に接触することを示していると考えられる。(24)そして第二に，他の民主主義国で見られるような国政レベルの議員や地方議員を通じた間接接触は極めて少ない。地方人代代表などを通じて行政に接触する団体は全体の1割であり，また，全人代代表などを通じた間接接触の経験のある団体は全体の4％にすぎない。民主主義体制では議員が社会団体と行政の媒介者となることがしばしばあるが，このデータは，非民主主義体制下の中国での議員の役割が極めて限定的であることを示唆していると言えよう。

他のBRICs諸国に目を向けると，C-JIGS2と同様に政府との距離が近い団体を対象としているR-JIGS1でも，地方政府の幹部や職員と接触する団体が全体の8割を占め，中央政府の幹部や職員と接触する団体も約5割ある。ただし，「ポリティⅣ」において民主主義国に分類されていた当時のロシアにおいては議員を通じた間接接触も重要な手段であり，連邦下院議員（State Duma deputy）を通じた働きかけの経験のある団体が45％，地方議員を通じた間接接触経験のある団体が約52％ある。インドやブラジルでも地方政府の幹部や職員と接触する団体の割合が表17-5の5つのパタンの中で最も高いが，議員を通じた間接接触の経験のある団体も少なくない。また，ブラジルでは宗教団体，政治団体，労働組合，専門家団体といった他団体の代表を通じた接触経験のある団体が全体の44％に達している点も非常に興味深い。

また，既存の市民社会と民主主義を結びつける研究によれば，「強く濃密な市民社会（strong and dense civil society）」の下で，市民は政治的抗議活動に参加する自由を有する（Tusalem 2007）。このような集会・デモなどの示威行為による世論一般への働きかけやマスメディアへの働きかけは「アウトサイド・ロビイング」と呼ばれ，団体による利益表明の重要なチャンネルの1つとなっている。(25)JIGS調査でも，様々なロビイング戦術の経験とその頻度について各国の社会団体に質問している。そこで，ロビイングの手段についての設問に対する回答結果からアウトサイド・ロビイングに関するもののみを集

計し，表17-6に示した。

C-JIGS2の調査対象となった社団のうち，アウトサイド・ロビイングを実施した経験のある団体は約18%である。集会・デモなどが制限されていることを考慮するとやや高い数字である

表17-6　BRICs 4カ国における社会団体によるアウトサイド・ロビイング実施経験（単位：%）[1]

	BR-JIGS ブラジル	R-JIGS1 ロシア	IN-JIGS インド	C-JIGS2 中国
経験あり	49.7	88.2	76.6	18.3
N	1,502	711	662	1,252

1) 本表に示されているのは，ロビイング戦術についての複数の設問に対して，アウトサイド・ロビイングに関するものに1つでも「あまりない」，「ある程度」，「頻繁」，「非常に頻繁」と回答した団体の割合。

ような印象を受けるが，それでも他のBRICs諸国における調査結果と比較すると著しく低い。ただし，フリーダム・ハウスの「世界の自由度」と社会団体によるアウトサイド・ロビイング実施経験を比較すると，両者の間には必ずしも相関関係が見られないことが分かる。「部分的自由」に分類されているロシアでは88.2%もの団体がアウトサイド・ロビイングに従事した経験を持っているのに対し，「自由」に分類されているブラジルでは実施経験のある団体の割合が約5割に止まっている。

4　BRICs諸国における社会団体の主観的な影響力認知とその決定要因

ここまでの考察から，中国の社団のプロフィールには特に団体分類別の構成に関して権威主義的な特徴とポスト全体主義的な特徴が併存しており，また，行政への接触経験のデータにも非民主主義体制の特徴が示されていることが判明した。それでは，中国の市民社会はどの程度政治的に多元的なのであろうか。様々なアプローチ方法が考えられるが，政治や社会における影響力の所在を把握する方法として広く用いられてきたのが評判法である。そこで，ここではJIGS調査における各社会団体の主観的な影響力認知に関する回答とその決定要因を検討することにより，中国の市民社会の政治的多元性について検討してみたい。

JIGS調査では，自身の活動範囲において何らかの政策上の問題が生じた際，どの程度影響力を持っているかを質問している。第2章で述べられているように，政治的多元性の高い市民社会では，市民社会による国家や経済社会に対する活発なモニタリングが行われる（Linz and Stepan 1996）。よって，そ

表17-7 BRICs 4カ国における社会団体の主観的な影響力認知（単位：％）

	BR-JIGS ブラジル	R-JIGS1 ロシア	IN-JIGS インド	C-JIGS2 中国
非常に強い	8.1	7.7	14.2	2.2
かなり強い	22.3	50.4	41.7	27.0
ある程度強い	22.8	29.6	21.7	10.4
あまりない	14.6	7.1	9.2	46.9
全くない	32.2	5.2	13.2	13.6
N	1,877	673	667	976

のような市民社会においては，団体自身も自己の影響力を高く評価しているはずである。

表17-7は，BRICs 4カ国の社会団体の同設問に対する回答を集計したものである。C-JIGS2で，自らの影響力について「ある程度」以上の影響力があると回答した団体の割合は全体の約4割であった。この数字も決して低いものではないが，ブラジル，ロシア，インドにおける同様の団体の割合がそれぞれ53％，88％，78％であることを考えると，主観的な影響力認知の面では，中国の市民社会はBRICs 4カ国の中で最も政治的多元性が低いということになる。

それでは，これまで検討してきた様々な社会団体の特徴のうち，どのような要素が各団体の主観的な影響力認知の決定要因となっているのであろうか。ここでは，順序ロジット（ordered logit）モデルを各国ごとに推定することにより，この問いについて考えてみたい。本モデルの分析単位は各社会団体であり，従属変数となるのは表17-7で示されている各団体の主観的な影響力認知である。順序ロジットモデルを推定するため，「非常に強い」を4,「かなり強い」を3,「ある程度強い」を2,「あまりない」を1,「全くない」を0とした。

本分析の独立変数となるのは，ここまで検討してきた社会団体の特徴である。設立年については「団体年齢」変数（各国における調査終了年から設立年を引いたもの）を作成した。同変数は，ブラジルについては0から946，ロシアについては0から137，インドについては1から130，中国については1から61までの値をそれぞれとる。続いて，団体の活動範囲については，それぞれのレベルについてダミー変数[26]を作成し，回帰式に投入する。また，団体分類についても表17-3の分類に沿ってダミー変数（営利セクターダミー，非営利セクターダミー，市民セクターダミー）を作成した。

団体のリソースの主観的な影響力認知への影響を探るため，常勤スタッフ数も独立変数として投入される[27]。同変数は，ブラジルについては1から13,000,

ロシアについては0から1,800, インドについては0から4,092, 中国については0から106までの値をそれぞれとる。そして, 社会団体の行政への接触経験とアウトサイド・ロビイング経験については, 表17－5と表17－6にしたがって作成されたダミー変数 (中央政府接触ダミー, 地方政府接触ダミー, 国政議員接触ダミー, 地方議員接触ダミー, 他有力アクター接触ダミー, アウトサイド・ロビイングダミー) を使用した。

表17－8は, 上記の変数を用いた順序ロジットモデルの推定結果を示したものである。結論を先に述べると, 中国の市民社会は国家－社会関係において国家が極めて優位であるという意味において, ポスト全体主義的な特徴を示している。投入された独立変数のうち, 中国のモデルにおいて有意であったのは中央政府接触ダミーと地方政府接触ダミー, 常勤スタッフ数である。このうち, 中央政府接触ダミーと地方政府接触ダミーの係数が正で有意であ

表17－8　BRICs 4カ国における社会団体の主観的な影響力認知の決定要因

独立変数	モデル1 (ブラジル)	モデル2 (ロシア)	モデル3 (インド)	モデル4 (中国)
団体年齢	0.005*	0.021***	−0.001	−0.008
地区レベル1ダミー			−0.266	
地区レベル2ダミー			0.000	
市区町村レベルダミー	−0.630*	−0.487**	−1.352*	−0.041
県レベルダミー				−0.032
州レベルダミー	−0.375	−0.422		
広域圏レベルダミー	−0.763*	0.152		
全国レベルダミー	−0.693*	0.147	−0.159	
営利セクターダミー	0.208	0.416*	0.255	0.173
非営利セクターダミー	−0.247	0.151	0.381	0.372
市民セクターダミー	0.164	0.223	0.749	−0.280
常勤スタッフ数	0.000	0.000	0.000	0.033***
中央政府接触ダミー	0.174	0.780****	−0.082	0.278*
地方政府接触ダミー	−0.085	0.136	0.260	0.426**
国政議員接触ダミー	0.474***	0.084	0.103	0.571
地方議員接触ダミー	0.155	0.562***	0.131	0.200
他有力アクター接触ダミー	0.294*	−0.103		−0.108
アウトサイド・ロビイングダミー	0.802****	0.159	−0.048	0.120
「全くない」の閾値	−0.674	−1.838	−2.479	−1.390
「あまりない」の閾値	0.200	−0.842	−1.635	1.008
「ある程度強い」の閾値	1.457	1.037	−0.533	1.485
「かなり強い」の閾値	3.321	4.191	1.876	4.371
対数尤度	−1203.493	−703.097	−368.382	−1007.192
χ^2検定	148.270****	95.950****	30.160***	48.050****
疑似決定係数	0.058	0.064	0.039	0.023
N	834	609	271	794

注：数値は (非標準化) 回帰係数。*：p＜.10, **：p＜.05, ***：p＜.01, ****：p＜.001。

ることは，中央政府や地方政府との接触経験のある団体はそれ以外の団体よりも自己影響力を高く評価していることを示している。もちろん，接触経験によって社団の影響力が異なるということは，非民主主義体制下の中国の市民社会にも多元性が存在している可能性を示唆している。しかし，この多元性は，政府に対する公の場での反対を許容するような政治的多元性ではなく，リンスとステパン（Linz and Stepan 1996）の言うところの制度的多元性，すなわち，あくまで党国体制の枠組みの範疇における多元性である。中央政府や地方政府との接触経験に関する表17－8の推定結果は，社団が何らかの要求を実現する際には行政との間の直接的なパイプが必要不可欠であるという中国の国家－社会関係におけるポスト全体主義的な国家の優位を意味していると考えられる。また，常勤スタッフ数の係数も正で有意であるが，この結果を「中国でも団体のリソースが団体の影響力を規定するような多元主義が機能している」と解釈してしまうのは早計であろう。むしろ，「社会団体登記管理条例」が同一行政区域内に類似した分野の団体の並存を認めていない（辻中 2009）ことを考慮すると，この推定結果は各分野の団体が少数の団体にまとめられる国家コーポラティズム的な側面を表しているように思われる。

　一方，モデル2はロシアの市民社会が「ポスト全体主義」的な側面と民主化後の新たな側面を併せ持っていることを示している。まず，団体年齢の係数が正で，1％水準で有意である。この推定結果は，古い団体ほど主観的な影響力が高いことを意味しており，旧ソ連時代に設立された団体の影響力の高さを示している。また，中国と同様に中央政府とのパイプが重要であることも，中央政府接触ダミーの係数が表している。さらに，いわゆる「草の根」の社会団体の影響力が低い可能性が，市区町村レベルダミーの係数が負で有意であることによって示唆されている。しかし，その一方で地方議員接触ダミーの係数も正で有意であり，エリツィン政権下で推進された分権化が地方政治に与えた影響を想起させる。そして，営利セクターダミーの係数が正で有意であることは，近年のロシアにおける新興経済勢力の台頭を意味していると言えるであろう。

　ブラジルのモデルの推定結果も非常に興味深い。例えば，ブラジルにおいてもロシアと同様に団体年齢の係数が正で有意である。先述したように，同国の社会団体の「平均寿命」は短い。しかしその一方で，ヴァルガス政権期

から軍政期にかけて設立された団体の影響力が強く，コーポラティズム的な旧構造が残存している可能性をこの結果は示している。また，他有力アクター接触ダミーの係数も正で有意であることは，1980年代の民主化に貢献したカトリック教会をはじめとする「新しい社会運動」が影響力を保っている可能性も示唆していると言えよう。以上のような政治史の影響が見受けられる一方で，政治制度も市民社会に影響を与えている。例えば，市区町村レベルダミー，広域圏レベルダミー，全国レベルダミーが負かつ10％水準で有意であることは，連邦制のブラジルにおいては世界レベルを活動範囲とする団体とともに州レベルを活動範囲とする団体も高い影響力を有していることを意味している。また，ブラジルでは下院選に非拘束名簿式比例代表制が採用されており，州を選挙区としているため定数も大きい。その結果，各議員は所属政党に頼らずに自らの評判を高める必要性に迫られる（Carey and Shugart 1995）。国政議員接触ダミーの係数が正で，1％水準で有意であることは，連邦下院議員が再選のためにポークバレル（pork barrel）を推進することを裏付けている（Samuels 2003）。最後に，モデル1がアウトサイド・ロビイング経験を有する団体の影響力の高さを示していることは，2013年6月に発生した最大規模の抗議デモの衝撃の大きさからも明らかであろう。

インドについては，これまで概観してきた社会団体の特徴のほとんどが，各団体の主観的な影響力認知の決定要因とはなっていない。ただし，市区町村レベルダミーの係数が負で有意であり，同レベルを活動範囲とする団体はその他の団体よりも自己影響力を低く評価している。

5 まとめ

中国の市民社会はどの程度政治的に多元的なのであろうか。この問いについて検討することは，現代中国政治のダイナミズムを理解するという意味においても，今後の体制移行の可能性を考察するという意味においても重要な作業である。しかし，中国の市民社会の政治的多元性を国家間比較によって評価した研究はほとんど存在しない。そこで，本章ではいずれも社会的・経済的多元性の高いBRICs 4カ国で行われたJIGS調査のデータを比較しつつ，中国の市民社会の様相の把握を試みた。具体的には，中国の社団のプロフィールと行政への接触経験，アウトサイド・ロビイングの経験，主観的な影響

力認知とその決定要因を，他のBRICs諸国のデータと比較しつつ分析した。

以上の分析から判明したのは，中国の市民社会はBRICs4カ国の中で最も政治的多元性が低く，社団のプロフィールには特に団体分類の面において権威主義的な特徴とポスト全体主義的な特徴が併存しており，行政への接触経験のデータにも非民主主義体制の特徴が現れているという点である。また，主観的な影響力認知の決定要因を探索する計量分析からも，行政との間の直接的なパイプの重要性や各分野の団体が少数の団体にまとめられる国家コーポラティズム的な側面など，国家－社会関係における国家の優位を示唆する知見が得られた。

それでは，中国の市民社会の現状は民主化に至る兆候を見せているのであろうか。先述したように，民主化プロセスは各国の非民主主義体制の特徴に依存する。例えば，ポスト全体主義体制下においては，体制エリートが選挙の重要性を認識した場合に限りスムーズな民主主義体制への移行が行われるが，現体制の崩壊によって新たな非民主主義体制が生まれる可能性も否定できない（Linz and Stepan 1996）。本章で指摘したように中国の市民社会にポスト全体主義型の特徴が現れているとするならば，中国はいずれの体制移行プロセスを辿るのであろうか。新興国における民主主義と経済発展，市民社会の関係を，国家間比較などを通じてより詳細に分析することが今後の課題となろう。

（1） ロシアが1997年からG7に加入し，G8となった。
（2） ジニ指数は0から100までの値を取り，0が所得格差の全くない状態を示している。しかし，BRICs諸国のジニ指数は全体的に高く，ブラジルは57.4（2005年），ロシアは37.3（2003年），インドは33.9（2010年）であった。World Bank (http://databank.worldbank.org/data/home.aspx，2013年8月4日閲覧).
（3） 中国以外のBRICs諸国でも大規模なデモが発生している。例えば，2013年6月，新興国の「優等生」であるとされてきたブラジルにおいてこ20年間で最大規模の抗議デモが発生したことは，多くのブラジル人にとってさえ大きな驚きであった（Oliva and Khoury 2013）。サンパウロ市における公共交通機関の運賃値上げに端を発した抗議運動はブラジル全土に拡大し，2013年8月現在未だ収束の気配をみせていない（Moseley and Layton 2013）。

（4）　この議論は，開発独裁下で経済発展を遂げたアジア諸国では都市中間層が必ずしも民主化運動の担い手とはならず，むしろ非民主主義体制を支持する傾向があるとする岩崎（2009）の議論との親和性が高い。

（5）　もちろん，既存の研究において国家間比較に耐えうる指標の構築が模索されなかったわけではない。例えば，トゥサレム（Tusalem 2007）は66カ国を対象とした民主化分析の中で，国民100万人ごとのNGO数やNGOメンバー数を民主化後の市民社会の強さの指標として用いた。しかし，彼自身が認めているように，これらの指標はあくまで市民社会の1側面を測定したものにすぎない。また，この研究の対象に中国は含まれていない。

（6）　社会的・経済的に多元的であるという共通点がある一方で，各国の政治体制は大きく異なっている。JIGS調査が行われた時点での各国の「世界の自由度」や「ポリティⅣ」のスコアについては第2章を参照されたい。

（7）　ただし，彼も中国の経済行政が社会主義経済体制の遺産を引き継いでおり，他の権威主義国家と比べて経済に対する国家の介入や資源動員の能力が極めて高い点を認めている。

（8）　社会団体調査の対象となったのは，日本，韓国，アメリカ，ドイツ，中国，ロシア，トルコ，フィリピン，ブラジル，バングラデシュ，ポーランド，エストニア，ウズベキスタン，インド，タイの15カ国で，特に日本，韓国，アメリカ，ドイツ，中国，ロシアでは複数回調査が行われている。詳細については第1章の付録表1-4を参照されたい。

（9）　ロシアについては，第2次調査（R-JIGS2）も2012年9月から2013年3月にかけて実施された。

（10）　インドについても，地方都市を対象とした追加調査が2014年の初めに行われる予定である。

（11）　本節での紹介から明らかなように，BRICs4カ国で行われたJIGS調査は，対象地域の特徴や調査方法が国によって大きく異なっている。また，質問項目も各国の事情に応じて調整されている場合があるなど，厳密な意味においては比較可能性に限界のあるデータである。しかし，本章の目的は，あくまで中国の市民社会の現状を把握することにある。よって，実証的な国家間比較を行う際に生じるであろう比較可能性の問題への対応は，今後の課題としたい。

（12）　近藤と辻中（Kondo and Tsujinaka 2007）も，ブラジルにおける市民社会の「新陳代謝の良さ」に言及している。

（13）　杭州市とハルビン市は「副省級市」であるが，地・市レベルに含まれる。

（14）　北部，北東部，南東部，南部，中西部の5つの地域（região）がある。

（15）　本調査実施当時，デリー首都圏は9つの区（district）から成り，ニュ

ーデリー区をニューデリー市行政委員会，南西デリー区の一部をデリー・カントンメント委員会，その他の7つの区と南西デリー区の一部をデリー市行政自治体が管轄としていた。現在は新たに2つの区が創設され，デリー市行政自治体も南デリー市行政自治体（South Delhi Municipal Corporation, SDMC），北デリー市行政自治体（North Delhi Municipal Corporation, NDMC），東デリー市行政自治体（East Delhi Municipal Corporation, EDMC）の3自治体に分割されている。Municipal Corporation of Delhi（http://www.mcdonline.gov.in/index-triple.php，2013年8月4日閲覧）

(16) デリー市行政自治体には区（ward）が274あり，各区から市議会議員が選出される。一方，デリー都市圏内には33（調査当時は27）のテシル（tehsil, sub-district）が存在している。テシルごとの予算は確保されているものの，行政機構としては区（district）の傘下に組み込まれている。Government of NCT of Delhi（http://delhi.gov.in/wps/wcm/connect/doit_dccentral/dccentral/Home/Organisational+SetU，2013年8月4日閲覧）。

(17) 「行き過ぎた」地方分権化を押しとどめることを目的とし，プーチン大統領は2000年5月13日付の大統領令により全国を7つの連邦管区に分け，そこに大統領全権代表を置く制度を導入した（上野 2010）。

(18) 分類の詳細については，表17-3の注を参照されたい。

(19) ただし，他のBRICs諸国とは異なり，中国の市民社会よる社会公共サービスの提供は主に民非によって担われている点に留意する必要がある。また，中国の社団に占める市民セクターの割合も高いが，そのほとんどが「国家に対するモニタリング」とは関係の薄い科学研究団体とスポーツ団体である点も注目に値しよう。

(20) ただし，その後プーチン政権下で権威主義的な性格が強まったことから，市民社会による国家のモニタリングは上手く機能していなかった可能性が高い。

(21) インドのデータでも営利セクターの割合が比較的高いが，これはIN-JIGSの調査設計に因るものと考えられる。

(22) 中国については2009年度の総支出の値である。

(23) JIGS調査に基づいた他の先進国の団体リソースのデータについては，辻中・崔・久保（2010）を参照されたい。

(24) ただし，中央政府への接触経験がある団体も34％ある。

(25) 日本における利益団体のロビイングについては，山本（2010）を参照されたい。

(26) 表17-2に従い，ブラジルとロシアについては市区町村レベルダミー，州レベルダミー，広域圏レベルダミー，全国レベルダミー，インドについては地区レベル1ダミー，地区レベル2ダミー，市区町村レベルダミー，

全国レベルダミー，中国については市区町村レベルダミーと県レベルダミーをそれぞれ投入した。

(27) 各団体の予算額は，回答団体数が少ないため，本分析では使用しなかった。

(28) もちろん，行政との直接接触は民主主義体制下の社会団体にとっても極めて重要な行動である。しかし，中国の社団の場合は政策に影響を与えるための手段が中央政府や地方政府との直接接触のみに限定されているのに対し，政治的多元性の高い民主主義体制では議員を通じた間接接触やアウトサイド・ロビイングも重要である。例えば，本分析と同様の分析をJ-JIGS3（岩手県，宮城県，福島県，茨城県，東京都，山形県，愛知県，京都府，大阪府，福岡県，沖縄県に所在地のある団体を対象に2012年11月から2013年3月にかけて実施された調査）のデータを用いて行うと，「中央政府接触ダミー」や「地方政府接触ダミー」だけでなく，「国政議員接触ダミー」や「地方議員接触ダミー」，「アウトサイド・ロビイングダミー」の係数も正で有意となることが分かる。

(29) もっとも，R-JIGS1は比較的政府との関係が近い団体が調査対象となっている。よって，草の根の社会団体が調査に全く含まれていない可能性は否定できない。

第18章

結　論

辻中豊

　本章では，各章の分析に基づき，序章で提起した５つの問いに答える。続いて，参加と制度化という観点から，中国の市民社会と政治システムの関係の今後を展望する。

はじめに

　本書が明らかにしようとしたのは，中国の，複雑な国家・政治と社会・市民社会の関係の，データに基づく実証的な様相である。中国をJIGS国際比較調査の中に位置づけ，3地域2次にわたる社団および，第2次における3地域での基金会，民弁非企業単位を含め12の中国調査を位置づけ，リアリティに迫ろう，あたりまえと思われていることをしっかり実証的な証拠をもって示すことを心掛けた。調査の及ばない領域は事例研究で補った。

　結論では，序章で述べた5つの疑問に一定の答えを与え，最後に全体の見通しを与えるために，参加（Voice）と制度化という観点から，中国の市民社会と政治システムの関係についてまとめたい。

1　序論の5つの疑問（Q）への解答

(1)　経済の急成長は，市民社会組織の配置，数，人材および経済的リソースにいかなる影響をもたらしているか。経済のグローバル化は，市民社会組織と企業，海外／国際組織との関係にいかなる影響を与えているか。

　市場経済化とそれに伴う高度経済成長は，総じて多様な市民社会組織の発展をもたらした。公的に登録された市民社会組織（社団，民弁非企業単位，基金会の3組織全国計）総数と実質GDPとの相関値は，0.954，団体設立数（調査3地域計）とGDP（実質）との相関値も0.7から0.8以上と，強い連動を示唆していた（第4章）。その背景として，市場経済化と「小さな政府」への移行という新たな方針の下，政府が担っていた諸機能の受け皿として，市民社会組織が政策的に設立された事情がある。特に，政府機構の縮小が最も大胆に推し進められた県レベルで，公的市民社会組織は急増した。

　経済発展への強い志向は，公的市民社会組織の団体構成を特徴づけた。市民社会組織の規模（第1章団体地図）は1,100万を超え，団体の密度自体は日本と大きく異ならない。日中の団体地図を対比（日本について，辻中・森 2010: 50-51，データは2005-07年）し，人口差を考慮して（中国を約10倍として）比較してみれば，中国の方が発達している団体分野は，人民団体の総工会（日本の単位労組の4倍），工商業連合会（日本の商工会議所，商工会の1.5倍），そして社団（日本の社団法人の2倍），農民専業合作社（日本の農協等の15

倍）である。中国の方が未発達の団体分野は，民弁非企業単位（日本の学校法人，社会福祉法人の合計の0.8倍），居民委員会と村民委員会（日本の自治会の5分の1），基金会（日本の財団法人の50分の1），政党など政治組織（日本の政治団体の6％）である。なお日本のNPO法人は，2013年現在実数で5万近く存在しているが，中国では同種団体への法人格の制度がなく把握が困難である。

　第4章で論じたように，北京の社団の主たる政策関心は産業振興政策，財政政策，地方行政政策，地域開発政策に向けられ，東京やソウルの調査で上位3位に入った福祉政策および環境政策への関心は相対的に低い。他方，公的市民社会組織といえども，そのネットワークは，市場経済化への潮流を受け，政府一辺倒から企業重視へと変化しつつある。第6章で紹介したように，活動を展開する際の「最良のパートナー」については，約5割の社団が「政府」と回答しているものの，環境保護分野や農業分野の社団の回答に限ってみれば，企業という回答が政府を上回っている。

　経済発展は必ずしも市民社会組織の財政的リソースを豊かにしてはいない。第4章で示したように，北京市の社団の予算規模は東京の32分の1であり，時系列的にも拡大の傾向は見られない。また社団に関するかぎり，人的リソースについても量的拡大傾向は見られない。しかしながら，人材の質に着目してみれば，経済発展とグローバル化は，公的市民社会組織か草の根NGOかを問わず，その向上に大きな影響をもたらしたと考えられる。市民社会組織の指導者には高学歴で，海外経験を有する多くの若者が参入しつつある。第14章で論じたように，草の根NGOの創設者の多くが留学経験者である。国際NGOは，これらの人材をつうじて，あるいはプロジェクトへの直接的関与をつうじて，中国の市民社会組織の能力向上や合法性の獲得，自律性の向上に寄与している。市民社会組織とグローバルなアクターとの関係が進み，社団において1次調査より2次調査で，国際組織，外国政府，外国の利益団体への団体の協調度は上昇し，それらを実態として理解した分，影響力評価はやや減退している。WTO加盟以来，情報や付き合いが深まり，海外アクターとも当たり前の関係に移行した，そうした帰結が現れたと言える。

　経済発展はまた，社会の一部に資金の蓄積をもたらした。第9章でとりあげた基金会とりわけ非公募型基金会の増加は，まさしく経済発展の賜物と言

えるだろう。基金会設立数は経常収支，総貯蓄の増減と連動していた（第4章）。特に2005年以降は，人事面でも活動面でも企業と強いつながりを有する基金会が急増している。これら新設の基金会の一部は，既存の権威主義体制の下で既得権益を謳歌している業界や個人の代弁者であるためか，格差に対し相対的に寛容であり，さらなる市場化に積極的でないという傾向を有する。さらに一般住民の間には，自らの財産権の保護に対する意識が高まりつつある。第12章で紹介したように，都市部の住宅所有権者たちは，業主委員会を組織し，時として不動産管理会社や政府管理部門を相手に抗争を繰り広げている。

(2) 市民社会組織は政府と人事・財務・活動面でいかなる関係を築いているのか。地域，行政レベル（省，市，県の各レベル），団体の活動分野等によって違いはあるのか。

　公的市民社会組織の代表格である社団は，総じて，公的な外郭団体としての性格を保持している。依然として17.0％が政府機関や事業単位の看板をも掲げ，編制定員を有する比率も14.6％に達し，その比率に大きな変化は見られない。財務面でも，5～6割の社団が業務主管単位から無償で事務所の提供を受けている。第4章の分析によれば，こうした人的・財政的関係がもたらす社団と党・政府との協調・協力関係は，日韓との比較においても特徴的である。また，第12章・第13章で論じたように，地縁に基づく公的市民社会である都市部の社区居民委員会や農村部の村民委員会についても，住民の「自治組織」としての法的位置づけとは裏腹に，政府機関との一体化が著しい。

　しかしながら，本書で示した多くのデータは，公的市民社会組織と言えども，政府との関係に変化の兆しが見られることを立証している。

　第一に，社団と政府の間には，一方的な権力への統合ではなく，より自律的な相互関係が形成されつつある。第4章に示したように，北京市や浙江省の社団には，第1次調査から第2次調査にかけ，地方政府との関係を「緊密」と認識する比率が3割から6割へと倍増，他方で，政府から重視されているとする回答は半減，さらに自らの影響力についての評価は高まるという複雑な傾向が確認される。これらのデータは，社団と政府が「内輪」の関係から，相互に自律的な協議関係へと変化しつつあることを推測させる。実際に政府との関係をめぐる設問について，最も高い比率を占めた回答は「政府機関が

社団の発展を支援する」(北京市41.5％，浙江省45.3％，黒龍江省40.2％)であったが，「基本的に対等に意見交換・協議を行う」との回答(北京市18.8％，浙江省22.7％，黒龍江省13.3％)も，次点にランクインした。

　政府と社団の間に対等な関係が形成されつつある背景には，公共サービスの担い手として市民社会組織が無視できない役割を果たしているという現実がある。社会サービス，環境保護，地方経済の発展に関わる分野を中心に，政府の市民社会組織に対する公共サービスの委託が増加傾向にあることは第10章で論じたとおりである。無論，同章が問題提起したように，現状では，事業単位の看板を掲げている団体，政府職員との接触度の高い団体が高い比率で公共サービスを受託しており，公正な競争が成り立っているわけではない。その結果，第5章で検証したように，自発的に設立された社団であっても，その一部はあえて編制の分配を受け，権力機構に「埋め込まれる」ことにより活動空間を増しているという状況が観察される。ただし，それを一方的な権力による取り込みと解釈すべきか，それとも自律的な社団の戦略と受けとめるべきか，今後検証が必要であろう。

　第二に，政府と疎遠な団体も生まれてきている。この傾向は地域的に見れば，黒龍江省で顕著である。同省では，業務主管単位による事務所の提供，財政拠出とも1次調査から2次調査にかけて激減し，社団は，自ら関係を重視する対象を業務主管単位よりもむしろ登記を管理する民政部門へとシフトする傾向にある。また政府とは「登記を除き関わりが無い」と回答した社団の比率は17.3％に達している。第7章で述べたとおり，この傾向は民非についても同様に見られる。また，活動分野別に見れば，第6章で論じたように，市場化傾向を強める農業分野の社団が，他の分野の社団に比べ，政府と疎遠である。さらに，近年急速に発展を遂げる基金会についても，第9章で論じたとおり，1999年以降設立された基金会は政府からの自律性を著しく強め，政府との接触やロビイングの実施も新しく設立された基金会ほど少ない。

(3)　共産党と市民社会組織の関係はどのようなものか。党組織／党員は市民社会組織において，いかなる役割・機能を有しているか。

　まず，党の再三の呼びかけにも拘わらず，市民社会組織において党組織の建設は順調に進んでいない。公的市民社会組織である社団についてみても，指導者の7割以上が党員であるにも拘わらず，党組織の設置率は北京市で

17％，浙江省で7％，黒龍江省で15％に過ぎず，その比率は低下傾向にある。

　また党組織の機能についても，確定的ではない。まず，第4章で論じたように，党組織の存在が社団の行動や志向に与える影響は，地域によって異なる。「多元主義」，「民主」，「地方分権」，「環境保護」，「格差」，「社会民主主義」，「新自由主義」，「国家主義」等を象徴する複数の命題について，社団の志向性を示すデータと党組織の有無との間には有意な関係が確認されたものの，その影響の与え方は浙江省と黒龍江省では真逆であった。このことは，党が，団体を特定のイデオロギーに導くという機能を全く果たしていないことを示唆している。党組織の持つ人的ネットワークとしての機能についても同様である。党組織の存在は，社団のリソース，編制の獲得，業務主管単位との緊密な関係，メディアとのネットワークの構築との間に正の関係があることが確認されたが，一様に地方政府との協調的関係をもたらすわけではない。黒龍江省ではむしろ，党組織を有さない社団のほうが地方政府と協調的であるということを，データが示している。

　総じて，党は必ずしも台頭しつつある市民社会組織を包摂しきれていない。市民社会組織にとってみれば，共産党は依然として大きな影響力を有する存在ではあるものの，自らの活動においては政府に次ぐ副次的重要性しか持たない。党は情報源としても低い役割しかもたない。特に農業分野の社団は，党と非協調的な傾向にある。農民を母体に創設され，今も労農同盟の前衛を自称する共産党が，農業分野の市民社会組織から背を向けられていることは，「包摂」により生命力を高めてきたと評される共産党の限界を示している。また，公的市民社会組織と党の上記のような関係は，草の根NGOにおいて，党が内部からこれらを領導する機能を低下させているであろうことを推察させる。第13章でとりあげた信仰のネットワークは言うまでもなく，党の包摂範囲を大きく超えて市民社会が拡がりを見せているということである。

(4) 憲法に定められた請願／ロビイングの権利を，市民社会組織はどの程度意識し，行使しているか。選挙が実質的に機能していない中で，市民社会組織は何を「てこ」にしてロビイングを行っているのか。市民社会組織は，各行政レベルの政府，党，さらには疑似的な「民主」制度である人代や政協を，どの程度ロビイングの対象として認識し，行動しているのか。

　社団に関して言えば，「会員の正当な権益を擁護」，「政府からの優遇政策の

獲得」を目的とする比率は，52.4％，35.4％に達する。中国の社団の利益団体としての自己認識は，JIGS調査ではドイツ団体並みに高い。他方，「政策・法規の制定・実施への影響力行使」を設立目的とする社団の比率は，15.3％に留まり，36.0％の社団はロビイング活動を全く行っていない。このようなアドボカシーの欠如は，特に，市レベル以下の社団に顕著に見られる。

　ロビイングの方法は，何らかのアウトサイド（外向け）・ロビイング実施経験があると回答した団体は2割弱で，中国の政治体制からすると高い数字であるが，大多数が依拠するのはほぼ公的なインサイド戦術に限られている。具体的には，「政府主催の座談会への参加」が圧倒的に多く，続いて「政府への報告書・政策建議の提出」，「政府職員に電話をかける」である。これは，人代が議会としての機能を十分に果たさず，政策決定が実質的に政府に一元化されている中国の現状に鑑みれば当然の結果である。しかしながら，人代代表・政協委員が，ロビイングの対象として，社団から地方政府指導者に次ぐ信頼を勝ち得ていることも注目すべきであろう。実際に，人代に対しロビー活動を展開する社団の比率は，全人代では3.3％，省人代でも5.7％にとどまるものの，市や県のレベルにおいては16.5％に達し，微増の傾向にある。

　社団がロビイングにおいて「てこ」とするものには，以下が挙げられるだろう。1つは編制である。調査データによれば，人事面，財務面での政府との関係はロビイングに影響を与えないものの，第5章で分析されたように，編制の獲得は，ロビイングへの積極性と正の関係を有する。中でも，自発的に設立されたにも拘わらず，編制を有する団体は，利益団体の性格が強く，政策の実施・阻止経験を多く持ち，地域の政策への影響力も強い。このことは，市民社会組織が戦略的に権威主義体制に「埋め込まれる」ことにより，利益表明機能を獲得する可能性を指摘した先行研究を裏付けるものである。調査データによれば，社団の持つネットワークもまた，積極的なロビイングをもたらす。団体間の連携および他の社会的アクターとのネットワークが重要となる。さらに，第14章で紹介した怒江ダム建設反対運動のように，草の根NGOが，戦略的に国際社会に働きかけることにより，外圧をつうじて目的を達成するケースもある。

　社団の政策過程への影響力には偏りがある。第4章で紹介したように，北京市の社団の政策実施・阻止経験は，11.1％と東京の3分の1程度であるが，

北京市に存在する経済・業界団体に限ると，実施・阻止経験有の割合が27.9%と高くなる。影響力についての自己評価も，北京市において「まったく無い」・「あまり強くない」の合計が6割を超えるものの，「かなり強い」・「非常に強い」との自己評価を下した社団の比率は28%となり，この数値は日韓に比して高い。影響力の有無には両極化が見られる。

第17章の分析によれば，影響力認知を決定づけているのは，政府との直接的なパイプであり，ここに，中国の利益代表システムの持つ国家優位の特徴が映し出されている。また，政策過程への影響力は，団体の属性によっても異なる。第16章で明らかにしたように，北京市という立地や経済・産業という分野的属性が，政策の実施・阻止経験に有利に働いているのである。このことは，第11章で論じられた2つの人民団体——私営企業家の頂上団体としての中華全国工商業連合会と労働者の頂上団体としての中華全国総工会——の置かれた対照的な状況にも通ずる。すなわち前者が経済・政治団体への転身を遂げつつあるのに対し，後者は「社会主義」の国是に縛られ利益団体化へと踏み出せないでいるのである。さらに，第6章で浮き彫りにした，利益関係における農業分野の社団の孤立も，経済発展の中で，利益代表システムから置き去りにされた労働者と農民の境遇を如実に示している。団体の属性による政策関与の偏りをいかに克服するかが，中国の安定を左右することとなろう。

(5) 市民社会組織はマスメディアその他非国家主体とどのような関係を築きつつあるのか。

総じて，市民社会組織とマスメディアおよび多様な非国家主体との関係は，拡がりを持ちつつある。

第6章で明らかにしたように，公的市民社会組織である社団についても，「最良のパートナー」と見なす対象は，政府一辺倒ではなく，企業，専門家，社会組織へと拡がりを見せ，社会的主体を選択した比率の合計が50.1%と5割を超えている。例えば，社会サービス分野では，多様なアクターが政府に協力するかたちのガバナンスが形成されつつある。他方，環境保護分野においては，市民社会組織，企業，専門家によって築かれた自律的ネットワークと政府との間の相互利用関係を柱とするガバナンスが構築されている。同様のネットワークの拡がりは民非についても確認される。

これらネットワークの形成を促進しているのが，マスメディア（第7章）である。各ロビイング戦術の効果については「メディアに情報を提供する」（10.1％）は1割以上を占め，「他団体と連合し，共同行動を取る」（13.8％）や「政府職員に手紙を書く」（10.5％）とほぼ並んでいる。第15章で論じたように，マスメディアは，市場経済化を経て次第に党・政府から自律化する傾向を持つようになった。社会的責任意識を強く有する一部メディアが，公共的テーマに関する議題設定，知識・認識の普及において果たす役割は無視できない。ジャーナリストの中は，自ら市民社会組織を創設する動きも生じている。

2　参加と制度化：高まる不満

次に，こうした市民社会組織の分析を総合するにあたって，参加（Voice）と制度化（政治的制度化，社会的制度化）という観点から，中国の市民社会と政治システムの関係を考察しておこう。

まず参加（Voice）と制度化を巡る古典的理論化としてハンチントン（1972）の枠組みを，制度化をめぐるせめぎ合いを捉えるために想起しておこう。彼は制度化の意義について，いわゆるギャップ仮説を定式化した(51-55)。

---
(1) 社会的流動化／経済発展＝社会的欲求不満（フラストレーション）
　　社会的流動化（都市化，読み書き能力増大，教育・メディア接触）　⇒期待の増大
　　経済発展　　　　　　　　　　　　　　　　　　　　　　　　　　　⇒期待の充足

(2) 社会的流動化／移動の機会＝政治参加
　　水平的移動　　　　　　　　　　　　＝都市化
　　社会的・経済的な移動の機会
　　垂直的な移動の機会　　　　　　　　＝職業的・所得上の移動
　　社会的欲求不満から政府への要求
　　政治参加　　　　　　　　　　　　　⇒要求の実施

(3) 政治参加／政治的制度化＝政治的不安定
　　適応可能な制度
　　腐敗　　　　　　　　　　　　　　：有効な政治制度が欠如している状況を示す一つの尺度(56)

---

(1)は，経済発展の度合いよりも，社会が流動化（社会環境がいわゆる近代化）すると期待が増大し，経済発展による期待の充足より期待の増大が大きいために，社会的な欲求不満が生じることを示している。(2)は社会的な流動化（客観的な環境変動）と移動の機会（各自に開かれた実際の機会）のバランスが，流動化の側が大きいと，そのギャップを埋めるために，政治参加

(voice)が生じることを示している。(1)(2)から，政府は，経済発展と移動の機会を拡大し続けないと，欲求不満と政治参加の拡大（爆発）を誘発することになる。そして(3)参加が増大し，政治への参加の道をつける制度化と政治参加のバランスが崩れ，過大な参加に偏ると，政治的な不安定が生じる。また腐敗は政治制度の欠如を示しているという。政治的不安定を避けたい政府は，政治的制度化を進めるか，参加を抑制する必要に迫られる。後者のためには，社会的流動化は政策的に止めようがないため，移動の機会を増大させる必要がある。同様に欲求不満の爆発を回避するためには，経済発展を促進することが必要である。

　この図式を，中国において確かめること自体がここでの目的ではないが，この図式の制度化の中に本書の発見を位置づけなおしてみよう。

　現在の中国で，政治的，社会的な腐敗が蔓延していることは党・政府も何度も明確に認めている。社会的な欲求不満の鬱積も避けられない。経済発展を続けつつも，そこには波があり，また格差の拡大も深刻である。水平的・垂直的な移動の機会を抜本的に開放することをなお躊躇している。それゆえ「政治」参加への圧力は増大せざるをえない。この圧力の高まりは，一般的に年間18万件（2010年）と言われる規模の集団騒擾事件（突発性群体性事件）が発生していることとも関連して重要である。政治的制度化の要請も高まっており，21世紀の中国において，「憲政」（憲法に基づく政治）や「維権」運動（憲法上の人権の維持，擁護のための運動）が広く叫ばれ政治的な意味をもつ状況となっており，社会は「集合的な沸騰」（唐亮）状況にあるということができる。

　本調査データでは，例えば（第4章）で，①「団体の政策満足度」（「団体が関心のある国家政策」と「地方政策全般」）に関して，黒龍江省では約1割の社団が「不満」（非常に不満＋あまり満足せず）であり，特に黒龍江省の農業団体は25％以上が「非常に不満」を感じている。②「団体の関心事」として，「社会的認知を高めたい」（3割以上）と「財政補助が必要だ」（3割）とする。③団体の「影響力」は，「強い」とする団体が，この10年で1割台から3割台へ増大している。④社団に対して「政府からの重視」を受けていると認識する団体は，黒龍江省以外の団体で「政府からの重視」が5割から2割台へ急低下した，など，さまざまな不満の増大を語っている。

また，団体の政府ガバナンスに関する12項目の意見からも，その指標がすべて，現在の政府の「問題」としてかなり強く意識されていた。日韓との比較では，12項目中9項目で中国が最多の「賛成」の回答であった。つまり，「企業は利益追求だけではなく社会貢献も行うべきだ」と6割以上が考え，「経済成長よりも環境保護を重視した政治を行ったほうがよい」と5割以上，日韓と比較して3倍以上が考えるなど，企業に対して，政府の環境政策，政策効率，格差に対して，問題があると考えていることを示していた。特に12項目中10項目で黒龍江省が最多の割合であり，同省での問題の大きさを示していた。

3　中国政府の対応

このように中国全体で，特に地方で渦巻く不満や問題の認知に対して，党・政府はどのような対応をしているのだろうか。多様な利益を代表・媒介するための新たなシステムの構築に向けた政治的制度化を行おうとしているのだろうか。

ここでは2つのデータを想起し，党と政府の対応を推察しておこう。第1は，1次・2次調査の2時点での「他の政治アクターへの評価」の変化である（第4章）。第二は，序章で示した語彙の検索数における社会管理などの使用である。

「他の政治アクターへの影響力評価」において，中国の2001年と2009年の違いが印象的であった。中国において評価が2009年の方が高いのが，（値が高い順に）官僚，与党（共産党幹部），国有企業，労働団体，農業団体，である。それに対して，2009年の方が低くなっているのが，（2001年値が高い順に）地方政府，マスメディア，文化人学者，大企業（私営），国際機関，である。このことをもって実際の権力の強さを類推することは危険であるが，少なくとも中国の社団の指導者の意識では，「従来型の国家装置の政治的な影響力が強化されている」と認知していることを示唆していた。

語彙の検索数を振り返ってみよう。序章でみたように，中国知網のホームページの分析から，1990年代末以降，公民社会や市民社会，利益集団や利益団体といった団体に関する現象が広範に記事になり議論され，論文化されていることを示した。他方で，政府からの制度化，管理化の傾向を示すものと

して，社会管理，社会組織などの概念使用，特に社会管理のこの10年の伸びは他を圧していることが分かった。こうした傾向は，序章で述べた政府の政策の反映であり，党・政府の強い関与を示すものである。

社団の認知の面でも，記事数の検索数の面でも，党・政府が市民社会組織の領域に強い関心を持ち，管理の観点から，社会の組織化を進めていることが推察できる。しかし，すでにみたように社団などの政治参加，ロビイングは緩やかに拡大しているものの限定的である。しかも，ロビイングの際の影響力には団体の属性によって偏りがあり，経済団体の影響力の進展が観察された。

逆にいえば，現在までに，自由民主主義的な意味での政治参加，つまり党内の参加や党内政治過程の透明化，各レベルでの政府職員・人代代表などの選挙の実施やその透明化への動きは，政府改革メニューとしては多様になり一定の前進とみることもできるが，実態の変化への効果は極めて限定的である[4]。

4　社会的制度化の意味，可能性

果たして，社会管理を目指す中国政府の社会的制度化は，政治的制度化にとって代われるものだろうか。それによって政治的な安定を導くことができるのだろうか。

いくつかの点を確認しておこう。

まず，社会的制度化は共産党という権力機構の中核部分に直接関係しない。比喩的にいえば中国は「二重の国家」制度を採っている。共産党は優に一国規模の陣容，8600万人，国民の６％のエリートを糾合した「組織」として国家（政府・公的セクター）を独占し，またその外延にある準公的セクター（主要社会組織）を組み込むことによって圧倒的な支配力を行使している。社会的制度化は，この党とその外側との接点部分，いわば「人民共和国」世界へのインターフェースにだけ関係している。社会的制度化による参加，つまりVoiceは間接的で，十分に政治システムに届かず，インパクトを与えない可能性が強い。現に，社団ほかの市民社会組織は，そのように感じている。

確かに，社会的制度化は，多くの集団に利益というVoiceを，自らの社会領域に関して，セクターの頂上組織，少なくとも省や市，県といったレベル

の政府および団体組織に伝える役割を果たしている。しかし，こうした利益媒介や伝達機能は，政治的な Voice のためでなく，もっぱら社会的な秩序と福祉のためではないか，と推察できる。自由と民主主義の政治改革の進展を一部の市民は，市民社会組織に期待しているが，権力を掌握する側は，秩序と福祉という別の軸の役割を期待している。(5)

つまり，先の制度化と政治参加のハンチントンの図式でいえば，

(1) 式：社会的流動化／経済発展＝社会的欲求不満（フラストレーション）
(2) 式：社会的流動化／移動の機会＝政治参加
(3) 式：政治参加／政治的制度化＝政治的不安定

(1)式における，経済発展を補完する機能としての，分配，再分配を行う福祉機能や環境の健全化などの「社会サービス機能」，(2)式における移動の機会の1つとしての，社会的な階統制化としての市民社会組織，それを登ることによる上昇移動，それを通じて活動することによる水平移動，(3)式の政治参加への要求を，(1)(2)式の値を下げることで弱めようとしているのである。社団，基金会，民弁非企業単位など政府に近い公的市民社会組織は，社会的な「安定のための」アドボカシーと社会福祉のためのサービス，特に福祉サービスや環境保護，経済開発に資するサービスを提供するための制度化である。

本書の，全体として答えたい最も大きな問いは，経済社会が激変拡大し，政治体制が同一の党国体制を維持し，市民社会が急拡大し，市民社会政策が国家の重要政策となる中で，市民社会と国家の関係は何か，つまり，市民社会はいかなる機能を担っているのか，という点であったが，現時点での市民社会は，上記の機能を果たす，社会的制度化の機能を担っているに留まる。

5　今後の展望

決定的事例研究としての社団を中心とした中国市民社会組織の検討は，いかなる含意を持っているのだろうか。

政治・社会関係において，国家＝政府がほとんどの領域空間を覆い尽くす全面制圧された段階（1962-78）から，市場経済の導入によって，営利企業の領域が広がる段階（1978-1992-2000s）（政経分離）をへて，さらに公的

市民社会組織の導入によって，市民社会の領域が広がる段階（1990s －）に至った。ただし，21世紀に入って市民社会組織は，社会管理と社会による利益・意見表明のバランス（社会再建，政社分離）へと向かわされているようだ。

　かつて「共産主義」国家は，政治的組織化による統治の１つのモデル，それは閉じられた体制，つまり経済も社会も，国内的に共産党の政治主導によって全面的に制御されていたシステムであった。しかし，特に1990年代以降，国際的相互依存の深化とグローバリゼーションと並行した市場経済への自由化によって，この扉は徐々に開放され，経済発展が進み社会的な流動性が増大するとともに，統治，共治（ガバナンス），参加の問題が噴出してきた。

　私たちが社団や民弁非企業単位，基金会など公的市民社会の組織に注目したのは，これらが明らかに政治的社会的な安定を求める国家・政府側からの制度化の試み，間接的なガバナンスへの移行の試みだからである。と同時に，こうした組織は，市民社会の一翼を担い，政府をチェックする機能や利益を表明し，参加の担い手となる側面も有している。

　この間接的なガバナンスは，多元化，多数化，自律性・自立性（経済・財政，政治・人事，運営・活動）の進展を穏やかに呈している。コーポラティズム対多元主義ではなく，「コーポラティズムと多元主義」という様相を示している。分析的な概念をもって切り出した中国の市民社会状況は，他の国々と変わらぬ一定の自立性・自律性と共通性，普遍性をもった公共サービスの提供，政策がなされていた。データで確認したのは，控えめなロビイング，政府と協調しようとするが，党とは距離をおいた，明確な自己利益と公共性の志向をもった普通の利益団体の姿であった。

　しかし，決定的に違うのは，13億人民を９千万党員が支配する二重の国家という性格を維持しつつ，背後に極めて高い圧力，せめぎ合いが見られ，そして表面的にも鋭い言説の主導権争い，日本よりより明確な言説表現の競合があることである。均衡点・パワーバランスを目指すベクトルの制度化が社会領域だけのために，動態的な均衡をなしてはいるものの，政治領域を含めた社会全体の安定に基づく均衡ではないように見える点である。市民社会自体が包絡と埋め込みというせめぎ合いの中にある。

　また私たちが観察した３つの地域，北京市，浙江省，黒龍江省だけでも，相当な識別可能な違いを見て取ることができた。分権的連邦制を目指さない

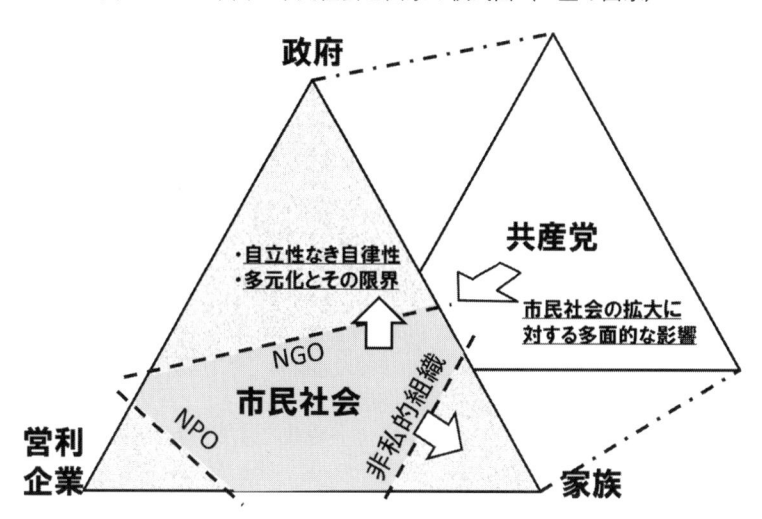

図18-1　中国の市民社会と国家の模式図（二重の国家）

[図：政府・共産党・営利企業・家族を頂点とする二つの三角形。市民社会の中にNGO・NPO・非私的組織が位置づけられる。「自立性なき自律性」「多元化とその限界」「市民社会の拡大に対する多面的な影響」と記載]

中国ではあるが，全体がきわめて斑な多様性を呈していることは確かである。私たちのJIGS国際比較研究は，世界のどの地域でも，地方分権，地方自治，地方政治こそが，市民社会組織が自立的・自律的なアクターとなる鍵であると検証しつつある。市民社会組織が，政治的にも公共的にもしっかりVoiceし，多様な利益を代表・媒介するための新たなシステムの構築に向けた政治的制度化を図るためには，実は地方レベルが鍵なのである。

　中国という社会は，ガラパゴス諸島ではない。巨大なアトランティス大陸，20世紀までやや低い「陸塊」であったものが21世紀には巨大なその全貌を現しつつある。それは地球のこれまでの秩序に容れうるものか，はたまたそれを壊すものか，いったいそれは巨大な陸塊なのか，「砂上の楼閣」なのか，その足元をしっかり捉えることで，その在り様の特性は，比較実証的に明らかになったように思われる。

（1）　内山秀夫訳『変革期社会の政治秩序（上・下）』（サイマル出版会，1972年）政治的制度化（以下，制度化）とは，社会的勢力と関連，多様化すれば複合的で権威的になる必要。「ある政治システムの制度化のレベルは，そのもつ組織と手続きの適応性，複合性，自律性および凝集性によって測

定することができる」(ハンチントン邦訳：14)。
　　　適応性－硬直性：年代記的年齢(存続年数)，世代的年齢，機能の適応変容
　　　複合性－単一性：下位単位，機能分化
　　　自律性－従属性：政治的組織と社会集団
　　　統一性－分裂性：統一性と凝集性が制度化高める
(２)　胡錦濤は2012年11月8日中国共産党第18回全国代表大会での「政治報告」の「一，過去五年の活動と十年間のまとめ」の部分で腐敗問題について言及した。「腐敗現象が多発しており，反腐敗の活動は依然として厳しい。これらの困難と問題克服に対して，われわれは最も重視し，さらに真剣に取り組むべきである」(同まとめ)。また習近平は，2012年11月17日に開かれた党第18期中央政治局第1回学習会議では，腐敗問題の深刻さについて以下のように言及した。「大量の腐敗事件は，これ以上党内の腐敗問題が深刻化するなら，党を滅ぼすと教訓は語っている。我々は警戒心を持たなければならない。近年党内で発生した腐敗，違法事件はその影響がきわめて甚大で，人々を震撼させる」「新華網」(http://news.xinhuanet.com/2012-11/19/c_123967017_3.html，2013年12月12日閲覧)。
(３)　C-JIGS2，設問 E3．現在，社会団体の発展において，あなたの団体の最も関心を持つ問題を1つお選びください。1. 法規上での制限を撤廃する。2. 人事・財政面での独立性を有すること。3. 地位を向上させること。4. 政府財政による補助金を増やすこと。5. 公共政策を推進すること。6. 社会的認知度を高めること。7. その他
(４)　唐(2010：第4章)。唐は，中国政府の上からの政治改革戦略を，政府(ガバナンス)改革，自由化，民主化の3次元にわけ，この順序での進行，しかも長い期間(50－100年)を念頭に置く。政府改革では，国家コーポラティズム拡大，多様な討議型政策過程参加，自由化では，村民委員会レベルの選挙改革，党内選挙改革，情報公開など緩やかな自由化が進んだとするが，それが民主化につながるかについては結論を留保している。
(５)　秩序－無秩序(アナーキー)＝安全保障・セキュリティ(内外)という軸と，福祉－(放任)＝繁栄(内外，通商と開発，福祉分配)の軸は，政治の出力(政策内容)の重要な中身であり，自由民主主義－権威主義という軸は，政治の質であるが，政治の型とも関連して，政策形成・執行の方式，手続きに関連する。両者は別の軸を形成している。

参考文献

邦文（五十音順）

青山瑠妙（2010）「分断化した権威主義体制における中国のメディア―怒江ダム開発をめぐって」『学術研究・総合文化学編』第59号：1－15。

阿古智子（2012）「中国の『公民社会』と民主化の行方」『国際政治』169号：45－59。

天児慧（1984）『中国革命と基層幹部』研文出版。

天児慧（2000）「中央と地方の政治動態」天児慧編『現代中国の構造変動　4　政治―中央と地方の構図』東京大学出版会：3－36。

天児慧・浅野亮編（2008）『中国・台湾』ミネルヴァ書房。

家近亮子・唐亮・松田康博（2011）『改訂版　5分野から読み解く現代中国―歴史・政治・経済・社会・外交』晃洋書房。

五十嵐誠一（2005）「東北アジアの環境ガバナンスと市民社会―NGO/NPO の台頭とそのトランスナショナルなネットワークに注目して」『環日本海研究』第11号：16－38。

池上貞一（1962）「中国の人民団体」『愛知大学国際問題研究所紀要』第32号：131－144。

石生義人（2002）「ロビイング」辻中豊編『現代日本の市民社会・利益団体』木鐸社：163－189。

石田徹（1992）『自由民主主義体制分析―多元主義・コーポラティズム・デュアリズム』法律文化社。

磯部靖（2006）「中央・地方関係」国分良成編『中国の統治能力―政治・経済・外交の相互連関分析』慶應義塾大学出版会：49－61。

磯部靖（2008）『現代中国の中央・地方関係―広東省における地方分権と省指導者』慶應義塾大学出版会。

伊藤修一郎・近藤康史（2010）「ガバナンス論の展開と地方政治・市民社会―理論的検討と実証に向けた操作化」辻中豊・伊藤修一郎編『ローカル・ガバナンス：自治体と市民社会』木鐸社：19－38。

稲上毅・H. ウィッタカー・逢見直人・篠田徹・下平好博・辻中豊（1994）『ネオ・コーポラティズムの国際比較―新しい政治経済モデルの探索』日本労働研究機構。

岩崎育夫（1998）「開発体制の起源・展開・変容―東・東南アジアを中心に」東京大学社会科学研究所編『20世紀システム4　開発主義』東京大学出版会：115－146。

岩崎育夫（2009）『アジア政治とは何か―開発・民主化・民主主義再考』中央公論新社。

ウィレンスキー，ハロルド・L（下平好博訳）（1984）『福祉国家と平等―公共支出

の構造的・イデオロギー的起源』木鐸社。

上野俊彦（2010）「ロシアにおける連邦制改革—プーチンからメドヴェージェフへ」仙石学・林忠行編『体制転換研究の先端的議論（スラブ・ユーラシア研究報告集2）』北海道大学スラブ研究センター：1－20。

江口伸吾（2012）「現代中国における都市の社区建設と社会管理—山東省の事例を中心に」『総合政策論叢』第23号：109－121。

エスピン＝アンデルセン，G（渡辺雅男・渡辺景子訳）（2000）『ポスト工業経済の社会的基礎—市場・福祉国家・家族の政治経済学』桜井書店。

絵所秀紀（2000）「経済開発理論の展開と国際機関」東京大学社会科学研究所編『20世紀システム4　開発主義』東京大学出版会：47－75。

王名・鄭埼（2007）「中国環境NGOのアドボカシー活動についての一事例研究—怒江事件を事例として」『国際開発研究フォーラム』第33号：79－87。

王名・李妍焱・岡室美恵子（2002）『中国のNPO—いま，社会改革の扉が開く』第一書林。

大嶽秀夫（2005）「『レヴァイアサン』世代による比較政治学」日本比較政治学会編『日本政治を比較する』早稲田大学出版部：3－25。

大塚健司（2001）「第11章　中国—改革・開放下の社会アクターとあらたな民間組織」重富真一編著『アジアの国家とNGO—15ヵ国の比較研究』明石書店：272－298。

大塚健司（2012）「移行期中国における環境運動—断片的な機会と限られた資源に対する戦略」柳澤悠・栗田禎子編『持続可能な福祉社会へ：公共性の視座から第4巻　アジア・中東—共同体・環境・現代の貧困』勁草書房：125－154。

王冰（2013）『中国メディアの「世論監督」機能をめぐる権力関係』筑波大学博士論文。

尾高恵美・西野真由（2000）「学校教育財政における国家・社会のパートナーシップ」菱田雅晴編『現代中国の構造変動　5　社会－国家との共棲関係』東京大学出版会：198－216。

香川重遠（2007）「ロバート・ピンカーの福祉多元主義論」『社会福祉学評論』第7号：37－47。

郭定平（2003）「上海市の社区建設と都市基層社会の管理体制改革」『アジア経済』9月号：21－44。

加藤弘之（2013）『「曖昧な制度」としての中国型資本主義』NTT出版。

加藤弘之・渡邉真理子・大橋英夫（2013）『21世紀の中国　経済編—国家資本主義の光と影』朝日新聞出版。

加茂具樹（2006）『現代中国政治と人民代表大会—人代の機能改革と「領導・非領導」関係の変化』慶應義塾大学出版会。

川路瞳（2008）『ブラジルにおける市民社会—市民社会組織の実践と実体をめぐっ

て』筑波大学大学院人文社会科学研究科修士論文。

川島博之（2012）『データで読み解く中国経済—やがて中国の失速がはじまる』東洋経済新報社。

岸本美緒（2012）「市民社会論と中国」『地域社会論再考　明清史論集2』研文出版：99-127。

橘川武郎（1998）「経済開発計画と企業—戦後日本の経験」東京大学社会科学研究所編『20世紀システム4　開発主義』東京大学出版会：276-304。

阮雲星（2005）『中国の宗族と政治文化—現代「義序」郷村の政治人類学の考察』創文社。

呉茂松（2009）「中国都市部における『維権』運動の台頭—深圳，北京，上海の所有権者たちの事例を手がかりに」『法学政治学論究』第80号：33-65。

呉茂松（2013）「第八章　人民から「市民」へ—台頭する維権運動とその変化」国分良成・小嶋華津子編著『現代中国の政治外交の原点』慶應義塾大学出版会：165-183。

河野真（1998）「福祉多元主義のゆくえ—利用者主体の福祉改革と新自由主義的改革の動向をめぐって」『季刊社会保障研究』第34巻第3号：268-280。

孔麗（2008）「中国東北地域における農民専業合作社の胎動『開発論集』第81号：139-160。

黄媚（2010）「中国業界団体の利益団体化に関する一考察—「中国社会団体調査（2001-2004年）に基づく定量的分析」『筑波法政』第49号：45-65。

黄媚（2011）『市場経済化と中国の業界団体—国家コーポラティズム体制下の模索』筑波大学博士論文。

黄媚（2013）「中国の都市化と社会団体の変遷—伝統結社から新興団体へ」天児慧・任哲編『中国の都市化：拡張，不安定と管理メカニズム（研究調査報告書）』アジア経済研究所：1-20。

国分良成編（2006）『中国の統治能力—政治・経済・外交の相互連関分析』慶應義塾大学出版会。

国分良成編（2011）『中国は、いま』岩波書店。

国連開発計画（2010）『人間開発報告書2010　20周年記念版　国家の真の豊かさ—人間開発への道筋』阪急コミュニケーションズ。

小嶋華津子（2008）「市場経済化と中国都市部の『市民社会』」竹中千春・高橋伸夫・山本信人編『市民社会』慶應義塾大学出版会：157-177。

小嶋華津子（2009）「中国工会の課題—人民団体から利益団体への模索」『現代中国研究』第25号：19-41。

小嶋華津子（2011）「下からの異議申し立て—社会に鬱積する不安と不満」国分良成編『中国は、いま』岩波新書：81-98。

小嶋華津子・辻中豊（2004）「『社団』から見た中国の政治社会—中国『社団』調査

(2001-2）を基礎にして」日本比較政治学会編『比較のなかの中国政治』早稲田大学出版部：47-75。

小嶋華津子・崔宰栄・辻中豊（2009）「中国のコーポラティズム体制と社会団体―中国社会団体調査（2001-2004）データに基づいて」『レヴァイアサン』第45号：106-126。

小島麗逸（2000）「環境政策史」小島麗逸編『現代中国の構造変動　6　環境―成長への制約となるか』東京大学出版会：7-66。

小島朋之（1985）『中国政治と大衆路線』慶應通信。

コタリ，ラジニ（広瀬崇子訳）（1999）『インド民主政治の転換――党優位体制の崩壊』勁草書房。

小浜正子（2000）『近代上海の公共性と国家』研文出版。

佐々木智弘・山口真美・森田悟（2008）「揺らぐ胡錦濤政権の政治経済基盤―2008年の中国」『アジア動向年報』アジア経済研究所：116-142。

重富真一編（2001）『アジアの国家とNGO―15ヵ国の比較研究』明石書店。

重富真一（2002）「NGOのスペースと現象形態―第3セクター分析におけるアジアからの視角―」『レヴァイアサン』第31号：38-62。

朱家麟（1995）『現代中国のジャーナリズム：形成・変遷・現状の研究』田畑書店。

首藤昭和（2008）「現代中国家族をどう捉えるか」首藤昭和・落合恵美子・小林一穂編『分岐する現代中国家族―個人と家族の再編成』明石書店：15-29。

シュミッター，Ph. C., G. レームブルッフ編（山口定監訳）（1984）『現代コーポラティズム（I）―団体統合主義の政治とその理論』木鐸社。

清水美和（2011）「対外強硬姿勢の国内政治―「中国人の夢」から「中国の夢」へ」国分良成編『中国は，いま』岩波新書：1-18。

末廣昭（1998）「開発主義とは何か」東京大学社会科学研究所編『20世紀システム　4　開発主義』東京大学出版会：1-10。

鈴木隆（2012）『中国共産党の支配と権力―党と新興の社会経済エリート』慶應義塾大学出版会。

鈴木隆・田中周（2013）『転換期中国の政治と社会集団』国際書院。

諏訪一幸（2004）「中国共産党の幹部管理政策―『党政幹部』と非共産党組織」『アジア研究』第50巻第2号：107-125。

世界銀行（白鳥正喜監訳）（1994）『東アジアの奇跡』東洋経済新報社。

西茹（2008）『中国の経済体制改革とメディア』集広社。

高橋祐三（2004）「第4章　民主諸党派・人民政治協商会議・人民代表大会―党外政治ファクターの再検証」国分良成編『現代東アジアと日本　2　中国政治と東アジア』慶應義塾大学出版会。

高橋祐三（2006）「中国共産党」国分良成編『中国の統治能力―政治・経済・外交の相互連関分析』慶應義塾大学出版会：21-34。

武川正吾（2010）「方法としての東アジア：ポスト・オリエンタリズムの時代の社会政策研究」金成垣編『現代の比較福祉国家論：東アジア発の新しい理論構築に向けて』ミネルヴァ書房：485-513。

田島英一（2007）「中国の国家－社会関係とキリスト教」愛知大学現代中国学会編『中国21』第28号：215-232。

田中修（2011）「岐路に立つ中国経済─発展パターンの転換は可能か」国分良成編『中国は，いま』岩波新書：153-172。

中国環境問題取材班（2007）『中国環境報告─苦悩する大地は甦るか　増補改訂版』日中出版。

趙宏偉（2000）「省党委員会書記の権力」天児慧編『現代中国の構造変動　4　政治─中央と地方の構図』東京大学出版会：133-165。

陳立行（2000）「中国都市における地域社会の実像─『単位』社会から『社区』社会への転換」菱田雅晴編『現代中国の構造変動　5　社会－国家との共棲関係』東京大学出版会：137-164。

陳暁嫻（2008）「中国の『福祉の社会化』について─高齢者サービスの多元化と民営化の政策射程」『人間科学共生社会学』第6号：13-28。

辻中豊（1988）『利益集団』東京大学出版会。（中国語版：（郝玉珍訳）（1989）『利益集団』経済日報出版社。台湾版：（陳水逢訳）（1990）『日本利益集団』中日文教基金会。）

辻中豊（1994）「国内政治構造と外国ロビー──日本における対相手国ロビーの比較分析」『レヴァイアサン』第14号：7-27。

辻中豊編（2002）『現代日本の市民社会・利益団体』木鐸社。

辻中豊（2006）「比較のなかの中国『市民社会』組織─市民社会組織調査（JIGS）六ヵ国国際比較に基づいて」『社会学雑誌』第23号：197-215。

辻中豊編（2008）『団体の基礎構造に関する調査（中国）── C-JIGS コードブック』筑波大学。

辻中豊編（2009）『現代中国を中心とした利益団体および市民社会組織の比較実証的研究』平成12年度～平成15年度科学研究費補助金研究成果報告書，筑波大学。

辻中豊（2012）『政治学入門─公的決定の構造・アクター・状況』放送大学教育振興協会。

辻中豊編（2013a）『第二次団体の基礎構造に関する調査（中国・民弁非企業単位調査）コードブック』筑波大学。

辻中豊編（2013b）『第二次団体の基礎構造に関する調査（中国・基金会）コードブック』筑波大学。

辻中豊編（2013c）『第二次団体の基礎構造に関する調査（中国・社会団体）コードブック』筑波大学。

辻中豊・伊藤修一郎編（2010）『ローカル・ガバナンス─地方政府と市民社会』木

鐸社。
辻中豊・坂本治也・山本英弘編（2012）『現代日本のNPO政治―市民社会の新局面』木鐸社。
辻中豊・崔宰栄・久保慶明（2010）「日本の団体分布とリソース―国家間比較と国内地域間比較から」辻中豊・森裕城編『現代社会集団の政治機能―利益団体と市民社会』木鐸社：65-89。
辻中豊・森裕城（2010）「本書の課題と構成」辻中豊・森裕城編『現代社会集団の政治機能―利益団体と市民社会』木鐸社：15-32。
辻中豊編（2010）『現代社会集団の政治機能―利益団体と市民社会』木鐸社。
辻中豊・廉載鎬（2004）『現代韓国の市民社会・利益団体―日韓比較による体制移行の研究』木鐸社。
辻中豊・ロバート・ペッカネン・山本英弘（2009）『現代日本の自治会・町内会―第1回全国調査に見る自治力・ネットワーク・ガバナンス』木鐸社。
土屋光芳（2005）『中国と台湾の民主化の試み』人間の科学新社。
デュヴェルジェ，M.（深瀬忠一・樋口陽一訳）（1968）『社会科学の諸方法』勁草書房。
東京大学社会科学研究所編（1998）『20世紀システム4　開発主義』東京大学出版会。
唐亮（1997）『現代中国の党政関係』慶應義塾大学出版会。
唐亮（2001）『変貌する中国政治―漸進路線と民主化』東京大学出版会。
唐亮（2011）「改革開放時代の中国政治をどう捉えるか―開発独裁モデルと近代化」国分良成編『中国は、いま』岩波新書：19-46。
唐亮（2012a）『現代中国の政治―「開発独裁」とそのゆくえ』岩波書店。
唐亮（2012b）「中国モデル―理念の普遍性と手段の有効性をどう見るか？」毛里和子・園田茂人編『中国問題　キーワードで読み解く』東京大学出版会。
中岡まり（2011）「中国地方人民代表大会選挙における『民主化』と限界―自薦候補と共産党のコントロール」『アジア研究』第57巻第2号：1-18。
中兼和津次（2010）『体制移行の政治経済学―なぜ社会主義国は資本主義に向かって脱走するのか』名古屋大学出版会。
長田洋司（2008）「中国都市部における社区建設の取組みと高齢者への対応」首藤昭和・落合恵美子・小林一穂編著『分岐する現代中国家族―個人と家族の再編成』明石書店：215-253。
西村成雄・国分良成（2009）『党と国家―政治体制の軌跡（叢書　中国的問題群1）』岩波書店。
日本比較政治学会編（2005）『日本政治を比較する』早稲田大学出版部。
任哲（2012）『中国の土地政治―中央の政策と地方政府』勁草書房。
朴仁京（2012）「韓国の市民社会組織―韓国JIGS調査を用いた分析」辻中豊・朴仁京編『現代韓国の市民社会・利益団体再論：第二次調査（2008-2009）データに

基づいて』筑波大学人文社会科学研究科国際比較日本研究センター：1 −42。

朴仁京・辻中豊（2013）『現代韓国の市民社会・利益団体　再論─第二次日韓社会団体調査データの比較に基づいて』筑波大学人文社会科学研究科国際比較日本研究センター（CAJSモノグラフシリーズNo.3）。

ハンチントン，サミュエル（内山秀夫訳）（1972）『変革期社会の政治秩序（上巻）（下巻）』サイマル出版会。

菱田雅晴編（2000）『現代中国の構造変動5　社会−国家との共棲関係』東京大学出版会。

菱田雅晴編（2010）『中国基層からのガバナンス』法政大学出版局。

菱田雅晴編（2012）『中国共産党のサバイバル戦略』三和書籍。

広瀬崇子（2001）「インドにおける民主主義の発展」広瀬崇子編『10億人の民主主義─インド全州，全政党の解剖と第13回連邦下院選挙』御茶の水書房：5 −22。

フォリヤンティ＝ヨスト，ゲジーネ（坪郷實訳）（2000）「環境政策の成功の条件─環境保護における日本の先駆者的役割の興隆と終焉」『レヴァイアサン』第27号：35−48。

ペストフ，ビクター・A．（藤田暁男・川口清史・石塚秀雄・北島健一・的場信樹訳）（2000）『福祉社会と市民民主主義─協同組合と社会的企業の役割』日本経済評論社。

ベル，ダニエル（内田忠夫ほか訳）（1975）『脱工業化社会の到来─社会予測の一つの試み（上）（下）』ダイヤモンド社。

堀井伸浩（2004）「石炭と大気汚染問題」中国環境問題研究会編『中国環境ハンドブック─2005−2006年版』蒼蒼社：89−98。

松本はる香・實劍久俊（2012）「政権移行期の激しい権力闘争と経済成長の減速─2012年の中国」『アジア動向年報』アジア経済研究所：100−127。

村松岐夫・伊藤光利・辻中豊（1986）「影響力の構造」村松岐夫・伊藤光利・辻中豊編『戦後日本の圧力団体』東洋経済新報社。

毛里和子（2007）「総論『東アジア共同体』を設計する─現代アジア学へのチャレンジ」山本武彦・天児慧編『東アジア共同体の構築1─新たな地域形成』岩波書店。

毛里和子（2012a）『現代中国政治　第3版─グローバル・パワーの肖像』名古屋大学出版会。

毛里和子（2012b）「陳情政治」毛里和子・松戸庸子編著『陳情─中国社会の底辺から』東方書店：1 −22。

毛里和子（2012c）「おわりに　台頭中国をどう捉えるか」毛里和子・園田茂人編『中国問題　キーワードで読み解く』東京大学出版会：313−333。

横山英（1985）『中国の近代化と地方政治』勁草書房。

山本英弘（2010）「利益団体のロビイング─3つのルートと政治的機会構造」辻中

豊・森裕城編『現代社会集団の政治機能―利益団体と市民社会』木鐸社：215-236。

レームブルッフ，G.・P.，シュミッター編（山口定監訳）(1986)『現代コーポラティズム（Ⅱ）―先進諸国の比較分析』木鐸社。

李妍焱編著 (2008)『台頭する中国の草の根NGO―市民社会への道を探る』恒星社厚生閣。

李妍焱 (2012)『中国の市民社会―動き出す草の根NGO』岩波書店。

李蓮花 (2010)「福祉国家形成の期間説と東アジア比較の可能性」金成垣編『現代の比較福祉国家論：東アジア発の新しい理論構築に向けて』ミネルヴァ書房：445-458。

渡辺浩平 (2008)『変わる中国，変わるメディア』講談社。

ワンク，デイヴィッド・L (2000)「仏教再興の政治学」菱田雅晴編『現代中国の構造変動5　社会－国家との共棲関係』東京大学出版会：275-304。

英文（アルファベット順）

Abdoolcarim, Zoher (2013) "Foreseeing Red: Lee Kuan Yew on China," *Time* 181(4): 30-32.

Allison, Graham, and Robert D. Blackwill with Ali Wyne (2013) *Lee Kuan Yew: The Grand Master's Insights on China, the United States, and the World*, Boston: The MIT Press.

Almond, Gabriel A., G. Bingham Powell, Jr., Russell J. Dalton, and Kaare Strom. (2008) *Comparative Politics Today: A World View (9th Edition)*, New York: Harper Collins.

Baron, Stephen, John Field, and Tom Schuller. eds. (2001) *Social Capital: Critical Perspectives*, Oxford: Oxford University Press.

Bell, Daniel (1973) *The Coming of Post-Industrial Society: A Venture in Social Forecasting*, New York: Basic Book.

Benjamin L. Read (2003) "Democratizing the Neighborhood? New Private Housing and Home-Owner Self-Organization in Urban China," *The China Journal*, No.49, January, p.33.

Benjamin L. Read (2007) "Inadvertent Political Reform via Private Associations: Assessing Homeowners' Groups in New Neighborhoods," Perry, Elizabeth J. and Merle Goldman eds., *Grassroots Political Reform in Contemporary China*, Harvard University Press, Cambridge, Massachusetts, London, England, pp.149-173.

Breslin, Shaun (2010) "Democratizing One-Party Rule in China," in Peter Burnell and Richard Youngs, eds. *New Challenges to Democratization*, New York: Routledge.

Brodsgaard, Kjeld Erik (2002) "Institutional Reform and the Bianzhi System in China," *The China Quarterly* 170: 361-386.

Brook, Timothy, and B. Michael Frolic. eds. (1997) *Civil Society in China*, Armonk: M.E. Sharpe.

Cai, Yongshun (2002) "The Resistance of Chinese Laid-off Workers in the Reform Period," *The China Quarterly* 170: 327-344.

Cai, Yongshun (2008) "Social Conflicts and Modes of Action in China," *The China Quarterly* 59: 89-109.

Callahan, William A. (2013) *China Dreams: 20 Visions of the Future*, Oxford: Oxford University Press.

Carey, John M., and Matthew Soberg Shugart. (1995) "Incentives to Cultivate a Personal Vote: A Rank Ordering of Electoral Formulas," *Electoral Studies* 14(4): 417-439.

Cavatorta, Francesco. ed. (2013) *Civil Society Activism under Authoritarian Rule: A Comparative Perspective*, London: Routledge.

Chan, Anita (1993) "Revolution or Corporatism? Workers and Trade Unions in Post-Mao China," *The Australian Journal of Chinese Affairs* 29: 31-61.

Chen, Feng (2003) "Between the State and Labor: The Conflict of Chinese Trade Unions' Double Identity in Market Reform," *The China Quarterly* 176: 1006-1028.

Cheng, Li (2012) "The End of the CCP's Resilient Authoritarianism? A Tripartite Assessment of Shifting Power in China," *The China Quarterly* 211: 593-623.

Cheng, Tun-jen, and Gang Lin (2008) "Competitive Elections," in Bruce Gilley and Larry Diamond. eds. *Political Change in China: Comparisons with Taiwan*, Boulder: Lynne Rienner Publishers.

Cho, Young Nam (2008) *Local People's Congresses in China: Development and Transition*, New York: Cambridge University Press.

Chu, Yun-han (2013) "China and the Taiwan Factor," in Larry Diamond, Marc F. Plattner, and Yun-han Chu. eds. *Democracy in East Asia: A New Century*, Baltimore: The Johns Hopkins University Press.

Diamond, Larry (1999) *Developing Democracy toward Consolidation*, Baltimore: The Johns Hopkins University Press.

Diamond, Larry (2008) "Why China's Democratic Transition Will Differ from Taiwan's," in Bruce Gilley and Larry Diamond. eds. *Political Change in China: Comparisons with Taiwan*, Boulder: Lynne Rienner Publishers.

Diamond, Larry, Marc F. Plattner, and Yun-han Chu. eds. (2013) *Democracy in East Asia: A New Century*, Baltimore: The Johns Hopkins University Press.

Dickson, Bruce J. (2008) *Wealth into Power: The Communist Party's Embrace of China's Private Sector*, New York: Cambridge University Press.

Ehrenberg, John (1999) *Civil Society: The Critical History of An Idea*, New York: New York University Press.

Esping-Andersen, Gosta (1999) *Social Foundation of Postindustrial Economies*, Oxford: Oxford University Press.

Evans, Peter B. (1995) *Embedded Autonomy: States and Industrial Transformation*, Princeton: Princeton University Press.

Evans, Peter B. ed. (1997) *State-Society Synergy: Government and Social Capital in Development*, Berkeley: University of California at Berkeley, International and Area Studies Publications.

Fewsmith, Joseph (1985) *Party, State, and Local Elites in Republican China: Merchant Organizations and Politics in Shanghai, 1890-1930*, Honolulu: University of Hawaii Press.

Fewsmith, Joseph (2013) *The Logic and Limits of Political Reform in China*, New York: Cambridge University Press.

Florini, Ann, Hairong Lai, and Yeling Tan (2012) *China Experiments: From Local Innovations to National Reform*, Washington D.C.: Brookings Institution Press.

Flower, John, and Pamela Leonard (1996) "Community Values and State Civil Society in the Sichuan Countryside," in Chris Hann and Elizabeth Dunn. eds. *Civil Society: Challenging Western Models*, New York: Routledge.

Foster, Kenneth W. (2001) "Associations in the Embrace of an Authoritarian State: State Domination of Society?" *Studies in Comparative International Development* 35(4): 84-109.

Foster, Kenneth W. (2003) *State-Created Associations: The Emergence of Business Associations in Contemporary China*, Ph. D. Dissertation submitted to the University of California, Berkeley.

Fu, Hualing, and Richard Cullen (2008) "Weiquan (Rights Protection) Lawyering in an Authoritarian State: Building a Culture of Public-Interest Lawyering," *The China Quarterly* 59: 111-127.

Gilley, Bruce (2003) "The Limits of Authoritarian Resilience," *Journal of Democracy* 14(1): 18-26.

Gilley, Bruce (2008a) "Comparing and Rethinking Political Change in China and Taiwan," in Bruce Gilley and Larry Diamond. eds. *Political Change in China: Comparisons with Taiwan*, Boulder: Lynne Rienner Publishers.

Gilley, Bruce (2008b) "Taiwan's Democratic Transition: A Model for China?" in Bruce Gilley and Larry Diamond. eds. *Political Change in China: Comparisons with Taiwan*, Boulder: Lynne Rienner Publishers.

Gilley, Bruce, and Larry Diamond. eds. (2008) *Political Change in China: Comparisons with Taiwan*, Boulder: Lynne Rienner Publishers.

Hagopian, Frances, and Timothy J. Power (2012) "Politics in Brazil," in G. Bingham

Powell, Jr., Russell J. Dalton, and Kaare Strøm. eds. *Comparative Politics Today: A World View (Tenth Edition)*, Glenview: Pierson.

Hamrin, Carol Lee, and Suisheng Zhao. eds. (1995) *Decision-Making in Deng's China: Perspectives from Insiders*, Armonk: M.E. Sharpe.

Hansmann H. (1980) "The role of nonprofit enterprise," *Yale Law Journal*. 89(3).

He, Baogang (1997) *The Democratic Implications of Civil Society in China*, New York: Palgrave Macmillan.

Hee S. J. (2006) *Contracting out Local Government Services to Nonprofit Organizations*. The Florida State University.

Hishida, Masaharu, Kazuko Kojima, Tomoaki Ishii, and Jian Qiao (2010) *China's Trade Unions: How Autonomous Are They?* Abingdon, Oxon, UK: Routledge.

Ho, Peter, and Richard Louis Edmonds. eds. (2008) *China's Embedded Activism: Opportunities and Constraints of Social Movement*, New York: Routledge（中国語版：李嬋娟訳（2012）『嵌入式行動主義在中国—社会運動的機遇与約束』北京：社会科学文献出版社）.

Howell, Jude (2011) "Civil Society in China," in Michael Edwards. ed. *Civil Society*, Oxford: Oxford University Press.

Hrebenar, Ronald J., and Ruth K. Scott (1982) *Interest Group Politics in America*, Englewood Cliffs, N.J.: Prentice Hall.

Huang, Yasheng (2013) "Democratize or Die: Why China's Communists Face Reform or Revolution," *Foreign Affairs* 92(1): 47-54.

Hughes, Christopher R. (2006) *Chinese Nationalism in the Global Era*, London: Routledge.

Inglehart, Ronald, and Christian Welzel (2005) *Modernization, Cultural Change, and Democracy: The Human Development Sequence*, New York: Cambridge University Press.

Ishio, Yoshito (1999) "Interest Groups' Lobbying Tactics in Japan and in the US: The Influence of Political Structures and Conflict on Tactical Choices," *Southeastern Political Review* 27: 243-264.

Janoski, Thomas (1998) *Citizenship and Civil Society: A Framework of Rights & Obligations in Liberal, Traditional, and Social Democratic Regimes*. Cambridge: Cambridge University Press.

Katzenstein, Peter J., and Yutaka Tsujinaka (1995) "'Bullying,' 'Buying,' and 'Binding': US-Japanese Transnational Relations and Domestic Structures," in Thomas Risse-Kappen. ed. *Bringing Transnational Relations Back In: Non-State Actors, Domestic Structures and International Institutions*, Cambridge: Cambridge University Press.

Kennedy, Scott (2005) *The Business of Lobbying in China*, Cambridge, MA: Harvard University Press.

Kevin J, O'Brien. and Lianjiang Li (2006) *Rightful Resistance in Rural China*, New York: Cambridge University Press.

Kevin J, O'Brien. ed. (2008) *Popular Protest in China*, Cambridge, MA: Harvard University Press.

Kojima, Kazuko, Jae-Young Choe, Takafumi Ohtomo, and Yutaka Tsujinaka (2012) "The Corporatist System and Social Organizations in China," *Management and Organization Review* 8(3): 609-628.

Kollman, Ken (1998) *Outside Lobbying: Public Opinion and Interest Group Strategies*, Princeton: Princeton University Press.

Kondo, Edson Kenji, and Yutaka Tsujinaka. eds. (2007) *Cross-National Survey on Civil Society Organizations and Interest Groups (Brazil)*. University of Tsukuba.

Landry, Pierre F. (2008) *Decentralized Authoritarianism in China: The Communist Party's Control of Local Elites in the Post-Mao Era*, New York: Cambridge University Press.

Levitsky, Steven, and Lucian A. Way (2010) *Competitive Authoritarianism: Hybrid Regimes after the Cold War*, New York: Cambridge University Press.

Li, Eric X. (2013) "The Life of the Party: The Post-Democratic Future Begins in China," *Foreign Affairs* 92(1): 34-46.

Lieberthal, Kenneth G., and David M. Lampton. eds. (1992) *Bureaucracy, Politics, and Decision Making in Post-Mao China*, Berkeley: University of California Press.

Lindau, Juan D., and Timothy Cheek. eds. (1998) *Market Economics and Political Change: Comparing China and Mexico*, Lanham, MD: Rowman and Littlefield Publishers.

Linz, Juan J., and Alfred Stepan (1996) *Problems of Democratic Transitions and Consolidation: Southern Europe, South America, and Post-Communist Europe*, Baltimore: The Johns Hopkins University Press.

Lipset, Seymour Martin (1959) "Some Social Requisites of Democracy: Economic Development and Political Legitimacy," *The American Political Science Review* 53(1): 69-105.

Lu, Yiyi (2007) "The Autonomy of Chinese NGOs: A New Perspective," *China: An International Journal* 5(2): 173-203.

Lu, Yiyi (2009) *Non-Governmental Organizations in China: The Rise of Dependent Autonomy*, New York: Routledge.

Ma, Qiusha (2002) "Defining Chinese Nongovernmental Organizations," *Voluntas: International Journal of Voluntary and Nonprofit Organizations* 13(2): 113-130.

Ma, Qiusha (2006) *Non-Governmental Organizations in Contemporary China: Paving the*

Way to Civil Society?, New York: Routledge.

Madsen, Richard (2008) "Religion and the Emergence of Civil Society," in Bruce Gilley and Larry Diamond. eds. *Political Change in China: Comparisons with Taiwan*, Boulder: Lynne Rienner Publishers.

Manion, Melanie (2008) "When Communist Party Candidates Can Lose, Who Wins? Assessing the Role of Local People's Congresses in the Selection of Leaders in China," *The China Quarterly* 1951: 607-630.

Mann, Michael (2003) *Incoherent Empire*, London: Verso.

Marshall, Monty G., and Benjamin R. Cole (2011) Global Report 2011: Conflict, Governance, and State Fragility, Vienna, VA: Center for Systemic Peace. (http://www.systemicpeace.org/GlobalReport2011.pdf)

Meyer, John., John Boli, George Thomas, and Francisco Ramirez (1997) "World Society and the Nation-State," *American Journal of Sociology*, 103(1): 144-181.

Mitra, Subrata K. (2012) "Politics in India," in G. Bingham Powell, Jr., Russell J. Dalton, and Kaare Strøm. eds. *Comparative Politics Today: A World View (Tenth Edition)*, Glenview: Pierson.

Moseley, Mason, and Matthew Layton (2013) "Prosperity and Protest in Brazil: The Wave of the Future for Latin America?" *Americas Barometer Insights* 93, Vanderbilt University.

Muller, Edward N., and Mitchell A. Seligson (1994) "Civic Culture and Democracy: The Question of Causal Relationships," *American Political Science Review* 88(3): 635-652.

Nathan, Andrew J. (2003) "China's Changing of the Guard: Authoritarian Resilience," *Journal of Democracy* 14(1): 6-17.

Nathan, Andrew J. (2006) "Present at the Stagnation: Is China's Development Stalled?" *Foreign Affairs* 85(4): 177-182.

Nathan, Andrew J., Larry Diamond, and Mac F. Plattner. eds. (2013) *Will China Democratize?*, Baltimore: The Johns Hopkins University Press.

O'Donnell, Guillermo (1973) *Modernization and Bureaucratic-Authoritarianism: Studies in South American Politics*, Berkeley: University of California Press.

O'Donnell, Guillermo, and Philippe C. Schmitter (1986) *Transitions from Authoritarian Rule*, London: The Johns Hopkins Press（真柄秀子・井戸正伸訳．1986．『民主化の比較政治学——権威主義支配以後の政治世界』未来社）．

Oliva, Jaime, and Aline Khoury (2013) "Renewal of Democracy in Brazil's Protests," *Economic & Political Weekly* 48(30): 12-15.

Olson, Mancur (1965) *The Logic of Collective Action: Public Goods and the Theory of Groups*, Cambridge: Harvard University Press（依田博・森脇俊雅訳．1983．『集合行為論——公共財と集団理論』ミネルヴァ書房）．

O'Neill, Jim (2001) "Building Better Global Economic BRICs," *Global Economic Paper* No.66, Goldman Sachs.

Parris, Kristin (1993) "Local Initiative and National Reform: The Wenzhou Model of Development," *The China Quarterly* 134: 242-263.

Pearson, Margaret M. (1997) *China's New Business Elite: The Political Consequences of Economic Reform*, Berkeley: University of California Press.

Pei, Minxin (1998) "Chinese Civic Associations: An Empirical Analysis," *Modern China* 24(3): 285-318.

Pei, Minxin (2013) "Is CCP Rule Fragile or Resilient?" in Larry Diamond, Marc F. Plattner, and Yun-han Chu. eds. *Democracy in East Asia: A New Century*, Baltimore: The Johns Hopkins University Press.

Pevehouse, Jon C. (2005) *Democracy from Above: Regional Organizations and Democratization*, New York: Cambridge University Press.

Powell, Fred. (2013) *The Politics of Civil Society: Big Society and Small Government (2nd edition)*, Bristol: The Polity Press.

Polany, Karl (1944) *The Great Transformation: The Political and Economic Origins of Our Time*, Boston: Beacon Press（吉沢英成・野口建彦・長尾史郎・杉村芳美訳. 1975.『大転換―市場社会の形成と崩壊』東洋経済新報社）.

Przeworski, Adam, and Henry Teune (1970) *The Logic of Comparative Social Inquiry*, New York: Wiley-Interscience.

Przeworski, Adam, Michael E. Alvarez, José Antonio Cheibub, and Fernando Limongi (2000) *Democracy and Development: Political Institutions and Well-Being in the World, 1950-1990*, Cambridge: Cambridge University Press.

Putnam, Robert (1993) *Making Democracy Work: Civic Traditions in Modern Italy*, Princeton: Princeton University Press.

Read, Benjamin L. (2003) "Democratizing the Neighborhood? New Private Housing and Home-Owner Self-Organization in Urban China," *The China Journal* 49: 31-59.

Read, Benjamin L. (2007) "Inadvertent Political Reform via Private Associations: Assessing Homeowners' Groups in New Neighborhoods," in Elizabeth J. Perry and Merle Goldman. eds. *Grassroots Political Reform in Contemporary China*, Cambridge, MA: Harvard University Press.

Ronsenbaum, Arthur Lewis. ed. (1992) *State and Society in China: The Consequences of Reform*, Boulder: Westview Press.

Rowe, William T. (1984) *Hankow: Commerce and Society in a Chinese City, 1796-1889*, Stanford: Stanford University Press.

Ru, Jiang, and Leonard Ortolano (2009) "Development of Citizen-Organized Environmental NGOs in China," *Voluntas: International Journal of Voluntary and Nonprofit Or-

ganizations 20(2): 141-168.

Saich, Tony (1994) "The Search for Civil Society and Democracy in China," *Current History* 93(584): 260-264.

Saich, Tony (2000) "Negotiating the State: The Development of Social Organizations in China," *The China Quarterly* 161: 124-141.

Salamon, Lester M. (1994) "The Rise of the Nonprofit Sector," *Foreign Affairs* 73(4): 109-122.

Salamon, Lester M., and Helmut K. Anheier. (1997) "Toward a Common Definition," in Lester M. Salamon and Helmut K. Anheier. eds. *Defining the Nonprofit Sector: A Cross-national Analysis*, Manchester: Manchester University Press.

Samuels, David (2003) *Ambition, Federalism, and Legislative Politics in Brazil*, New York: Cambridge University Press.

Schedler, Andreas (1999) "Conceptualizing Accountability," in Andreas Schedler, Larry Diamond, and Marc F. Plattner. eds. *The Self-Restraining State: Power and Accountability in New Democracies*, Boulder: Lynne Rienner.

Schlozman, Kay Lehman, and John T. Tierney (1986) *Organized Interests and American Democracy*, New York: Harper & Row.

Schwartz, Frank, and Susan Pharr. eds. (2003) *The State of Civil Society in Japan*, Cambridge: Cambridge University Press.

Shapiro, Judith (2012) *China's Environmental Challenges*, Malden: Polity Press.

Shelley, Becky (2000) "Political Globalization and the Politics of International Non-governmental Organizations: The Case of Village Democracy in China," *Australian Journal of Political Science* 35(2): 225-238.

Slim, Hugo (2002) "By What Authority? The Legitimacy and Accountability of Non-governmental Organizations," Prepared for the delivery at the International Council on Human Rights Policy International Meeting on Global Trends and Human Rights: Before and After September 11, Geneva, January 10-12, 2002.

Solinger, Dorothy J. (2008) "Business Groups: For or Against the Regime?," in Bruce Gilley and Larry Diamond. eds. *Political Change in China: Comparisons with Taiwan*, Boulder: Lynne Rienner Publishers.

Tarrow, Sidney G. (1998) *Power in Movement: Social Movements and Contentious Politics*, New York: Cambridge University Press（大畑裕嗣監訳．2006．『社会運動の力——集合行為の比較社会学』彩流社）．

Tang Wenfang. (2005) *Public Opinion and Political Change in China*, Palo Alto: Stanford University Press（中国語版：胡贛棟・張東鋒訳（2008）『中国民意与公民社会』広州：中山大学出版社）．

Teets, Jessica C. (2013) "Let Many Civil Societies Bloom: The Rise of Consultative

Authoritarianism in China," *The China Quarterly* 213: 19-38.
Thomas, Clive S. ed. (1993) *First World Interest Groups: A Comparative Perspective*, London: Greenwood Press.
Thompson, Mark R. (2001) "To Shoot or Not to Shoot: Posttotalitarianism in China and Eastern Europe," *Comparative Politics* 34(1): 63-83.
Tsujinaka, Yutaka (2010) "Civil Society and Social Capital in Japan," in Helmut K. Anheier and Stefan Toepler. eds. *International Encyclopedia of Civil Society*, New York: Springer Science+Business Media.
Tusalem, Rollin F. (2007) "A Boon or a Bane? The Role of Civil Society in Third- and Fourth-Wave Democracies," *International Political Science Review* 28(3): 361-386.
Unger, Jonathan. ed. (2008) *Associations and the Chinese State: Contested Spaces*, New York: M. E. Sharpe.
Walker, Jack L. (1991) *Mobilizing Interest Groups in America: Patrons, Professionals, and Social Movements*, Ann Arbor: University of Michigan Press.
Weiss, Linda, and John M. Hobson (1995) *States and Economic Development: A Comparative Historical Analysis*, Cambridge: Polity Press.
White, Gordon, Jude Howell and Shang Xiaoyuan (1996) *In Search of Civil Society: Market Reform and Social Change in Contemporary China*, Oxford: Clarendon Press.
Wilensky, Harold L. (1975) *The Welfare State and Equality: Structural and Ideological Roots of Public Expenditures*, Berkeley: University of California Press.
WHO (World Health Organization) and China State Council Development Research Centre (DRC) (2005) *China: Health, Poverty and Economic Development*, Beijing: WHO & DRC.
World Bank (1993) *The East Asian Miracle: Economic Growth and Public Policy*, New York: Oxford University Press.
Xia, Ming (2007) *The People's Congresses and Governance in China: Toward a Network Mode of Governance*, London: Routledge.
Yang, Guobin (2005) "Environmental NGOs and Institutional Dynamics in China," *The China Quarterly* 181: 46-66.
Yang, Mayfair Mei-hui (1989) "Between State and Society: The Construction of Corporateness in a Chinese Socialist Factory," *The Australian Journal of Chinese Affairs*, 22: 31-60.
Zhao, Xiumei (2002) "From Indifference to Cooperation: A Study of the Relationship between the Government and NGOs in China's Green Olympic Bid Campaign," *The Nonprofit Review*, 2(2): 73-82.
Zheng, Yongnian (2004) *Will China Become Democratic? Elite, Class, and Regime Transition*. Singapore: Eastern University Press.

中国語文（ピンイン順＝ローマ字表記で abc 順）

北京大学公民社会研究中心編（2005）『転型期中国公民社会発展研究報告—以北京，浙江和黒龍江三省社会団体調査為中心会議論文集』北京：北京大学公民社会与非営利組織研究中心。

北京大学公民社会研究中心編（2010）（2011）『中国公民社会組織基本状況調査抽様設計方案』北京：北京大学公民社会研究中心。

陳桂生・張霄星編著（2009）『准政府組織管理』北京：人民出版社。

陳晋勝（2004）『群体性事件研究報告』北京：群衆出版社。

陳剰勇・汪錦軍・馬斌（2004）『組織化，自主治理与民主—浙江温州民間商会研究』北京：中国社会科学出版社。

陳水生（2012）『中国公共政策過程中利益集団的行動邏輯』上海：復旦大学出版社。

陳為雷（2013）「従関係研究到行動策略研究—近年来我国的非営利組織研究」『社会学研究』（第1期），228－240。

陳振明（1999）『政治学』北京：中国社会科学出版社。

程浩・黄衛平・汪永成（2003）「中国社会利益集団研究」『戦略与管理』（第4期），63－74。

褚松燕（2007）『権利発展与公民参与—我国公民資格権利発展与有序参与研究』北京：中国法制出版社。

クーパー，フィリップ（Cooper, Philip J.）（2007）『合同制治理—公共管理者面臨的挑戦与機遇』上海：復旦大学出版社。

鄧国勝（2008）「民非的現状，特質与作用」高丙中・袁瑞軍編著『中国公民社会発展藍皮書』北京：北京大学出版社，233－249。

鄧正来（2008）『国家与社会—中国市民社会研究』北京：北京大学出版社。

鄧正来・丁軼（2012）「監護下控制邏輯下的有効治理—対近三十年国家社団管理政策演変的考察」『学術界』（第3期），5－26，257－265。

董王芳（2007）『民生新聞研究』山西大学修士論文。

方藍（2009）「従掲露者到建設者—『南方週末』的角色転換」『青年記者』（8月号下），74－75。

方藍（2010）『転型社会中的"文本転型"—『南方週末』的頭版頭条分析（1983－2009）』安徽大学修士論文。

高丙中（2000）「社会団体的合法性問題」『中国社会科学』（第2期），100－119，207。

高丙中（2008a）『民間文化与公民社会—中国現代歴程的文化研究』北京：北京大学出版社。

高丙中・袁瑞軍編（2008b）『中国公民社会発展藍皮書』北京：北京大学出版社。

龔咏梅（2007）『社団与政府的関係—蘇州個案研究』北京：社会科学文献出版社。

ホワイト，ゴードン（White, Gordon）（2000）「公民社会，民主化和発展：廓清分析

的範囲」，何増科編『公民社会与第三部門』，北京：社会科学文献出版社。
顧昕（2008）「事業単位的主導性与中国公民社会発展的結構性制約」高丙中・袁瑞軍編著『中国公民社会発展籃皮書』北京：北京大学出版社，79-100。
韓福国（2006）『民営経済制度変遷中的工商聯—組織的双重代理』北京：経済科学出版社。
何建宇・王紹光（2008）「中国式的社団革命—対社団全景図的定量描述」高丙中・袁瑞軍編著『中国公民社会発展藍皮書』北京：北京大学出版社，133-163。
洪兵（2004）『転型社会中的新聞生産—『南方週末』個案研究（1983-2001）』復旦大学博士論文。
胡敏（2004）『境外公益性民間組織在華発展状況調研報告』清華大学修士論文。
黄孟復・張龍之・王以銘（2004）『中国商会発展報告（1）』北京：社会科学文献出版社。
黄昇民・周艶編（2003）『中国伝媒市場大変革』北京：中信出版社。
黄暁勇編著（2008）『中国民間組織報告（2008）』北京：社会科学文献出版社。
黄暁勇編著（2009）『中国民間組織報告（2009-2010）』北京：社会科学文献出版社。
黄暁勇・蔡礼強「中国民間組織発展歩入全面突破階段」黄暁勇編著（2012）『中国民間組織報告（2011-2012）』北京：社会科学文献出版社，1-57。
賈西津・沈恒超・胡文安（2004）『転型時期的行業協会—角色，功能与管理体制』北京：社会科学文献出版社。
賈西津（2005）『第三次革命—中国非営利部門戦略研究』北京：清華大学出版社。
賈西津（2008）『中国公民参与—案例与模式』北京：社会科学文献出版社。
姜紅・許超衆（2008）「従"闘士"到"智者"：輿論監督的話語転型—新世紀以来『南方週末』文本分析」『新聞与伝播評論』，157-164。
金錦萍・劉培峰（2012）『転型社会中的民弁非企業単位』北京：社会科学文献出版社。
景朝陽編著（2011）『民弁非企業単位導論』北京：中国社会出版社。
康暁光（1998）『権力的転移—転型時期中国権力格局的変遷』杭州：浙江人民出版社。
康暁光・韓恒（2005）「分類控制—当前中国大陸国家与社会関係研究」『社会学研究』（第6期），73-89。
雷収麦・李偉中・葉研・賈永（1987）「従災害報道到更深層次的思考」『新聞実践』（第8期），7-9。
雷弢（2009）『参与的邏輯—北京選民選挙心態与参与行為追蹤研究』香港：晨鐘書局。
李凡（1998）『静悄悄的革命—中国当代市民社会』香港：明鏡出版社。
李凡（2008）『中国民主的前沿探索—中国民主発展的実践，理論，路径和戦略』北京：世界与中国研究所。
李国武・李璐（2011）「社会需求，資源供給，制度変遷与民間組織発展—基于中国省級経験的実証研究」『社会』（第31巻），74-102。

李景鵬（1999）「中国現段階社会団体状況分析」『唯実』（第8‐9期），48-52。
李舒・胡正栄（2004）「"民生新聞"現象探析」『中国広播電視学刊』（第6期），33-36。
李文釗・董克用（2010）「中国事業単位改革―理念与政策建議」『中国人民大学学報』（第5期），134-142。
李曉東（2010）『中国貪腐醜聞的媒介呈現与新聞生産研究』浙江大学博士学位論文。
李小勤（2005）『伝媒越軌在中国―以『南方週末』為例』香港浸会大学博士学位論文。
李小勤（2006）「中国伝媒対"他者"的再現―『南方週末』的農民工報道之内容分析（1984-2002年）」中国伝播学論壇論文。
李熠煜（2006）『関係与信任―中国郷村民間組織実証研究』北京：中国書籍出版社。
李勇（2010）「第三章　教育類民弁非企業単位的発展」呉玉章・謝海定・劉培峰編著『中国民間組織大事記（1978‐2008）』北京：社会科学文献出版社，80-125。
劉恩東（2011）『中美利益集団与政府決策的比較研究』北京：国家行政学院出版社。
劉麗霞（2013）『公共政策過程中集団決策的作用与影響研究―以利益集団為視角』北京：中国社会科学出版社。
劉鵬（2009）「三十年海外学者視野下的当代中国国家性及其争論述評」『社会学研究』（第5期），189-213，245-246。
劉鵬（2011）「従分類控制走向嵌入型監管―地方政府社会組織管理政策創新」『中国人民大学学報』（第5期），91-99。
馬秋莎（2006）「全球化，国際非政府組織与中国民間組織的発展」『開放時代』（第2期），118-138。
孟昭華・陳光耀（1989）『民政辞典』北京：群衆出版社。
南方週末編輯部編（2002）『経典頭版及背後的故事（上）（下）』珠海：珠海出版社。
牛鳳瑞・潘家華編（2007）『中国城市発展報告 No.1』北京：社会科学出版社。
清華大学公共管理学院NGO研究所（2012）『中国非営利評論』（4月）北京：社会科学文献出版社。
邱海雄・陳建民（2008）『行業組織与社会資本―広東的歴史与現状』北京：商務印書館。
邱偉・劉力（2005）「透視日益走近中国的国際非政府組織」『学習月刊』（第5期），46-47。
仇加勉・趙蓬奇主編（2001）『中華人民共和国社会団体管理実用全書』北京：中国工人出版社。
栄敬本・崔之元（1998）『従圧力型体制向民主合作体制的転変―県郷両級政治体制改革』北京：中央編訳出版社。
栄敬本・高新軍・楊雪冬・頼海榕（2001）『再論従圧力型体制向民主合作体制的転変―県郷両級政治体制改革的比較研究』北京：中央編訳出版社。
サラモン，レスター・M（Salamon, Lester M.）（2002）『全球公民社会―非営利部門

視界』北京：社会科学文献出版社。
桑吉（2004）『中国宗教』北京：五洲伝播出版社。
尚暁援（2007）『沖撃与変革―対外開放中的中国公民社会組織』北京：中国社会科学出版社。
税兵（2010）「基金会治理的法律道路―『基金会管理条例』為何遭遇"零活用"?」『法律科学（西北政法大学学報）』（第6期），125-136。
蘇明・賈西津・孫潔・韓俊魁（2010）「中国政府購買公共服務」『財政研究』（第1期），9-17。
孫炳耀（1994）「中国社会団体官民二重性問題」『中国社会科学季刊』（第6期），17-23。
譚青山（2008）「在深化村民自治進程中健全村委員会選挙制度」『華中師範大学学報（人文社会科学版）』（第6期），19-26。
談志林（2010）『走向公民社会―地方社団発展的制度分析』北京：中国社会出版社。
唐娟編（2005）『中国地方治理和政治発展実証研究叢書―城市社区業主委員会発展研究』重慶：重慶出版社。
唐士其・陳蕊・詹亦佳・張毅（2008）「INGO 在中国」高丙中・袁瑞軍編著『中国公民社会発展藍皮書』北京：北京大学出版社，373-395。
陶伝進（2004）「民間組織的理論」王名・劉培峰編『民間組織通論』北京：時事出版社，24-54。
汪錦軍（2012）『走向合作治理―政府与非営利組織合作的条件，模式和路径』杭州：浙江大学出版社。
王長虞（2004）『南方週末三農報道研究』暨南大学修士論文。
王名編著（2000）『中国 NGO 研究―以個案為中心』北京：連合国区域発展中心・清華大学 NGO 研究中心。
王名編著（2001a）『中国 NGO 研究―以個案為中心2001』北京：連合国区域発展中心・清華大学 NGO 研究所。
王名・賈西津（2002）「中国 NGO 的発展分析」『管理世界』第8期。
王名・劉国翰・何建宇（2001b）『中国社団改革―従政府選択到社会選択』北京：社会科学文献出版社。
王名（2008）『中国民間組織30年―走向公民社会』北京：社会科学文献出版社。
王強華・王栄泰・徐華西編（2007）『新聞輿論監督理論与実践』上海：復旦大学出版社。
王思斌（2011）「中国社会工作的嵌入性発展」『社会科学戦線』（第2期），206-222。
王雄軍（2011）「民弁非企業単位的発展現状，問題及政策建議」国務院発展研究中心社会発展研究部課題組編『社会組織建設―現実，挑戦与前景』北京：中国発展出版社，26-62。
王秀琴（2007）「北京社区基層民主政治建設進程分析」于燕燕編『北京社区発展報

告（2007）』北京：社会科学文献出版社。
王錫鋅（2008）『公衆参与和中国新公共運動的興起』北京：中国法制出版社。
王穎・折曉葉・孫炳耀（1993）『社会中間層─改革与中国的社団組織』北京：中国発展出版社。
王毓莉（2010a）「馴服 v.s. 抗拒─建構研究中国新聞輿論監督産製的新取向」中華伝播学会論文。
王毓莉（2010b）『具有中国特色的新聞自由──一個新聞輿論監督的考察』台湾：揚智文化事業股份有限公司出版。
魏文享（2007）『中間組織─近代工商同業公会研究（1918−1949）』武漢：華中師範大学出版社。
呉愛明・呉俊生編著（1993）『中国公務員大辞典』北京：中国経済出版社。
呉錦良（2001）『政府改革与第三部門発展』北京：中国社会科学出版社。
呉梓明（2001）「中国基督教史教育─時代的新挑戦」羅秉祥・江丕盛編『基督宗教思想与21世紀』北京：中国社会科学出版社。
肖颯・劉凱（2011）「論我国基金会的公私制衡」『重慶交通大学学報（社科版）』（第3巻），49−52。
謝宝富（2003）「当代中国公益基金会與政府的関係分析」『中国社会科学院研究生院学報』（第4期），64−69，111。
徐家良（2003）『制度，影響力与博弈─全国婦聯与公共政策制定』北京：中国社会出版社。
徐家良（2010）『互益性組織─中国行業協会研究』北京：北京師範大学出版集団・北京師範大学出版社。
徐家良編著（2011）「第4章　社会団体監督管理」『社会団体導論』北京：中国社会出版社，98−121。
徐宇珊（2008）「非対称性依頼─中国基金会與政府関係研究」『公共管理学報』（第1期），33−40，121。
徐忠・袁国良（2007）「中国非政府組織小額信貸的実践与評価」『上海金融』（第3期），19−23。
徐伝凱（2008）「従法団主義視角看在華的国際非政府組織─以国際獅子会為例」『学会』（第4期），13−16。
楊帆編著（2010）『利益集団』鄭州：鄭州大学出版社。
楊明品（2001）『新聞世論監督』北京：中国広播電視出版社。
葉沖（2007）『電視民生新聞与輿論監督』上海社会科学院修士論文。
尹韻公（2005）『聚焦華西都市報』北京：中国社会科学出版社。
于建嶸（2010）「圧力維穏的政治学分析─中国社会剛性穏定的運行機制」『戦略与管理』（第4期），55−59。
于建嶸（2012）「当前圧力維穏的困境与出路─再論中国社会的剛性穏定」『探索与争

鳴』（第9期），3-6。

于暁虹・李姿姿（2001）「当代中国社団官民二重性的制度分析―以北京市海淀区個私協会為個案」『開放時代』（第9期），90-96。

郁建興・王詩宗・黄紅華・李建琴（2006）『民間商会与地方政府―基于浙江省温州市的研究』北京：経済科学出版社。

郁建興・江華・周俊（2008）『在参与中成長的中国公民社会―基于浙江温州商会的研究』杭州：浙江大学出版社。

兪可平編著（2002）『中国公民社会的興起与治理的変遷』北京:社会科学文献出版社。

兪可平編著（2006）『中国公民社会的制度環境』北京：北京大学出版社。

袁建偉（2006）「"公推直選"：基層党内民主建設実践的新探索―河南省公推直選郷鎮党委書記試点工作的調査与思考」『中州学刊』（第4期），23-25。

張春林（2004）「従都市報的転型看社会新聞的流変」『重慶工商大学学報（社会科学版）』（第1期），157-160。

張緊跟（2012）「従結構論争到行動分析―海外中国NGO研究論評」『社会』（第3期），198-223。

張俊芳（2004）『中国城市社区的組織与管理』南京：東南大学出版社。

張亜維・陶冶（2012）「我国基金会発展状況及影響因素分析―以中国TOP100基金会為例」『揚州大学学報（人文社会科学版）』（第3期），47-53。

張志堅編著（1994）『当代中国的人事管理（下）』北京：当代中国出版社。

張鐘汝・範明林・王拓涵（2009）「国家法団主義視域下政府与非政府組織互動関係研究」『社会』（第4期），167-194，228。

趙立波（2010）『事業単位社会化与民間組織発展研究』済南：山東人民出版社。

趙秀梅（2004）「中国NGO対政府的策略―一個初歩考察」『開放時代』（第6期），5-23。

趙秀梅（2011）「国際社会対中国第三部門的影響―世界社会的視角」康暁光編著『依附式発展的第三部門』北京：社会科学文献出版社，163-232。

鄭成林（2007）『従双向橋梁到多辺網絡―上海銀行公会与銀行業（1918-1936）』武漢：華中師範大学出版社。

朱健剛（2007）「国際NGO与中国地方治理創新―以珠三角為例」『開放時代』（第5期），34-49。

朱健剛・陳安娜（2013）「嵌入中的専業社会工作与街区権力関係―対一個政府購買服務項目的個案分析」『社会学研究』（第1期），43-64。

朱強（2006）「『南方週末』転型期輿論監督特色分析」『青年記者』（第17期），55-56。

朱旭峰（2008）「"司長策国論"：中国政策決策過程的科層結構与政策専家参与」，『公共管理評論』（第7巻），42-62。

朱旭峰（2009）『中国思想庫―政策過程中的影響力研究』北京：清華大学出版社。

朱英（1997）『転型時期的社会与国家―以近代中国商会為主体的歴史透視』武漢：

華中師範大学出版社。

統計年鑑（ピンイン順）
北京市統計局編（2012）『北京市統計年鑑』北京：中国統計出版社。
国家統計局普査中心編（2012）『中国基本単位統計年鑑2012』北京：中国統計出版社。
国務院第2次全国経済普査領導小組弁公室編（2008）『中国経済普査年鑑（総合巻）』北京：中国統計出版社。
国務院発展研究中心主編（2012）『中国経済年鑑』北京：中国経済年鑑社。
黒龍江省統計局編（2011）『黒龍江省統計年鑑』北京：中国統計出版社。
中華人民共和国民政部編（各年版）『中国民政統計年鑑』北京：中国統計出版社。
中華人民共和国年鑑編輯部編（2012）『中華人民共和国年鑑』北京：中華人民共和国年鑑社。
中華人民共和国統計局編（各年版）『中国統計年鑑』北京：中国統計出版社。
中国法律年鑑編輯部編（各年版）『中国法律年鑑』北京：中国法律年鑑社。
中国社会組織年鑑編委会編（2008-2013）『中国社会組織年鑑』北京：中国社会出版社。
中国統一戦線辞典編委会編（1992）『中国統一戦線辞典』北京：中国党史出版社。

新聞
『南方日報』
『南方週末』
『山西日報』
『時報』

インターネット（ピンイン順）
北京市人民代表大会常務委員会ホームページ（http://www.bjrd.gov.cn/27925/2007/11/28/243@17142_11.htm）
黒龍江省民政信息網のホームページ（http://www.hljmzt.gov.cn/zwxxgk/mjzzml/mjzzml/jjhml/）
湖州統計信息網のホームページ（http://www.hustats.gov.cn/）
「人民網」のホームページ（http://www.people.com.cn/）
「新華網」（http://news.xinhuanet.com）
中華全国工商業連合会のホームページ（http://www.acfic.org.cn/）
中華全国青年連合会のホームページ（http://www.qinglian.org/）
中華全国台湾同胞連誼会のホームページ（http://www.tailian.org.cn）
中華人民共和国档案局のホームページ（http://www.saac.gov.cn/）
中華人民共和国国家統計局ホームページ（http://www.stats.gov.cn/）

中華人民共和国中央人民政府のホームページ（http://www.gov.cn/）
中国工会統計調査のホームページ（http://stats.acftu.org）
中国基金会研究のホームページ（http://www.chinajjhyj.org）
中国科学技術協会のホームページ（http://www.cast.org.cn）
中国民政部のホームページ：「民政事業発展統計公報」（各年版）（http://cws.mca.gov.cn）
中国民族宗教網のホームページ（http://www.mzb.com.cn）
中国社会組織網のホームページ（http://www.chinanpo.gov.cn）
中国知網のホームページ（www.cnki.com）
中国日報のホームページ（http://www.chinadaily.com.cn）

付録Ⅰ　中国の市民社会組織についてのサーベイ調査一覧（時系列順）

調査時期	調査地域	調査対象	調査方法	調査機構	成果・出版物
1999年	全国	民政部門で登記する社団，工商部門で登記する草の根NGO	(1)母集団：『中国社会団体大全(1998年)』（北京：専利文献出版社），『中国社会団体(1999年)』（北京：電子工業出版社）に掲載されたリスト；(2)調査方法：アンケート調査票持参・記入；(3)有効回収率：15.1％（実際配布数：10,000，有効回収数：1,508）	清華大学NGO研究センター	(1)王名編著(2000)『中国NGO研究－以個案為中心』北京：連合国区域発展中心・清華大学NGO研究中心；(2)王名編著(2001)『中国NGO研究－以個案為中心』北京：連合国区域発展中心・清華大学NGO研究所；(3)鄧国勝(2001)『非営利組織評估』北京：社会科学文献出版社
2001－2003年	北京市，浙江省，黒龍江省	民政部門で登記する社団	本書「第1章　方法」「2－2　分析手法」を参照	北京大学公民社会研究センター，筑波大学社会科学系	
2003年	浙江省	民政部門の各行政レベルで登記する業界団体	有効回収率：82.3％（実際配布数：389，有効回収数：350）	浙江省民政庁民間組織管理局	呉錦良編著『走向現代治理－浙江民間組織崛起及社会治理的結構変遷』杭州：浙江大学出版社
2003－2004年	浙江省温州市	(1)業界団体・商会，(2)業界団体・商会の会員企業，(3)政府職員	(1)調査方法：アンケート調査票持参・記入；(2)有効回収率：64団体	浙江大学公共管理学院	陳剰勇・汪錦軍・馬斌(2004)『組織化，自主治理与民主－浙江温州民間商会研究』北京：中国社会科学出版社
2003－2004年	浙江省温州市	(1)業界団体・商会（市レベル），(2)業界団体・商会の会員企業，(3)温州市政府職員	(1)母集団：103，(2)調査方法：アンケート調査票持参，記入，(3)有効回収率：①団体：87.3％（実際配布数：71，有効回収数：62），②会員の有効回収数：77社（100社以上の会員企業にアンケート調査票を配布，有効回収数77）	浙江大学公共管理学院	郁建興・王詩宗・黄紅華・李建琴(2006)『民間商会与地方政府－基于浙江省温州市的研究』北京：経済科学出版社

調査時期	調査地域	調査対象	調査方法	調査機構	成果・出版物
2004年	全国（甘粛省，海南省，吉林省，内モンゴル自治区，寧夏回族自治区，チベットを除く）	(1)研究機関・シンクタンク，(2)研究機関・シンクタンクの責任者	(1)母集団：中国科学技術部中国科学技術促進発展研究センターが提供したリスト；(2)調査方法：アンケート調査票の郵送；(3)有効回収率：①研究機関・シンクタンク：18.4%（母集団：1,634），②団体責任者：18.5%（母集団：48,589）		朱旭峰（2009）『中国思想庫―政策過程中的影響力研究』北京：清華大学出版社
2004年2-3月	(1)全国，(2)雲南省，甘粛省，山西省，江西省，広東省，遼寧省	(1)全国レベル社団，(2)各地域省レベル以下の社団	(1)母集団：民政部門が提供する社団リスト，(2)調査方法：アンケート郵送，(3)回収率：①全国20.0%（配布数：1508，回収数：302），②各省全体：47.3%（配布数：6619，回収数：3132	清華大学NGO研究所，香港中文大学	何建宇(2007)『現代化，転型，政策波動与社団発展―中国社団革命的政治経済学』（香港中文大学博士学位請求論文）
2005年	浙江省	民政部門で登記する民非	有効回収率：38.3%（実際配布数：290，有効回収数：111）	浙江省民政庁民間組織管理局	呉錦良編著『走向現代治理－浙江民間組織崛起及社会治理的結構変遷』杭州：浙江大学出版社
2007年	浙江省温州市	(1)業界団体・商会（市レベル），(2)業界団体・商会の会員企業	(1)母集団：125団体，(2)アンケート調査票持参，記入，(3)①団体の有効回収率：76.6%（実際配布数：77団体，有効回収数：59），②企業会員の有効回収率：97.7%（実際配布数：302社，有効回収数：295社）	浙江大学公共管理学院	郁建興・江華・周俊(2008)『在参与中成長的中国公民社会―基于浙江温州商会的研究』杭州：浙江大学出版社；Yu Jianxin, Jun Zhou, and Hua Jiang (2012) *A Path for Chinese Civil Society: A Case Study on Industrial Associations in Whenzhou, China*, Maryland: Lexington Books.
2007年	浙江省	民政部門で登記する基金会	有効回収率：58.1%（実際配布数：124，有効回収数：72）	浙江省民政庁民間組織管理局	呉錦良編著『走向現代治理－浙江民間組織崛起及社会治理的結構変遷』杭州：浙江大学出版社
2007-2008年	深圳市，青島市，北京市，杭州市	業界団体	有効回収率：50%（実際配布数：292団体，有効回収数：145団体）	清華大学NGO研究所	孫春苗（2010）『論行業協会―中国行業協会失霊研究』北京：中国社会出版社

付録Ⅰ　中国の市民社会組織についてのサーベイ調査一覧　415

調査時期	調査地域	調査対象	調査方法	調査機構	成果・出版物
2009-2011年	北京市,浙江省,黒龍江省	民政部門で登記する社会団体,民弁非企業単位,基金会	本書「第1章　方法」「2-2　分析手法」を参照	北京大学公民社会研究センター,筑波大学国際比較日本研究センター	
2011年	温州市	民政部門で登記する社団	(1)母集団の資料：2009年,2010年,2011年版の『温州黄頁』（電話帳）（北京：中国電信集団黄頁信息有限公司),母集団：1,088団体,(2)調査方法：アンケート調査票を持参し,訪問面接で記入,(3)有効回収率：58.6％（実際配布数：655団体,有効回収数：384団体)	浙江工商大学公共管理学院,筑波大学国際比較日本研究センター	

注1）民政部門で登記する社団,民非,基金会に関する調査は,中国大学の研究機関や,各地域の民政部門も行っているが,調査の手続きが必ずしも明確ではないものもある。ただし,中国研究においては,定量的データそのものが貴重であるため,研究の参考として考慮も必要である（例えば,①2008年,深圳市社会科学院による同市の社団および民非を対象にした調査（148団体）（黄暁勇（2009）『中国民間組織報告（2009-2010)』北京：社会科学文献出版社に所収),②2007年から2008年にかけて,中国人民大学非営利組織研究所による基金会（非公募型）を対象にした調査（101団体）（盧憲英・韓恒編著（2010)『非営利組織前沿問題研究』鄭州：鄭州大学出版社に所収))。他にも多数あるが,紙幅の関係上省略する。また,各地域の民政部門も地元の市民社会組織に対してアンケート調査を行っているが,その結果が学術論文として発表されることは稀である。

注2）草の根NGOを対象とした調査および研究成果は以下がある：① Zhao, Xiumei による草の根NGO（15団体）,草の根NGOの責任者および政府部門の関係者（64名）を対象にした調査（Zhao, Xiumei (2003), *A study on unincorporated associations in contemporary transitional China: re-examining civil society in China*, dissertation submitted to Tokyo Institute of Technology）；② Lu, Yiyi による草の根NGO（40団体）を対象にした調査（Lu, Yiyi (2009), *Non-Governmental Organisations in China: The Rise of Dependent Autonomy*, New York: Routledge)；③ Anthony J. Spires による草の根NGO（31団体）を対象にした調査（Spires, Anthony J. (2011), "Contingent Symbiosis and Civil Society in an Authoritarian State: Understanding the Survival of China's Grassroots NGOs," *American Journal of Sociology*, Vol.117, No.1 (July), pp.1-45)；④ Timothy Hildebrandt による草の根NGO（100団体),草の根NGO関係者（80名）を対象にした調査（Hildebrandt, Timothy (2013), *Social Organizations and the Authoritarian State in China*, New York: Cambridge University Press）など多数あるが,紙幅の関係上省略する。

中国社会組織基本状況調査
(社会団体)

第一部

A1. あなたの団体はどの行政レベルの民政部門で登記しましたか。
   1. 省級   2. 地・市級   3. 県級
A2. あなたの団体は＿＿年に民政部門で正式に登記し、設立しました。
A3. あなたの団体は法人格がありますか。
   1. ある   2. ない
A 4. あなたの団体の個人会員数・団体会員数をおうかがいします。2009 年の数字をご記入ください。

会員　　　　数量	2009 年
個人会員	（人）
団体会員	（団体）

A5. あなたの団体の設立についてうかがいます。あなたの団体は、主に一般会員の自発的要求によって設立されましたか。それとも組織の決定によって設立されましたか。
   1. 自発的に設立   2. 組織の決定による設立   3. どちらともある
   A5a. あなたの団体は自発的に設立された場合、何らかの組織から援助を受けましたか。
      1. ある   2. ない
↓
   A5a1.援助を受けた組織は次にあげる組織の中で、どれにあたりますか。
      1.政府部門
      2.企業
      3.国内にある他の社会組織
      4.国際非政府組織
      5.その他
   A5b. あなたの団体は組織の決定によって設立された場合、設立される理由や背景をお答くください。(1つだけお答えください)
      1.政府機構の簡素化を図るため
      2.政府職能の委譲を行うため
      3.業界会員の連携を強化し、事業部門の活動をよりスムーズに実施するため
      4.業界の自律性を求めるため
      5.主要な指導者のポストの入れ替えるため
      6.その他
A6. あなたの団体はどのような目的で設立されたのでしょうか。あてはまるもの全てに"✓"をおつけください。
   1. 会員へのサービスの提供
   2. 会員の正当な権益の擁護
   3. 会員のために政府からの優遇政策と優待を勝ち取る
   4. 政府主管部門の管理業務への協力
   5. 政策・法規の制定・実施への影響力行使
   6. 業界の発展を促進
   7. 会員間の交流増進
   8. 一般向け公益活動の展開
   9. その他
A7. あなたの団体の活動分野は以下のどれにあたりますか？(1つだけお答ください)
   1. 科学研究(学会、研究会など)

2. 教育(教師協会、学校連合会など)
3. 社会サービス(老人、弱者、児童、婦女、居民、ボランティアなど連合会)
4. スポーツ(スポーツ協会、スポーツ選手協会)
5. 商工業サービス(業界団体、企業家連合会)
6. 農業と農村発展(農村専門技術協会、合作社)
7. 国際と海外向け組織(国際、外国人向けサービス組織)
8. 生態環境(環境保護協会)
9. 衛生(医師協会、癌治療協会、病院連合会など)
10. 文化(芸術家協会)
11. 法律(法律支援協会)
12. 宗教(宗教協会)
13. 専門と業界組織(記者、会計士、建築デザイナーなど専門家協会、連合会)
14. その他

A7a. 以前わが国では、民政部門による社会団体を学術団体、業界団体、専門団体、連合団体の分類の中、あなたの団体はこれら4つの団体分類のどれにあたりますか。
　　 1.学術性団体　　2.業界性団体　　3.専門性団体　　4.連合性団体

A8. あなたの団体は政府批准の編制定員を有していますか。
　　 1. 有している　　　2. 有していない

A8a. あなたの団体の編制定員の種類とその数をご記入ください。
　　 1.行政編制、＿＿＿人
　　 2.事業編制、＿＿＿人
　　 3.社団編制、＿＿＿人

A9. あなたの団体は社会団体以外、他の機構の看板を掲げていますか。
　　 1. はい　　2. いいえ
　　　　↓

A9a. あなたの団体はどのような看板を掲げていますか。
　　 1.政府機関
　　 2.事業単位
　　 3.企業
　　 4.その他

A10. あなたの団体は団体会員の身分として、他の社会組織に参加していますか。
　　 1. はい、＿＿＿団体に参加しています　　2. いいえ

A11. あなたの団体は支部組織がありますか。
　　 1. ある、＿＿＿団体がある　　2. ない

A12. あなたの団体の執行機構(秘書長、事務所および各職能部門)の常勤、非常勤のスタッフ数をご記入ください。
　　 1. 常勤スタッフ＿＿＿人
　　 2. 非常勤スタッフ＿＿＿人

A12a. あなたの団体の常勤スタッフの平均年齢は＿＿＿歳、男性の割合＿＿＿%、短大・大学以上の学歴を持つスタッフの割合＿＿＿%。

A13. あなたの団体の常勤スタッフの元勤務先は次にあげる項目にどのくらいの人数がありますか。なかった場合は"0"にしてご記入ください。

高校卒業生	元軍人	政府部門	企業	事業単位	ボランティア、非常勤スタッフ	定年、退職者	その他
人	人	人	人	人	人	人	人

A14. あなたの団体の主な指導者(会長および秘書長)の基本状況をお教えてください。

	会長	秘書長
年齢(1. 40歳以下　2. 41-60歳　3. 61歳以上)		
性別(1. 男性　2. 女性)		
学歴(1. 高卒以下　2. 短大・大学以上)		
政治状況(1. 共産党員　2. 民主諸党派　3. 無所属)		
元勤務先(1. 政府　2. 企業　3. 事業単位　4. 社会組織　5. その他)		
就任した最高行政ポスト(1. 科級以下(係長以下)　2. 処級(課長級)　3. 司局級(局長級)　4. 部級以上(大臣次官級))		

A15. あなたの団体の最近の選挙の中、会長の候補者はどのような方式によって選ばれましたか。
1. 業務主管単位の推薦
2. 理事会の協商後、推薦
3. 会員による自由競争選挙
4. その他

A16. あなたの団体の会長は、最も重要な役割をお教えてください。次の中から重要な順に3つまでお答えください。

	第一位	第二位	第三位

1. 行政地位の名義借り
2. 関係の取り持ち
3. 情報の伝達
4. 資金の導入
5. 政策決定
6. 諮問・コンサルティング
7. その他

A17. あなたの団体は過去の5年間(2004 - 2009年)に、＿＿人の秘書長の入れ替えました。
　A17a. 最近の入れ替えは＿＿年前です。

第二部

B1. あなたの団体は下記の機構を設置していますか。もしあれば、機構成員の人数、2009年に開催した会議の回数をご記入ください。

	人数	開催回数(2009年)
a. 全体会員大会/会員代表大会		
b. 理事会/常任理事会		
c. 監査役委員会		
d. 会長執務会議		

B2. あなたの団体は会員に向けてどのようなサービスを提供したことがありますか。あてはまるものに"✓"をおつけください。加えて、2009年に各活動を展開した回数をご記入ください。
1. 会員の研修会・研究討論会を開く　　　　　　　(1)はい＿＿回　(2)いいえ
2. 新聞・雑誌の郵送などの情報サービスを提供する　(1)はい＿＿回　(2)いいえ
3. 会員の国内視察・旅行を組織する(1)はい＿＿回　(2)いいえ
4. 会員の国外視察・旅行を組織する(1)はい＿＿回　(2)いいえ
5. 会員の意見や要求を報告・伝達する(1)はい＿＿回　(2)いいえ
6. 会員のために法律支援を提供する　(1)はい＿＿回(2)いいえ

  7. その他の方式で会員の合法的な権益を擁護する (1)はい＿＿回 (2)いいえ
  8. 会員に消費面での優遇を提供する   (1)はい＿＿回 (2)いいえ
  9. 会員のパーティーを催す   (1)はい＿＿回 (2)いいえ
  10. その他   (1)はい＿＿回 (2)いいえ
B3. あなたの団体は社会に向けてどのような活動を展開したことがありますか。あてはまるものに"✓"をおつけください。加えて、2009年に各活動を展開した回数をご記入ください。
  1. 専門的な研修会・小型セミナーを開く   (1)はい＿＿回 (2)いいえ
  2. あるテーマを特化して大型フォーラムを開く (1)はい＿＿回 (2)いいえ
  3. 専門的な情報コンサルティングサービスを提供する (1)はい＿＿回 (2)いいえ
  4. 公共の場所やメディアを通じて政策宣伝を展開する(1)はい＿＿回 (2)いいえ
  5. 社会公益活動を呼びかけたり、参加したりする(1)はい＿＿回 (2)いいえ
  6. その他   (1)はい＿＿回 (2)いいえ
B4. あなたの団体の会員はどの方式で団体に加入しましたか。
  1. 自己申請により加入 2. 自動的に会員になる

B5. 2009年、あなたの団体の個人会員と団体会員は会費を支払う割合をご記入ください。

会員の種類	2009年、会費を支払う割合（％）
個人会員	
団体会員	

 B5a. 2009年、あなたの団体は各種社会団体活動が展開された際、積極的に参加している会員数はどのぐらいですか。
  1. 非常に少ない 2. 比較的少ない 3. 半分ぐらい 4. 比較的多い 5. 非常に多い
  6. はっきり言えない
B6. あなたの団体の会員間の相互信頼度はどの程度ですか。（注：尺度について、北京大学と問い合わせ中）
  1. 非常に高い 2. 比較的高い 3. ふつう 4. 比較的高い 5. 非常に高い
  6. はっきり言えない
B7. あなたの団体の業務主管単位は以下行政レベルのどれにあたりますか。
  1. 省部級 2. 地庁級 3. 県処級 4. 科級 5. 行政レベルなし
B8. あなたの団体と業務主管単位の関係について、あてはまるもの全てに"✓"をおつけください。
  1. 本団体に事務所を提供する
  2. 本団体に人員を派遣し、給料を支払う
  3. 本団体に財政拠出する
  4. 団体の指導者を推薦、あるいは決定する
  5. 団体の年度会議に出席する
  6. 団体の年度活動報告を審査する
  7. 団体の財務状況を審査する
  8. その他
B9. あなたの団体の業務主管単位の指導者は通常、団体の活動にどの程度参加していますか。
  1. 全ての活動 2. 多数の活動 3. 少数の活動 4. 参加したことがない
B10. 総じて、あなたの団体と業務主管単位の関係は緊密ですか。
  1. 非常に緊密 2. 比較的緊密 3. ふつう 4. 連絡が少ない 5. 連絡がない
  6. はっきり言えない
B11. あなたの団体の活動と発展にとって、より大きな影響力をもっているのは業務主管単位ですか、それとも社団登記管理機関ですか。

1. 業務主管単位　　　2. 登記管理機関

B12. 社会団体は業務主管単位に「掛靠」(活動を認可される代わりに、様々な公式・非公式の指導を受けること)すべきだと思いますか。またその理由は何ですか。該当するものを全てお選びください。

1.「掛靠」すべきである ↓	2.「掛靠」すべきでない ↓
1.政府と社会は一つのシステムに統合されるべきである	1.政府と社会は厳格に分離すべきである
2.社団が一部の政府機能を分担するのに有利である	2.社団が独立して一部の政府機能を分担するのに有利である
3.政府の社団に対する管理に便利である	3.社団の自己管理に有利である
4.社団機能の強化に有利である	4.社団の独立した発展に有利である
5.社団職員の安定に有利である	5.より多くの会員を吸収するのに有利である
6.社団の政府に対する影響力強化に有利である	6.社団の政府に対する影響力強化に有利である
7.社団の地位向上に有利である	7.政府の支持獲得に有利である

B13. あなたの団体は党組織を有していますか。
　　1. 有しています　　2. 有していない

B14. あなたの団体は活動する際にして、次にあげる項目にどのくらいあてはまりますか。次の尺度に従い、お選びください。

　　　　　　　　　　　　　　5.よくあてはまる 4.あてはまる 3.ふつう 2.あまりあてはまらない 1.まったくあてはまらない

1. 規定を基にして団体運営する　　　　　　　　5——4——3——2——1
2. 団体の方針をできるだけ会員全体で決める　　5——4——3——2——1
3. 団体の活動を行うには、専門的な知識や技能が必要である　　5——4——3——2——1
4. 団体の運営方針は創設者の理念と一致する　　5——4——3——2——1
5. 団体の運営責任者は率先して問題解決法を提示する　　5——4——3——2——1
6. 会員同士で意見対立がある場合、時間がかかっても話し合う　　5——4——3——2——1
7. 団体の目的や運営方針は会員に浸透する　　5——4——3——2——1
8. 団体についての情報は会員間で共有される　　5——4——3——2——1

B15. あなたの団体は電子メールまたはインターネットを通じて、会員や外部と連絡を取っていますか。
　　1. 電子メールを通じて連絡を取る　　　　　(1)はい　　(2)いいえ
　　2. インターネット上でホームページを開設している　　(1)はい　　(2)いいえ

B16. あなたの団体は過去3年間(2007 - 2009年)の出版物状況をおうかがいます。出版物の種類、発行部数をご記入ください。

出版物の種類	出版物種類の総数	公開出版物の種類数	発行部数
a. 新聞			
b. 刊行物			
c. 書籍			
d. 外国語出版物			

B17. 2009年、あなたの団体の指導者は他の社会団体、あるいは民弁非企業単位の招待を受け、それらの組織の活動に参加した回数が＿＿＿回です。

B18. 通常、あなたの団体は比較的緊密な関係をもっている社会団体数が＿＿＿団体です。

B19. 2009年、あなたの団体の対外交流活動の状況を紹介してください。
　　a. 年間国際組織の資金援助を受ける総額　　　＿＿＿万人民元
　　b. 海外代表団・個人の訪問を受け入れる　　　＿＿＿人
　　c. 国際会議へ招待され、参加した回数　　　　＿＿＿回

第三部

C1. あなたの団体は、どの分野の政策に特に関心をもっていますか？あてはまるもの全てに"✓"をおつけください。

1. 財政政策
2. 金融政策
3. 貿易政策
4. 業界の産業振興政策
5. 土木・建築・公共事業政策
6. 運輸・交通政策
7. 通信・情報政策
8. 科学技術政策
9. 地域発展政策
10. 外交政策
11. 国防政策
12. 治安政策
13. 司法政策
14. 地方行政政策
15. 労働政策
16. 農業・林業・水産政策
17. 消費者政策
18. 環境政策
19. 民政・福祉・医療政策
20. 国際交流・援助政策
21. 文教・学術・スポーツ政策
22. その他

C2. 2009年、あなたの団体は政府機関に政策的な意見や提出する場合、次にあげるような行動を取ったことがありますか。取ったことがなかった場合は"0"、取ったことがある場合は次の尺度に従い、あてはまるものに"✓"をおつけください。

参加した行動	2009年の実施回数	行動の影響 3.比較的効果あり　2.ふつう　1.あまり効果なし　0.はっきり言えない
a. 政府の組織した座談会に参加する		3——2——1——0
b. 調査報告書あるいは政策建議報告を提出する		3——2——1——0
c. 政府職員に電話をする		3——2——1——0
d. 手紙を書く(電子メールも含む)		3——2——1——0
e. 会員に働きかけて政府機関に手紙を書く、電話をかける		3——2——1——0
f. 個人的な関係を通じて政府に建議を提出する		3——2——1——0
g. メディアに情報を提供する		3——2——1——0
h. 記者会見を開き、団体の立場を明らかにする		3——2——1——0
i. 有料でメディアに広告・宣伝を掲載する		3——2——1——0
j. 他の団体と連合し、共同行動をとる		3——2——1——0
k. 司法を通じて問題を解決する		3——2——1——0
l. 陳情に行く		3——2——1——0
m. 請願あるいは座り込みをする		3——2——1——0
n. 大衆集会を開き、支持を獲得する		3——2——1——0

C3. あなたの団体が政府機関に対し、ある意見を反映する場合、好機をうかがい、意見を出すことがありますか。

1. はい　　2. いいえ
↓

C3a. どのような機会を選択しますか。次の中から重要な順に3つまでお答えください。

　　　　第一位　第二位　第三位

1. 人大代表大会、政治協商会議の開催時

2.党・政府の指導者が視察時
3.突発事件が発生時
4.政府主催の座談会に参加する際
5.調査報告書あるいは政策提言を要請された時
6.政策提言をする際(随時)
7.その他

C4. あなたの団体は政府機関に意見や要求を提出しようとする際、直接政府職員と連絡を取りますか。それとも仲介人物を通じて間接的に連絡を取りますか。次の尺度に従い、お選びください。
1. 直接連絡を取る
2. 間接的に連絡を取る(次にあげる尺度に従い、お選びください)

	3.しばしば連絡をとる	2.連絡をとる	1.連絡をしない
1.全国人民代表大会代表/政治協商会議委員	3	2	1
2.地方人民代表大会代表/政治協商会議委員	3	2	1
3.中央政府職員	3	2	1
4.地方政府職員	3	2	1
5.民主諸党派/社会の知名人	3	2	1
6.業務主管単位の指導者	3	2	1
7.定年した幹部/幹部の親戚	3	2	1
8.指導者の側近	3	2	1

C5. あなたの団体は次のそれぞれの役職の政府職員とどの程度接触しますか。次の尺度に従い、お選びください。

●中央政府職員

	3.頻繁に接触する	2.接触する	1.接触なし
部級(大臣次官級)	3	2	1
局級(局長級)	3	2	1
処級(課長級)	3	2	1
科級以下(係長級以下)	3	2	1

●地方政府職員

	3.頻繁に接触する	2.接触する	1.接触なし
市級	3	2	1
局級(局長級)	3	2	1
処級(課長級)	3	2	1
科級以下(係長級以下)	3	2	1

C6. 2009年、あなたの団体は開催した最も重要なイベントの中で、次にあげている人物のどなたが出席しましたか。あてはまるもの全てに"✓"をおつけください。
1. 全国人民代表大会代表/政治協商会議委員
2. 地方人民代表大会代表/政治協商会議委員
3. 中央指導者(現職あるいは定年した幹部、幹部の親戚、幹部の側近)
4. 中央各部・委員会の部級、局級幹部
5. 中央各部・委員会の処級幹部
6. 省級幹部
7. 区/県幹部

8. 街道以下の地方政府職員
9. 業務主管単位の指導者
10. 民主諸党派/社会の有名人
11. 全国級のメディア記者
12. 地方級のメディア記者

C7. あなたの団体は行政機関から政策の制定や執行に関して相談を受けたり、意見を求められたりすることがありますか。
　　1. はい　　　2. いいえ

C8. あなたの団体は、過去5年間で中央または地方政府に特定の政策や方針を実施・阻止するよう働きかけ、成功したことがありますか。
　　1. はい　　　2. いいえ

C9. あなたの団体の権利や利益、意見を主張するとき、次にあげる人・組織・集団は、どのくらい信頼できるとお考えですか。次の尺度に従い、お選びください。

	5.非常に信頼できる	4.かなり信頼できる	3.ふつう	2.あまり信頼できない	1.まったく信頼できない
1. 全人代代表/政協委員	5	4	3	2	1
2. 地方人代代表/政協委員	5	4	3	2	1
3. 中央各部委員会の指導者	5	4	3	2	1
4. 地方政府の指導者	5	4	3	2	1
5. 法院(裁判所)	5	4	3	2	1
6. マスメディア	5	4	3	2	1
7. 公衆世論	5	4	3	2	1
8. 国際機構	5	4	3	2	1

C10. あなたの団体は、国や地方政府の政策にどのくらい満足していますか。次の尺度に従い、お選びください。

	5.非常に満足	4.比較的満足	3.ふつう	2.あまり満足しない	1.非常に不満
1. 国家の政策全般	5	4	3	2	1
2. 地方政府の政策全般	5	4	3	2	1
3. あなたの団体が関心のある国家政策	5	4	3	2	1
4. あなたの団体が関心のある地方政府の政策	5	4	3	2	1

C11. あなたの団体は、日常活動する上で必要な情報をどこから得ていますか。次の中から重要な順に3つまでお答えください。

第一位	第二位	第三位

1. 中央政府
2. 地方政府
3. 党組織
4. 全人代代表/政協委員
5. 地方人代代表/政協委員
6. 学者・専門家
7. 一般のマスメディア
8. 専門紙・業界紙
9. 他の社会団体

10. 団体のメンバー
11. 企業
12. 非正式のルート
13. その他

C12. 過去3年間(2006 - 2008年)に、あなたの団体はマスコミに＿＿回ぐらいとりあげられました。

C13. 通常、あなたの団体はどのようなマスメディアを通じて、意見を表出しますか。

マスメディアの種類	使用頻度
	3.しばしばする　2.偶にする　1.したことがない
新聞・雑誌	3——2——1
テレビ局	3——2——1
インターネット	3——2——1

C14. あなたの団体は全国人民代表大会または地方人民代表大会の立法活動において、どのような活動をしたことがありますか。
- 全国人民代表大会
  1. 全人代表に意見を提起する　　(1)はい　(2)いいえ
  2. 全人代表に議案を出す　　　　(1)はい　(2)いいえ

- 省級人民代表大会
  1. 人代表に意見を提起する　　　(1)はい　(2)いいえ
  2. 人代表に議案を出す　　　　　(1)はい　(2)いいえ

- 市/県級人民代表大会
  1. 人代表に意見を提起する　　　(1)はい　(2)いいえ
  2. 人代表に議案を出す　　　　　(1)はい　(2)いいえ

C15. 社会団体活動を実施する上で最適なパートナーは、以下のうちどちらの組織でしょうか(1つだけをお選びください)。
1. 政府　　2. 社会組織　　3. 企業　　4. マスメディア　　5. 専門家
6. 国際組織　　7. その他

C16. 一般的に言って、あなたの団体と政府機関の関係は緊密ですか。
1. 非常に緊密　2. 比較的緊密　3. ふつう　4. 交流が少ない　5. 交流はない
6. はっきり言えない

C16a. 上記の問題に1 - 4の回答を選んだ方は次の問題に答えください。政府機関と連絡を取る際、あなたの団体は主体的に連絡を取る場合が多いですか。それとも政府機関が主体的に連絡を取ることが多いですか。
1. 政府機関が主体的に連絡を取ることが多い
2. 双方が同程度主体的である
3. 団体が主体的に連絡を取ることが多い

C17. 総じて、あなたの団体は、活動対象とする地域において、政府の政策決定に対しどの程度影響力をもっていますか。
1. 全くない　　2. あまり強くない　　3. ある程度　　4. かなり強い

5. 非常に強い　6. はっきり言えない

C18. 過去10年間から見れば、あなたの団体と政府機関の連絡はより多くなりましたか。それともより少なくなりましたか。
  1. 多くなっている　　2. あまり変化がない　　3. 少なくなっている
  4. はっきり言えない

C19. 一般的に言って、あなたの団体は活動対象とする地域において、社区(コミュニティ)事務に対する影響力が強いですか。
  1. 非常に強い　2. 比較的強い　　3. 強い　　　4. あまり強くない
  5. まったくない　6. はっきり言えない

C20. 今現在、わが政府と社会組織との関係は一番反映しているのは以下のどれですか。
  1. 基本的双方対等に意見交換や協力し合っている
  2. 社会組織が政府機関を支える関係にある
  3. 政府機関が社会組織の発展を支援する関係にある
  4. 手続き以外、何らかの関係がない
  5. はっきり言えない

第四部

D1. あなたの団体の事務所の面積は＿＿＿平方メートルです。

　D1a. あなたの団体の事務所はどのような方式で確保しましたか。
　　1. 自分で財産権を有する　　2. 賃借　　　　　　　3. 無料での借用
　　　　　　　　　　　　　　　　　↓　　　　　　　　　　　　↓

2. 賃借	3. 無料での借用
a. 業務主管機関の部屋を賃借	a. 業務主管機関の部屋を借用
b. その他政府機関の部屋を賃借	b. その他政府機関の部屋を借用
c. 不動産を通じて部屋を賃借	c. 不動産を通じて部屋を借用
d. 団体会員の部屋を賃借	d. 団体会員の部屋を借用
e. 個人会員の住宅を賃借	e. 個人会員の住宅を借用

D2. あなたの団体の2009年度の総収入は＿＿＿万人民元。
　総収入のうち各種の収入源の金額と割合をご記入ください。

収入源	2009年の金額(万元)	2009年の割合(%)
a. 政府財政による資金		
b. 会費		
c. 社会寄付金		
d. サービス収入		
e. その他		

D3. あなたの団体の2009年度の総支出は約＿＿＿万人民元。

D4. 2009年、あなたの団体の専従職員の平均月収は＿＿＿人民元。

D5. 総じて、あなたの団体の2009年度の財政状況は過去と比べると、どのような変化がありますか。

財政状況	a. 2年前との比較	b. 4年前との比較	c. 6年前との比較
1. よりよくなっている			

| | 2. 変わらない | | | |
| | 3. よりわるくなっている | | | |

D6. あなたの団体は有料サービス活動を展開したことがありますか。
　1. ある　　　　2. ない

D6a. あなたの団体によって展開される有料サービス活動は主にどのような内容のものですか。獲得収入の多い順に3つの項目を並べ、右の表に書き入れてください。

第一位	第二位	第三位

　1. 教育研修・学術討論
　2. 情報コンサルティングサービス
　3. 業界資格認証
　4. 国内外の視察の組織
　5. 展示会、展示即売会、博覧会、人材交流会の開催
　6. その他

D7. あなたの団体は経済組織を有していますか。
　1. 有している　　　社　　2. 有していない

D8. あなたの団体は国または地方政府に税金を納付したことがありますか。
　1. ある　　　　　　　　　　　　　2. なし
　　↓

a. ＿＿＿年から納付を始めた
b. 2009年度、団体の納付総額は総計＿＿＿万人民元
c. 納付した税種全てをお選びください
　1. 付加価値税
　2. 消費税
　3. 営業税
　4. 都市保護建設税
　5. 教育付加税
　6. 所得税
　7. 土地使用税
　8. 土地付加価値税
　9. 印紙税
　10. 車船使用税
　11. 不動産税
　12. 契約税
　13. その他

D9. あなたの団体は税務局との間にどのような関係にありますか。あてはまるもの全てに"✓"をおつけください。
　1. 税収制度・法規の宣伝に協力する
　2. 会員企業の納税ファイルを設置する
　3. 税務部門に対し、会員の税収評価と監督に協力する
　4. 会員の税金の徴収を委託されている
　5. 会員の税務部門に対する意見を収集する
　6. 会員を代表し、税制度に関連する優遇政策を勝ち取る

D10. あなたの団体は税収徴収基準に関して、会員を代表し政府と交渉したことがありますか。
　1. しばしばしている　　2. 偶にしている　　3. したことがない

　D10a. 上記の問題に1-4の回答を選んだ方は、どのような効果がありますか。
　　1.非常に効果あり　2.比較的効果あり　3.ふつう　4.あまり効果がない
　　5.全く効果がない　6.はっきり言えない

D11. 過去3年間(2007-2009年)、あなたの団体は政府から公共サービス調達の委託プロジェクトを受け取ったことがありますか。
　1. ある　　　2. ない

D12. あなたの団体は＿＿＿年はじめて政府から公共サービ調達の委託プロジェクトを受け取りました。

D13. 2007年から2009年にかけての3年間、あなたの団体は政府からの公共サービス調達のプロジェクト数およびその総額をご記入ください。
　a.2007年、＿＿＿個プロジェクト、資金総額＿＿＿人民元
　b.2008年、＿＿＿個プロジェクト、資金総額＿＿＿人民元
　c.2009年、＿＿＿個プロジェクト、資金総額＿＿＿人民元

D14. あなたの団体はどのようなルートを通じて、政府公共サービス調達プロジェクトの情報を得ましたか。あてはまるものをお選びください。
　1. 政府公共サービス調達プロジェクトの関連ホームページ
　2. 政府の関連部門
　3. 政府からの依頼
　4. その他

D15. 2009年、あなたの団体は公共サービス調達プロジェクトの状況をおうかがいます。

名前	委託先の政府部門	金額(元)	獲得方式		監察方式		
			政府招請による入札/委託	公開競争入札	監察なし	政府による監察	第三者による監察
1.							
2.							
3.							
4.							
5.							

D16. あなたの団体は政府公共サービス調達を獲得する理由をお教えてください。あてはまるもの全てに"✔"をおつけください。
　1. 入札金額が少ないから
　2. サービスがよいから
　3. 政府部門と緊密関係を持ち、政府からの信頼を得ているから
　4. その他＿＿＿

D17. あなたの団体は契約を履行する際、政府との間に紛争が起きましたか。
　1. ある　　　2. ない

D18. あなたの団体は契約を履行する際、直面している最も重要な障害をお教えください。

　　　　　　　　　　　　　　　　　非常に重要　重要　ふつう　あまり重要ではない　全く重要ではない
1. 契約の欠陥があり、サービスの基準が不明確　　5——4——3——2——1
2. 政府は契約通りに履行せず、しばしばやり方が変わる　5——4——3——2——1
3. 政府の監督能力が欠如し、監察職員の能力が乏しい　5——4——3——2——1
4. 政府は必要な支持を提供しない　　　　　　　　5——4——3——2——1
5. 団体自身はサービスを提供する経験が少ない　　5——4——3——2——1
6. サービスに提供する先は厳しい　　　　　　　　5——4——3——2——1
7. サービスは定量化しにくい　　　　　　　　　　5——4——3——2——1
8. 法律上での保障がない　　　　　　　　　　　　5——4——3——2——1
9. その他　　　　　　　　　　　　　　　　　　　5——4——3——2——1

D19. 政府は公共サービス調達を実施する最も重要な理由が、次にあげる項目のうちどれですか？

　　　　　　　　　　　　　　　　非常に重要　比較的重要　ふつう　あまり重要ではない　全く重要ではない
1. コストを節約　　　　　　　　　　　　　　　　5——4——3——2——1
2. サービスの質を向上させる　　　　　　　　　　5——4——3——2——1
3. 政府はかつて提供してなかった　　　　　　　　5——4——3——2——1
4. 指導者の政治業績のため　　　　　　　　　　　5——4——3——2——1
5. 社会による需要　　　　　　　　　　　　　　　5——4——3——2——1
6. 政府は改革に適応するため（「小政府、大社会」）　5——4——3——2——1
7. 政策の規定　　　　　　　　　　　　　　　　　5——4——3——2——1
8. その他　　　　　　　　　　　　　　　　　　　5——4——3——2——1

D20. あなたの団体が提供する公共サービスは、対象とする活動地域において、他の組織も類似したサービスを提供していますか。
　　1. はい　　　2. いいえ
　　　↓

D20a. 以下にあげる組織のどれにあたりますか。あてはまるもの全てに"✔"をおつけください。
　　1. 政府部門
　　2. 事業単位
　　3. 国有企業
　　4. 私営企業
　　5. 民弁非営利組織
　　6. その他

D21. この5年間、あなたの業界において、市場化したサービスは再び政府による提供することがありますか。
　　1. ある　　　2. ない

D22. 主な原因をお教えください。

　　　　　　　　　　　　　　　　　非常に重要　重要　ふつう　あまり重要ではない　全く重要ではない
1. サービスの質が良くない　　　　　　　　　　　5——4——3——2——1
2. コストの節約効果が限られる　　　　　　　　　5——4——3——2——1
3. 契約は細分化しにくく、政府による監察が難しい　5——4——3——2——1
4. 政府の能力と効率が向上させた　　　　　　　　5——4——3——2——1

5. 政治的圧力(市場化への反省)　　　　　5―4―3―2―1
6. 大衆の要求に従い、政府による提供　　　5―4―3―2―1
7. その他　　　　　　　　　　　　　　　　5―4―3―2―1

D23. あなたの団体は委託された公共サービスを執行する際、政府からプロジェクト以外の財政補助を受け取りましたか。
　　1. ある　　　　2. ない
　　　↓
D23a. 政府による支持の程度をお教えください。
　　1.支持が多かった　2.ふつう　3.支持が少なかった　4.全く支持してくれなかった

D24. 公共サービスを提供する際、民弁非企業単位は政府機関より優れている点をお教えてください。重要な順に3つの項目を並べ、右の表に書き入れてください。

第一位	第二位	第三位

1. 旧弊や慣習に縛られない先駆的な活動ができる
2. 効率的なサービスを提供できる
3. 受益者のニーズに柔軟に対応できる
4. 受益者のニーズに迅速に対応できる
5. サービスのコストは低い
6. 公平なサービスを提供できる
7. 多元的な価値観を表現できる
8. 腐敗や汚職の危険が少ない

第五部

E1. 下記の諸集団は中国の政治にどの程度の影響力をもっていると思いますか。次の尺度に従い、お選びください。

非常に影響力　かなり影響力　影響力　中間　影響力　ほとんど影響力　全く影響力
あり　　　　　あり　　　　あり　　　　　なし　　なし　　　　　なし
7―6―5―4―3―2―1

1. 労働団体　　　　　　　　　7―6―5―4―3―2―1
2. 農業団体　　　　　　　　　7―6―5―4―3―2―1
3. 知識人　　　　　　　　　　7―6―5―4―3―2―1
4. 政府職員　　　　　　　　　7―6―5―4―3―2―1
5. 党の幹部　　　　　　　　　7―6―5―4―3―2―1
6. 民主諸党派　　　　　　　　7―6―5―4―3―2―1
7. 国営企業　　　　　　　　　7―6―5―4―3―2―1
8. 私営企業　　　　　　　　　7―6―5―4―3―2―1
9. マスメディア　　　　　　　7―6―5―4―3―2―1
10. 消費者組織　　　　　　　 7―6―5―4―3―2―1
11. 社会福利団体　　　　　　 7―6―5―4―3―2―1
12. 社区(コミュニティ)組織　 7―6―5―4―3―2―1
13. 婦女団体　　　　　　　　 7―6―5―4―3―2―1
14. 地方政府　　　　　　　　 7―6―5―4―3―2―1
15. 外国政府　　　　　　　　 7―6―5―4―3―2―1
16. 国際組織　　　　　　　　 7―6―5―4―3―2―1
17. 外国の利益団体　　　　　 7―6―5―4―3―2―1

18. 大学生　　　　　　　　　　　　　　7—6—5—4—3—2—1

E2. あなたの団体は、下記の諸集団とどのような関係にありますか。次の尺度に従い、お選びください。

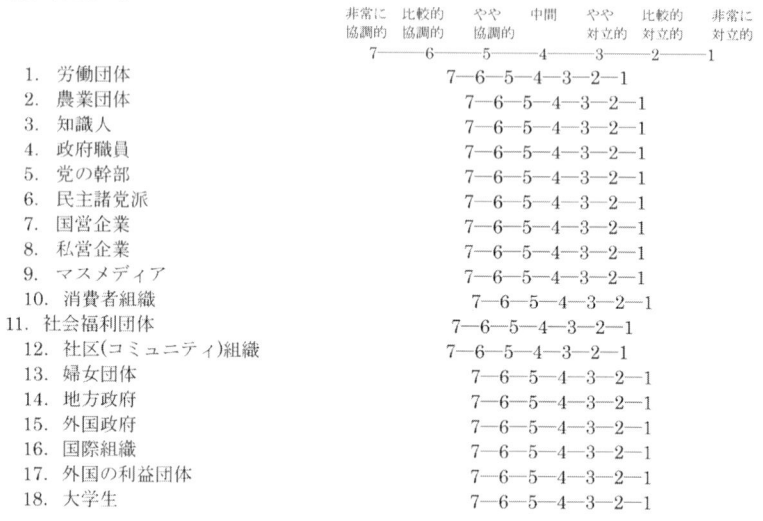

	非常に協調的	比較的協調的	やや協調的	中間	やや対立的	比較的対立的	非常に対立的
	7	6	5	4	3	2	1

1. 労働団体　　　　　　7—6—5—4—3—2—1
2. 農業団体　　　　　　7—6—5—4—3—2—1
3. 知識人　　　　　　　7—6—5—4—3—2—1
4. 政府職員　　　　　　7—6—5—4—3—2—1
5. 党の幹部　　　　　　7—6—5—4—3—2—1
6. 民主諸党派　　　　　7—6—5—4—3—2—1
7. 国営企業　　　　　　7—6—5—4—3—2—1
8. 私営企業　　　　　　7—6—5—4—3—2—1
9. マスメディア　　　　7—6—5—4—3—2—1
10. 消費者組織　　　　　7—6—5—4—3—2—1
11. 社会福利団体　　　　7—6—5—4—3—2—1
12. 社区(コミュニティ)組織　7—6—5—4—3—2—1
13. 婦女団体　　　　　　7—6—5—4—3—2—1
14. 地方政府　　　　　　7—6—5—4—3—2—1
15. 外国政府　　　　　　7—6—5—4—3—2—1
16. 国際組織　　　　　　7—6—5—4—3—2—1
17. 外国の利益団体　　　7—6—5—4—3—2—1
18. 大学生　　　　　　　7—6—5—4—3—2—1

E3. 現在、社会団体関連の発展において、あなたの団体が最も関心を寄せる問題を以下から1つお選びください。
1. 法規制の撤廃
2. 人事・財政上の独立性
3. 地位を向上/ランクをアップさせる
4. 政府による補助金を増やす
5. 公共政策を改善する
6. 社会的認知度を拡大する
7. その他

E4. あなたの団体の機能はどのように位置づけられますか。以下から1つお選びください。
1. 一部の行政機能を担う社会組織
2. 政府と社会の架け橋
3. 大衆の自治組織
4. はっきり言えない

E5. 次にあげる意見に対する団体としての立場をお答えください。

	賛成		中立		反対
	5	4	3	2	1

1. 政府を評価する基準としては政策の効率性が最も重要である　　5———4———3———2———1
2. 政府にとっては能率よりも調整の方が大切である　　5———4———3———2———1

3. 政府の主要な課題は国民間の所得格差の是正である　　5──4──3──2──1
4. 経済社会に対する国家の関与は少なければ少ないほどよい　　5──4──3──2──1
5. 政府は経済の非効率な部分を保護しすぎている　　5──4──3──2──1
6. 政府の主要な課題は地域間格差の是正である　　5──4──3──2──1
7. どちらかといえば経済成長よりも環境保護を重視した政治を行ったほうがよい　　5──4──3──2──1
8. 国や地方政府の決定に対して、もっと大衆が参加できるようにしたほうがよい　　5──4──3──2──1
9. 安全を守るためには、公民の自由が多少制限されても仕方がない　　5──4──3──2──1
10. 政府の権限のうち可能なものは地方政府に委譲したほうがよい　　5──4──3──2──1
11. 公民の意見は国や地方政府の政治に反映されるべきだ　　5──4──3──2──1
12. 企業は利益追求だけではなく社会貢献も行うべきだ　　5──4──3──2──1

E6. 社会組織の法規・規定は、あなたの団体の発展に対する影響をお教えください。

　　　　　　3. 有利　　2. どちらともいえない　　1. 不利
1. 設立に必要な会員数に関する要件　　　　　　3──2──1
2. 設立に必要な資金に関する要件　　　　　　　3──2──1
3. 業務主管単位を有することの必要性　　　　　3──2──1
4. 「一地域に一業界一団体」という制限　　　　3──2──1
5. 現役政府職員の社団での兼任に関する制限　　3──2──1
6. 支部組織の設置禁止に関する規定　　　　　　3──2──1
7. 会費徴収額に関する要件　　　　　　　　　　3──2──1
8. 利益の配分の禁止に関する法規規定　　3──2──1
9. サービス活動から得た収入は企業所得税率に基づき支払う　3──2──1

E7. あなたの団体は政府および政府職員に特別に重視されていると思いますか。また、重視される理由、重視されない理由について該当するもの全てをお選びください。

1. 重視される　↓	2. 重視されない　↓
1.会員数が多いから	1.会員数が少ないから
2.組織が強大だから	2.組織が弱小だから
3.政治への関心が高いから	3.政治への関心が低いから
4.他の団体や機構と活発な接触があるから	4.他の団体や機構との接触を持たないから
5.社会的評価が高いから	5.社会的評価が高くないから
6.特定の人々の利益を明確に代表しているから	6.限られた人々の利益しか代表できないから
7.特定の政策課題に精通しているから	7.政策問題に関心を持っていないから

E8. 総じて、わが国の現存の社会団体の存在と発展が政府の活動に与える影響についてどう思いますか。
　1. 非常にプラス　　2. 比較的プラス　　3. ふつう　　4. 比較的マイナス
　5. 非常にマイナス　　6. はっきり言えない

最後、回答者ご自身についておたずねします。
V1. 回答者ご自身の団体でのポストをお教えください。
　1．会長　　2．副会長　　3．秘書長　　4．部門の責任者

V2. 回答者ご自身の性別をお答えください。
1．男性　　2．女性

V3. 回答者ご自身の年齢は＿＿歳です。

V4. 回答者ご自身の学歴は次にあげる項目のうちどれですか。
　1．高校卒業、専門学校以下　　2．短大、大学　　3．大学院(修士)以上

V5. 回答者ご自身が団体に勤務する期間は＿＿年です。

V6. 回答者ご自身は、保守的―革新的と問われれば、どのあたりに位置づけられますか。次の尺度のあてはまる番号をお答えください。

保守	やや保守	どちらか といえば保守	中立	どちらか といえば革新	やや革新	革新
7	6	5	4	3	2	1

索引

ア行

アウトサイド戦術　191
アクターとの協調関係　165
アソシエーション革命　115
アソシエーション文化　56
「新しい社会運動」　356
アドボカシー　64
　　——の欠如　379
　　市民社会組織による——　69
　　ローカルレベルにおける——の停滞　327
アメリカ　323
アモイ PX 事件　105
維権　32
　　——運動　382
委託規模　237
「一行政区に同一分野の複数団体の並立を認めない」　94, 98
「一部の社会団体の登記免除に関する通知」　102
一票否決制　75
移動の機会　381, 385
イノベーション・プロジェクト　300
違法民間組織取締り暫行弁法　27
インサイド戦術　191
インターネット　26
インド　367
　　——での調査　353
ウィンロック能力向上プロジェクト　293
埋め込まれた規制　146, 155
埋め込まれた行動　146
埋め込み　145, 158
エイズ・プロジェクト　298
エスピン=アンデルセン，イエスタ　66
越級陳情　75
NPO 国際分類企画規格　200
オドンネル，ギジェルモ　55, 56
オニール，ジム　350

カ行

会員
　　——の加入方式　130
　　——数　122
　　団体——数　122
階層的なプリンシパル－エージェント関係　73
会長　148, 166
開発主義　333
学術団体　100
掛靠　32, 155, 296
華西都市報　310
活動対象　205
活動展開　150
活動分野　189, 204
ガバナンス　133, 164, 386, 388
　　——に関する団体の意見　383
　　間接的な——　386
　　参加型——　78
　　団体指導者のイデオロギーと——　121
　　農業分野の——　179
　　環境保護分野の団体　176
韓国　323
観察地域　99, 107
幹部人事権　20
基金会　42, 328, 375
　　——の発展　221
　　——管理条例　88, 95, 218
　　——管理弁法　95
　　官弁（政府主導）の——　218
　　公募型——　101, 219, 221
　　非公募型——　101, 375
　　地方性——　222, 225
　　編制定員を有している——　223
基層住民自治組織　90
ギャップ仮説　381
業界団体　100
共産党の変容　21
業主委員会　272, 376
行政分権　22
行政分布　204
行政への接触　361

行政レベル　22
共分散構造分析　231
業務主管単位　24, 93, 103, 165
居民委員会　90
　──選挙の形骸化　270
　──組織法　269
　──の行政機関化　270
キリスト教徒数　285
近代化論　53
　──者　54
草の根 NGO　25, 91, 185, 291
群体性事件　351
経済団体の優位　335
経済特区　22
経済のグローバル化　374
経済発展　381, 385
ゲイツ財団　298
決定的事例研究　42
権威主義の弾力性（authoritarian resilience）　58, 77
現実的空間　86
工会　252
　──の制度的位置づけ　253
　──の組織構造　253
　──の利益団体化　255
　──法　93, 104
　中華人民共和国──法　252
　中華全国総──　252
公共サービスの委託　237
公共サービスの担い手　377
公益事業寄贈法　96
工作領導小組　19
広州日報　309
「工商業連合会登記問題に関する通知」　261
江沢民　75, 196
公的な外郭団体　376
高齢化社会　66
コーポラティズム　38, 257, 386
胡錦濤　236, 256
国際 NGO　91
国際会議の開催　291
国際社会の役割　291
国際団体　192

国分良成　3
国民が備え持つ弾力性（national resilience）　60
黒龍江省　43, 45, 377
個人所得税法　96
国家コーポラティズム　79, 366
　──論　144

サ行

最近似システムデザイン　39
最相違（遠隔）システムデザイン　39
最低賃金規定　256
財的規模　207
最良のパートナー　165
座談会　190
サボタージュ　254
参加　381
山水家園　292
「三農」問題　313
サンプリング　44
三乱　104
「三鹿」ブランド汚染粉ミルク事件　313
CIA のランキング　66
私営企業家　262
事業単位　202, 214
　──改革　202
JIGS　3, 64
重富真一　86
市場経済化　252, 374
四川日報　309
自然の友　297
ジニ指数　368
自発的に設立され，編制を受ける団体　157
自発的に設立された社団　157
市民社会　36
　──論　53, 59, 144
　中国の──　368
　強い──　56
　強く濃密な──　362
　BRICs 諸国の──　351
　──の強さの指標　369
市民社会組織
　──と実質 GDP　118, 374
　──における党組織の建設　377

索引　435

　　——に関する法制度　86
　　——の財政的リソース　375
　　1万人当たり——数　100
　　共産党と——　377
　　公式的な——　87
　　農村——　278, 279
諮問的権威主義（consultative authoritarianism）
　　59
ジャーナリズムのプロフェッショナル意識
　　307
JICA　295
社会管理　28, 97, 384
社会サービス団体　192
　　——セクター　201
社会サービス分野　176
社会再建　386
社会組織　27, 384
　　——評価管理方法　106
社会団体登記管理条例　23, 26, 88, 93, 94, 261
社会団体登記暫行弁法　261
社会団体における党組織設置に関する通知　97
社会的企業　202, 203
社会的制度化　384, 385
社会的欲求不満　381, 385
社会的流動化　381, 385
社会福祉のためのサービス　385
社会利益の吸収・表出のルート　185
社区　90, 268
　　——居民委員会　24, 269, 272
　　——居民委員会委員　269
　　——居民委員会委員選挙　269
　　——参与行動サービスセンター　273, 274
社団　41, 76, 328, 376
　　——と党・政府との関係　148
　　——の影響力　154
　　——の主観的認識　154
　　——の所在地　166
　　——の政府からの自立性　176
　　——を主体とする研究　186
　　——と政府の関係　128
　　——の活動分野　127
　　——の関心事　128
　　——の政策過程への影響力　379

　　党組織がある——　131
　　農業分野の——　378
宗教界出身者　196
宗教社会団体登記管理実施弁法　196
宗教組織　192, 285
集団抗議行動　351
集団騒擾事件　25, 32
住民規約（業主公約）　271
主観的な影響力認知　363
シュミッター，フィリップ C.　55, 56
順序ロジット　364
諸アクターに対する信頼　173
諸アクターとの協調・対立関係　166
小政府，大社会　23, 31, 202
情報源　127
「小民生」から「大民生」への理念変化　313
諸侯経済　74
自立性　208
自立的な相互関係　376
人員規模　207
新公共運動　96
人事権　73
人民公社　24, 92
　　——の解体　280
人民代表大会　20
　　——での活動　188
人民団体　89, 101, 185, 250
人民日報　308
人民民主独裁　19, 252
スタッフ数　122
ステパン，アルフレッド　56, 82, 351, 352
ストライキ　254
清華大学エイズ政策研究センター　295
清華大学NGO研究所（センター）　27, 32, 295
政経分離　386
政策関心　120
政策関与　208, 210
政策への満足度　128
政治・社会アクターの影響力と協調度　123
政治過程への参加　152
政治協商会議　20, 76, 96
中華人民政治協商会議共同綱領　250
政治参加　381, 385

政治体制改革　18
政治的機会　157
　　——構造　160
政治的制度化　381, 385
政治的不安定　381, 385
政社分離　27, 386
生態環境団体　192
制度化　381, 385
制度的環境　220
制度的空間　86
政府からの重視　382
政府集権　22
政府と疎遠な団体　377
世界基金　297
世界自然保護基金　292
世界社会のアプローチ　291
世界女性会議　292
浙江省　43, 45
設立年　115, 204, 354
　　——の分布（BRICs）　354
設立目的　150, 186, 205
全国工商業連合会規約（工商連規約）　260, 265
全国老齢工作委員会　283, 284
「全国人民代表大会および地方各級人民代表大会選挙法」　195
潜在クラス分析　343
全面制圧　386
専門団体　100, 192
増圧体制　72, 327
　　——のリソースやネットワークへの影響　329
宗族　284
「痩肉精豚」事件　313
組織ネットワーク　208, 210
ソフトランディング　52, 56, 57, 77
村民委員会　24, 90, 281
　　——組織法　90, 282
　　——の構成員　282
村民自治　279

タ行

第1回中国十大グリーンニュース　315
大学進学者数　17

大河報　310
対抗組織の不在　71
台湾　57
多元化　322
　　——が進まない要因　339
多元主義　386
多元的な利益を反映する体制　338
他の政治アクターへの影響力評価　383
WTO加盟　16, 96
タロウ，シドニー　160
単位　90, 268
　　——制度　92
　　——の溶解　268
団体
　　——と政府の関係の緊密度　165
　　——の活動分野　166
　　——革命　28
　　——地図　40, 374
　　——の影響力　382
　　——の関心事　382
　　——の機能　154
　　——の構成　118
　　——の志向性　120
　　——の政策満足度　382
　　——分類（BRICs）　358
弾力的権威主義　59
チェン，フェン　257
地球村　297
地方レベル　387
チャン，アニータ　257
中外共同学校設置運営条例　203
中華人民共和国物権法　276
中華人民共和国民事訴訟法　105
中華人民共和国民政部　93
中華人民共和国労働契約法　257
中華人民共和国労働紛争調停・仲裁法　257
中華人民共和国労働法　264
中華全国商業連合会　258
中国共産党の領導　19
中国憲法　18
　　——（1982年）　269
中国紅糸帯網　292
中国人民大学非営利組織研究所　295

中国青年報　308
中国知網　27, 383
中国調査　43, 47, 323, 416
中国と台湾　57
中国の地方政治　74
中国の法人制度　100
中国モデル　62, 63
　　——の限界　67, 77
中進国　17
中枢型管理　106
調査方法　324
デュベルジェ，モーリス　39
天安門事件（第二次）　16, 20, 93, 307, 309
ドイツ　323
統一戦線　250
　　——工作部　263
党機関紙の「輿論監督」版　307
統合空間モデル　201
鄧小平　16
党政分離　104
党宣伝部　20
党組織
　　——と意見　133
　　——と行動施行　132
　　——と政府　132
　　——と評価　134
　　——の組織率　20
動態的な均衡　387
統治能力　60
党との関係　134
党の影響力　134
特殊利益集団　69, 70, 72
怒江ダム建設反対運動　300, 301
都市居民委員会組織条例　268
都市居民委員会組織法　91, 269
都市報　309
土地収用問題　74
届制度　98
トンプソン，マーク R.　352

ナ行

南方週末　313
南方都市報　309

南方日報　309
二級団体　91, 296
二重管理（制度）　93, 94, 98, 158
二重の看板　132
二重の国家　384
日本　323
人間外発指数（HID）　68
農業・農村発展団体　192
農業分野　178
農村の宗教信仰　285
農民工　66
農民日報　308
農民用水者協会　293

ハ行

ハードランディング　53, 59, 77
発展志向型　118
発展途上国　323
パラダイムの危機　53
バングラデシュ　323
ハンチントン，サミュエル P.　381, 385
非営利型インキュベーター（NPI）　299
比較　39
　　——の中の中国　52
　　東アジア諸国との——　332
　　党組織の有無別の——　131
　　中国国内の地域間——　126
東アジア・モデル　52, 61
微公益　105
秘書長　166
フィッツジェラルド，ジョン　299
フィリピン　323
フォード財団　292
　　——北京事務所　299
フォリヤンティ＝ヨスト，ゲジーネ　71
プシェヴォルスキ，アダム　54, 81
腐敗　382, 388
ブラジル　356, 366
　　——での調査　353
フリーダム・ハウス　18, 30, 54, 81
BRICs　350
　　——4カ国における社会団体の構成　359
　　——諸国における社会団体のプロフィール

354
プロフィール　115
文化・スポーツ・娯楽組織　286
文化大革命　256, 269
ベイジアン・ネットワーク　334, 347
北京コンセンサス　67
北京市　43, 45, 380
北京大学公民社会研究センター　27, 295
北京大学婦人法律援助センター　292
編制　146, 159, 379
　　──制度　157, 189
　　──定員　132, 165
　　──の有無　240
　　──を受ける団体　157
法制度の緩和　98
法律（支援）団体　192, 198
法輪功事件　27
ポスト工業化　322, 323
　　──時代　61, 63
　　──社会問題　65
ポスト全体主義体制　352
ボランティア活動　271
ボランティア工作　271
ポリティⅣ　31, 54, 81
ホワイト，ゴードン　257, 278

マ行

マスメディア　25, 380
「三つの代表」　21
民主諸党派　103, 263
民生ニュース　311, 312, 313
民弁学校設置運営条例　203
民弁教育促進法　203
民弁非企業単位（民非）　41, 328
　　教育分野以外の──　204
　　教育類──登記弁法　203
　　──登記管理暫行条例（1998年）　88, 92, 200
民法通則　100, 101
もっとも信頼する人物・組織・集団　165
モニタリング　363

ヤ行

「有国家，無社会」　23

羊城晩報　309
予算　122, 123

ラ行

羅山市民会館　273
リード，ベンジャミン　275
利益集団　47, 194
利益代表性　120
利益団体　37, 47, 194
　　──を巡る諸概念の関係　47
李景鵬　3
李克強　75
リサイクル食用油事件　313
リソース　122
　　団体の──（BRICs）　359
　　党組織と──　131
リプセット，シーモア M.　54
　　──仮説　54, 55
「緑家園」ボランティア協会　315
緑色高原　292
緑島　315
リンス，ホアン J.　56, 82, 351, 352
連合団体　100
レントシーキング　17, 70, 76
老人会　282
労働争議調停仲裁法　71
労働保障監察条例　256
ローカルな団体　129
ローカルレベルにおける団体の噴出　326
ロシア　81, 366
　　──での調査　353
　　──の社会団体　359
ロビイング　79, 133, 188, 190, 378
　　アウトサイド・──　361, 363
　　──戦術　190, 196
　　──手法　331

ワ行

和諧社会　71, 256
ワトソン，アンドリュー　293

図表索引

図索引

序−1	社団，民非，基金会の推移（1988〜2012年）	24
序−2	利益集団（団体）・市民（公民）社会の検索数の推移（1955〜2013年）	28
序−3	社会管理・社会組織など関連用語の検索数の推移（1973〜2013年）	29
1−1	市民社会の位置のモデル	37
1−2	政治システムの機能	38
1−3	制度からみた中国の市民社会の団体地図（2011年）	40−41
1−4	中国地図と調査地域	44
4−1	JIGS調査国全体での設立年分布	116
4−2	北京市，浙江省，黒龍江省の社団の設立年分布	117
4−3	政治アクターの影響力評価と協調度の相関	124−125
5−1	分析対象の行政レベルの分布	156
7−1	団体の活動分野別における人代活動（省レベル，市・県レベル）	188
7−2	ロビイング戦術と団体分野別の主成分得点平均	192
8−1	統合空間ダイナミクスモデルおよび市民社会組織の位置付け	201
8−2	民非設立年（5年ごと）	205
9−1	基金会の数（公募・非公募）	222
9−2	業務主管単位による指導者の推薦あるいは決定/登記年	223
9−3	指導者の前職/登記年	224
9−4	基金会の設立目的	226
9−5	基金会の政治観	226
付録9−1	モデルのパス図	231
10−1	政府から公共サービスの委託を受けた初回年度	238
10−2	政府職員との接触度と政府からの公共サービスの委託	241
10−3	各分野の政府から公共サービスの委託の獲得	243
14−1	分析枠組み	290
16−1	1次調査と2次調査の活動範囲の分布	327
16−2	活動範囲別の政策実施・修正・阻止経験ありの割合	328
16−3	政策実施・修正・阻止経験の国際比較	329
16−4	ベイジアン・ネットワークのイメージ	334
16−5	ベイジアン・ネットワークの結果	336−337
17−1	2004年時点での社会団体の設立年分布	355
18−1	中国の市民社会と国家の模式図（二重の国家）	387

表索引

1−1	C-JIGSの主な質問項目	43
1−2	C-JIGS1の回収状況	45
1−3	C-JIGS2の回収状況	46
付録1−1	各国の調査概要（JIGSプロジェクト）	48−50
2−1	BRICs諸国の1人当たりGDPと民主化指標	55

付録3－1	市民社会の視点からみた中国の現代史年表	107－109
4－1	中日韓の4分類での分布	119
4－2	政策関心	121
4－3	中日韓の常勤スタッフ数・団体会員数	123
4－4	社団の関心事	129
4－5	行政との実質的な関係（相談，緊密度，重視度）	130
5－1	独立変数の有効サンプル数	147
5－2	会長の政治身分・会長の元勤務先	148
5－3	業務主管単位との関係（財政・物質）・党組織の設置	150
5－4	活動展開	151
5－5	政府政策の実施・阻止経験および影響力	153
6－1	社団の政府機関との緊密度の決定要因	167
6－2	社団の各アクターとの協調度（平均値）	168
6－3	社団の各アクターとの協調度の決定要因	168－169
6－4	社団の「最良のパートナー」	172－173
6－5	社団の各アクターに対する信頼度（平均値）	173
6－6	社団の各アクターに対する信頼度の決定要因	174－175
7－1	設立目的の主成分分析結果	185
7－2	ロビイングの実施率・効果・戦術の主成分分析	191
8－1	民非設立目的	206
8－2	常勤職員数	207
8－3	総収入の比率（2009年）	208
8－4	日常活動をする際，頻繁に接触する機関・組織	211
9－1	基金会の政治観の決定要因	227
付録9－1	モデル全体の概要	232
付録9－2	①団体目的・態度の因子分析	232
付録9－3	②政府・党との関係性の因子分析	233
10－1	設立経緯，編制の有無と政府からの公共サービスの委託	240
10－2	種類別市民社会組織の政府政策への満足度	244
11－1	人民団体の設立年および会員構成	251
15－1	中国における新聞の年別発行状況	306
16－1	調査当時の1人当たり実質GDP	324
16－2	法人格を持つ団体の割合	325
16－3	団体の活動範囲	326
16－4	予算の中央値	330
16－5	政府への働きかけ	331
16－6	団体分類ごとの政策実施・修正・阻止経験	333
16－7	ベイジアン・ネットワークで用いる変数群	334
付録16－1	潜在クラス分析：政府への働きかけ	343－344
付録16－2	潜在クラス分析：アウトサイド・ロビイング	344－345
付録16－3	潜在クラス分析：他のアクターとの関係	346－347
付録16－4	推定モデル（図16－5）の対数尤度とデータ数	347
17－1	BRICs 4カ国におけるJIGS調査の概要	353

17－2	活動対象とする地理的な範囲	358
17－3	団体分類別にみる BRICs 4 カ国における社会団体構成	360
17－4	社会団体のリソース（中央値）	360
17－5	行政（中央・地方）への接触経験	361
17－6	BRICs 4 カ国における社会団体によるアウトサイド・ロビイング実施経験	363
17－7	BRICs 4 カ国における社会団体の主観的な影響力認知	364
17－8	BRICs 4 カ国における社会団体の主観的な影響力認知の決定要因	365

執筆分担および執筆者一覧

(初出順)

辻中豊（つじなか　ゆたか）（編者，序章，1章，4章，16章，17章，18章）
1954年　大阪府生まれ
1981年　大阪大学大学院法学研究科単位取得退学，博士（法学，京都大学）
現在　筑波大学人文社会系教授，学長特別補佐（国際担当）
主要著書・論文　『利益集団』東京大学出版会，1988年，『現代日本の市民社会・利益団体』木鐸社，2002年，『現代韓国の市民社会・利益団体』（廉載鎬との共編著）木鐸社，2004年，『現代日本の自治会・町内会』（ロバート・ペッカネン，山本英弘との共著）木鐸社，2009年，『現代社会集団の政治機能』（森裕城との共編著）木鐸社，2010年，『ローカル・ガバナンス』（伊藤修一郎との共編著）木鐸社，2010年，『政治学入門―公的決定の構造・アクター・状況―』放送大学教育振興協会，2012年，『現代日本のNPO政治』（坂本治也・山本英弘と共編著）木鐸社，2012年。*Neighborhood Associations and Local Governance in Japan*, co-authored with R. Pekkanen and H. Yamamoto. Nissan Institute/ Routledge Japanese Studies. 2014.

小嶋華津子（こじま　かずこ）（編者，序章，6章，9章，11章，12章）
1970年　神奈川県生まれ
慶應義塾大学大学院法学研究科政治学専攻単位取得退学，博士（法学，慶應義塾大学，2006年）
現在　慶應義塾大学法学部准教授
主要著書・論文　「中国工会の課題―人民団体から利益団体への模索―」（『現代中国研究』第25号，2009年）。*China's Trade Unions: How Autonomous Are They? A Survey of 1,811 enterprise union chairpersons* (Routledge, 2010 co-authored). "The Corporatist System and Social Organizations in China," *Management and Organization Review*, Vol.8, Issue 3, November 2012, coauthor.『党国体制の現在―変容する社会と中国共産党の適応』慶應義塾大学出版会，2012年（共編著）。『現代中国政治外交の原点』慶應義塾大学出版会，2013年（共編著）。

李景鵬（り　けいほう）（編者，1章）
中国人民大学マルクス・レーニン主義研究班修了（1956年）
現在　北京大学政府管理学院教授
主要論文・著作　『挑戦，回応与変革―当代中国問題的政治学思考』北京大学出版社，2012年。『権力政治学』北京大学出版社，2008年。「中国公民社会成長中的若干問題」（『社会科学』，2012年第1期）。「後全能主義時代―国家与社会合作共治的公共管理」（『中国行政管理』，2011年第2期）。

袁瑞軍（えん　ずいぐん）（1章）
北京大学政治学与行政管理系博士課程修了，博士（政治学，北京大学，1998年）
現在　北京大学政府管理学院准教授
主要論文・著作　『中国公民社会発展藍皮書』北京大学出版社，2008年（共編著）。『理性選択理論質疑』香港牛津大学出版社，1999年（共訳）。「論公共選択理論的経済学特色」（『現代化進程中的政治与行政』北京大学出版社，1998年）

木島讓次（きじま　じょうじ）（2章，16章）

1963年　神奈川県生まれ
南カルフォルニア大学社会科学コミュニケーション専攻（国際関係），ロンドン大学東洋アフリカ研究学院（SOAS）修了
現在　筑波大学准教授（国際室）
主要著書・論文　Ph.D. in Politics and International Studies. Japan-Republic of China Relations under US Hegemony: A Genealogy of "Returning Virtue for Malic."

小橋洋平（こばし　ようへい）（2章，4章，9章，16章）

1980年　千葉県生まれ
東京工業大学社会理工学研究科社会工学専攻博士課程単位取得退学，博士（工学，東京工業大学，2012年）
現在　筑波大学人文社会系研究員
主要論文　「コト節成分の主題化とモダリティ―新聞の社説記事を用いた考察―」（『日本語文法』10巻1号，2010年，共著）。「階層意味論に基づいた心的態度のアノテーション」（『自然言語処理』Vol.18, No.4, 2011年, 共著）。"Constructing Co-governance between Government and Civil Society: An Institutional Approach to Collaboration," *Public Organization Review*, Vol.13, No.4, 2013 (co-authored).

菊池啓一（きくち　ひろかず）（2章，6章，17章）

1978年　東京都生まれ
ピッツバーグ大学政治学部博士課程修了（Ph.D. in political science 2012年）
現在　日本貿易振興機構アジア経済研究所地域研究センターラテンアメリカ研究グループ研究員
主要論文・著作　「アルゼンチンにおける法律型クオータの導入とその効果」（三浦まり・衛藤幹子編『ジェンダー・クオータ―世界の女性議員はなぜ増えたのか』明石書店，2014年）。アレンド・レイプハルト『民主主義対民主主義［原著第2版］：多数決型とコンセンサス型の36カ国比較研究』勁草書房，2014年（共訳）。"Political Careerism, Ambitions, and Regional Interests in Senatorial Behavior: The Argentine Case," *Journal of Politics in Latin America*, forthcoming (co-authored).

黄媚（こう　めい）（3章，4章，5章，7章，8章，11章）

筑波大学人文社会科学研究科博士課程修了，博士（政治学，筑波大学，2011年）
現在　筑波大学人文社会系研究員　横浜市立大学非常勤講師
主要論文　「中国の利益団体と「強い資本，弱い労働」―温州市私営企業家調査（2008年）に基づいて」（『アジア研究』（第56巻1・2号），2010年）。「中国業界団体の利益団体化に関する一考察―中国社会団体調査（2001-2004年）に基づく定量的分析」（『筑波法政』（第49号），2010年）。

汪錦軍（おう　きんぐん）（10章）

北京大学政府管理学院修了，博士（公共管理学，北京大学，2009年）
現在　浙江行政学院准教授
主要論文・著作　『走向合作治理―政府与非営利組織合作的条件，模式与路径』浙江大学出版社，2012年。『組織化，自主治理与民主―浙江温州民間商会研究』中国社会科学出版社，2004年（共著）。

「公共服務中的公民参与模式分析」(『政治学研究』, 2011年第4期)。「構建公共服務的共同機制――一個界定性框架」(『中国行政管理』, 2012年第1期)。

仝志輝（どう　しき）(13章)
中共中央党校研究生院博士課程修了，博士（法学，中共中央党校，2002年）
現在　中国人民大学農業与農村発展学院准教授
主要論文・著作　「権利訴求中的実用道義意識――従理解農民選挙上訪開始」(『中国郷村研究』第10輯, 2013年)。『村員会選挙与郷村政治』中国農業出版社, 2006年。『選挙事件与村庄政治――村庄社会関連中的村民選挙参与』中国社会科学出版社, 2004年。

趙秀梅（ちょう　しゅうばい）(14章)
東京工業大学大学院社会理工学研究科修了，博士（学術，東京工業大学，2003年）
主要論文・著作　「都市部基層政府とNGOの連携」(菱田雅晴編『中国――基層からのガバナンス』法政大学出版局, 2010年)。"Binding Local States to Act–A Study of Chinese NGOs' Activities at the Community Level," Masayuki Deguchi et al. (eds.) *Conflicts vs. Social Harmony: Does Non-profit Sector Matter?* Aggreplanning Press, 2008.「基層治理中的国家－社会関係――対一個参与社区公共服務的NGO的考察」(『開放時代』, 2008年第4期)。

王冰（おう　ひょう）(15章)
1980年　中国湖南省生まれ
筑波大学大学院人文社会科学研究科博士後期課程修了，博士（学術，筑波大学，2013年）
現在　筑波大学人文社会系研究員
主要論文　"The Construction of a "Public Sphere" in Chinese Mass Media: The Case of the 2008 Sichuan Earthquake," Inter Faculty by Graduate School of Humanities and Social Sciences, University of Tsukuba, No.3, 2010.「メディアの「世論監督」機能に関する中国共産党の認識」(『筑波法政』第54号, 2013年)。

訳者
許旭成（きょ　きょくせい）
筑波大学大学院人文社会科学研究科国際地域研究専攻博士前期課程在学中。

和嶋克洋（わじま　かつひろ）
筑波大学大学院人文社会科学研究科国際日本研究専攻博士後期課程在学中。

竜聖人（りゅう　まさと）
筑波大学大学院人文社会科学研究科国際日本研究専攻博士後期課程在学中。

大倉沙江（おおくら　さえ）
筑波大学大学院人文社会科学研究科国際日本研究専攻博士後期課程在学中。

現代世界の市民社会・利益団体研究叢書Ⅴ
現代中国の市民社会・利益団体－比較の中の中国

2014年6月30日　第一版第一刷印刷発行　Ⓒ

編著者との了解により検印省略	編著者	辻　中　　　豊 李　　景　　鵬 小　嶋　華津子

発行者　坂　口　節　子

発行所　㈲木鐸社（ぼくたくしゃ）

印刷　㈱アテネ社　製本　高地製本所

〒112-0002 東京都文京区小石川5-11-15-302
電話（03）3814-4195番　　振替 00100-5-126746
ファクス（03）3814-4196番 http://www.bokutakusha.com/

ISBN978-4-8332-2323-2　C3330　　乱丁・落丁本はお取替致します

現代世界の市民社会・利益団体研究叢書
辻中豊編（筑波大学）　　　　　　　　　　　　　　全6巻

各国市民社会組織の構成や配置，そして利益団体としての政治過程での行動，関係を世界的な比較の中で体系的に分析し，各国の政治社会構造の特性を摘出する。とりわけ，共通の調査分析部分とそれを踏まえた日本との比較と各国別の固有の質的な分析を行う。

第1巻　現代日本の市民社会・利益団体
辻中豊編
A5判・370頁・4000円（2002年）ISBN978-4-8332-2319-5

第2巻　現代韓国の市民社会・利益団体
：体制移行と日韓比較研究
辻中豊・廉載鎬編
A5判・490頁・6000円（2004年）ISBN978-4-8332-2320-1

第3巻　現代アメリカの市民社会・利益団体
：ロビー政治の実態と日米比較
辻中豊・石生義人・久保文明編
A5判・350頁・価未定　ISBN978-4-8332-2321-8

第4巻　現代ドイツの市民社会・利益団体
：団体政治の日独比較
辻中豊・フォリヤンティ゠ヨスト・坪郷實編
A5判・350頁・価未定　ISBN978-4-8332-2322-5

第5巻　現代中国の市民社会・利益団体
辻中豊・李景鵬・小嶋華津子編
A5判・350頁・価未定　ISBN978-4-8332-2323-2

第6巻　現代世界の市民社会・利益団体
：総括　5カ国比較
辻中豊編
A5判・350頁・価未定　ISBN4-8332-2324-4

別巻　日本における市民社会の二重構造
R. Pekkanen, Japans Dual Civil Society : Without Advocates, 2006
R. ペッカネン著　佐々田博教訳
A5判・272頁・3000円（2008年）ISBN978-4-8332-2399-7 C3031

日本における市民社会の組織は,消費者運動に焦点を絞った生活者運動に終始する傾向が強く,国の政策転換や社会全体の改革に提言する機会が少ない。しかし,日本の市民社会は社会関係資本や共同体の育成を通じて民主主義をささえる一方,政策提言団体に育てる人材が少ないことが市民社会の二重構造を作り出している,と分析する。

辻中豊(筑波大学)責任編集
現代市民社会叢書

本叢書の特徴:
　2006年8月から開始された自治会調査を皮切りに，電話帳に掲載された社会団体，全登録NPO，全市町村の4部署について2008年1月までの1年半の間，実態調査を続け，合計4万5千件におよぶ膨大な市民社会組織と市区町村に関する事例が収集された。この初めての全国調査は従来の研究の不備を決定的に改善するものである。本叢書はこの貴重なデータを基礎に，海外10カ国余のデータを含め多様な側面を分析し，日本の市民社会を比較の視座において実証的に捉えなおすものである。

(1) 辻中豊・ロバート・ペッカネン・山本英弘
現代日本の自治会・町内会:
第一回全国調査にみる自治力・ネットワーク・ガバナンス
　　　A5判・264頁・3000円(2009年) ISBN978-4-8332-2420-8

(2) 辻中豊・森裕城編
現代社会集団の政治機能:
利益団体と市民社会
　　　A5判・380頁・3500円(2010年) ISBN978-4-8332-2430-7

(3) 辻中豊・伊藤修一郎編
ローカル・ガバナンス:
地方政府と市民社会
　　　A5判・250頁・3000円(2010年) ISBN978-4-8332-2429-1

(4) 辻中豊・坂本治也・山本英弘編
現代日本のNPO政治:
市民社会の新局面
　　　A5判・300頁・3000円(2012年) ISBN978-4-8332-2454-3

〔以下続刊〕
(5) 小嶋華津子・辻中豊・伊藤修一郎
比較住民自治組織

日本政治学会編　年報政治学2010−Ⅰ
政治行政への信頼と不信
A5判・256頁・2000円（2010年6月）ISBN978-4-8332-2431-4 C3331
行政に対する制度信頼の構造＝池田謙一
行政信頼の政府側と市民側の要因＝大山耕輔
アジアにおける政府の信頼と行政改革＝小池　治

日本政治学会編　年報政治学2010−Ⅱ
ジェンダーと政治過程
A5判・350頁・3000円（2010年12月）ISBN978-4-8332-2438-3 C3331
アメリカ政治過程のジェンダーの意味＝大津留智恵子
イギリス議会における女性議員と代表論＝梅川正美
ドイツの女性議員のクオータ制＝中谷　毅
フランスの政治過程への女性参加＝久邇良子

日本政治学会編　年報政治学2011−Ⅰ
政治における忠誠と倫理の理念化
A5判・336頁・2800円（2011年6月）ISBN978-4-8332-2445-1 C3331
「国民」を疑う＝岡本仁宏
トランスナショナル・デモクラシーはデモクラフィックか＝押村高
リベラルの夢から醒めて＝岡野八代
強制される忠誠＝越智敏夫

日本政治学会編　年報政治学2011−Ⅱ
政権交代期の「選挙区政治」
A5判・280頁・2400円（2011年12月）ISBN978-4-8332-2451-2 C3331
選挙運動支出の有効性＝今井亮佑
利益団体内の動態と政権交代＝河村和徳
知事選挙における敗北と県連体制の刷新＝山田真裕
個人中心の再選戦略とその有効性＝濱本真輔・根元邦朗

日本政治学会編　年報政治学2012−Ⅰ
自民党と政権交代　自民党政権の総括
A5判・232頁・2400円（2012年6月）ISBN978-4-8332-2455-0 C3331
プラザ合意と「平成政変」＝松浦正孝
有権者による政党システム認識の変遷＝中村悦大
ポスト構造改革の政策路線＝永戸　力
自民党政権の崩壊と公務員制度改革＝笠　京子

日本政治学会編　年報政治学2012−Ⅱ
現代日本の団体政治
A5判・500頁・4500円（2012年12月）ISBN978-4-8332-2459-8 C3331
日本の消費者団体のシステム＝井上拓也
新自由主義的教育改革の政治過程とその分析視角＝森　裕城
政権交代の団体−政党関係への影響＝濱本真輔
震災復興と利益団体＝河村和徳